2020 年度 全国会计专业技术资格考试

初级会计实务

应试指南

吴福喜 主编　　中华会计网校 编

感恩20年相伴　助你梦想成真

北京理工大学出版社
BEIJING INSTITUTE OF TECHNOLOGY PRESS

版权专有　侵权必究

图书在版编目（CIP）数据

初级会计实务应试指南/吴福喜主编；中华会计网校编．—北京：北京理工大学出版社，2019.10

ISBN 978-7-5682-7724-2

Ⅰ.①初…　Ⅱ.①吴…②中…　Ⅲ.①会计实务—资格考试—自学参考资料　Ⅳ.①F233

中国版本图书馆 CIP 数据核字（2019）第 228316 号

出版发行 / 北京理工大学出版社有限责任公司	
社　　址 / 北京市海淀区中关村南大街 5 号	
邮　　编 / 100081	
电　　话 /（010）68914775（总编室）	
（010）82562903（教材售后服务热线）	
（010）68948351（其他图书服务热线）	
网　　址 / http://www.bitpress.com.cn	
经　　销 / 全国各地新华书店	
印　　刷 / 三河市中晟雅豪印务有限公司	
开　　本 / 787 毫米×1092 毫米　1/16	
印　　张 / 23	责任编辑 / 高　芳
字　　数 / 604 千字	文案编辑 / 胡　莹
版　　次 / 2019 年 10 月第 1 版　2019 年 10 月第 1 次印刷	责任校对 / 刘亚男
定　　价 / 59.00 元	责任印制 / 李志强

图书出现印装质量问题，请拨打售后服务热线，本社负责调换

前　言

正保远程教育

- **发展**：2000—2020年：感恩20年相伴，助你梦想成真
- **理念**：学员利益至上，一切为学员服务
- **成果**：18个不同类型的品牌网站，涵盖13个行业
- **奋斗目标**：构建完善的"终身教育体系"和"完全教育体系"

中华会计网校

- **发展**：正保远程教育旗下的第一品牌网站
- **理念**：精耕细作，锲而不舍
- **成果**：每年为我国财经领域培养数百万名专业人才
- **奋斗目标**：成为所有会计人的"网上家园"

"梦想成真"书系

- **发展**：正保远程教育主打的品牌系列辅导丛书
- **理念**：你的梦想由我们来保驾护航
- **成果**：图书品类涵盖会计职称、注册会计师、税务师、经济师、财税、实务等多个专业领域
- **奋斗目标**：成为所有会计人实现梦想路上的启明灯

图书特色

1 考情分析及学习方法

"有福有喜，初级必胜"，一次性通过初级
——如何正确使用本书

一、有信心
首先信心在老师看来是最重要的。因为自信是成功的必要条件，是成功的源泉。自信也是发自内心的自我肯定与相信。相信自己一定能通过初级，我们的口号是"有福有喜，初级必

二、有目标
福喜老师2017年的学员刘涛，本门课考了100分，2018年教的学员熊赤，本门课考了91分，2019年的学员家乐考了95分，2020年的您，预考多少分呢？在自己有信心的前提

三、有指南
2020年《初级会计实务·应试指南》(以下简称《指南》)是在继承2019年《指南》的基础上精益求精，为了给学员减负，砍减了15%的篇幅，知识总结更精炼，题目编写更经典，此书凝

→ 制定属于自己的学习方法，教你如何正确使用本书

2 应试指导及通关演练

历年考情概况
本章是最基础的一章，题型覆盖单选题、多选题和判断题等。本章2019年考试分数为8分，2018年考试分数为9分，预计今年考试分值在8-10分之间。

近年考点直击

考点	主要考查题型	考频指数	考查角度
会计信息质量要求	单选题	★	会计信息质量要求的定义及分类

2020年考试变化
(1)涉及增值税的内容按照最新规定进行调整，其中将原16%的税率改为13%，将原10%的税率改为9%。

→ 深入解读本章考点及考试变化内容

第三节 会计要素及其确认与计量

同步训练 限时35min

一、单项选择题
1. (2018年)2017年8月31日，某企业负债总额为500万元，9月份收回应收账款60万元，以银行存款归还短期借款40万元，预收客户货款20万元。不考虑其他因素，2017年9月30日该企业负债总额为( )万元。
A. 440　　B. 480

考点详解

【案例1】2020年1月1日，有福和有喜每人出资5万元，成立北京福喜发财有限责任公司，此时，福喜公司会计分录为：

→ 了解命题方向和易错点

通关演练 限时20min

一、单项选择题
1. 企业计划在年底购买一批机器设备，8月份与销售方达成购买意向，9月份签订了购买合同，但实际购买的行为发生在11月份，则企业应将该批设备确认为资产的时

C. 成本类　　D. 损益类
5. 账户的对应关系是指采用借贷记账法对每笔交易或事项进行记录时，相关账户之间形成的( )相互关系。
A. 应借、应贷　　B. 应增、应减

→ 夯实基础，快速掌握答题技巧

本章知识串联

→ 本章知识体系全呈现

3 易错易混知识点辨析

一、双倍余额递减法不需要考虑固定资产的预计净残值，这句话是否正确。
即：正确。

【例3·分录题】甲企业根据"工资费用分配汇总表"结算本月应付职工工资总额690000元，其中企业代扣职工房租32000元、代垫职工家属医药费8800元，实发工资649200元，编制该公司会计分录。

解析：(1)代垫员工家属医药先垫付，然后再向职工索要：
借：其他应收款
贷：银行存款
(2)代扣企业员工从职工工资中扣除，再支付给相关单位：
借：应付职工薪酬
贷：其他应付款——房租
其他应收款

→ 避开设题陷阱 快速查漏补缺

4 考前预测试题

预测试题(一)

采用电子商票技术
考生进场时自拍，将智能选项填入电子答卷中，系统记录时间，并生成测试报告。
(注：盖住以上，答题要求立体手呈现)

一、单项选择题(本题共24小题，每小题1.5分，共36分，每小题备选答案中，只有一个符合题目要求的正确答案，多选、错选、不选均不得分)
1. 费用易被选定为销售产品、提供服务而应

预测试题(二)

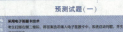

一、单项选择题(本题共24小题，每小题1.5分，共36分，每小题备选答案中，只有一个符合题目要求的正确答案，多选、错选、不选均不得分)

C. 在编制"银行存款余额调节表"的同时入账。

核算，2018年4月初库存商品成本为10000元，销售总额为20000元，本月购入库存商品成本为5000元，销售总成本中有6000元。4月月初收入为7500元，不考虑其他因素，该企业4月份销售毛利为( )元。

→ 名师精心预测，模拟演练，助力通关

目录

第 1 部分　考情分析及学习方法

2020 年考情分析及学习方法 ……………………………………… 003
　一、有信心 ……………………………………………………… 003
　二、有目标 ……………………………………………………… 003
　三、有指南 ……………………………………………………… 003
　四、有分析 ……………………………………………………… 005
　五、有计划 ……………………………………………………… 006
　六、有网课 ……………………………………………………… 007
　七、有《押题册》………………………………………………… 007
　八、有证书 ……………………………………………………… 007

第 2 部分　应试指导及通关演练

第 1 章　会计概述

◎ 历年考情概况 …………………………………………………… 011
◎ 近年考点直击 …………………………………………………… 011
◎ 2020 年考试变化 ………………………………………………… 011
　　第一节　会计概念、职能和目标 ……………………………… 012
　　第二节　会计基本假设、会计基础和会计信息质量要求 …… 013
　　第三节　会计要素及其确认与计量 …………………………… 017
　　第四节　会计科目和借贷记账法 ……………………………… 027
　　第五节　会计凭证、会计账簿与账务处理程序 ……………… 040
　　第六节　财产清查 ……………………………………………… 052
　　第七节　财务报告 ……………………………………………… 055
◎ 通关演练 ………………………………………………………… 056
◎ 通关演练答案及解析 …………………………………………… 057
◎ 本章知识串联 …………………………………………………… 059

第 2 章　资产

- 历年考情概况 ··· 060
- 近年考点直击 ··· 060
- 2020 年考试变化 ··· 060
  - 第一节　货币资金 ·· 061
  - 第二节　应收票据、应收账款、其他应收款及预付款项 ······ 066
  - 第三节　交易性金融资产 ····································· 075
  - 第四节　存货 ·· 081
  - 第五节　固定资产 ··· 102
  - 第六节　无形资产和长期待摊费用 ·························· 116
- 通关演练 ·· 124
- 通关演练答案及解析 ··· 126
- 本章知识串联 ··· 128

第 3 章　负债

- 历年考情概况 ··· 130
- 近年考点直击 ··· 130
- 2020 年考试变化 ··· 130
  - 第一节　短期借款 ··· 131
  - 第二节　应付及预收款项 ····································· 133
  - 第三节　应付职工薪酬 ······································· 141
  - 第四节　应交税费 ··· 150
- 通关演练 ·· 164
- 通关演练答案及解析 ··· 166
- 本章知识串联 ··· 168

第 4 章　所有者权益

- 历年考情概况 …… 169
- 近年考点直击 …… 169
- 2020 年考试变化 …… 169
  - 第一节　实收资本（股本）…… 170
  - 第二节　资本公积 …… 175
  - 第三节　留存收益 …… 180
- 通关演练 …… 187
- 通关演练答案及解析 …… 189
- 本章知识串联 …… 191

第 5 章　收入、费用和利润

- 历年考情概况 …… 192
- 近年考点直击 …… 192
- 2020 年考试变化 …… 192
  - 第一节　收入 …… 194
  - 第二节　费用 …… 207
  - 第三节　利润 …… 218
- 通关演练 …… 232
- 通关演练答案及解析 …… 235
- 本章知识串联 …… 237

第 6 章　财务报表

- 历年考情概况 …… 240
- 近年考点直击 …… 240
- 2020 年考试变化 …… 240
  - 第一节　资产负债表 …… 242
  - 第二节　利润表 …… 250
  - 第三节　所有者权益变动表 …… 254
  - 第四节　附注 …… 255
- 通关演练 …… 256
- 通关演练答案及解析 …… 259
- 本章知识串联 …… 261

第 7 章　管理会计基础

- 历年考情概况 ··· 262
- 近年考点直击 ··· 262
- 2020 年考试变化 ····································· 262
  - 第一节　管理会计概述 ························· 262
  - 第二节　产品成本核算要求和一般程序 ········ 268
  - 第三节　产品成本的归集和分配 ··············· 270
  - 第四节　产品成本计算 ························· 292
- 通关演练 ··· 297
- 通关演练答案及解析 ································ 300
- 本章知识串联 ·· 302

第 8 章　政府会计基础

- 历年考情概况 ··· 304
- 近年考点直击 ··· 304
- 2020 年考试变化 ····································· 304
  - 第一节　政府会计概述 ························· 305
  - 第二节　政府单位会计核算 ···················· 309
- 通关演练 ··· 324
- 通关演练答案及解析 ································ 325
- 本章知识串联 ·· 326

第 3 部分　易错易混知识点辨析

2020 年易错易混知识点辨析 ·· 329

第 4 部分　考前预测试题

2020 年考前预测试题 ··· 337

- 预测试题（一） ····································· 337
- 预测试题（一）参考答案及详细解析 ··········· 344
- 预测试题（二） ····································· 349
- 预测试题（二）参考答案及详细解析 ··········· 356

考情分析及学习方法

智慧启航

世界上最快乐的事，莫过于为理想而奋斗。

——苏格拉底

2020 年考情分析及学习方法

"有福有喜，初级必胜"，一次性通过初级

——如何正确使用本书

各位考生小伙伴们：大家好！

在大家参加 2020 年初级会计职称考试之际，福喜老师想和大家一起探讨：如何让我们能一次性通过初级？

要想一次性通过初级，福喜老师认为大家需要做到以下"八有"。

一、有信心

首先信心在老师看来是最重要的。因为自信是成功的必要条件，是成功的源泉。自信也是发自内心的自我肯定与相信。相信自己一定能通过初级，我们的口号是"有福有喜，初级必胜"，每天早上起床您对着镜子喊三遍"有福有喜，初级必胜"，当您在复习碰到困难时或者想偷懒时，喊三遍"有福有喜，初级必胜"，当您喊三遍这个口号时，您会觉得有一种无形的魔力会督促着很自觉主动地去学习。晚上睡觉前您再喊三遍"有福有喜，初级必胜"，然后美美地做一场"通过初级考试的美梦"。

二、有目标

福喜老师 2017 年教的学员刘涛，本门课考了 100 分，2018 年教的学员熊亦，本门课考了 91 分，2019 年教的学员家乐考了 95 分，2020 年的您，该考多少分呢？在自己有信心的前提下，要是再给自己定一个小小的目标，就更加 Beautiful 啦。把目标写在本书的第一页，您可以定 90 分，也可以定 80 分，最低定 70 分，但是一定不要定 60 分，因为风险太大。这些只是结果，老师也希望同学们能好好享受学习带来的快乐。千里之行，始于足下，还是脚踏实地，一步一个脚印跟着老师夯实基础，对于打算以后在会计这个领域想越走越远的小伙伴们，将会受益终生。

如果您定了 90 分的目标，说明你是一个完美主义者。那么在做每章每节的习题时，就要务必要求自己做到正确率在 90% 以上，如果第一遍没有达到 90%，您应该在不看答案不查书的前提下再做一遍、两遍、三遍，正确率达到 90% 以上方可进入下一节。如果您能按照上面这个要求坚持执行下去，完美的结果将指日可待啦！

三、有指南

2020 年《初级会计实务·应试指南》（以下简称《指南》）是在继承 2019 年《指南》的基础上精益求精，为了给学员减负，锐减了 15% 的篇幅，知识总结更精炼，题目编写更经典。此书凝结了福喜老师 16 年的《初级会计实务》教学经验和积累，不知是老师花了多少个不眠之夜才编

写成的书。算是福喜老师的"最最最走心"的大作，满满的都是干货，也是考生们能顺利通过考试的"葵花宝典"。所以此书不是一本简单的书，更是倾注了吴老师满满的爱呀。希望同学们能格外珍惜。那么考生们该如何正确使用本书呢？

您应该结合本书的以下特点使用：

（1）用最通俗易懂的语言编写本书，这是为了让大家能把会计的专业知识转化为自己的生活常识，再转化为考试分数。

（2）本书每章知识点都是先从一个接地气的、通俗易懂的"案例导入"开始，例如：第一章的"案例导入"，有福和有喜每人出资10万元，成立北京发财有限责任公司，通过游喜福去应聘会计工作，引出会计的工作流程、会计的六大要素等等。又如：第三章的"案例导入"，通过女生从找对象、谈恋爱、到结婚的故事学习"消费税的十五个税目"等。这些"案例导入"让大家的学习变得不再那么枯燥乏味，似乎学习变成了一件有趣的事情，开心快乐中学习，学习变得"So Easy"，这种成就感是无法言语描述的，作为学霸的你懂的！当然考生您需要认真阅读"案例导入"，涉及考点的，一定要务必牢记。

（3）本书按"节"编写"考点详解"，这部分内容不仅仅是对教材重点内容的总结，还一脉相承采用福喜公司的"真实案例"讲解会计分录，"通过案例学初级会计"的感觉，是不是很好？大家一定要遮住答案哦，独立默写好会计分录（不要自欺欺人），一遍不行写两遍，两遍不行写三遍，直至百分百正确。这部分内容，还穿插了"提示""注意"等，主要为了帮助大家解决易"蒙"易错的知识点。同时，在重要考点之后附带例题，大家一定要认真完成每道题目，为了让大家养成独立做题的习惯，答案放在了解析后面。

（4）本书按"节"创新性编写"学霸总结"，全部采用表格化形式，在考点旁边都有注释考题的年份，如"银行存款余额调节表"（2016年、2014年判断题），表示这个考点在2016年和2014年都考了判断题，基本上考点旁边注释越多，考点就越重要，那么按照惯例推测也将列入今年的考点。

如果您真要问福喜老师：平时"背"什么？福喜老师可以确定以及肯定地告诉你：就是"学霸总结"，因为"学霸总结"几乎浓缩了所有的考点中的精华。

（5）本书按"节"编写"同步训练"，包括"百考多选题""单项选择题""多项选择题""判断题""不定项选择题"等。特别介绍一下福喜老师独创的"百考多选题"：什么是"百考多选题"呢，福喜老师编写的初衷是"百分之百会考试的一百道题"，把每节的考点编成1-2道"百考多选题"，每题的选项有A、B、C、D、E、F、G、H、I，甚至有的还有J、K等等，每个选项就是一个考点，后来编写完成发现不到一百道题，不过还是简称"百考多选题"，只能说浓缩的都是精华呀，同学们务必认认真真掌握每道题及每个选项。如果有考生会问：老师我很忙的，我没有多少时间做题，那老师回答您；如果您真的学习时间比较少，要做题，首选"百考多选题"。务必独立做完每道题目，再核对答案，做错的题目认真分析原因，一定要搞懂这些"错题"，并在这些"错题"前做个标记且最好能在24小时内重新做一遍。根据人的大脑记忆理论，这样做可以加深记忆，让你曾经的"错题"变为考试的"得分题"。

（6）本书按"章"编写"通关演练"，遵循"循序渐进"的学习规律，哪怕记住了每章的每个知识点，也不代表您真正理解此章知识，那么"通关演练"就是起到查漏补缺的效果哦，所以一定要做，只有通过强化"通关演练"的习题，一遍一遍地做，才能做到真正意义上掌握本章的内容。李大钊有一句名言"凡事都要脚踏实地地去做，不弛于空想，不骛于虚声，而唯以求真的态度作踏实的工夫。以此态度求学，则真理可明，以此态度工作，则功业可就"只要能保持这样踏实的学习态度,通过考试根本不在话下。

(7)本书总结历年"易错易混知识点辨析",若是周末,当你惬意地躺在摇椅上沐浴着阳光,手捧此书,做做易错习题,遇到不会做的时候,眺望一下窗外远处的美景,偶尔喝上一口"猫屎 Coffee"。整个人觉得心旷神怡,不懂的瞬间也想通了,有种柳暗花明又一村的 Feel! 情不自禁地也想哼起那首"让我们荡起双桨"估计你很快就会爱上这样的学习状态。要知道快乐的人学习效率是很高的!

(8)本书精心编写两套"考前预测试题",学完每章知识后,用两个小时不参考任何资料在安静"仿真考试"环境下完成,这样才会起到"模拟考试"的效果。

四、有分析

(一)考试基本情况分析

1. 考试时间

2020 年初级会计职称考试于 2020 年 5 月 9 日开始。

2. 考试形式

采用无纸化考试(机考)。

3. 2020 年考试题型题量预测

2020 年考试的题型题量及分数预测如下表:

题型	题量	每题分数	总分	平时做题得分建议
单项选择题	24 道	1.5 分	36 分	28.5 分以上
多项选择题	12 道	2 分	24 分	14 分以上
判断题	10 道	1 分	10 分	5.5 分以上
不定项选择题	15 道	2 分	30 分	22 分以上
合计	61 道		100 分	70 分以上

由上表所示,考试题型全部都是客观题,其中:

(1)单项选择题(单选题)。单选题难度最小,每道题 1.5 分,弱弱问一句,您以前的考试单选题是不是每道题都是 1 分,那为什么初级考试是每道题 1.5 分呢?相关部门把最简单的题定在 1.5 分一道,真的想"送"你通过! 各位考生,"机不可失,时不再来",请您抓住当下"送你通过"的好时机,务必一次性通过初级。单选题建议您正确率在 80% 以上,至少得 28.5 分以上。

(2)多项选择题(多选题)。多选题难度最大,每道题 2 分,四个选项,您只有完全答对才能得 2 分,否则为 0 分,您的数学不差,四个选项 ABCD 排列组合两个以上的可能性有 11 种:AB、AC、AD、BC、BD、CD、ABC、ABD、ACD、BCD、ABCD。您要得 2 分,成功的可能性只有一种,太难了,所以不要太难为自己,平时做题正确率在 60% 以上,得 14 分,已经不错了,真的不行,12 分也没关系。

(3)判断题。判断题难度与单选题相当,每道 1 分,共 10 道题,看似容易,因为只有两个选项,但是它的得分标准是答对一道得一分,答错一道"倒扣"0.5 分,不答不得分也不扣分。也就是说,10 道题全部答完:全部正确得 10 分,9 道正确不是 9 分,而是只得 8.5 分,8 道正确得 7 分,7 道正确得 5.5 分,有的考生说,我全部答错是不是得"−5 分"? NO,NO,NO,全部答错得 0 分。此题的不幸是要倒扣分,不幸中的万幸是扣光为止,不会殃及池鱼。如果您真的有水平全部答错，福喜老师教你一下，您可以得满分，怎么答呢？您这样，原来打"√"的答题时打"×"，原来打"×"的答题时打"√"，这不就满分了嘛。如果您10道题放弃2道，答8道，错2道，您可以得5分，放弃2道不得分也不扣分。

(4)不定项选择题。不定项选择题就是原来考试的大题，原来需要您写会计分录，现在不用了。表面上看似乎容易了，因为有的题您不会做可以蒙一个，其实您想真正做对，还是需要写分录的(草稿纸上)，否则很难答对。

此题共3个大题，每个大题5个小题，每个小题2分，共30分。得分规则比多选题要宽松，四个选项，选出1个或多个正确答案，比如正确答案为BCD，您选了BCD，得2分；如果选了B或C或D或BC或BD或CD，有分吗？有。您一定很好奇，这也有分？是的，有。它的得分标准是全答对得2分，少选按选项个数给分，每个给0.5分，答错了得0分。如果你选了B或C或D，答对一个，得0.5分；如果你选了BC或BD或CD，答对2个，得1分。但是如果您的答案里有A，那就得0分，这种题型属于要求没有那么完美，有时候残缺也是一种美。

(二)考试结构及分析

2020年《初级会计实务》考试共八章，近三年每章考试情况如下表：

章	标题	重要程度	近三年考试分数	归属内容	预计考试分数
第一章	会计基础	★★	8分左右	基础会计	8分左右
第二章	资产	★★★	20-30分	财务会计	70-75分
第三章	负债	★★	10分左右		
第四章	所有者权益	★★	10-15分		
第五章	收入、费用和利润	★★★	20-25分		
第六章	财务报表	★★	5-10分		
第七章	管理会计基础	★★★	10-13分	管理成本会计	15-20分
第八章	政府会计基础	★	5-6分	政府会计	

由上表所示，第二、五、七章是考试最重要的章节，也是考大题(不定项选择题)的必考章节，考生务必在理解的基础上牢记相关考点；第三、四、六章是考试比较重要的章节，也是考大题的可能章节，考生最好能掌握每个考点；第一、八章是考试的一般重要章节，不会考大题，考试需要多记忆相关考点。

五、有计划

常言道："预则立，不预则废"，意思是说凡事都要做计划。读书需要做计划，工作要做计划，考试更要做计划。对于即将参加2020年初级考试的同学们，让我们一起来制定一个可行的学习计划，并严格执行这个计划。

学习计划包括时间计划和内容计划两方面，分三轮进行。

第一轮，基础知识，全面学习，按节做题。2019年12月至2020年3月，每天学习2小时以上，用3个月以上的时间学完《指南》的第二部分，即牢固掌握每个考点、每道习题。

第二轮，重点知识，强化训练，逐章做题。2020年4月，每天学习3小时以上，第二遍认真复习每章知识，开始背诵《押题册》中的考点，把《指南》第一遍做错的题重新再做一遍，再做《押题册》中的每道经典题目，逐章掌握每个考点。

第三轮，串讲知识，冲刺背诵，模拟考试。2020年5月至考试前，每天学习4小时以上，狂背《押题册》中的重点，关注新浪微博"吴福喜"，老师会提供更精炼的背诵版考点（如考前20天版，考前1周版），同时至少在仿真状态下模拟考试3次，通过模拟考试查漏补缺、找到考试的感觉。福喜老师建议考生配套无纸化系统完成模拟题，这样可以让您的状态更接近考试。

以下是满分学员刘涛在学习第二章资产的一周计划，供您参考。

周	一	二	三	四	五	六	日	合计(备注)
学习内容计划	货币资金	应收票据应收账款	预付账款应收股利应收利息	其他应收款应收账款减值	交易性金融资产1	交易性金融资产2	前面所学知识复习	复习内容未完成需要下周完成
执行	完成	完成	未完成	完成	完成	完成	未完成	
学习时间计划	3小时	3小时	3小时	3小时	3小时	5小时	8小时	28小时
执行	3.5小时	3小时	2小时	4小时	4.5小时	5小时	7小时	29小时

没有最好，只有更好，适合自己才是真的好，建议同学们根据自身的学习习惯制定出一套适合自己的学习计划。（实在没有，可以向高分考生看齐）

六、有网课

福喜老师非常希望我们能见面，极力推荐你能上网听我的课程（首选2020年私教直播班，次选2020年超值精品班，如果你想双保险，两个班都报了）。课程与《指南》的关系是：你中有我，我中有你，两者相辅相成，缺一不可。

《指南》基本是我上课的讲义，拥有《指南》的朋友，不需要另外打印讲义。《指南》有大量的节习题、章习题和模拟题供你练习，如果你完全掌握《指南》的每道题，福喜老师坚信，2020年的初级考试你必能旗开得胜，马到成功。

课程是《指南》的升级，通过故事、图片、动画并伴随福喜老师声情并茂的讲解，如同看一部国际大片，津津乐道的欣赏，即将结束的那一刻，你可能都有种意犹未尽的感觉！不信你来体验一次，包你流连忘返，一定会对这门课程感兴趣。都说兴趣是最好的老师。还怕学不会吗？

七、有《押题册》

《押题册》是最近三年仅供内部学员使用的一本小册子，他们用了之后，都为这本册子点赞，有的考生说，这本册子让她提高了30分，还有的学员说，这本小册子让她在最后的学习阶段找到复习方向，直接为她通过考试奠定了基础。为了让更多的学员受益，今年应考生的强烈要求，我们正式出版了《押题册》，希望能真正的帮助你考过初级。亲爱的各位学员，让我们拭目以待，在考前2个月使用这本小册子，一定会让你的成绩突飞猛进。

八、有证书

我始终相信，你只要树立信心，多喊"有福有喜，初级必胜"的口号，明确考试目标，制定和严格执行学习计划，理解和记住考点，做完每节、每章习题和模拟题，应试方法得当，就一定能一次性通过考试，拿到证书。

最后福喜老师送大家几个字"书山有路勤为径"。学习如登山，没有捷径可走，只有靠自己不忘初心，砥砺前行。哪怕是考试也不太建议临时抱佛脚，希望大家要做到未雨绸缪，积水成源。最后祝福大家马到成功，谢谢！！！

吴福喜

2019 年 11 月于杭州西子湖畔

2020考试变化讲解

关于左侧二维码，你需要知道——

亲爱的读者，无论你是新进学员还是往届考生，本着"逢变必考"的原则，今年考试的变动内容你都需要重点掌握。扫描二维码，网校名师为你带来2020本科目考试变动解读，助你第一时间掌握重要考点。

第 2 部分

2020

应试指导及通关演练

智慧启航

执着追求并从中得到最大快乐的人，才是成功者。

——梭罗

第1章 会计概述

历年考情概况

本章是最基础的一章，题型覆盖单选题、多选题和判断题等。本章2019年考试分数为8分，2018年考试分数为9分，预计今年考试分值在8分-10分之间。

近年考点直击

考点	主要考查题型	考频指数	考查角度
会计概念、职能和目标	多选题	★	(1)会计基本职能；(2)会计拓展职能
会计基本假设	单选题	★	(1)会计基本假设内容；(2)会计主体假设
会计信息质量要求	单选题	★★	(1)可靠性；(2)谨慎性
会计要素及其确认与计量	单选题、多选题、判断题	★★★	(1)资产的确认；(2)负债的确认；(3)会计计量属性的定义、应用；(4)交易事项对会计等式的影响
会计科目和借贷记账法	单选题、多选题、判断题	★★	(1)会计科目的分类；(2)借贷记账法的账户结构；(3)借贷记账法下的试算平衡
会计凭证、会计账簿与账务处理程序	单选题、多选题、判断题	★★	(1)原始凭证填制的基本要求、种类、更正；(2)会计账簿的分类、格式与登记方法；(3)错账更正方法；(4)科目汇总表账务处理程序
财产清查	多选题	★	财产清查的分类与方法

2020年考试变化

本章内容无实质性变化。

【案例导入】

2019年1月1日，有福和有喜每人出资10万元，成立北京福喜发财有限责任公司。有喜任总经理，有福任副总经理。

2019年1月5日，刚刚考取初级会计职称的游喜福到公司来应聘会计。

有福：请问一下会计的工作流程？

游喜福：先填制会计凭证，后根据会计凭证登记账簿，最后根据账簿编制报表，即会计通常说的"证、账、表"。

有喜：会计凭证、账簿和报表的内容有哪些？

游喜福：会计凭证包括原始凭证和记账凭证；账簿包括会计登记的总分类账和明细分类账，出纳登记的现金日记账和银行存款日记账；报表包括资产负债表、利润表、现金流量表、所有者权益变动表和附注。

有福：会计有哪几个要素？有哪几类会计科目？

游喜福：会计有六大会计要素，其实就是两大等式：资产=负债+所有者权益，收入-费用=利润。会计科目类别主要有：资产类、负债类、所有者权益类、损益类、成本类和共同类。

有喜：你回答得很好，你被录取了。

后来，有福、有喜又成立了杭州有福网红有限责任公司和上海有喜出名有限责任公司。

本书的案例主要围绕福喜公司、有福公司和有喜公司的业务开展。

第一节 会计概念、职能和目标

扫我解疑难

考点详解

会计概念、职能和目标★★*

表1-1 会计概念、职能和目标

概念	以货币为主要计量单位；完整的、连续的、系统的核算和监督；经济管理工作		
职能	基本职能	核算职能：确认、计量、记录、报告(最基本的职能)	
		监督职能：审查企业会计核算真实性、合法性和合理性(2019年、2018年多选题)	
		核算是基础，监督是质量保障	
	拓展职能	预测经济前景、参与经济决策、评价经营业绩(2018年多选题)	
目标	向报告使用者提供财务状况、经营成果和现金流量的信息，反映企业管理层受托责任履行情况		

【例题1·判断题】会计以货币为计量单位，货币是唯一的计量单位。（ ）

解析▶ 会计以货币为主要计量单位，但货币不是唯一的计量单位。 答案▶ ×

【例题2·单选题】会计人员在进行会计核算的同时，对特定主体经济活动和相关会计核算的真实性、合法性、合理性进行审查称为（ ）。

A. 会计反映职能　B. 会计核算职能
C. 会计监督职能　D. 会计分析职能
答案▶ C

【例题3·判断题】会计目标是要求会计工作完成的任务或达到的标准。（ ）
答案▶ √

同步训练 限时5min

一、单项选择题

下列各项中，不属于会计核算具体内容的是（ ）。
A. 收入的计算
B. 财务成果的计算
C. 资本、基金的增减
D. 会计计划的制定

二、多项选择题

1.（2019年）下列各项中，关于会计职能的表述正确的有（ ）。
A. 监督职能是核算职能的保障
B. 核算与监督是基本职能

关于"扫我解疑难"，你需要知道——

亲爱的读者，下载并安装"中华会计网校"APP，扫描对应二维码，即可获赠知识点概述分析及知识点讲解视频（前10次试听免费），帮助夯实相关考点内容。若想获取更多的视频课程，建议选购中华会计网校辅导课程。

---

* ★表示了解，★★表示熟悉，★★★表示掌握。

C. 核算职能是监督职能的基础

D. 预测经济前景、参与经济决策和评价经营业绩是拓展职能

2. (2018年)下列有关会计职能的表述中,正确的有( )。

A. 评价经营业绩是会计的拓展职能

B. 会计核算是会计的基本职能

C. 会计监督是会计核算的质量保障

D. 预测经济前景是会计的基本职能

3. 以下关于会计目标的说法正确的有( )。

A. 会计目标是要求会计工作完成的任务或达到的标准

B. 会计目标是向财务会计报告使用者提供与企业财务状况、经营成果和现金流量等有关的会计信息

C. 会计目标是反映企业管理层受托责任履行情况

D. 会计目标有助于财务报告使用者作出经济决策

三、判断题

核算和监督两项基本会计职能是相辅相成、辩证统一的关系。会计核算是会计监督的基础和保障,没有核算所提供的各种信息,监督就失去了依据。( )

同步训练答案及解析

一、单项选择题

D 【解析】会计核算的具体内容:(1)款项和有价证券的收付;(2)财物的收发、增减和使用;(3)债权、债务的发生和结算;(4)资本、基金的增减;(5)收入、支出、费用、成本的计算;(6)财务成果的计算和处理;(7)需要办理会计手续、进行会计核算的其他事项。

二、多项选择题

1. ABCD 【解析】会计核算与会计监督相辅相成、辩证统一。会计核算是会计监督的基础,没有核算提供的各种信息,监督就失去了依据;会计监督又是会计核算质量的保障,只有核算没有监督,核算提供信息的质量就难以保证。

2. ABC 【解析】选项D,评价经营业绩、参与经济决策和预测经济前景是会计的拓展职能。

3. ABCD

三、判断题

× 【解析】会计核算是会计监督的基础,会计监督是会计核算的保障。

第二节 会计基本假设、会计基础和会计信息质量要求

扫我解疑难

考点详解

一、会计基本假设

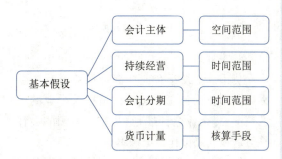

图1-1 会计基本假设

1. 会计主体

会计主体是会计工作服务的特定对象,是企业会计确认、计量和报告的空间范围。

会计主体类似于我们画个圈(不是画个圈圈诅咒你),会计的工作只能在圈内行动。

图1-2 会计主体范围

2. 持续经营

持续经营是指在可以预见的未来,企业不会停业。该假设明确了会计核算的时间范围。

持续经营相当于我们画条射线，只有起点，没有终点。

图1-3 持续经营

3. 会计分期

会计分期是指把持续经营划分为一个个连续的、长短相同的期间。

会计分期相当于把上面的射线等距离分成线段。

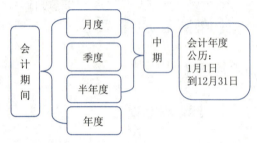

图1-4 会计分期

图1-5 会计期间

4. 货币计量

货币计量是指企业在会计核算过程中要采用货币作为计量单位，记录报告企业的经营情况。《企业会计准则》规定，我国的会计核算应以人民币作为记账本位币。

【例题1·单选题】（2019年）下列各项中，属于对企业会计核算空间范围所作的合理假设的是（　　）。

A. 会计主体　　B. 会计分期
C. 货币计量　　D. 持续经营

解析 ▶ 会计主体，是指会计工作服务的特定对象，是企业会计确认、计量和报告的空间范围。
答案 ▶ A

二、会计基础

【案例1】福喜公司2019年11月11日销售一批商品给乙，货款50万元，当日收到30万元存入银行，2020年5月收到余款20万元。2019年11月应该确认多少收入？2020年5月应该确认多少收入？

时段	权责发生制	收付实现制
2019年11月	50万元	30万元
2020年5月	0	20万元

【案例2】福喜公司2019年12月预付2020年全年的上网流量费，共支付12万元。2019年12月应该确认多少费用？2020年1月应该确认多少费用？

时段	权责发生制	收付实现制
2019年12月	0	12万元
2020年1月	（12万元/12个月）1万元	0

1. 权责发生制

会计核算过程中，企业以取得收款权利或承担支付款项义务为确认会计要素的依据，即：收入、费用的确认看买卖的发生，收入的确认是看"卖"的归属期，费用的确认是看"买"的归属期，均不是根据实际收到或支付现金的具体时间点来确定。

2. 收付实现制

确认收入和费用的标准是实际收到或支付现金(看现金的收付)，即：收入的确认看"收到钱"的具体时点，费用的确认看"支付钱"的具体时点。

3. 使用范围

（1）企业会计：采用权责发生制。

（2）政府会计：预算会计一般采用收付实现制；财务会计采用权责发生制。

【例题2·单选题】某会计主体12月份的短期租入办公用楼租金为60万元，用银行存款支付10万元，剩余50万元尚未支付。按照权责发生制和收付实现制，其在12月份分别应确认的费用为（　　）。

A. 10万元，60万元
B. 60万元，0万元
C. 60万元，50万元
D. 60万元，10万元

答案 ▶ D

三、会计信息质量要求

会计信息质量要求主要包括：可靠性(真

实性)、及时性、重要性、实质重于形式、相关性、可理解性(明晰性)、可比性和谨慎性。

『速记』会计信息的质量要求:"两石两重,湘西比景"。

『解释』两石:真实性(可靠性)和及时性,谐音为"石";两重:重要性和实质重于形式;湘西比景:相关性的"相"、明晰性(可理解性)的"晰",可比性的"比",谨慎性的"谨""相""晰"和"谨"的谐音为"湘、西、景""湘西比景"的意思为湖南的西部比风景。

1. 可靠性

可靠性要求企业应当以实际发生的交易或者事项为依据进行确认、计量和报告,如实反映符合确认和计量要求的各项会计要素及其他相关信息,保证会计信息 真实可靠、内容完整。

2. 相关性

相关性要求企业提供的会计信息应当与财务会计报告使用者的 经济决策需要相关,有助于财务会计报告使用者对企业过去和现在的情况作出评价,对未来的情况作出预测。

3. 可理解性

可理解性要求企业提供的会计信息应当清晰明了,便于财务会计报告使用者理解和使用。

4. 可比性

可比性要求企业提供的会计信息应当相互可比,保证同一企业不同时期可比、不同企业相同会计期间可比。

【例题3·单选题】同一企业不同时期发生的相同或相似的交易或事项,应当采用一致的会计政策,不得随意变更。确需变更的,应当在附注中说明。这体现的会计信息质量要求是( )。

A. 可比性　　　　B. 及时性
C. 相关性　　　　D. 实质重于形式

解析 ▶ 可比性要求包括纵向可比和横向可比。纵向可比是指同一企业不同时期发生的相同或相似的交易或事项,应当采用一致的会计政策,不得随意变更。确需变更的,

应当在附注中说明。

答案 ▶ A

5. 实质重于形式

实质重于形式要求企业应当按照交易或者事项的 经济实质 进行会计确认、计量和报告,不应仅以交易或者事项的 法律形式 为依据。

6. 重要性

重要性要求企业提供的会计信息应当反映与企业财务状况、经营成果和现金流量有关的所有重要交易或者事项。

重要性的应用依赖于职业判断,从项目的性质(质)和金额大小(量)两方面判断。

7. 谨慎性

谨慎性要求企业对交易或者事项进行会计确认、计量和报告时保持应有的谨慎,不应高估资产或者收益,不应低估负债或者费用。

例如:要求企业对可能发生的资产减值损失计提资产减值准备(对应收账款计提坏账准备)、对售出商品可能发生的保修义务确认预计负债等。

【例题4·单选题】下列关于谨慎性要求运用正确的是( )。

A. 对售出商品可能发生的保修义务未确认预计负债

B. 高估资产或收益

C. 对可能发生的各项资产损失,按规定计提资产减值准备

D. 少计负债或费用

答案 ▶ C

8. 及时性—信息的 时效性

及时性要求企业对于已经发生的交易或者事项,应当及时进行确认、计量和报告,不得提前或者延后。

会计核算过程中的及时性包括:
(1)及时收集会计信息;
(2)及时处理会计信息;
(3)及时传递会计信息。

【例题5·多选题】下列各项中,属于会计信息质量要求的有( )。

A. 权责发生制　　B. 可靠性
C. 可比性　　　　D. 历史成本

解析 选项A属于会计基础；选项D属于会计要素计量属性。 **答案** BC

『学霸总结』会计基本假设与会计信息质量要求★★★

会计基本假设（2019年单选题）	会计主体	空间范围（2019年单选题）	○
	持续经营	时间范围	→
	会计分期	将持续经营划分为一个个连续的、长短相同的期间；时间范围	├─┼─┼─→
	货币计量	会计核算应以人民币作为记账本位币	—
会计信息质量要求	谨慎性（2019年、2018年单选题）	"两石两重，湘西比景" 不应高估资产或者收益，不应低估负债或者费用	如：计提资产减值准备、对售出商品的保修义务确认预计负债

同步训练 限时10min

一、单项选择题

1. （2019年）下列各项中，不属于企业会计基本假设的是（ ）。
   A. 货币计量   B. 会计主体
   C. 实质重于形式 D. 持续经营

2. （2019年、2018年）企业对零售商品可能发生的保修义务确认预计负债体现的是（ ）。
   A. 可比性   B. 谨慎性
   C. 实质重于形式 D. 重要性

3. （2019年）企业对可能承担的环保责任确认为预计负债，体现的会计信息质量要求是（ ）。
   A. 谨慎性   B. 可比性
   C. 重要性   D. 相关性

4. 企业应当按照交易或者事项的经济实质进行会计确认、计量和报告，不仅仅以交易或者事项的法律形式为依据，其所体现的会计信息质量要求是（ ）。
   A. 可靠性   B. 实质重于形式
   C. 可比性   D. 谨慎性

5. 在遵循会计核算的基本原则，评价某些项目的（ ）时，很大程度上取决于会计人员的职业判断。
   A. 真实性   B. 完整性
   C. 重要性   D. 可比性

二、多项选择题

1. （2018年）下列各项中，关于企业会计信息可靠性表述正确的有（ ）。
   A. 企业应当保持应有的谨慎，不高估资产或者收益、低估负债或费用
   B. 企业提供的会计信息应当相互可比
   C. 企业应当保证会计信息真实可靠、内容完整
   D. 企业应当以实际发生的交易或事项为依据进行确认、计量和报告

2. 目前，我国政府会计可采用的会计基础有（ ）。
   A. 持续经营   B. 权责发生制
   C. 货币计量   D. 收付实现制

3. 我国《企业会计准则》规定的会计信息质量要求包括（ ）。
   A. 可靠性   B. 相关性
   C. 重要性   D. 完整性

三、判断题

1. 《企业会计准则》规定，会计的确认、计量和报告应当以权责发生制为基础。（ ）

2. 收付实现制是以收取或支付的现金作为确认收入和费用的依据。（ ）

同步训练答案及解析

一、单项选择题

1. C 【解析】选项C,属于企业会计信息质量要求。

2. B 【解析】企业对售出商品可能发生的保修义务确认预计负债、对可能承担的环保责任确认预计负债等,都体现了会计信息质量的谨慎性要求。

3. A

4. B 【解析】这是会计信息质量要求"实质重于形式"的定义解释。

5. C

二、多项选择题

1. CD 【解析】选项A,属于会计信息谨慎性要求;选项B,属于会计信息可比性要求。

2. BD 【解析】政府会计由预算会计和财务会计构成。其中,预算会计一般采用收付实现制,财务会计采用权责发生制。

3. ABC 【解析】《企业会计准则》规定的会计信息质量要求包括可靠性、相关性、可比性、可理解性、实质重于形式、重要性、谨慎性和及时性。

三、判断题

1. √
2. √

第三节 会计要素及其确认与计量

扫我解疑难

考点详解

【案例1】2020年1月1日,有福和有喜每人出资5万元,成立北京福喜发财有限责任公司,此时,福喜公司会计等式为:

资产(10万元)= 所有者权益(10万元)

福喜公司向银行借款5万元,此时,会计等式变为:

资产(10万元+5万元)= 负债(5万元)+所有者权益(10万元)

请考生牢记该等式提供的6条信息:

(1)是某一日期(**时点**)的会计要素;
(2)表现资金运动的相对静止状态,称为**静态**会计要素;
(3)反映企业的**财务状况**;
(4)是编制**资产负债表**的依据;
(5)是会计上的**第一等式**;
(6)是**复式记账法**的理论基础。

福喜公司经过一个月运营,收入、费用、利润如下:

收入(20万元)- 费用(10万元)= 利润(10万元)

请考生牢记该等式提供的5条信息:

(1)是某一**时期**的会计要素;
(2)表现资金运动的显著变动状态,称为**动态**会计要素;
(3)反映企业的**经营成果**;
(4)是编制**利润表**的依据;
(5)是会计上的**第二等式**。

一、会计要素及其确认条件

财务状况要素:资产、负债和所有者权益。请考生牢记资产负债表(简表),详见第二章资产【案例导入】。

经营成果要素:收入、费用和利润。请考生牢记利润表,详见第五章收入、费用和利润【案例导入】。

(一)资产

1. 资产的定义

资产是指企业**过去的交易**或者事项形成的,由企业**拥有或者控制**的,预期会给企业带来**经济利益**的资源。

企业虽然不拥有所有权,但能够控制的,也作为企业资产。

2. 资产的确认条件

(1)与该资源有关的经济利益**很可能流入**企业。
(2)该资源的成本或价值能够**可靠地计量**。

【例题1·单选题】(2019年)下列各项

中，企业应确认为资产的是（　　）。

A. 月末发票账单未到按暂估价值入账的已入库原材料

B. 自行研发专利技术发生的无法区分研究阶段和开发阶段的支出

C. 已签订采购合同尚未购入的生产设备

D. 行政管理部门发生的办公设备日常修理费用

解析 ▶ 选项 BD，应记入"管理费用"科目；选项 C，不用进行账务处理。　　**答案** ▶ A

（二）负债

1. 负债的定义

负债是指企业**过去的交易或者事项**形成的，预期会导致**经济利益流出**企业的**现时义务**。

负债的定义包含负债的三个特征。

2. 负债的确认条件

（1）与该义务有关的经济利益很**可能流出**企业。

（2）未来流出的经济利益的金额能够**可靠地计量**。

【例题2·判断题】（2019年）某企业将一项符合负债定义的现时义务确认为负债，要满足两个条件，与该义务有关的经济利益很可能流出企业和未来企业流出的经济利益的金额能够可靠计量。（　　）

答案 ▶ √

（三）所有者权益

【案例2】承【案例1】，有福和有喜每人出资5万元，则公司的"实收资本"为10万元。7月1日，金八打算加入该公司，与有福、有喜谈妥投入15万元占有1/3股份，则公司新增"实收资本"5万元，多余的10万元属于资本溢价记入"资本公积"。

12月31日，公司赚取净利润10万元，根据公司法规定，应按净利润的10%提取法定盈余公积1万元。同时，公司决定提取任意盈余公积2万元，向股东分配利润3万元。则公司账面的"盈余公积"为3万元（3=1+2），"未分配利润"为4万元（4=10-1-2-3），"留存收益"（留存在企业的收益）为7万元（7=3+4 或者 7=10-3）。

所有者权益包括：实收资本（或股本）、资本公积、其他综合收益、其他权益工具、盈余公积、未分配利润等项目。

【例题3·多选题】下列项目中属于所有者权益的有（　　）。

A. 土地使用权

B. 实收资本

C. 资本公积

D. 其他综合收益

答案 ▶ BCD

（四）收入

1. 定义

收入是指企业在日常活动中形成的、会导致所有者权益增加的、与所有者投入资本无关的经济利益的总流入。

2. 确认条件

【案例3】福喜公司销售一套商品房给有福公司，先签订合同后付款，福喜公司如何确认收入？

上述合同同时满足以下条件时，福喜公司应在客户取得商品**控制权**时确认收入：

（1）合同各方（福喜公司和有福公司）已**批准该合同并承诺履行各自义务**；

（2）该合同明确了合同各方与所转让商品或提供劳务相关的**权利和义务**；

（3）该合同有明确的与所转让商品或提供劳务相关的**支付条款**；（首付3成，剩余7成贷款）

（4）该合同具有**商业实质**，即履行该合同将改变未来现金流量的风险、时间分布或金额（福喜公司与有福公司在做生意）；

（5）企业因向客户转让商品或提供劳务而有权取得的**对价很可能收回**（福喜公司确认有福公司的钱能够收到）。

（五）费用

1. 定义

费用是指企业在**日常活动**中发生的、会导致**所有者权益减少**的、与**向所有者分配利润无关**的经济利益的总流出。

2. 费用的确认条件

(1) 与费用相关的经济利益应当**很可能流出**企业；

(2) 会导致企业**资产减少或者负债增加**；

(3) 流出额能够**可靠计量**。

3. 费用的构成

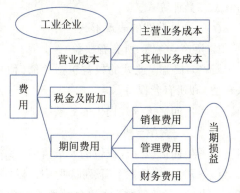

图 1-6　费用的构成

【例题 4·单选题】费用是指企业为销售产品、提供服务而发生的(　)。

A. 经济利益的总流出

B. 经济利益的增加

C. 经济利益的总流入

D. 经济利益的分配

答案▶A

(六) 利润

利润是指企业在一定会计期间的经营成果。

收入-费用+利得-损失=利润

『链接』日常活动：收入（主营业务收入、其他业务收入）-费用

非日常活动：利得（如营业外收入）-损失（如营业外支出）

『注意』营业外收入不属于"收入"，营业外支出不属于"费用"。

『链接』利得与损失

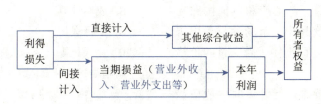

图 1-7　利得与损失

【例题 5·多选题】下列各项中，影响利润的因素有(　)。

A. 收入

B. 直接计入当期利润的利得

C. 直接计入当期利润的损失

D. 费用

答案▶ABCD

二、会计要素计量属性及其应用原则

1. 历史成本

历史成本即**实际成本**，是取得或制造某项财产物资的成本（现金或现金等价物）。

2. 重置成本

重置成本是指当前市场条件下，**重新取得同样**一项资产所需支付的成本（现金或现金等价物）。会计上一般在盘盈存货和盘盈固定资产时采用重置成本。

【例题 6·单选题】资产按照现在购买相同或者相似资产所需支付的现金或者现金等价物的金额计量体现的会计计量属性是(　)。

A. 历史成本　　B. 重置成本

C. 公允现值　　D. 现值

【解析】重置成本，是指当前市场条件下，重新取得同样一项资产所需支付的现金或现金等价物金额。

答案▶B

3. 可变现净值

【案例 4】某保温杯生产企业生产了一个保温杯的瓶身，盖子还没有生产，经过市场调查发现这个杯子的预计售价为 100 元，销售杯子的费用为 5 元，相关税费为 3 元，该企业生产杯盖还要花 20 元，问这个瓶身值多少钱？

【分析】杯子的可变现净值=100-5-3=

92(元)

瓶身的可变现净值 = 100 - 5 - 3 - 20 = 72(元)

可变现净值是指在正常生产经营过程中，以预计售价减去进一步加工的成本和预计销售费用以及相关税费后的净值。

可变现净值 = 预计售价 - 销售费用 - 相关税费 - 进一步加工成本

4. 现值

【案例5】王某现在存入银行一笔钱，他想在一年后从银行取出 101.75 元，假设银行的一年期利率为 1.75%。

【分析】现值 = 101.75/(1 + 1.75%) = 100(元)

现值是指以恰当的折现率对未来现金流量进行折现后的价值，需要考虑货币时间价值。

5. 公允价值

在公允价值计量下，资产和负债按照在交易日发生的<u>有序交易</u>中，市场参与者出售资产所能收到或者转移负债所需支付的价格计量。

企业在对会计要素进行计量时一般应当采用<u>历史成本</u>计量属性。采用重置成本、可变现净值、现值、公允价值计量的，应当保证所确定的会计要素金额能够取得并可靠计量。

【例题7·单选题】企业在对会计要素进行计量时，一般应当采用（　　）。

A. 历史成本
B. 重置成本
C. 可变净现值
D. 现值

答案 ▶ A

三、会计等式

(一)会计等式的表现形式

1. 资产 = 负债 + 所有者权益

资产 = 权益，此处的权益包括负债(债权人权益)和所有者权益。

请考生回忆该等式提供的 6 条信息。

2. 收入 - 费用 = 利润

请考生回忆该等式提供的 5 条信息。

【例题8·多选题】下列选项中，以"资产 = 负债 + 所有者权益"这一会计恒等式为理论依据的有（　　）。

A. 编制资产负债表
B. 成本计算
C. 平行登记
D. 复式记账

解析 ▶ 编制资产负债表和复式记账以"资产 = 负债 + 所有者权益"这一会计恒等式为理论依据。

答案 ▶ AD

(二)交易或事项对会计等式的影响

【案例6】假设有喜公司 2020 年 1 月 1 日拥有资产 150000 元，其中负债为 50000 元，所有者权益为 100000 元。

项目	资产	=	负债	+	所有者权益
期初余额	150000		50000		100000

2020 年 1 月份发生如下经济业务：

(1)1 月 5 日，向银行提取现金 400 元备用。

项目	资产	=	负债	+	所有者权益	对资产总额影响
业务发生前余额	150000		50000		100000	
业务(1)	+400 -400					不变
业务发生后余额	150000		50000		100000	

(2) 1月8日,从龙飞公司购进价值6000元的原材料,货款未付。

项目	资产	=	负债	+	所有者权益	对资产总额影响
业务发生前余额	150000		50000		100000	
业务(2)	+6000		+6000			增加
业务发生后余额	156000		56000		100000	

(3) 1月10日,收到金八交来银行存款150000元,作为对本公司的投资。

项目	资产	=	负债	+	所有者权益	对资产总额影响
业务发生前余额	156000		56000		100000	
业务(3)	+150000				+150000	增加
业务发生后余额	306000		56000		250000	

(4) 1月11日,以银行存款20000元偿还短期借款。

项目	资产	=	负债	+	所有者权益	对资产总额影响
业务发生前余额	306000		56000		250000	
业务(4)	−20000		−20000			减少
业务发生后余额	286000		36000		250000	

(5) 1月25日,按法定程序报经批准,以银行存款8000元退还个人投资款。

项目	资产	=	负债	+	所有者权益	对资产总额影响
业务发生前余额	286000		36000		250000	
业务(5)	−8000				−8000	减少
业务发生后余额	278000		36000		242000	

(6) 1月26日,向银行申请,经银行同意将短期借款30000元转作长期借款。

项目	资产	=	负债	+	所有者权益	对资产总额影响
业务发生前余额	278000		36000		242000	
业务(6)			+30000 −30000			不变
业务发生后余额	278000		36000		242000	

(7) 1月28日,按规定将盈余公积10000元转增投资者资本。

项目	资产	=	负债	+	所有者权益	对资产总额影响
业务发生前余额	278000		36000		242000	
业务(7)					+10000 −10000	不变
业务发生后余额	278000		36000		242000	

(8) 1月29日,按规定计算出应付给投资者利润12000元。

项目	资产	=	负债	+	所有者权益	对资产总额影响
业务发生前余额	278000		36000		242000	
业务(8)			+12000		−12000	不变
业务发生后余额	278000		48000		230000	

(9)1月30日,经双方协商一致,将应偿还给阳光公司的货款18000元转作其对本企业的投资。

项目	资产	=	负债	+	所有者权益	对资产总额影响
业务发生前余额	278000		48000		230000	
业务(9)			−18000		+18000	不变
业务发生后余额	278000		30000		248000	

(10)上述业务对会计等式的影响汇总。

会计等式变动表(2019年、2018年单选题,特别喜欢考核资产负债同时增加或减少)

序号	资产	=	负债	+	所有者权益	对资产总额影响
(1)	增加、减少					不变
(2)	增加		增加			增加
(3)	增加				增加	增加
(4)	减少		减少			减少
(5)	减少				减少	减少
(6)			增加、减少			不变
(7)					增加、减少	不变
(8)			增加		减少	不变
(9)			减少		增加	不变

总之,每一项经济业务的发生,会引起等式的一边或两边等量变化,但不会影响等式的平衡关系。

『学霸总结』会计等式、会计要素、会计计量属性★★★

会计等式	资产=负债+所有者权益		(1)某一日期(时点);(2)静态;(3)财务状况;(4)编制资产负债表(背简表)的依据;(5)第一等式;(6)复式记账法的理论基础
	收入−费用=利润		(1)某一时期;(2)动态;(3)经营成果;(4)编制利润表(背简表)的依据;(5)第二等式
会计要素	资产		资产是指企业过去的交易或者事项形成的,由企业拥有或者控制的,预期会给企业带来经济利益的资源
		确认条件	(1)与该资源有关的经济利益很可能流入企业
			(2)该资源的成本或价值能够可靠地计量
	负债(2019年判断题)		负债是指企业过去的交易或者事项形成的,预期会导致经济利益流出企业的现时义务
		确认条件	(1)与该义务有关的经济利益很可能流出企业
			(2)未来流出的经济利益的金额能够可靠地计量

会计要素	所有者权益	实收资本、资本公积、其他综合收益、其他权益工具；留存收益＝盈余公积+未分配利润
	收入	收入是指企业在日常活动中形成的、会导致所有者权益增加的、与所有者投入资本无关的经济利益的**总流入**
		会导致企业资产增加或者负债减少
	费用	会导致企业资产减少或者负债增加
	利润	**收入−费用+利得−损失＝利润** 『注意』营业外收入不属于"收入"，营业外支出不属于"费用"
计量属性	历史成本、重置成本、可变现净值、现值、公允价值	
	可变现净值	预计售价−进一步加工的成本−预计销售费用−相关税费
	公允价值	在公允价值计量下，资产和负债按照在交易日发生的**有序交易**中，市场参与者**出售资产所能收到**或者**转移负债所需支付**的**价格**计量
	一般采用**历史成本**。采用**重置成本**、**可变现净值**、**现值**、**公允价值计量**的，应当保证所确定的**会计要素金额能够取得并可靠计量**	

同步训练 限时40min

一、百考多选题

下列关于会计等式的变化，正确的有( )。

A. 从银行提取现金，会导致资产总额增加
B. 从银行借入短期借款，会导致资产总额增加
C. 以银行存款购买原材料，会导致资产总额增加
D. 以银行存款偿还银行借款，会导致资产总额增加
E. 开出商业承兑汇票购入固定资产，会导致资产总额增加
F. 接受投资者投入机器设备，会导致资产负债同时增加
G. 以资本公积转增股本，会导致所有者权益增加
H. 宣告分配现金股利，会导致所有者权益减少

二、单项选择题

1. (2019年)下列各项中，关于以银行存款偿还所欠货款业务对会计要素影响的表述正确的是( )。

A. 一项负债增加，另一项负债等额减少
B. 一项资产与一项负债等额减少
C. 一项资产增加，另一项资产等额减少
D. 一项资产与一项负债等额增加

2. (2019年)下列各项中，会导致资产总额发生变动的是( )。

A. 以资本公积转增股本
B. 从银行提取现金
C. 宣告分配现金股利
D. 从银行借入短期借款

3. (2019年)下列各项中，导致企业资产与负债同时减少的是( )。

A. 接受投资者投入机器设备
B. 以银行存款购买原材料
C. 从银行提取现金
D. 以银行存款偿还银行借款

4. (2018年)下列各项中，企业确认盘盈固定资产初始入账价值所采用的会计计量属性是( )。

A. 可变现净值　　B. 重置成本
C. 现金　　　　　D. 公允价值

5. (2018年)将无力支付的商业承兑票据转为企业的应付账款,对会计等式的影响是( )。

   A. 一项资产减少一项负债减少
   B. 一项负债减少一项所有者权益减少
   C. 一项资产增加一项负债增加
   D. 一项负债增加一项负债减少

6. 反映企业经营成果的会计要素,也称为动态会计要素,构成利润表的基本框架。下列不属于动态会计要素的是( )。

   A. 收入   B. 成本
   C. 费用   D. 利润

7. 某企业生产电脑,已经生产的半成品账面价值为4000元,预计进一步加工需要投入800元,对外销售需要发生相关税费400元,经过调查发现该电脑市场售价为5000元。则该半成品的历史成本和可变现净值分别是( )。

   A. 3800元;4000元
   B. 4000元;3800元
   C. 4600元;4000元
   D. 4200元;3800元

8. 某人2018年12月31日有存款100000元,年利率为10%,这笔钱在2018年1月1日的现值是( )元。

   A. 10000   B. 100000
   C. 90909.09   D. 90000

9. 下列经济业务中,会引起资产和所有者权益同时增加的是( )。

   A. 收到银行借款并存入银行
   B. 收到投资者投入的作为出资的原材料
   C. 以转账支票归还长期借款
   D. 提取盈余公积

10. 某公司资产总额为60000元,负债总额为30000元,以银行存款20000元偿还短期借款,并以银行存款15000元购置设备。上述业务入账后该公司的资产总额发生变化,则月末资产总额为( )元。

    A. 30000   B. 40000
    C. 25000   D. 15000

11. 某企业月初资产总额为50万元,本月发生下列业务:(1)向银行借款30万元存入银行;(2)用银行存款购买材料2万元;(3)收回应收账款8万元存入银行;(4)以银行存款偿还借款6万元。则月末资产总额为( )万元。

    A. 80   B. 74
    C. 82   D. 72

三、多项选择题

1. (2018年)下列各项中,引起企业资产总额增加的经济业务有( )。

   A. 以银行存款偿还前欠货款
   B. 收到投资者投入的设备
   C. 收回异地采购外埠存款专户结余款项
   D. 从银行借入短期借款

2. (2018年)下列各项中,引起企业资产和负债要素同时发生增减变动的经济业务有( )。

   A. 收到股东投资款
   B. 以盈余公积转增股本
   C. 从银行借入短期借款
   D. 以银行存款归还前欠货款

3. 企业在对会计要素进行计量时,采用( )计量的,应当保证所确定的会计要素金额能够取得并可靠计量。

   A. 重置成本   B. 现值
   C. 公允价值   D. 可变现净值

4. 以下属于资产特征的有( )。

   A. 资产是企业拥有或控制的资源
   B. 资产是企业承担的现时义务
   C. 预期给企业带来经济利益
   D. 资产由企业过去的交易或者事项形成

5. 以下属于会计计量属性的有( )。

   A. 可变现净值   B. 重置成本
   C. 权责发生制   D. 历史成本

6. 下列属于所有者权益构成内容的有( )。

   A. 资本公积   B. 盈余公积
   C. 实收资本   D. 未分配利润

7. "资产=负债+所有者权益"等式( )。

   A. 是某一时期的要素

B. 表现资金运动的相对静止状态
C. 反映企业的财务状况
D. 是编制资产负债表的依据

8. 关于等式"收入－费用＝利润"的表述中不正确的有(   )。
   A. 这一会计等式可称为第二会计等式，是资金运动的静态表现
   B. 收入大于费用则表示产生了利润，两者的差额即为利润额
   C. 收入小于费用则表示发生了亏损，两者的差额即为亏损额
   D. 体现了企业某一时点的经营成果，是编制利润表的依据

四、判断题

1. (2018年)公允价值，是指市场参与者在计量日发生的有序交易中，出售一项资产所能收到或者转移一项负债所需支付的价格。(   )
2. (2018年)重置成本是指按照当前市场条件，重新取得同样一项资产所需支付的现金或现金等价物金额。(   )
3. 企业所有的利得和损失均应计入当期损益。(   )
4. 费用是指企业在日常活动中发生的、会导致所有者权益增加的、与向所有者分配利润无关的经济利益的总流出。(   )
5. 企业取得了收入，会表现为资产和收入同时增加，或者是在增加收入的同时减少负债。(   )
6. "收入－费用＝利润"被称为第二会计等式，是复式记账的理论基础和编制资产负债表的依据。(   )
7. 企业收回以前的销货款存入银行，这笔业务的发生意味着资产总额增加。(   )

同步训练答案及解析

一、百考多选题

BEH 【解析】选项A，从银行提取现金：
借：库存现金
　　　贷：银行存款
资产内部一增一减，不会导致资产总额发生变动，该选项不正确。
选项B，从银行借入短期借款：
借：银行存款
　　　贷：短期借款
资产增加，负债增加，所以会导致资产总额发生变动，该选项正确。
选项C，以银行存款购买原材料：
借：原材料
　　　贷：银行存款
资产内部一增一减，不会导致资产总额发生变动，该选项不正确。
选项D，以银行存款偿还银行借款：
借：短期借款等
　　　贷：银行存款
资产与负债同时减少，该选项不正确。
选项E，开出商业承兑汇票购入固定资产：
借：固定资产
　　　贷：应付票据
资产和负债同时增加，该选项正确。
选项F，接受投资者投入机器设备：
借：固定资产
　　　贷：实收资本/股本
资产和所有者权益同时增加，该选项不正确。
选项G，以资本公积转增股本：
借：资本公积
　　　贷：股本/实收资本
所有者权益内部一增一减，总额不变，该选项不正确。
选项H，宣告分配现金股利：
借：利润分配—应付现金股利或利润
　　　贷：应付股利
所有者权益减少，负债增加，该选项正确。

二、单项选择题

1. **B** 【解析】会计分录为：
借：应付账款
　　　贷：银行存款

资产减少，负债减少，等式两边等额减少。

2. D 【解析】选项A，以资本公积转增股本，不涉及资产科目，不会导致资产总额发生变动。

选项B，从银行提取现金，资产内部一增一减，不会导致资产总额发生变动。

选项C，宣告分配现金股利：

借：利润分配—应付现金股利或利润
　　　贷：应付股利

不涉及资产科目，不会导致资产总额发生变动。

选项D，从银行借入短期借款，资产增加，负债增加，所以会导致资产总额发生变动。

3. D 【解析】选项A，接受投资者投入机器设备，资产和所有者权益同时增加。

选项B，以银行存款购买原材料，资产内部一增一减。

选项C，从银行提取现金，资产内部一增一减。

4. B 【解析】盘盈的固定资产，应按重置成本确定其入账价值，借记"固定资产"科目，贷记"以前年度损益调整"科目。

5. D 【解析】应付票据和应付账款均为企业的负债，所以为一项负债的增加一项负债的减少。

6. B 【解析】"收入－费用＝利润"等式中的三要素都属于动态会计要素。

7. B 【解析】该半成品的历史成本＝4000（元），也就是实际发生的成本；可变现净值＝5000－800－400＝3800（元）。

8. C 【解析】2018年1月1日的现值＝100000/（1+10%）＝90909.09（元）。

9. B 【解析】收到投资者投入的作为出资的原材料，原材料增加，实收资本（股本）增加，所以资产和所有者权益同时增加。

10. B 【解析】以银行存款20000元偿还短期借款，导致银行存款减少，即资产减少20000元，短期借款减少，即负债减少

20000元；以银行存款15000元购置设备，导致固定资产增加15000元，即资产增加15000元，银行存款减少15000元，即资产减少15000元。最终，月末资产总额＝60000－20000+15000－15000＝40000（元）。

11. B 【解析】(1)向银行借款30万元存入银行，导致资产增加30万元，负债增加30万元。(2)用银行存款购买材料2万元，导致银行存款减少2万元，原材料增加2万元，不影响资产总额。(3)收回应收账款8万元存入银行，导致银行存款增加8万元，应收账款减少8万元，不影响资产总额。(4)以银行存款偿还借款6万元，导致资产减少6万元，负债减少6万元。则月末资产总额＝50+30-6＝74（万元）。

三、多项选择题

1. BD 【解析】选项A，资产减少，负债减少，资产总额减少；选项B，资产增加，所有者权益增加，资产总额增加；选项C，资产内部一增一减，总额不变；选项D，资产增加，负债增加，资产总额增加。

2. CD 【解析】选项A，资产增加，所有者权益增加；选项B，所有者权益内部一增一减；选项C，资产增加，负债增加；选项D，资产减少，负债减少。

3. ABCD 【解析】企业在对会计要素进行计量时，一般应当采用历史成本。采用重置成本、可变现净值、现值、公允价值计量的，应当保证所确定的会计要素金额能够取得并可靠计量。

4. ACD 【解析】资产特征：(1)资产由企业过去的交易或者事项形成；(2)资产是企业拥有或者控制的资源；(3)预期给企业带来经济利益。

5. ABD 【解析】会计计量属性主要包括历史成本、重置成本、可变现净值、现值和公允价值。

6. ABCD

7. BCD 【解析】"资产=负债+所有者权益"是某一日期(时点)的要素，是会计上的第一等式。

8. AD 【解析】这一会计等式可称为第二会计等式，是资金运动的动态表现，体现了企业一定时期内的经营成果，是编制利润表的依据。

四、判断题

1. √
2. √
3. × 【解析】企业的利得和损失除了有计入当期损益的，还有直接计入所有者权益的。
4. × 【解析】费用会导致所有者权益减少。
5. √
6. × 【解析】"资产=负债+所有者权益"是复式记账的理论基础和编制资产负债表的依据。而"收入－费用=利润"是编制利润表的依据。
7. × 【解析】企业收回以前的销货款存入银行，导致银行存款增加，即资产增加，应收账款减少，即资产减少，不影响资产总额。

第四节　会计科目和借贷记账法

扫我解疑难

考点详解

一、会计科目和账户

(一)会计科目的概念

会计科目，是对会计要素的具体内容进行细分。

(二)会计科目的分类

1. 按反映的经济内容分类

按其反映的经济内容不同，可分为资产类科目、负债类科目、所有者权益类科目、成本类科目、损益类科目和共同类科目。

会计对象具体化为会计要素，会计要素具体化为会计科目，具体关系如下表：

表1-2　会计对象、会计要素与会计科目关系

会计对象	会计要素分类	会计科目分类	
以货币表现的经济活动	资产	资产类	库存现金、银行存款等
	负债	负债类	短期借款、应付账款等
	所有者权益	所有者权益类	实收资本、资本公积、本年利润、利润分配等
	利润		
	收入	损益类	主营业务收入、其他业务收入、营业外收入等
	费用		主营业务成本、其他业务成本、营业外支出等

2. 按提供信息的详细程度分类

分为总分类科目和明细分类科目。

(1)总分类科目，又称一级科目或总账科目，它是对会计要素具体内容进行总括分类的会计科目。如"应收账款""应付账款""原材料"等。

(2)明细分类科目，又称明细科目，是对总分类科目再作详细分类的科目。例如，"应收账款—北京—治霾公司、应收账款—杭州—治霾公司、应收账款—南京—治气公司"。

(三)初级必须掌握的会计科目

1. 资产类(共29个)

(1)钱(3个)：库存现金、银行存款、其他货币资金。

(2)应收(8个)：应收票据、**合同资产**、应收账款、其他应收款、应收利息、应收股利、坏账准备、预付账款等。

(3)物(13个)：材料采购、在途物资、原

材料、周转材料、委托加工物资、库存商品、发出商品、委托代销商品、受托代销商品、工程物资、在建工程、固定资产、累计折旧等。

(4)其他(5个)：待处理财产损溢、长期待摊费用、无形资产、累计摊销、交易性金融资产等。

【例题1·单选题】"库存商品"账户属于( )。

A. 资产类账户
B. 负债类账户
C. 所有者权益类账户
D. 损益类账户

答案 ▶ A

【例题2·多选题】下列各项中，不属于资产类账户的有( )。

A. 预收账款   B. 预付账款
C. 应收账款   D. 应付账款

解析 ▶ 预收账款和应付账款属于负债类账户。

答案 ▶ AD

2. 负债类(共11个)

(1)借款(1个)：短期借款。

(2)应付(9个)：应付票据、合同负债、应付账款、其他应付款、预收账款、应付利息、应付职工薪酬、应付股利、应交税费等。

(3)其他(1个)：受托代销商品款。

3. 所有者权益类(共6个)

实收资本(或股本)、资本公积、其他综合收益、盈余公积、本年利润、利润分配。

4. 成本类(共5个)

生产成本、制造费用、研发支出、合同取得成本、合同履约成本。

【例题3·单选题】账户按会计要素分类，"其他综合收益"账户属于( )。

A. 资产类账户
B. 所有者权益类账户
C. 成本类账户
D. 损益类账户

答案 ▶ B

5. 损益类(共16个)

(1)收入、利得类(益)(6个)：主营业务收入、其他业务收入、营业外收入、公允价值变动损益、投资收益、资产处置损益。

(2)费用、损失类(损)(10个)：主营业务成本、其他业务成本、营业外支出、销售费用、管理费用、财务费用、信用减值损失、资产减值损失、税金及附加、所得税费用。

【例题4·单选题】下列各项中，不属于损益类账户的是( )。

A. 制造费用   B. 销售费用
C. 投资收益   D. 其他业务成本

解析 ▶ "制造费用"账户属于成本类账户。

答案 ▶ A

【例题5·单选题】"预收账款"账户属于( )。

A. 资产类账户
B. 负债类账户
C. 所有者权益类账户
D. 投资类账户

答案 ▶ B

(四)账户的概念

账户与会计科目的区别是前者具有一定格式和结构。

(五)账户的分类

与科目的分类一致。

账户的四个金额要素关系为：

期末余额=期初余额+本期增加发生额−本期减少发生额

T字形账户划分为左右两方，哪一方用来登记增加额，哪一方用来登记减少额，取决于采用的记账方法和各账户所记录的经济内容。

二、借贷记账法

复式记账法，是对于每一笔经济业务，都必须用相等的金额，在两个或两个以上相互联系的账户进行登记的方法。

借贷记账法，是以"借"和"贷"作为记账符号的一种复式记账法。

我国会计准则规定，企业、行政事业单位会计核算采用借贷记账法记账。

(一)借贷记账法下账户的基本结构

借贷记账法下，账户的左方称为借方，

右方称为贷方。

图1-8 借贷结构

"借"表示增加，还是"贷"表示增加，则取决于账户的性质与所记录经济内容的性质。

图1-9 借贷方的增减变动

(二)资产和成本类账户的结构

增加在借方，减少在贷方，余额一般在借方。

期末借方余额=期初借方余额+本期借方发生额-本期贷方发生额

【例题6·单选题】某资产类科目的本期期初余额为5600元，本期期末余额为5700元，本期的减少额为800元，该科目本期增加额为(　　)元。

A. 12100　　　　B. 700
C. 900　　　　　D. 1600

解析 ▶ 5700-(5600-800)=900(元)

答案 ▶ C

(三)负债和所有者权益类账户的结构

增加在贷方，减少在借方，余额一般在贷方。

期末贷方余额=期初贷方余额+本期贷方发生额-本期借方发生额

借方	负债与所有者权益类账户		贷方
	期初余额		×××
本期减少额	×××	本期增加额	×××
		×××	×××
本期借方发生额	×××	本期贷方发生额	×××
		期末余额	×××

图1-10 负债与所有者权益类账户

【例题7·单选题】"应付账款"账户期初贷方余额为78000元，本期借方发生额为230000元，贷方发生额为200000元，下列关于期末余额的表述中，正确的是(　　)。

A. 借方278000元
B. 借方30000元
C. 贷方48000元
D. 贷方88000元

解析 ▶ 78000+200000-230000=48000(元)

答案 ▶ C

(四)损益类账户的结构

1. 益(收入、利得)类账户

增加在贷方，减少在借方，期末无余额，因为账户余额在期末转入"本年利润"账户。

2. 损(费用、损失)类账户

增加在借方，减少在贷方，期末无余额，因为账户余额在期末转入"本年利润"账户。

『链接』期末(或年末)无余额的账户

(1)损益类账户期末无余额，因为期末该账户的余额都转到"本年利润"账户；

(2)本年利润账户年末无余额，因为年末该账户的余额都转到"利润分配—未分配利润"账户；

(3)"利润分配"除"未分配利润"明细账户，其他明细账户年末无余额，因为年末其他明细账户的余额都转到"未分配利润"明细账户；

(4)"制造费用"期末一般无余额，因为期末该账户的余额一般都转到"生产成本"账户。

(五)借贷记账法的记账规则

借贷记账法的规则："有借必有贷，借贷必相等"。

即对于企业发生的每一笔经济业务，都要在两个或两个以上相互联系的账户的借方和贷方进行登记，并且借方和贷方登记的金额要相等。

【案例1】3月1日，福喜公司接受某外商投资300000元人民币存入银行存款账户。

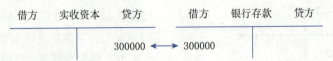

【案例2】3月5日,福喜公司以银行存款偿还所欠有福公司货款6000元。

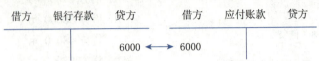

【案例3】3月12日,福喜公司向银行借入三个月期限的短期借款20000元存入银行存款账户。

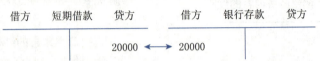

【案例4】3月15日,福喜公司与债权人(供应单位)协商并经有关部门批准,将所欠债权人的100000元债务转为资本(债权人对企业的投资)。

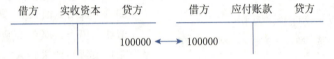

【例题8·判断题】借贷记账法中的记账规则,概括地说就是"有借必有贷,借贷必相等"。（　　）

答案 ▶ √

(六)借贷记账法下的账户对应关系与会计分录

1. 账户的对应关系

借贷记账法下,对每笔交易或事项进行记录时,相关账户之间会形成应借、应贷的相互关系。

存在对应关系的账户称为对应账户。

2. 会计分录的概念及分类

会计分录的构成包括三个要素,分别是:应借应贷方向、相互对应的科目及其金额。

按照所涉及总分类账户的个数,会计分录分为简单会计分录和复合会计分录。

(1)简单会计分录:一借一贷的会计分录。

【案例5】福喜公司用银行存款8000元购入设备一台,不考虑增值税。

会计分录为:

借:固定资产　　　　　　　8000
　　贷:银行存款　　　　　　　8000

以上分录为一借一贷的会计分录,属于简单会计分录。

(2)复合会计分录指由三个及以上对应账户组成的会计分录,即一借多贷、多借一贷或多借多贷的会计分录。

【案例6】福喜公司购入设备一台8000元,用银行存款支付3000元,5000元未付,不考虑增值税。

会计分录为:

借:固定资产　　　　　　　8000
　　贷:银行存款　　　　　　　3000
　　　　应付账款　　　　　　　5000

以上分录为一借多贷的会计分录,属于复合会计分录。

一个复合会计分录又可以分解为若干个内容相关的简单会计分录。

如【案例6】的会计分录可以分解为:

借:固定资产　　　　　　　3000
　　贷:银行存款　　　　　　　3000
借:固定资产　　　　　　　5000
　　贷:应付账款　　　　　　　5000

【例题9·多选题】经济业务发生后,可以编制的会计分录有(　　)。

A. 多借多贷　　B. 一借多贷
C. 多借一贷　　D. 一借一贷

答案 ▶ ABCD

3. 会计分录的格式和编制
(1) 格式举例。

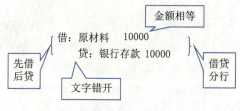

图 1-11 会计分录格式

(2) 会计分录的编制方法。
"五步法"分析经济业务、编制会计分录：
第一步：定科目——业务事项发生涉及哪些科目；
第二步：找类别——分析所涉及的科目属于哪类账户结构；
第三步：定方向——确定所涉及科目增加、减少情况和应记的借贷方向；
第四步：定金额——确定借贷方金额；
第五步：做分录——检查会计科目、金额是否正确，并做出会计分录。

【案例 7】以银行存款购买 10000 元原材料。

第一步：定科目   原材料   银行存款
第二步：找类别   资产类   资产类
第三步：定方向   ↑借   ↓贷
第四步：定金额   10000   10000
第五步：做分录
借：原材料   10000
　　贷：银行存款   10000

(七) 初级考试必须掌握的基础会计分录
1. 存现金、采购业务、生产业务

【案例 8】福喜公司 2019 年 12 月部分经济业务如下，请编制会计分录：
(1) 12 月 1 日将现金 10000 元存入开户银行。
借：银行存款   10000
　　贷：库存现金   10000

(2) 12 月 2 日购入一批材料，增值税发票注明价款 10000 元，税额 1300 元，材料已入库，款项已用银行存款支付。

借：原材料   10000
　　应交税费——应交增值税(进项税额)
　　　　　　　　　　　　　　　　1300
　　贷：银行存款   11300

(3) 12 月 4 日购入一台不需要安装即可投入使用的设备，取得的增值税专用发票上注明的设备价款为 30000 元，增值税税额为 3900 元，款项未支付。
借：固定资产   30000
　　应交税费——应交增值税(进项税额)
　　　　　　　　　　　　　　　　3900
　　贷：应付账款   33900

(4) 12 月 13 日生产车间领用材料 30000 元，车间管理部门领用材料 10000 元，企业行政管理部门领用材料 2000 元。
借：生产成本   30000
　　制造费用   10000
　　管理费用   2000
　　贷：原材料   42000

(5) 12 月 31 日，按照规定的固定资产折旧率，计提本月固定资产折旧 12000 元，其中：车间固定资产折旧 8000 元，行政管理部门固定资产折旧 4000 元。期末结转制造费用。
借：制造费用   8000
　　管理费用   4000
　　贷：累计折旧   12000

期末结转制造费用时：
10000(4)+8000(5)=18000(元)
借：生产成本   18000
　　贷：制造费用   18000

(6) 12 月 31 日验收入库产品 1000 台，实际单位成本 50 元，共计 50000 元。
借：库存商品   50000
　　贷：生产成本   50000

2. 销售业务

【案例 9】12 月 4 日销售 Y 产品 100 台，货款 10000 元，增值税税额 1300 元，收到转账支票一张。Y 产品每台单位成本 50 元。
一手交钱，确认收入：

借：银行存款　　　　　　　　11300
　　贷：主营业务收入　　　　　10000
　　　　应交税费——应交增值税(销项税
　　　　额)　　　　　　　　　1300
一手交货，结转成本：
借：主营业务成本　　　　　　　5000
　　贷：库存商品　　　　　　　5000

【案例10】12月15日，福喜公司销售一批原材料，开具的增值税专用发票上注明的售价为10000元，增值税税额为1300元，款项已由银行收妥。该批原材料的实际成本为7000元。

取得原材料收入：
借：银行存款　　　　　　　　11300
　　贷：其他业务收入　　　　　10000
　　　　应交税费——应交增值税(销项税
　　　　额)　　　　　　　　　1300
结转原材料成本：
借：其他业务成本　　　　　　　7000
　　贷：原材料　　　　　　　　7000

【案例11】福喜公司是一家制造企业，12月15日将其一台闲置的固定资产出租给乙企业，一次性收取出租费50000元，出租期限为1个月，款项已存入银行。不考虑相关税费。该设备本月折旧费40000元。

取得租金收入：
借：银行存款　　　　　　　　50000
　　贷：其他业务收入　　　　　50000
计提设备折旧：
借：其他业务成本　　　　　　40000
　　贷：累计折旧　　　　　　40000

3. 筹资业务
【案例12】12月11日，福喜公司取得期限6个月的短期借款200000元，所得借款存入银行。
借：银行存款　　　　　　　200000
　　贷：短期借款　　　　　　200000

【案例13】12月12日，福喜股份有限公司发行普通股10000000股，每股面值1元，每股发行价格5元。假定股票发行成功，股款50000000元已全部收到，不考虑发行过程中的税费等因素。
借：银行存款　　　　　　50000000
　　贷：股本　　　　　　　10000000
　　　　资本公积——股本溢价　40000000

4. 费用损失业务
【案例14】12月，福喜公司应缴纳的城市维护建设税为420元，教育费附加为180元。
借：税金及附加　　　　　　　　600
　　贷：应交税费——城市维护建设税420
　　　　　　　　——教育费附加　180

【案例15】福喜公司12月27日为宣传新产品发生广告费5000元，用银行存款支付。
借：销售费用　　　　　　　　5000
　　贷：银行存款　　　　　　5000

【案例16】12月28日，福喜公司以银行存款支付企业管理部门设备修理费5000元。
借：管理费用　　　　　　　　5000
　　贷：银行存款　　　　　　5000

【案例17】12月31日，福喜公司以银行存款支付应由本期负担的短期借款利息600元(计入财务费用)。
借：财务费用　　　　　　　　600
　　贷：银行存款　　　　　　600

【案例18】12月31日，福喜公司用银行存款支付税款滞纳金300元。
借：营业外支出　　　　　　　300
　　贷：银行存款　　　　　　300

5. 财务成果及分配业务
【案例19】福喜公司2019年的部分事项如下：
(1)2019年损益类账户年末结账前的余额如下：主营业务收入10000元(贷)、其他业务收入60000元(贷)、主营业务成本5000元(借)、其他业务成本47000元(借)、税金及附加600元(借)、管理费用11000元(借)、财务费用600元(借)、销售费用5000元(借)、营业外支出300元(借)。
年末结转各损益类账户应编制的分录为：
借：主营业务收入　　　　　　10000

  其他业务收入   60000
    贷：本年利润   70000
 借：本年利润   69500
    贷：主营业务成本   5000
     其他业务成本   47000
     税金及附加   600
     管理费用   11000
     财务费用   600
     销售费用   5000
     营业外支出   300

利润总额＝70000－69500＝500（元）

（2）福喜公司 2019 年度利润总额为 500 元，其中税收滞纳金 300 元，适用的所得税税率为 25％。

应纳税所得额＝500＋300＝800（元）
应交所得税＝800×25％＝200（元）
 借：所得税费用   200
    贷：应交税费——应交企业所得税 200

（3）结转所得税费用。
 借：本年利润   200
    贷：所得税费用   200

净利润＝500－200＝300（元）

（4）2019 年 12 月，结转本年利润 300 元。
 借：本年利润   300
    贷：利润分配   300

（5）福喜公司 2019 年实现净利润为 300 元，年初未分配利润为 0。经股东（大）会批准，公司按当年净利润的 10％提取法定盈余公积，宣告向投资者分配现金股利 200 元。
 借：利润分配   30
    贷：盈余公积   30
 借：利润分配   200
    贷：应付股利   200

（八）借贷记账法下的试算平衡

  试算平衡，是指根据"有借必有贷，借贷必相等"的借贷记账法记账规则和"资产＝负债＋所有者权益"的恒等关系，检查所有账户的发生额和余额的汇总计算是否正确的一种方法。

  1. 试算平衡的分类

  （1）发生额试算平衡。

  本期全部账户借方发生额合计＝本期全部账户贷方发生额合计

  直接依据："有借必有贷，借贷必相等"

  （2）余额试算平衡。

  全部账户借方期末（初）余额合计＝全部账户贷方期末（初）余额合计

  直接依据：资产＝负债＋所有者权益

  2. 试算平衡表的编制

  （1）各大栏中的借方合计与贷方合计应该平衡相等，否则，便存在记账错误。

表 1-3 试算平衡表

年 月 日   单位：元

账户名称	期初余额		本期发生额		期末余额	
	借方	贷方	借方	贷方	借方	贷方
合计						

（2）不影响借贷平衡关系的错误通常有：
①漏记某项经济业务；
②重记某项经济业务；
③借贷双方金额同时多记或少记；
④记错有关账户；
⑤颠倒了记账方向；
⑥偶然发生多记或少记并相互抵消。

  3. 试算平衡举例

  【案例 20】2020 年 1 月初，福喜公司各账户的余额如下表所示：

期初余额表
2020 年 1 月 1 日

账户名称	期初借方余额	账户名称	期初贷方余额
库存现金	7000	短期借款	53000
银行存款	20000	应付账款	25000
原材料	81000	实收资本	100000
固定资产	70000		
合计	178000	合计	178000

第一步：根据业务，编制相关会计分录（实际工作中为编制记账凭证）。

2020 年 1 月，福喜公司发生的部分经济业务如下：

(1) 购买材料 6000 元（假定不考虑增值税因素）已验收入库，款未付。

会计分录：

借：原材料　　　　　6000
　　贷：应付账款　　　　　6000

(2) 收到投资者按投资合同交来的资本金 30000 元，已存入银行。

会计分录：

借：银行存款　　　　30000
　　贷：实收资本　　　　　30000

(3) 从银行提取现金 2000 元作为备用。

会计分录：

借：库存现金　　　　2000
　　贷：银行存款　　　　　2000

(4) 向银行借入 6 个月期限的短期借款 40000 元。

会计分录：

借：银行存款　　　　40000
　　贷：短期借款　　　　　40000

(5) 用银行存款 10000 元购买不需要安装的机器设备一台（假定不考虑增值税因素），设备已交付使用。

会计分录：

借：固定资产　　　　10000
　　贷：银行存款　　　　　10000

第二步：

首先根据期初余额登记总分类账（T 型账）的期初余额；

然后根据上述会计分录（记账凭证）登记总分类账（T 型账）的本期发生额；

最后在期末结算出各总分类账（T 型账）的期末余额。

借方	库存现金		贷方
期初余额	7000		
(3)	2000		
本期借方发生额合计	2000	本期贷方发生额合计	0
期末余额	9000		

借方	银行存款		贷方
期初余额	20000		
(2)	30000	(3)	2000
(4)	40000	(5)	10000
本期借方发生额合计	70000	本期贷方发生额合计	12000
期末余额	78000		

借方	原材料		贷方
期初余额	81000		
(1)	6000		
本期借方发生额合计	6000	本期贷方发生额合计	0
期末余额	87000		

借方	固定资产		贷方
期初余额	70000		
(5)	10000		
本期借方发生额合计	10000	本期贷方发生额合计	0
期末余额	80000		

借方	短期借款	贷方
	期初余额	53000
	(4)	40000
本期借方发生额合计 0	本期贷方发生额合计	40000
	期末余额	93000

借方	应付账款	贷方
	期初余额	25000
	(1)	6000
本期借方发生额合计 0	本期贷方发生额合计	6000
	期末余额	31000

借方	实收资本	贷方
	期初余额	100000
	(2)	30000
本期借方发生额合计 0	本期贷方发生额合计	30000
	期末余额	130000

第三步：根据各总分类账（T型账）的期初余额、本期发生额和期末余额编制总分类账户试算平衡表进行试算平衡。

总分类账户试算平衡表

账户名称	期初余额		本期发生额		期末余额	
	借方	贷方	借方	贷方	借方	贷方
库存现金	7000		2000		9000	
银行存款	20000		70000	12000	78000	
原材料	81000		6000		87000	
固定资产	70000		10000		80000	
短期借款		53000		40000		93000
应付账款		25000		6000		31000
实收资本		100000		30000		130000
合计	178000	178000	88000	88000	254000	254000

【例题10·判断题】（2019年）借贷记账法的规则"有借必有贷，借贷必相等"是余额试算的直接依据。（　　）

解析 ▶ 余额试算平衡的直接依据是财务状况等式，即"资产＝负债+所有者权益"。

答案 ▶ ×

【例题11·判断题】（2019年）借贷记账法下，发生额试算平衡的直接依据是"资产＝负债+所有者权益"会计恒等式。（　　）

解析 ▶ 发生额试算平衡的直接依据是借贷记账法的记账规则，即"有借必有贷，借贷必相等"。题目中表述的是余额试算平衡的依据。

答案 ▶ ×

『学霸总结』 借贷记账法的账户结构★★★

项目	内容
复式记账法	是对于每一笔经济业务，都必须用**相等的金额**，在**两个或两个以上的相互联系账户**进行登记的方法
借贷记账法	是以**"借"**和**"贷"**作为记账符号的一种复式记账法。**我国会计准则规定，企业、行政事业单位会计核算采用借贷记账法记账**
资产和成本类账户	借方登记增加额；贷方登记减少额；期末余额一般在借方 **期末借方余额＝期初借方余额+本期借方发生额−本期贷方发生额**

续表

项目			内容	
借贷记账法	负债和所有者权益类账户		借方登记减少额；贷方登记增加额；期末余额一般在贷方	
			期末贷方余额=期初贷方余额+本期贷方发生额-本期借方发生额	
	损益类账户	益(收入、利得)	借方登记减少额；贷方登记增加额	期末转入"本年利润"，结转后无余额
		损(费用、损失)	借方登记增加额；贷方登记减少额	
		无余额：本年利润年末无余额；制造费用期末无余额		
	规则		"有借必有贷，借贷必相等"	
	会计分录		会计分录由**应借应贷方向、相互对应的科目**及其**金额**三个要素构成	
			简单会计分录：一借一贷的会计分录	
			复合会计分录，即**一借多贷、多借一贷或多借多贷**的会计分录。	
			一个复合会计分录又可以分解为若干个内容相关的简单会计分录	
	试算平衡	发生额试算平衡	全部账户**本期借方**发生额合计=全部账户**本期贷方**发生额合计	
			直接依据："有借必有贷，借贷必相等"	
		余额试算平衡	全部账户**借方期末(初)余额**合计=全部账户贷方期末(初)余额合计	
			直接依据：资产=负债+所有者权益	
		不影响借贷平衡关系的错误（2019年单选题）	①**漏记**某项经济业务 ②**重记**某项经济业务 ③借贷双方金额**同时多记或少记** ④**记错**有关**账户** ⑤**颠倒**了记账方向 ⑥偶然发生**多记或少记并相互抵消**	

同步训练 限时35min

一、单项选择题

1. (2018年)2017年8月31日，某企业负债总额为500万元，9月份收回应收账款60万元，以银行存款归还短期借款40万元，预收客户货款20万元。不考虑其他因素，2017年9月30日该企业负债总额为( )万元。
   A. 440   B. 480
   C. 460   D. 380

2. 按照《企业会计准则》的规定，"待处理财产损溢"科目属于( )。
   A. 资产类科目
   B. 负债类科目
   C. 所有者权益类科目
   D. 成本类科目

3. 下列各项中，不属于损益类账户的是( )。
   A. "制造费用"账户
   B. "销售费用"账户
   C. "投资收益"账户
   D. "其他业务成本"账户

4. 下列不属于总账科目的是( )。
   A. 原材料   B. 甲材料
   C. 应付账款 D. 应收账款

5. "应收账款"账户的期初借方余额8000元，本期贷方发生额6000元，本期借方发生额10000元，则期末余额为( )。
   A. 借方4000元   B. 借方12000元

C. 贷方 4000 元　　D. 贷方 12000 元

6. 企业在一定期间内实现的经营成果最终归属于所有者权益，所以将（　）归类到所有者权益类账户。
   A. 投资收益　　　B. 本年利润
   C. 营业外收入　　D. 主营业务收入

7. 复式记账法是指对于每一笔经济业务，都必须用相等的金额在（　）相互关联的账户中进行登记。
   A. 两个
   B. 三个以上
   C. 两个或两个以上
   D. 一个

8. "所有者权益"类账户的本期增加额和期末余额应登记在该账户的（　）。
   A. 借方　　　　　B. 贷方
   C. 借方和贷方　　D. 贷方和借方

9. 资产类账户的借方一般登记（　）。
   A. 本期增加发生额
   B. 本期减少发生额
   C. 本期增加或减少发生额
   D. 以上都对

10. "应付账款"账户的期末余额等于（　）。
    A. 期初余额+本期借方发生额-本期贷方发生额
    B. 期初余额-本期借方发生额-本期贷方发生额
    C. 期初余额-本期借方发生额+本期贷方发生额
    D. 期初余额+本期借方发生额+本期贷方发生额

11. 负债类账户的期末余额一般（　）。
    A. 在借方
    B. 在贷方
    C. 在借方，也可以在贷方
    D. 为零

12. 下列各项能引起企业所有者权益增加的是（　）。
    A. 提取盈余公积
    B. 用盈余公积转增资本
    C. 用盈余公积补亏
    D. 全年实现盈利

二、多项选择题

1. （2019 年）下列资产负债表项目中，属于非流动资产的有（　）。
   A. 开发支出　　B. 其他应收款
   C. 固定资产　　D. 在建工程

2. （2019 年）下列各项中，属于企业流动负债的有（　）。
   A. 应收客户的购货金
   B. 本期从银行借入的三年期借款
   C. 赊购材料应支付的货款
   D. 销售应税消费品应交纳的消费税

3. （2018 年）下列各项中，通过编制试算平衡表无法发现的记账错误有（　）。
   A. 记录某项经济业务的借、贷方向颠倒
   B. 某项经济业务借方金额多记、贷方金额少记
   C. 漏记某项经济业务
   D. 重记某项经济业务

4. 会计科目按照其反映的经济内容不同，可分为资产类、负债类和所有者权益类，以及（　）。
   A. 收入类　　B. 成本类
   C. 损益类　　D. 共同类

5. 本期增加发生额和本期减少发生额是记在账户的左方还是右方，账户的余额反映在左方还是右方，取决于（　）。
   A. 记账符号　　B. 账户性质
   C. 记账规则　　D. 经济内容性质

6. 复式记账法分为（　）。
   A. 借贷记账法　　B. 增减记账法
   C. 收付记账法　　D. 单式记账法

7. 在借贷记账法中，"借"字表示（　）。
   A. 收入的增加
   B. 费用的增加
   C. 所有者权益的增加
   D. 负债的减少

8. 下列项目中，构成会计分录要素的有（　）。
   A. 借贷方向　　B. 科目名称

C. 经济业务内容　D. 金额

9. 关于借贷记账法的试算平衡，下列表述中正确的有（　）。

   A. 试算平衡包括发生额试算平衡和余额试算平衡两种

   B. 编制试算平衡表时，必须保证所有账户的余额或发生额均列入试算平衡表内

   C. 试算平衡表借贷不相等，说明账户记录有错误

   D. 试算平衡表是平衡的，并不能说明账户记录绝对正确

10. 关于损益类账户的表述中，正确的有（　）。

    A. 损益类账户反映企业发生的收入和成本

    B. 损益收入类账户结构类似所有者权益类账户

    C. 损益支出类账户借方登记费用的减少数

    D. 无论损益收入类账户，还是损益支出类账户，期末结转后，账户一般无余额

11. 运用借贷记账法编制会计分录时，可以编制（　）。

    A. 一借一贷的分录

    B. 多借多贷的分录

    C. 多借一贷的分录

    D. 一借多贷的分录

12. 下列错误中不能通过编制试算平衡表查找出来的有（　）。

    A. 漏记某项经济业务

    B. 借贷方向相反

    C. 重记某项经济业务

    D. 漏记某个账户余额

13. 以下关于资产及负债类账户的结构表述正确的有（　）。

    A. 资产类账户的借方登记资产的增加额，贷方登记资产的减少额，期末余额在借方

    B. 资产类账户的期末借方余额＝期初借方余额＋本期借方发生额－本期贷方发生额

    C. 负债类账户的借方登记负债的增加数，贷方登记负债的减少数，期末余额在贷方

    D. 负债类账户的期末借方余额＝期初借方余额＋本期借方发生额－本期贷方发生额

14. 以下关于损益类账户的结构表述正确的有（　）。

    A. 损益收入类账户贷方登记收入的增加数，借方登记收入的减少数

    B. 损益收入类账户期末有余额

    C. 损益支出类账户贷方登记费用的增加数，借方登记费用的减少数

    D. 损益支出类账户期末结转后该账户一般无余额

三、判断题

1. （2018年）在借贷记账法下，企业为检查账户记录是否正确，可以采取发生额试算平衡和余额试算平衡两种计算平衡方法。（　）

2. "税金及附加"账户属于成本类账户。（　）

3. 我国会计准则规定，企业、行政单位和事业单位会计核算采用收付记账法。（　）

4. 借贷记账法的记账规则是"有借必有贷，借贷必相等"。（　）

同步训练答案及解析

一、单项选择题

1. B 【解析】收回应收账款：

   借：银行存款　　　　　　　60

   　　贷：应收账款　　　　　　　60

   不涉及负债项目。

   归还短期借款：

   借：短期借款　　　　　　　40

   　　贷：银行存款　　　　　　　40

   短期借款减少40万元，即负债减少40万元。

   预收客户货款：

   借：银行存款　　　　　　　20

   　　贷：合同负债　　　　　　　20

   合同负债增加20万元，即负债增加20

万元。

月末负债总额=期初负债余额+本期贷方发生额-本期借方发生额=500+20-40=480（万元）。

2. A

3. A 【解析】"制造费用"账户属于成本类账户。

4. B 【解析】甲材料不是总账科目，可以在原材料科目下设甲材料明细科目。

5. B 【解析】应收账款期末余额=期初余额+本期借方发生额-本期贷方发生额=8000+10000-6000=12000（元），和期初余额方向一样，是借方余额，所以选项B正确。

6. B 【解析】选项ACD属于损益类账户。

7. C

8. B 【解析】所有者权益类账户的贷方表示增加、借方表示减少，期初期末余额均在贷方。

9. A

10. C 【解析】"应付账款"账户属于负债类账户，贷方登记本期增加发生额，借方登记本期减少发生额，期末余额一般在贷方，该账户的期末余额=期初余额-本期借方发生额+本期贷方发生额。

11. B

12. D 【解析】全年实现盈利，企业的未分配利润项目会增加，所以所有者权益增加。选项ABC都是所有者权益内部项目的变化，所有者权益总额不变。

二、多项选择题

1. ACD 【解析】选项B，属于流动资产。

2. CD 【解析】选项A，通过"应收账款"科目核算，属于企业流动资产；选项B，通过"长期借款"科目核算，属于企业非流动负债；选项C，通过"应付账款"科目核算，属于企业流动负债；选项D，通过"应交税费"科目核算，属于企业流动负债。

3. ACD 【解析】选项B，会导致借贷方合计金额不相等，可以发现记账错误。

4. BCD 【解析】会计科目按其反映的经济内容不同，可分为资产类科目、负债类科目、共同类科目、所有者权益类科目、成本类科目和损益类科目。

5. BD 【解析】"借"表示增加，还是"贷"表示增加，取决于账户的性质与所记录经济内容的性质。

6. ABC

7. BD 【解析】选项AC通过"贷"字表示。

8. ABD

9. ABCD

10. BD 【解析】损益类账户反映企业发生的收入和费用，不是成本；损益支出类账户借方登记费用的增加数。

11. ABCD

12. ABC 【解析】选项ABC并不会破坏试算平衡，所以无法通过试算平衡表检查出来。漏记某个账户的余额，由于其对应的科目已经填列，所以会造成试算不平衡，可以检查出来。

13. AB 【解析】负债类账户的贷方登记负债的增加额，借方登记负债的减少额；期末余额在贷方，表示期末负债的结存数。负债类账户的期末贷方余额=期初贷方余额+本期贷方发生额-本期借方发生额。

14. AD

三、判断题

1. √

2. × 【解析】"税金及附加"账户属于损益类账户。

3. × 【解析】应当采用借贷记账法记账。

4. √

第五节 会计凭证、会计账簿与账务处理程序

考点详解

按照填制程序和用途将会计凭证分为原始凭证和记账凭证。

一、原始凭证

表 1-4 原始凭证

原始凭证			
	按取得来源	自制原始凭证	举例：领料单、产品入库单、借款单
		外来原始凭证（2019年单选题）	举例：购货增值税专用发票、飞机票、火车票
	按格式	通用凭证	举例：增值税专用发票等
		专用凭证	举例：折旧计算表、差旅费报销单等
	按填制的手续和内容（2018年单选题）	一次凭证（一次有效）	举例：收据、销货发票、购货发票、银行结算凭证等
		累计凭证（一定时期多次记录同类型）	举例：限额领料单（2019年单选题）
		汇总凭证	不能汇总两类或两类以上的经济业务
	基本内容	(1)凭证的名称；(2)填制凭证的日期；(3)填制凭证单位名称或者填制人姓名；(4)经办人员的签名或者盖章；(5)接受凭证单位名称；(6)经济业务内容；(7)数量、单价和金额	
	填制的基本要求	(1)记录要真实	
		(2)内容要完整	
		(3)手续要完备	外来：公章或财务专用章；内部：签名或盖章
		(4)书写清楚、规范	在金额前要加对应的货币符号
		(5)编号要连续	作废的凭证上加盖"作废"戳记，连同存根一起保存，不得随意撕毁
		(6)不得涂改、刮擦、挖补	
		(7)填制要及时	
	审核	(1)真实性	日期、业务内容和数据是否真实等
		(2)合法性	内容和程序是否合法
		(3)合理性	业务是否符合需要、是否符合计划和预算等
		(4)完整性	内容是否完整，有关手续是否齐全，有无遗漏的项目等
		(5)正确性	单位名称、金额、更正是否正确

『注意』会计凭证是登记账簿的依据，账簿是编制报表的依据。即我们通常所说的"证、账、表"。

【例题1·单选题】（2018年）下列各项中，属于企业累计原始凭证的是（ ）。

A. 增值税专用发票

B. 出差报销的火车票

C. 银行结算凭证

D. 限额领料单

解析 累计凭证，是指在一定时期内多次记录发生的同类型经济业务且多次有效的原始凭证，如限额领料单。选项ABC，属于

一次原始凭证。 答案▶D

【例题2·单选题】下列各项中，不属于原始凭证的基本内容的是( )。

A. 接受凭证单位的全称
B. 交易或事项的内容、数量、单价和金额
C. 经办人员签名或盖章
D. 应记会计科目名称和记账方向

解析▶应记会计科目名称和记账方向是记账凭证的基本内容。 答案▶D

【例题3·单选题】(2018年)下列各项中，应由会计人员填制的原始凭证是( )。

A. 固定资产折旧计算表
B. 差旅报销单
C. 产品入库单
D. 领料单

解析▶选项B，是由报销人员填写的；选项C，是由仓库管理员填写的；选项D，是由领料人填写的。 答案▶A

二、记账凭证★★

表1-5 记账凭证

类别	收款凭证（2019年多选题）	记录现金和银行存款收款业务，左上角的"借方科目"填写的是"库存现金"或"银行存款"；日期填写的是填制本凭证的日期
	付款凭证（2019年多选题）	记录现金和银行存款付款业务，左上角应填列贷方科目，即"库存现金"或"银行存款"科目。对于涉及"库存现金"和"银行存款"之间的相互划转业务，如提现和存款，一般只填制付款凭证
	转账凭证（2019年单选题）	记录不涉及现金和银行存款收付的业务。某些既涉及收款业务，又涉及转账业务的综合性业务，可分开填制不同类型的记账凭证
基本内容	(1)填制凭证的日期；(2)凭证编号；(3)经济业务摘要；(4)会计科目；(5)金额；(6)所附原始凭证张数；(7)填制凭证人员、稽核人员、记账人员、会计机构负责人、会计主管人员签名或者盖章。收款和付款记账凭证还应当由出纳人员签名或者盖章	
填制要求	(1)除结账和更正错账可以不附原始凭证外，其他记账凭证必须附原始凭证(2019年判断题)	
	(2)记账凭证可以根据每一张原始凭证填制，或根据若干张同类原始凭证汇总填制，也可以根据原始凭证汇总表填制；但不得将不同内容和类别的原始凭证汇总填制在一张记账凭证上	
	(3)记账凭证应连续编号	如果一笔经济业务需要填制两张以上（含两张）记账凭证的，可以采用"分数编号法"编号
	(4)填制记账凭证时若发生错误，应当重新填制	①已入账的凭证在当年内发现填写错误时，可以用红字冲销，再用蓝字更正
		②科目没错，金额错，按差额编制凭证：A. 调增金额用蓝字；B. 调减金额用红字
		③发现以前年度记账凭证有误的，应当用蓝字更正
	(5)记账凭证填制完成后，如有空行，划线注销	
审核	(1)内容是否真实；(2)项目是否齐全；(3)科目是否正确；(4)金额是否正确；(5)书写是否规范	
	出纳人员在办理收款或付款凭证业务后，应在凭证上加盖"收讫"或"付讫"戳记，以避免重收重付	

三、会计账簿分类

表1-6　会计账簿分类

内容	封面、扉页、账页		
分类	按用途	序时账簿（2019年多选题）	日记账，我国企业使用**库存现金日记账和银行存款日记账**
		分类账簿（2019年多选题）	**总分类账簿：三栏式**
			明细分类账簿：三栏式明细账、数量金额式明细账
		备查账簿（2019年多选题）	对某些在序时账簿和分类账簿中未能记载或记载不全的经济业务进行补充登记的账簿，如租入固定资产登簿、代管商品物资登簿等
	账页格式	三栏式账簿	库存现金日记账、银行存款日记账、总账及资本、债权、债务明细账（2019年多选题）
		多栏式账簿	**收入、成本、费用明细账，银行存款日记账也可以采用**（2019年单选题）
		数量金额式账簿	**原材料、库存商品等明细账**（2019年、2018年多选题）
	外形特征	订本式账簿	优点：能避免账页散失和防止抽换账页； 缺点：不能准确为各账户预留账页； 适用：总分类账、库存现金日记账、银行存款日记账
		活页式账簿	优点：根据实际需要随时增空白账页，便于分工记账； 缺点：可能会造成账页散失或故意抽换账页； 适用：明细分类账
		卡片式账簿	**固定资产**的核算采用**卡片账**形式，也有少数企业在材料核算中使用材料卡片

【例题4·多选题】（2019年）下列各项中，适合采用三栏式明细分类账簿进行明细账核算的有（　　）。

A. 向客户赊销商品形成的应收账款
B. 生产车间发生的制造费用
C. 购买并验收入库的原材料
D. 向银行借入的短期借款

解析 各种日记账、总账以及资本、债权、债务明细账都可采用三栏式账簿。选项B，适用于多栏式账簿；选项C，适用数量金额式账簿。　**答案** AD

【例题5·多选题】（2019年）下列各项中，属于会计账簿的有（　　）。

A. 备查簿　　　　B. 日记账
C. 总账　　　　　D. 明细账

解析 会计账簿按照用途，可分为序时账簿、分类账簿和备查账簿，其中序时账簿又称为日记账，分类账簿可分为总分类账簿和明细分类账簿。　**答案** ABCD

四、会计账簿的登记要求和登记方法 ★

表1-7　会计账簿的登记要求和登记方法

登记要求	可以用红色墨水记账的情况	(1) 冲销错误记录
		(2) 登记减少数
		(3) 在余额栏内登记负数余额
		(4) 可以用红字登记的其他会计记录

续表

登记要求	各种账簿应按页次顺序连续登记，不得跳行、隔页	
	库存现金日记账和银行存款日记账必须逐日结出余额(2019年单选题)	
	每一账页登记完毕结下页时，在摘要栏内注明"过次页"和"承前页"字样	
登记方法	现金日记账由**出纳人员**根据**库存现金收款凭证、库存现金付款凭证及银行存款付款凭证**登记	
	银行存款日记账根据**银收凭证、银付凭证和现付凭证**等业务发生时间的先后顺序登记；银行存款日记账按企业在银行开立的**账户和币种**设置(2019年单选题)	
	总分类账根据记账凭证逐笔登记，或根据科目汇总表或汇总记账凭证等定期登记	
平行登记	平行登记是每项业务都要以会计凭证为依据，一方面记入有关总分类账户，另一方面记入所属明细分类账户的方法	
	(1)**方向**相同；(2)**期间**一致；(3)**金额**相等	

【例题6·单选题】（2019年）下列各项中，关于银行存款日记账的表述正确的是( )。

A. 应按实际发生的经济业务定期汇总登记

B. 仅以银行存款付款凭证为记账依据

C. 应按企业在银行开立的账户和币种分别设置

D. 不得使用多栏式账页格式

解析 ▶ 选项A，应逐日逐笔登记银行存款日记账；选项B，银行存款日记账记账依据有银行存款付款凭证、银行存款收款凭证和库存现金付款凭证；选项D，银行存款日记账可以选择多栏式账页格式。 答案 ▶ C

【例题7·多选题】下列各项中，可以使用红色墨水记账的情况有( )。

A. 按照红字冲账的记账凭证，冲销错误记录

B. 在三栏式账户的余额栏前，如未印明余额方向的，在余额栏内登记负数余额

C. 在不设借贷等栏的多栏式账页中，登记增加数

D. 根据国家统一的会计制度的规定可以用红字登记的其他会计记录

答案 ▶ ABD

五、对账与结账 ★★

表1-8 对账与结账

对账	账证核对	核对账簿记录与原始凭证、记账凭证的时间、凭证字号、内容、金额、借贷方向	
	账账核对	(1)总分类账簿之间	共四个核对，以**总分类账**(账中的老大)为核心
		(2)总分类账簿与所属明细分类账簿	
		(3)总分类账簿与序时账簿	
		(4)明细分类账簿之间	
	账实核对	(1)库存现金日记账余额与库存现金实际库存数	现金
		(2)银行存款**日记账**余额与银行**对账单**的余额	银行存款
		(3)财产物资明细账余额与财产物资的实有数额	财产
		(4)债权债务**明细账**账面余额与对方单位的**账面**记录	往来款项

结账	为编制财务报表，需要进行结账，具体包括月结、季结和年结。 (1)结清各种损益类账户，并据以计算确定本期利润； (2)月末结账时，只需要在最后一笔经济业务记录之下通栏划单红线，不需要再次结计余额； (3)12月末的"本年累计"就是全年累计发生额，全年累计发生额下通栏划双红线； (4)年度终了结账时，在摘要栏注明"结转下年"字样；在下一会计年度新建有关账户的第一行余额栏内填写上年结转的余额，并在摘要栏注明"上年结转"字样

六、错账更正的方法

表1-9 错账更正的方法

分类	凭证	账簿	方法
划线更正法 （2019年单选题、判断题）	正确	错误	可在错误的文字或数字上划一条红线
红字更正法	科目错误	错误	先红字冲销、再蓝字更正
	科目正确、金额多记	错误	用红字冲销多记金额部分
补充登记法	科目正确、金额少记	错误	用蓝字补充少记金额部分

【例题8·单选题】（2019年）会计人员在结账前发现记账凭证填制无误，但登记入账时误将600元写成6000元，下列更正方法正确的是（　　）。
A. 补充登记法　B. 划线更正法
C. 横线登记法　D. 红字更正法
解析　在结账前发现账簿记录有文字或数字错误，而记账凭证没有错误，应当采用划线更正法。
答案　B

【例题9·多选题】下列各项中，属于由于记账凭证错误而导致账簿登记错误的更正方法有（　　）。
A. 红字更正法　B. 划线更正法
C. 补充登记法　D. 尾数更正法
答案　AC

七、账务处理程序

表1-10 账务处理程序

根据登记总分类账的依据和方法不同，分为3种账务处理程序		
记账凭证账务处理程序（牢记图示）	优点	简单明了，易于理解；总分类账可以较详细地反映经济业务的发生情况，来龙去脉清楚
	缺点	登记总分类账的工作量较大
	适用	规模小、经济业务量小的单位
科目汇总表账务处理程序 （2019年判断题、2018年多选题）	优点	减轻了登记总分类账的工作量；易于理解，方便学习，可做到试算平衡，保证总账登记的正确性
	缺点	科目汇总表不能反映各个账户之间的对应关系，不利于对账目进行检查
	适用	经济业务较多的企业
汇总记账凭证账务处理程序	包括汇总收款凭证、汇总付款凭证和汇总转账凭证	
	优点	减轻登记总分类账的工作量，同时试算平衡
	缺点	当转账业务较多时，编制汇总转账凭证的工作量较大；并且按每一贷方账户编制汇总转账凭证，不考虑交易或事项的性质，不利于会计核算的日常分工
	适用	规模较大、经济业务较多的单位

(1)请考生牢记记账凭证账务处理程序示意图。

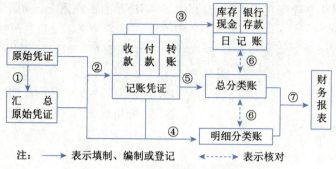

图 1-12 记账凭证账务处理程序

(2)请考生牢记科目汇总表账务处理程序示意图。

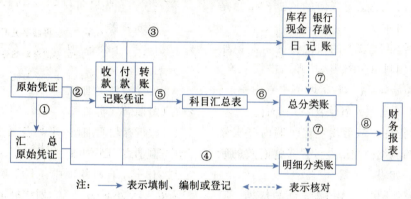

图 1-13 科目汇总表账务处理程序

(3)请考生了解科目汇总表。

表 1-11 科目汇总表

×年×月×日至×日

会计科目	本期发生额		记账凭证起讫号码
	借方	贷方	

(4)请考生牢记汇总记账凭证账务处理程序示意图。

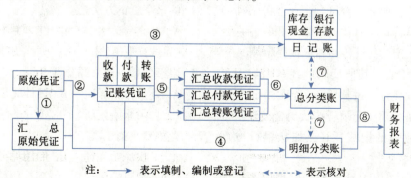

图 1-14 汇总记账凭证账务处理程序

【例题10·判断题】（2019年）科目汇总表账务处理程序下，企业应直接根据记账凭证逐笔登记总分类账。（　　）

解析　科目汇总表账务处理程序下，应根据科目汇总表登记总分类账。
答案　×

同步训练　限时85min

一、百考多选题

下列关于会计凭证的说法中，正确的有（　　）。

A. 会计凭证是登记账簿的依据，账簿是编制报表的依据

B. 原始凭证按取得的来源分为自制原始凭证（如领料单、产品入库单、借款单等）和外来原始凭证（如购货增值税专用发票、飞机票、火车票、餐饮发票）

C. 累计凭证，是指在一定时期内多次记录发生的同类型经济业务且多次有效的原始凭证，如限额领料单

D. 原始凭证是登记记账凭证的依据，应当包括的内容有凭证的名称、填制凭证的日期、填制凭证单位名称或者填制人姓名、会计科目等

E. 对外开出的原始凭证，应加盖本单位的公章或财务专用章；从外部取得的原始凭证，应盖有填制单位（或个人）的公章或财务专用章（签名或盖章）

F. 审核原始凭证的合法性包括：业务是否符合国家法律法规；审核原始凭证的合理性包括：业务是否符合企业经济活动的需要、是否符合有关的计划和预算、是否履行了规定的凭证传递和审核程序等

G. 记账凭证按其所反映的经济内容，可分为收款凭证、付款凭证和转账凭证；转账凭证是指用于记录既涉及现金又涉及银行存款业务的记账凭证，如从银行取现金业务

H. 记账凭证的基本内容包括填制凭证的日期、凭证编号、经济业务摘要、会计科目、金额、所附原始凭证张数等

I. 所有记账凭证必须附原始凭证；如果一笔经济业务需要填制两张以上（含两张）记账凭证的，可以采用"分数编号法"编号；如果会计科目没有错误，只是金额错误，按差额另编一张调整的记账凭证；调增金额用蓝字，调减金额用红字

J. 对于涉及"库存现金"和"银行存款"之间的相互划转业务，一般只填制收款凭证；出纳人员在办理收款或付款业务后，应在原始凭证上加盖"收讫"或"付讫"的戳记，以免重收重付

二、单项选择题

1. （2018年）下列各项中，属于数量金额式账簿的是（　　）。

　A. 库存商品明细账
　B. 短期借款明细账
　C. 银行存款明细账
　D. 制造费用明细账

2. （2018年）下列各项中，属于账实核对的是（　　）。

　A. 总账和明细账核对
　B. 银行存款日记账和银行对账单核对
　C. 账簿记录和记账凭证核对
　D. 总账和日记账核对

3. （2018年）2017年3月15日，某企业财务人员发现当月初登记入账的一笔交易出现记账错误，该笔交易的记账凭证和账簿记录中应借、应贷会计科目及记账方向无误，但所记金额小于应记的金额。应采用的错账更正方法是（　　）。

　A. 补充登记法　　B. 红字更正法
　C. 试算平衡法　　D. 划线更正法

4. 限额领料单按来源分属于（　　）。

　A. 外来原始凭证　B. 累计凭证
　C. 自制原始凭证　D. 汇总原始凭证

5. 差旅费报销单属于（　　）。

　A. 一次原始凭证　B. 专用凭证
　C. 外来原始凭证　D. 累计原始凭证

6. 以下各项中，不属于原始凭证所必须具备

的基本内容的是( )。
  A. 凭证名称、填制日期
  B. 经济业务内容
  C. 对应的记账凭证号数
  D. 填制、经办人员的签字、盖章
7. 企业销售货物收到价款 5000 元，这笔经济业务应编制的记账凭证是( )。
  A. 收款凭证   B. 付款凭证
  C. 转账凭证   D. 以上均可
8. 某单位购入设备一台，价款 100 万元，用银行存款支付 60 万元，另 40 万元则签发了商业汇票。对这一经济业务，单位应编制的记账凭证为( )。
  A. 编制一张转账凭证
  B. 编制一张收款凭证
  C. 编制一张付款凭证
  D. 编制一张转账凭证和一张付款凭证
9. 某公司出纳小李将公司现金交存开户银行，应编制( )。
  A. 现金收款凭证
  B. 现金付款凭证
  C. 银行收款凭证
  D. 银行付款凭证
10. 库存商品明细账一般采用( )账簿。
  A. 两栏式   B. 三栏式
  C. 多栏式   D. 数量金额式
11. 账簿的格式繁多，下列不属于账簿应具备的基本内容的是( )。
  A. 封面   B. 账夹
  C. 扉页   D. 账页
12. 下列对账事项，属于账账核对的是( )。
  A. 银行日记账和银行对账单的核对
  B. 债权债务明细账与对方单位债权债务明细账的核对
  C. 账簿记录和原始凭证的核对
  D. 会计部门财产明细账与仓库保管部门财产明细账的核对
13. 会计人员在审核记账凭证时，发现误将 5000 元写成 500 元，尚未入账，应当采用( )。

  A. 重新填制   B. 红字更正法
  C. 补充登记法   D. 冲销法
14. 记账凭证中的会计科目错误导致账簿记录错误的，则只能使用( )更正。
  A. 还原更正法   B. 划线更正法
  C. 红字更正法   D. 补充登记法
15. 记账后发现记账凭证填写的会计科目无误，只是所登记的金额大于应记金额，应采用的错账更正方法为( )。
  A. 涂改法   B. 划线更正法
  C. 红字更正法   D. 补充登记法
16. 汇总记账凭证账务处理程序的特点，是根据( )登记总账。
  A. 记账凭证   B. 汇总记账凭证
  C. 科目汇总表   D. 原始凭证
17. 不符合科目汇总表账户处理程序特点的是( )。
  A. 能够减少登记总额的工作量
  B. 不能反映账户间的对应关系
  C. 简单易懂，方便易学
  D. 适用于规模小、业务量少、凭证不多的单位

三、多项选择题

1. (2018 年)下列属于外来原始凭证的有( )。
  A. 采购原材料收到的增值税发票
  B. 业务员出差的住宿发票
  C. 采购原材料的入库单
  D. 购入原材料使用的银行汇票
2. (2018 年)总账与明细账平行登记要点包括( )。
  A. 记账人员相同   B. 会计期间相同
  C. 记账方向相同   D. 金额相同
3. (2018 年)下列各项中，关于科目汇总表账务处理程序表述正确的有( )。
  A. 该账务处理程序不利于单位对账目进行检查
  B. 该账务处理程序可减轻单位登记总分类账的工作量
  C. 该账务处理程序下单位应根据记账凭证

直接登记总分类账

D. 该账务处理程序通常适用于经济业务较多的单位

4. 填制原始凭证要求做到( )。
   A. 记录真实　　B. 内容完整
   C. 手续完备　　D. 书写清楚、规范

5. 以下关于原始凭证数字及文字填写表述正确的有( )。
   A. 中文大写金额数字应用正楷或草书填写，如果金额数字书写中使用繁体字，银行也可以受理
   B. 中文大写金额数字到"元"为止的，在"元"之后，应写"整"(或"正"字)，在"角"之后，可以不写"整"(或"正")字；大写金额数字有"分"的，"分"后面可以不写"整"(或"正")字
   C. 阿拉伯数字中间连续有几个"0"时，中文大写金额中间可以只写一个"零"字
   D. 中文大写金额数字前应表明"人民币"字样，大写数字应紧接"人民币"字样填写

6. 下列各项中，属于自制原始凭证的有( )。
   A. 借款单
   B. 领料单
   C. 工资结算汇总表
   D. 材料请购单

7. 原始凭证按其格式不同分为( )。
   A. 外来原始凭证　　B. 通用凭证
   C. 自制原始凭证　　D. 专用凭证

8. 以下属于通用原始凭证的有( )。
   A. 增值税发票　　B. 差旅费报销单
   C. 商业汇票　　　D. 支票

9. 原始凭证的审核包括审核原始凭证的( )。
   A. 真实性　　B. 合法性
   C. 及时性　　D. 正确性

10. 审核原始凭证的真实性时需要关注的有( )。
    A. 凭证日期是否真实、数据是否真实
    B. 对通用原始凭证，还应审核凭证本身的真实性，防止以假冒的原始凭证记账

C. 对外来原始凭证，必须有填制单位公章和填制人员签章
D. 业务内容是否真实

11. 在付款凭证左上方的"贷方科目"可能填列的会计科目有( )。
    A. 库存现金　　B. 银行存款
    C. 应付账款　　D. 应收账款

12. 可以不附原始凭证的记账凭证有( )。
    A. 一张原始凭证涉及几张记账凭证时
    B. 更正错误的记账凭证
    C. 一张原始凭证需要有多个单位共同使用时
    D. 期末结账的记账凭证

13. 企业内审人员在对企业当年会计账簿审查中发现，金额为1000元的购货发票在填制记账凭证时误填为100元，由于已登记入账，会计人员可以( )。
    A. 用红字填写一张与原内容相同的记账凭证，同时再用蓝字重新填制一张正确的记账凭证
    B. 重新填制一张正确的记账凭证，将原记账凭证换下，并对账簿信息进行修改
    C. 用蓝字编写一张调增900元的调增记账凭证
    D. 将记账凭证和账簿的错误金额用红字划去，用蓝笔填上正确金额，并加盖印章

14. 记账凭证的基本内容包括( )。
    A. 经济业务事项所涉及的会计科目
    B. 凭证编号
    C. 所附原始凭证的张数
    D. 填制凭证的日期

15. 下列关于记账凭证的填制要求说法正确的有( )。
    A. 凭证应由主管该项业务的会计人员，按业务发生顺序并按不同种类的记账凭证连续编号。如果一笔经济业务，需要填列多张记账凭证，可采用"分数编号法"
    B. 反映收付款业务的会计凭证可以由会计编号，也可以由出纳编号

C. 记账凭证可以根据每一张原始凭证填制

D. 记账凭证可以根据若干张同类原始凭证汇总编制，也可以根据原始凭证汇总表填制

16. 以下关于活页账的表述，正确的有( )。
    A. 它是指把若干张零散的账页，根据业务需要，自行组合成的账簿
    B. 账簿的页数不固定，使用前不加装订，可以根据实际需要，随时将空白账页加入账簿
    C. 在更换新账后，不需要装订成册或予以封扎
    D. 活页式账簿主要适用于各种明细账

17. 会计凭证按照填制程序和用途可分为( )。
    A. 原始凭证   B. 记账凭证
    C. 纸质会计凭证 D. 电子会计凭证

18. 年终结账，将余额结转下年时，下列操作不正确的有( )。
    A. 不需要编制记账凭证，但需将上年账户的余额反向结平才能结转下年
    B. 需编制记账凭证，并将上年账户的余额反向结平
    C. 不需要编制记账凭证，也不需要将上年账户的余额结平，直接注明"结转下年"即可
    D. 需编制记账凭证予以结平，但不需要将上年账户的余额反向结平

19. 错账更正的方法主要有( )。
    A. 涂改法   B. 划线更正法
    C. 红字更正法   D. 补充登记法

20. 以下关于记账凭证账务处理程序的表述中，正确的有( )。
    A. 账务处理程序简单明了，易于理解
    B. 总分类账可以较详细地反映交易或事项的发生情况，便于查账、对账
    C. 登记总分类账的工作量较大
    D. 这种程序只适用于一些规模大，业务量多，凭证多的单位

21. 汇总记账凭证账务处理程序与科目汇总表账务处理程序的共同点有( )。
    A. 减少登记总账的工作量
    B. 总账可以比较详细地反映经济业务的发生情况
    C. 有利于查账
    D. 均适用于经济业务较多的单位

22. 汇总记账凭证按格式不同分为( )。
    A. 汇总收款凭证 B. 汇总付款凭证
    C. 汇总转账凭证 D. 汇总原始凭证

23. 以下关于汇总记账凭证账务处理程序的优缺点与适用范围的表述中，正确的有( )。
    A. 记账凭证通过汇总记账凭证汇总后月末一次登记总分类账，减轻了登记总账的工作量
    B. 转账凭证较多时，编制汇总转账凭证的工作量较大
    C. 汇总转账凭证按每一贷方科目汇总编制，不利于会计核算工作的分工
    D. 主要适用于规模较大，交易或事项较多，特别是转账业务少而收、付款业务较多的单位

24. 能够起到简化登记总分类账工作的账务处理程序有( )。
    A. 汇总记账凭证账务处理程序
    B. 记账凭证账务处理程序
    C. 科目汇总表账务处理程序
    D. 日记账账务处理程序

四、判断题

1. (2019年)在结账前，企业会计人员发现账簿记录有文字错误，而记账凭证没有错误，应当采用划线更正法进行更正。( )

2. (2018年)账簿记录发生错误时，会计人员应用刮擦、挖补的方式更改错误记录。( )

3. (2018年)库存现金账应该分别设置库存现金总账和库存现金日记账，并分别核算总账和现金日记账。( )

4. 累计凭证是指在一定时期内多次记录发生的同类型经济业务的原始凭证。( )

5. 在一定时期内连续记录若干项同类经济业务的会计凭证是汇总凭证。（　）

6. 一次凭证是指一次填制完成的，可以记录多笔经济业务的原始凭证。一次凭证是一次有效的凭证，是在经济业务发生或者完成时，由经办人员填制的。（　）

7. 已经登记入账的记账凭证，在当年内发现科目、金额有误，可以用红字填写一张与原内容相同的记账凭证，在摘要栏注明冲销某月某日某号凭证字样，再用蓝字做一张正确的凭证登记入账。（　）

8. 银行存款付款凭证是根据银行存款付出业务的原始凭证编制的付款凭证，如现金支票、银行进账通知单。（　）

9. 转账凭证是指用于记录不涉及现金和银行存款业务的会计凭证。（　）

10. 发现以前年度记账凭证有错误的，应当用红字填制一张更正的记账凭证。（　）

11. 订本账一般适用于总分类账、现金日记账、银行存款日记账。（　）

12. 按经济业务发生的时间先后顺序，逐日逐笔进行登记的账簿是明细分类账。（　）

13. 三栏式账簿是指采用借方、贷方、余额三个主要栏目的账簿。一般适用于总分类账、现金日记账、银行存款日记账以及所有的明细账。（　）

14. 所谓平行登记是指对所发生的每项经济业务，一方面要以会计凭证为依据登记有关总分类账户，另一方面又要以登记好的总分类账户为依据，将其拆分后登记到所属明细分类账户中。（　）

15. 账证核对是指核对会计账簿记录与原始凭证、记账凭证的时间、凭证字号、内容、金额是否一致，记账方向是否相符。（　）

16. 月末结账时，只需要在最后一笔经济业务事项记录之下通栏划单红线，不需要再结清一次余额。12月末的"本年累计"就是全年累计发生额，全年累计发生额下通栏划单红线。（　）

17. 记账凭证账务处理程序、汇总记账凭证账务处理程序、科目汇总表账务处理程序的不同之处在于登记总账的依据和方法不同。（　）

同步训练答案及解析

一、百考多选题

ABCEH 【解析】选项D，原始凭证不包括会计科目，记账凭证包括会计科目。选项F，审核原始凭证的合法性包括：业务是否符合国家法律法规，是否履行了规定的凭证传递和审核程序；审核原始凭证的合理性包括：业务是否符合企业经济活动的需要、是否符合有关的计划和预算等。选项G，转账凭证是指用于记录不涉及现金和银行存款业务的记账凭证，从银行取现业务填制银行存款付款凭证，不填制转账凭证。选项I，除结账和更正错账可以不附原始凭证外，其他记账凭证必须附原始凭证。选项J，对于涉及"库存现金"和"银行存款"之间的相互划转业务，一般只填制付款凭证。

二、单项选择题

1. A 【解析】选项BC，应采用三栏式账簿；选项D，应采用多栏式账簿。

2. B 【解析】选项AD，属于账账核对；选项C，属于账证核对。

3. A 【解析】记账后发现记账凭证中会计科目无误，所记金额小于应记金额，导致账簿记录错误的，应采用补充登记法。

4. C

5. B

6. C

7. A 【解析】该经济业务的会计分录为：
借：银行存款　　　　　　5000
　　贷：主营业务收入　　　　　　5000
收到银行存款，所以填收款凭证。

8. D 【解析】该经济业务的会计分录为(分录中的金额单位为万元)：

借：固定资产　　　　　　　60
　　贷：银行存款　　　　　　　60
借：固定资产　　　　　　　40
　　贷：应付票据　　　　　　　40
(或将上述两笔分录合并为一笔)
根据第一笔分录应编制银行存款付款凭证，第二笔分录应编制转账凭证。

9. B　【解析】为了避免重复记账，对于涉及现金和银行存款之间相互划转的经济业务，即从银行提取现金或把现金存入银行的经济业务，统一只编制付款凭证，不编收款凭证。该业务是将现金存入银行，因此只编制现金付款凭证，不编制银行存款收款凭证。

10. D　【解析】数量金额式账簿适用于"原材料""库存商品"等账户的明细分类核算。

11. B　【解析】会计账簿的基本内容包括封面、扉页和账页。

12. D　【解析】选项 AB 属于账实核对，选项 C 属于账证核对。

13. A　【解析】会计人员在审核记账凭证时，发现错误，尚未入账，只需重新填制，不需用其他方法更正。

14. C　【解析】记账后，如果发现记账凭证中的会计科目或金额有错，致使账簿记录错误，应采用红字更正法予以更正。

15. C　【解析】红字更正法通常适用于两种情况：一是记账后在当年内发现记账凭证所记的会计科目错误；二是记账凭证会计科目无误而所记金额大于应记金额，从而引起记账错误。本题属于第二种情况，应采用红字更正法进行更正。

16. B

17. D　【解析】科目汇总表账户处理程序特别适用于规模大、业务量多的大、中型企业。

三、多项选择题

1. ABD　【解析】选项 C，属于自制原始凭证。

2. BCD　【解析】总账与明细账平行登记要点包括：方向相同、期间一致、金额相等。

3. ABD　【解析】选项 C，根据科目汇总表登记总分类账。

4. ABCD

5. CD　【解析】选项 A，中文大写金额数字应用正楷或行书填写，不能用草书书写。选项 B，大写金额数字有"分"的，"分"后面不写"整"(或"正")字，不是可以不写"整"(或"正")字。

6. ABC　【解析】自制原始凭证，包括收料单、领料单、入库单，还包括限额领料单、产成品出库单、借款单、工资发放明细表、折旧计算表等。凡是不能用来证明经济业务实际上发生或完成的文件和单据，例如购货合同、材料请购单，都不能作为原始凭证。

7. BD　【解析】原始凭证按其来源不同分为外来原始凭证和自制原始凭证两种。按照格式的不同分为通用凭证和专用凭证。

8. ACD　【解析】差旅费报销单属于专用原始凭证。

9. ABD　【解析】原始凭证的审核包括审核原始凭证的真实性、合法性、合理性、完整性和正确性。

10. ABCD

11. AB

12. BD　【解析】除结账和更正错误的记账凭证可以不附原始凭证外，其他记账凭证必须附有原始凭证。

13. AC　【解析】在记账以后，发现记账凭证上应借、应贷的会计科目并无错误，但所填写金额小于应填金额，可采用补充登记法，即用蓝字编写一张调增 900 元的记账凭证，所以选项 C 正确。或者采用红字更正法，即用红字填写一张与原内容相同的记账凭证，同时再用蓝字重新填制一张正确的记账凭证，所以选项 A 正确。

14. ABCD

15. ACD 【解析】选项B,为了便于监督、反映收付款业务的会计凭证不得由出纳人员编号。

16. ABD 【解析】选项C,活页账在更换新账后,要装订成册或予以封扎,并妥善保管。

17. AB 【解析】会计凭证按照填制程序和用途可分为原始凭证和记账凭证。

18. ABD 【解析】年度终了结账时,有余额的账户,要将其余额结转下年,并在摘要栏注明"结转下年"字样,不需要编制记账凭证;在下一年度新建有关会计账户的第一行余额栏内填写上年结转的余额,并在摘要栏注明"上年结转"字样。

19. BCD

20. ABC 【解析】选项D,记账凭证账务处理程序,适用于规模较小、经济业务量较少的单位。

21. AD 【解析】选项B是记账凭证账务处理程序的优点;科目汇总表账务处理程序的缺点是不利于对账目进行检查,所以选项C不正确。

22. ABC

23. ABCD

24. AC

四、判断题

1. √ 【解析】在结账前发现账簿记录有文字或数字错误,而记账凭证没有错误,应当采用划线更正法。

2. × 【解析】账簿记录发生错误时,不得刮擦、挖补或用褪色药水更改字迹,而应采用规定的方法更正。

3. √

4. √

5. × 【解析】累计凭证是指一定时期内连续记录若干项经济业务的自制原始凭证,如限额领料单。

6. × 【解析】一次凭证是指一次填制完成的、只记录一笔经济业务的原始凭证。

7. √

8. × 【解析】银行进账通知单属于银行存款收款凭证。

9. √

10. × 【解析】发现以前年度记账凭证有错误的,应当用蓝字填制一张更正的记账凭证。

11. √

12. × 【解析】按经济业务发生的时间先后顺序,逐日逐笔进行登记的账簿是日记账。

13. × 【解析】三栏式账簿一般适用于各种日记账、总账以及资本、债权、债务明细账。

14. × 【解析】所谓平行登记是指对所发生的每项经济业务,都要以会计凭证为依据,一方面登记有关总分类账户,另一方面又要登记该总分类账户所属的明细分类账户的方法。

15. √

16. × 【解析】12月末的"本年累计"就是全年累计发生额,全年累计发生额下通栏划双红线。

17. √

第六节 财产清查

扫我解疑难

考点详解

财产清查★

表1-12 财产清查

| 概念 | 通过对**货币资金、实物资产和往来款项**等财产物资进行清查,确定其实存数,查明**账存数与实存数**是否相符的一种专门方法 |

续表

分类			
	按照清查范围	(1) 全面清查（2018 多选题）	年终决算前；企业在合并、撤销或改变隶属关系前；中外合资、国内合资前；股份制改造前；开展全面的资产评估、清产核资前；单位主要领导调离工作前等
		(2) 局部清查	只对部分财产进行盘点和核对。如流动性大的财产物资（原材料、在产品、产成品）；贵重财产物资；库存现金、银行存款；债权债务等
	按照清查的时间	(1) 定期清查	预先计划安排的时间
		(2) 不定期清查	①财产、库存现金保管人员更换时，以分清经济责任；②发生自然灾害和意外损失时；③上级主管、财政、审计和银行等部门，对本单位进行会计检查；④进行临时性清产核资时
	按照清查的执行系统		可分为内部清查和外部清查
方法	库存现金		采用实地盘点法（2019 年多选题）；清查时，出纳人员必须在场；盘点时，一方面要注意账实是否相符，另一方面还要检查现金管理制度的遵守情况，如库存现金有无超过其限额，有无白条抵库、挪用舞弊等情况；盘点结束后，应填制"库存现金盘点报告表"，作为重要原始凭证
	银行存款		银行存款日记账的账簿记录与开户银行转来的对账单逐笔进行核对
			银行存款日记账与银行对账单不一致的原因：(1) 可能是企业或银行一方或双方记账过程有错误；(2) 存在未达账项
	实物资产	实地盘点法	通过点数、过磅、量尺等方法确定实有数量
		技术推算法	通过量方、计尺等技术推算结存数量；适用于成堆量大而价值不高，难以逐一清点的财产物资。例如，露天堆放的煤炭等
			实物清查过程中，实物保管人员和盘点人员必须同时在场。盘存单、实存账存对比表是重要原始凭证
	往来款项		(2019 年、2018 年多选题)包括应收应付、预收预付，一般采用发函询证法核对
			发函询证法编制的"往来款项清查报告单"，不是原始凭证

【例题 1 · 多选题】（2019 年）下列各项中，关于财产清查的相关表述正确的有（　）。

A. 往来款项清查一般采用发函询证方法

B. 库存现金清查采用实地盘点法

C. 银行存款清查采用与开户行核对账目的方法

D. 实物资产清查采用实地盘点法

解析▶ 选项 D，实物资产的清查方法主要有实地盘点法和技术推算法，并不是所有的实物资产都能用实地盘点法进行清查。

答案▶ ABC

【例题 2 · 多选题】（2018 年）下列各项中，企业必须进行财产全面清查的有（　）。

A. 股份制改造

B. 单位改变隶属关系

C. 单位主要领导人离任交接前

D. 清产核资

解析▶ 除选项 ABCD 所列情况外，需要进行全面清查的情况还包括：(1) 年终决算前；(2) 在合并、撤销前；(3) 中外合资、国内合资前；(4) 开展全面的资产评估前等。

答案▶ ABCD

【例题 3 · 多选题】（2018 年）下列各项中，采用发函询证方法进行财产清查的有（　）。

A. 应收账款　　B. 预付账款

C. 银行存款　　D. 存货

解析 ▶ 选项C采用与开户银行核对账目的方法。选项D采用实地盘点法。

答案 ▶ AB

【例题4·判断题】 在进行库存现金和存货清查时，出纳人员和实物保管人员不得在场。（　　）

解析 ▶ 库存现金清查时，出纳人员必须在场。实物清查过程中，实物保管人员和盘点人员必须同时在场。

答案 ▶ ×

同步训练　限时20min

一、单项选择题

1. 银行存款的清查方法，应采用（　　）。
   A. 实地盘点法　　B. 技术分析法
   C. 对账单法　　　D. 询证法

2. 关于"银行存款余额调节表"，下列说法正确的是（　　）。
   A. 企业可根据"银行存款余额调节表"调整账簿
   B. "银行存款余额调节表"是重要的原始凭证
   C. "银行存款余额调节表"调节后的余额一般是企业可以动用的实际存款数
   D. "银行存款余额调节表"调节平衡后，说明企业与银行双方记账绝对无错误

二、多项选择题

1. 以下关于财产清查分类的表述正确的有（　　）。
   A. 按清查的范围分为全面清查和局部清查
   B. 按清查的时间分为全面清查和局部清查
   C. 按清查的范围分为定期清查和不定期清查
   D. 按清查的时间分为定期清查和不定期清查

2. 财产清查中填制的"实存账存对比表"是（　　）。
   A. 调整账簿的原始凭证
   B. 财产清查的重要报表
   C. 登记日记账的直接依据
   D. 调整账簿记录的记账凭证

3. 下列关于全面清查的说法中，正确的有（　　）。
   A. 年终决算前，为了确保年终决算会计资料真实、正确，需进行一次全面清查
   B. 单位成立、撤销、分立、合并或改变隶属关系，需进行全面清查
   C. 开展清产核资，需要进行全面清查
   D. 单位财务负责人调离工作，需要进行全面清查

4. 局部清查一般包括（　　）。
   A. 对于现金应由出纳员在每日业务终了时点清，做到日清月结
   B. 对于银行存款和其他货币资金，应由出纳员每月同银行核对一次
   C. 对于债权债务，应在年度内至少核对一至二次，有问题应及时核对，及时解决
   D. 对于材料、在产品和产成品除年度清查外，应有计划地每月重点抽查，对于贵重的财产物资，应每月清查盘点一次

5. 对下列资产的清查，应采用实地盘点法的有（　　）。
   A. 库存现金　　B. 银行存款
   C. 存货　　　　D. 往来款项

6. 会使企业银行存款日记账账面余额小于银行对账单余额的未达账项有（　　）。
   A. 企业已收，银行未收款
   B. 企业已付，银行未付款
   C. 银行已收，企业未收款
   D. 银行已付，企业未付款

7. 对于银行存款的清查，下列说法正确的有（　　）。
   A. 经过银行存款余额调节表调整后，若双方账目没有差错，他们应该相符，且其金额表示企业可动用的银行存款实有数
   B. 编制银行存款余额调节表的目的是为了消除未达账项的影响，核对银行存款账目有无错误

C. 银行存款余额调节表是原始凭证,能根据该表在银行存款日记账上登记

D. 在清查过程中,若发现长期存在的未达账项,应查明原因及时处理

三、判断题

1. 财产清查时应本着先认定质量,后清查数量、核对有关账簿记录等的原则进行。（ ）
2. 财产清查按照清查的执行系统分为内部清查和上级清查。（ ）
3. 在各种实物的清查过程中,实物保管人员必须在场,参加盘点,但不宜单独承揽财产清查工作。（ ）
4. 技术推算法适用于大量成堆又廉价又笨重,难以逐一清点的物资,如煤炭、砂石、油罐中的油等大宗物资的清查。（ ）
5. "实存账存对比表"和"往来款项清查结果报告表"都是财产清查的重要报表,是调整账簿记录的原始凭证。（ ）

同步训练答案及解析

一、单项选择题

1. C 【解析】银行存款和往来款项的清查通常采用对账单法。
2. C

二、多项选择题

1. AD 【解析】财产清查可以按不同的标准进行分类,主要有以下两种:按清查的范围分为全面清查和局部清查;按清查的时间分为定期清查和不定期清查。
2. AB 【解析】实存账存对比表是财产清查的重要报表,是调整账簿记录的原始凭证,也是分析差异原因,明确经济责任的重要依据。
3. AC 【解析】选项B,单位撤销、分立、合并或改变隶属关系,需进行全面清查,单位刚成立不需要进行全面财产清查;选项D,单位主要负责人调离工作,需要进行全面清查,不是财务负责人。
4. ABCD
5. AC
6. BC
7. ABD 【解析】银行存款余额调节表不是原始凭证,不能据以登记银行存款日记账,而要等到银行转来有关原始凭证后再按记账程序登记入账。

三、判断题

1. × 【解析】财产清查的原则是先清查数量、核对有关账簿记录等,后认定质量。
2. × 【解析】财产清查按照清查的执行系统分为内部清查和外部清查。
3. √
4. √
5. × 【解析】"实存账存对比表"是财产清查的重要报表,是调整账簿记录的原始凭证。"往来款项清查结果报告表",不是原始凭证。

第七节　财务报告

扫我解疑难

考点详解

财务报告的具体内容如下。

表1-13　财务报告

财务报告包括**财务报表**和其他应当在财务报告中**披露**的相关信息和资料	
目标（同会计目标）	向财务会计报告使用者提供与企业**财务状况**、**经营成果和现金流量**等有关的会计信息,反映企业**管理层受托责任履行情况**,有助于财务会计报告使用者作出经济决策

续表

财务报表四表一注	(1) 资产负债表	反映企业在某一特定日期的**财务状况**的会计报表
	(2) 利润表	反映企业在一定会计期间的**经营成果**的会计报表
	(3) 现金流量表	反映企业在**一定会计期间的现金和现金等价物流入和流出**的会计报表
	(4) 所有者权益变动表	反映构成所有者权益的各组成部分当期的增减变动的会计报表
	(5) 附注	附注是对在资产负债表、利润表、现金流量表和所有者权益变动表等报表中列示项目的文字描述或明细资料,以及对未能在这些报表中列示项目的说明等

同步训练 限时5min

一、多项选择题

以下属于财务报表构成内容的有( )。
A. 资产负债表
B. 利润表
C. 会计报表附注
D. 财务情况分析

二、判断题

1. 会计目标是向财务会计报告使用者提供与企业财务状况、经营成果和现金流量等有关的会计信息,反映企业管理层受托责任履行情况,有助于投资者作出经济决策。( )
2. 资产负债表是指反映企业在某一时期的财务状况的会计报表,它反映的是企业某一时点上关于财务状况的静态信息,是一种静态报表。( )
3. 利润表是指反映企业在一定会计期间的经营成果的会计报表,它反映的是企业在一定期间关于经营成果的静态信息,是一种静态报表。( )

同步训练答案及解析

一、多项选择题

ABC 【解析】一套完整的财务报表至少应当包括资产负债表、利润表、现金流量表、所有者权益变动表和会计报表附注。

二、判断题

1. × 【解析】不是投资者,而是财务报告使用者。
2. × 【解析】资产负债表是指反映企业在某一特定日期的财务状况的会计报表。
3. × 【解析】利润表反映的是企业在一定期间关于经营成果的动态信息,是一种动态报表。

通关演练 限时20min

一、单项选择题

1. 企业计划在年底购买一批机器设备,8月份与销售方达成购买意向,9月份签订了购买合同,但实际购买的行为发生在11月份,则企业应将该批设备确认为资产的时间为( )。
   A. 8月份 B. 11月份
   C. 12月份 D. 9月份

2. 某企业2019年8月份购入一台不需安装的设备,因暂时不需用,截至当年年底该企业会计人员尚未将其入账,这违背了( )要求。
   A. 重要性 B. 客观性
   C. 及时性 D. 明晰性

3. 银行将短期借款转为对本公司的投资,这项经济业务将引起本公司( )。

A. 资产减少，所有者权益增加
B. 负债增加，所有者权益减少
C. 负债减少，所有者权益增加
D. 负债减少，资产增加

4. 会计科目按反映的经济内容分类，"本年利润"科目属于（ ）科目。
A. 资产类   B. 所有者权益类
C. 成本类   D. 损益类

5. 账户的对应关系是指采用借贷记账法对每笔交易或事项进行记录时，相关账户之间形成的（ ）的相互关系。
A. 应借、应贷   B. 应增、应减
C. 应加、应减   D. 应收、应付

6. 下列各项中，引起企业会计等式中资产和负债同时增加的业务是（ ）。
A. 收到购货方归还前欠货款，存入银行
B. 从银行存款中提取现金备用
C. 以银行存款偿还前欠劳务款
D. 从银行取得借款存入银行

7. 对银行存款进行清查时，下列各项中，应与银行对账单逐笔核对的是（ ）。
A. 银行存款总账
B. 银行存款日记账
C. 银行支票备查簿
D. 库存现金日记账

二、多项选择题

1. 会计核算的内容主要包括（ ）。
A. 有价证券的收付
B. 成本的计算
C. 债权、债务的结算
D. 基金的增减

2. 下列各项中，属于会计基本假设的有（ ）。

A. 会计主体   B. 会计分期
C. 持续经营   D. 货币计量

3. 记账凭证的审核包括（ ）。
A. 内容是否真实、科目是否正确
B. 书写是否正确
C. 内容是否合理、合法
D. 项目是否齐全、金额是否正确

4. 下列账簿中，通常采用三栏式账页格式的有（ ）。
A. 现金日记账
B. 银行存款日记账
C. 总分类账
D. 管理费用明细账

5. 以下关于订本账的表述正确的有（ ）。
A. 订本账是指在账簿启用前，就将若干账页固定装订成册的账簿
B. 同一本账簿在同一时间能由多人记账，便于记账分工和用机器记账
C. 订本式账簿主要适用于总分类账和现金、银行存款日记账
D. 使用订本账的优点是可以防止抽换账页，避免账页散失

三、判断题

1. 费用是企业在日常活动中发生的、会导致所有者权益减少的、与向所有者分配利润无关的经济利益的总流出。（ ）
2. 企业在对会计要素计量时，一般应当采用公允价值。（ ）
3. "银行存款余额调节表"编制完成后，可以作为调整企业银行存款余额的原始凭证。（ ）
4. 财务报告就是财务报表。（ ）

通关演练答案及解析

一、单项选择题

1. B 【解析】在权责发生制的前提下，企业应该在发生实际行为的时候确认收入或费用。本题中，在11月份实际发生购买行为，所以应该在11月份确认为资产。

2. C 【解析】及时性要求企业对已经发生的交易或事项，及时进行会计确认、计量和报告，不得提前或延后。对于不需用的固定资产，企业也应该及时入账并按要求计提折旧。

3. C 【解析】银行将短期借款转为对本公司的投资，短期借款减少，相应地会引起负债减少，所有者权益增加。

4. B 【解析】所有者权益类科目包括"实收资本"（或"股本"）、"资本公积""盈余公积""其他综合收益""本年利润""利润分配"等。

5. A

6. D 【解析】选项A，收到购货方归还前欠货款，存入银行，一项资产增加，一项资产减少。选项B，从银行存款中提取现金备用，一项资产增加，一项资产减少。选项C，以银行存款偿还前欠劳务款，一项资产减少，一项负债减少。

7. B

二、多项选择题

1. ABCD 【解析】除选项ABCD外，会计核算的内容还包括：(1)款项的收付；(2)财物的收发、增减和使用；(3)债权、债务的发生；(4)资本的增减；(5)收入、支出、费用的计算；(6)财务成果的计算和处理；(7)需要办理会计手续、进行会计核算的其他事项。

2. ABCD

3. ABD 【解析】选项C属于原始凭证的审核内容。

4. ABC 【解析】选项D管理费用明细账采用多栏式明细账。

5. ACD 【解析】选项B，对于订本账，同一本账簿在同一时间只能由一人记账，不便于记账分工和用机器记账。

三、判断题

1. √

2. × 【解析】企业在对会计要素进行计量时，一般应当采用历史成本。

3. ×

4. × 【解析】财务报告包括财务报表和其他应当在财务报告中披露的相关信息和资料。

本章知识串联

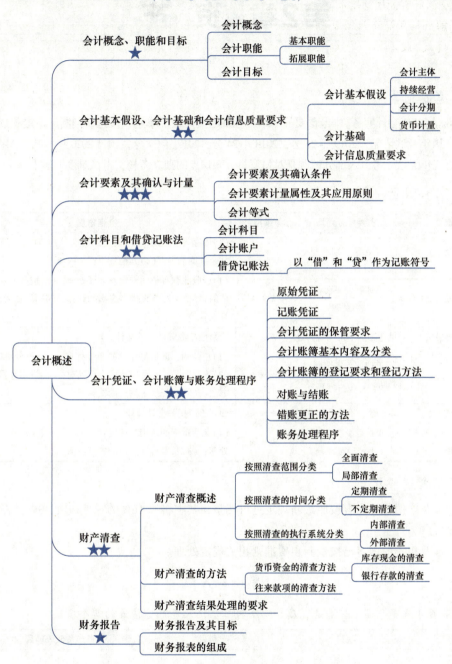

第 2 章 资 产

历年考情概况

本章是《初级会计实务》中最重要的一章，考试题型覆盖了单选、多选、判断、不定项选择题全部题型。历年考试情况为 2019 年 26 分，2018 年 24 分，2017 年 27 分，预计 2020 年考试在 20-30 分之间。最近三年无纸化考试大部分试题是对每章每节知识点的独立考核，考试难度明显下降。

近年考点直击

考点	主要考查题型	考频指数	考查角度
货币资金	单选题、判断题	★★	(1)库存现金短缺的处理；(2)现金使用范围；(3)银行存款余额调节表；(4)其他货币资金内容
应收及预付款项	单选题、多选题、判断题	★★★	(1)应收账款减值的判定及会计处理；(2)应收账款入账价值的确定；(3)坏账准备金额的计算；(4)其他应收款的核算内容等
交易性金融资产	单选题、不定项选择题	★★★	交易性金融资产相关会计处理
存货	单选题、多选题、判断题、不定项选择题	★★★	(1)包装物、低值易耗品的会计处理；(2)原材料的核算；(3)库存商品、存货减值的会计处理；(4)发出存货的计价方法；(5)委托加工物资的核算等
固定资产	多选题、不定项选择题	★★★	固定资产相关会计处理
无形资产及长期待摊费用	单选题、多选题、不定项选择题	★★★	(1)无形资产的摊销、处置；(2)自行开发无形资产的账务处理；(3)长期待摊费用的核算范围

2020 年考试变化

(1)涉及增值税的内容按照最新规定进行调整，其中将原 16% 的税率改为 13%，将原 10% 的税率改为 9%。

(2)涉及租赁的内容已按最新租赁准则相关规定处理。

【案例导入】

以下项目是资产吗？如果是，属于哪个科目？记入资产负债表的哪个项目？

序号	项目	科目	资产负债表项目
1	现金		
2	存在银行的钱		
3	银行汇票		
4	应收的货款		
5	银行承兑汇票		
6	企业家马云		
7	房(自用)		

续表

序号	项目	科目	资产负债表项目
8	土地使用权(自用)		
9	车(自用)		
	车(4S店销售)		
10	以赚取差价为目的的股票、债券		

【解析】

序号	项目	科目	资产负债表项目
1	现金	库存现金	货币资金
2	存在银行的钱	银行存款	货币资金
3	银行汇票	其他货币资金	货币资金
4	应收的货款	应收账款	应收账款
5	银行承兑汇票	应收票据	应收票据
6	企业家马云	不属于会计科目	不属于资产负债表项目
7	房(自用)	固定资产	固定资产
8	土地使用权(自用)	无形资产	无形资产
9	车(自用)	固定资产	固定资产
	车(4S店销售)	库存商品	存货
10	以赚取差价为目的的股票、债券	交易性金融资产	交易性金融资产

第一节 货币资金

扫我解疑难

考点详解

一、资产概述

『链接』请牢记资产负债表(简表)。

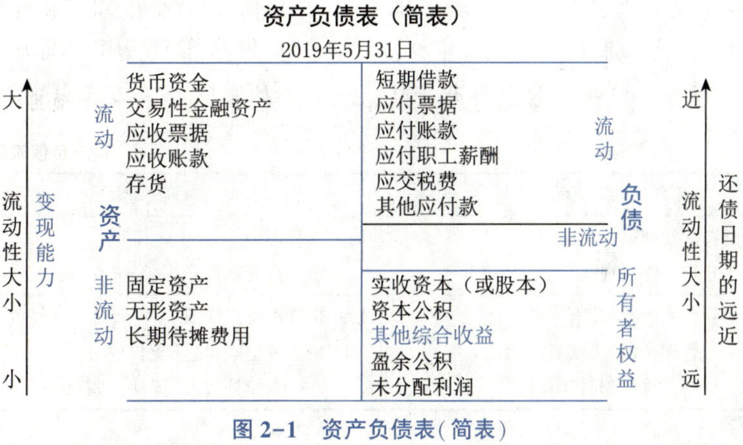

图 2-1 资产负债表(简表)

资产是指企业过去的交易或者事项形成的、由企业拥有或者控制的、预期会给企业带来经济利益的资源。

【例题1·单选题】 下列各项中，属于非流动资产的是( )。

A. 交易性金融资产　　B. 固定资产

C. 应收票据　　　　　D. 应收账款

解析 ▶ 选项ACD均属于流动资产。

答案 ▶ B

二、库存现金

（一）管理制度

现金限额一般按照单位**3到5天**日常零星开支所需确定，交通不便地区可按多于5天、但**不得超过15天**的日常零星开支的需要确定。

现金收支不得从本单位的现金收入中直接支付，即**不得"坐支"现金**。"坐支"的意思是企业收进现金直接支付，没有通过银行存取的环节，这是法律法规不允许的。

（二）核算

设置"库存现金"科目，各部门周转使用的备用金也可以设置"备用金"科目。

月末做到账账相符，即库存现金日记账的余额与库存现金总账的余额核对，二者应账账相符。

（三）清查★★★

通过"待处理财产损溢"科目核算现金短缺或溢余。

1. 现金短缺

【案例1】 昨日下班，公司出纳有福盘点现金，发现保险柜现金为5800元，比现金日记账余额少200元。有福报告领导有喜审批，有喜批示：出纳赔偿100元，公司承担100元。会计分录如下：

(1)审批前：

借：待处理财产损溢　　　　　200

　　贷：库存现金　　　　　　　　200

(2)审批后：

借：其他应收款[责任人赔偿或保险公司赔偿]　　　　　　　　　　　100

　　管理费用[无法查明的其他原因]

　　　　　　　　　　　　　　　100

　　贷：待处理财产损溢　　　　　200

2. 现金溢余

【案例2】 今日下班，公司出纳有福盘点现金，发现保险柜现金为6000元，比现金日记账余额多200元。有福报告领导有喜审批，有喜要求有福查明原因，后来有福查明其中100元应付而未付给福喜，另100元无法查明原因。会计分录如下：

(1)审批前：

借：库存现金　　　　　　　　200

　　贷：待处理财产损溢　　　　　200

(2)审批后：

借：待处理财产损溢　　　　　200

　　贷：其他应付款[应支付给有关单位或人员]　　　　　　　　　　100

　　　　营业外收入[无法查明原因]100

【例题2·单选题】 下列各项中，关于企业无法查明原因的现金短款和现金溢余，经批准后分别记入的会计科目是( )。

A. 借方"其他应收款"和贷方"管理费用"

B. 借方"管理费用"和贷方"营业外收入"

C. 借方"营业外支出"和贷方"营业外收入"

D. 借方"管理费用"和贷方"管理费用"

解析 ▶ 现金盘亏盘盈审批前和审批后账务处理如下表：

清查	盘亏	盘盈
审批前	借：待处理财产损溢 　　贷：库存现金	借：库存现金 　　贷：待处理财产损溢
审批后	借：其他应收款[有人赔] 　　管理费用[无法查明原因] 　　贷：待处理财产损溢	借：待处理财产损溢 　　贷：其他应付款[支付他人] 　　　　营业外收入[无法查明原因]

『提示』请牢记上表，属于每年的必考考点。

答案 B

三、银行存款

月末做到账账相符，即企业银行存款总账的余额和银行存款日记账的余额核对，二者账账相符；"银行存款日记账"每月至少与"银行对账单"核对一次，如果两者不一致，编制"银行存款余额调节表"。

【案例3】福喜公司本月月末银行存款日记账的余额为10000元，银行存款对账单的余额为11000元。经逐笔核对，发现以下未达账项：

(1) 企业收到有福公司转账支票并送存银行5000元，已登记银行存款增加，但银行尚未记账。

(2) 企业开出转账支票给即将出差的有喜3000元，并已登记银行存款减少，有喜尚未到银行办理转账，银行尚未记账。

(3) 企业委托银行代收发财公司的购货款4000元，银行已收妥并登记入账，但企业尚未收到收款通知，尚未记账。

(4) 银行代企业支付电话费1000元，银行已登记企业银行存款减少，但企业未收到银行付款通知，尚未记账。

请填写银行存款余额调节表。

银行存款余额调节表　　　　　　　单位：元

项目	金额	项目	金额
企业银行存款日记账余额		银行对账单余额	
加：银行已收，企业未收款		加：企业已收，银行未收款	
减：银行已付，企业未付款		减：企业已付，银行未付款	
调节后的存款余额		调节后的存款余额	

【分析】

银行存款余额调节表　　　　　　　单位：元

项目	金额	项目	金额
企业银行存款日记账余额	10000	银行对账单余额	11000
加：银行已收，企业未收款	(3)4000	加：企业已收，银行未收款	(1)5000
减：银行已付，企业未付款	(4)1000	减：企业已付，银行未付款	(2)3000
调节后的存款余额	(5)13000	调节后的存款余额	(6)13000

(5) 13000 = 银行日记账余额10000 + (3)4000 - (4)1000

(6) 13000 = 银行对账单余额11000 + (1)5000 - (2)3000

未达账项是指企业或银行一方已取得结算凭证并已登记入账，而另一方尚未取得结算凭证而未登记入账的事项。

银行存款余额调节表只是为了核对账目，并**不能作为调整银行存款账面余额的记账依据**；通过银行存款余额调节表调节后的存款余额表示企业可以动用的银行存款数。

【例题3·判断题】编制银行存款余额调节表只是为了核对账目，不能作为调节银行存款日记账账面余额的记账依据。（　　）

答案 √

四、其他货币资金

(一) 概述

1. 内容

在企业经营中，有些货币资金的存款地点、用途等与库存现金和银行存款不同，如**外埠存款、银行汇票存款、银行本票存款、信用卡存款、信用证保证金存款、存出投资款**等，企业应将其作为其他货币资金核算。

『巧记』记住6个字：2本信，投外汇。

(邮寄出2本信封去投资外汇)

『解释』2本(银行本票存款)信(信用卡存款、信用证保证金存款),投(存出投资款)外(外埠存款)汇(银行汇票存款)。

2. 其他知识要点(2013年单选题、2014-2018年多选题)

(1)外埠存款。

企业到外地进行临时或零星采购,汇往采购地银行开立采购专户的款项。

(2)★银行汇票存款。

银行汇票的背书转让金额以不超过实际结算金额为准。

(3)银行本票存款。

银行本票的提示付款期限自出票日起最长**不得超过两个月**。

(4)★信用卡存款。

单位卡账户的资金一律从其基本存款账户转账存入,不得交存现金,不得将其他存款账户和销货收入的款项存入单位卡账户。

(5)信用证保证金存款。

(6)★存出投资款。

买股票、债券、基金等的资金。

『区别』存出保证金记入"其他应收款"科目,类似于押金。

(二)账务处理

1. 取得时

【案例4】福喜公司取得银行本票存款(银行汇票存款、信用卡存款等)120万元。会计分录如下:

借:其他货币资金　　　　　120
　　贷:银行存款　　　　　　　120

2. 支付时

【案例5】福喜公司(一般纳税人)用上述资金购买材料,不含税价款为100万元,增值税专用发票注明增值税税额为13万元。会计分录如下:

借:在途物资/材料采购/原材料　100
　　应交税费—应交增值税(进项税额)
　　　　　　　　　　　　　　13
　　贷:其他货币资金　　　　　113

3. 退回时

【案例6】福喜公司收到退回的银行本票存款(银行汇票存款、信用卡存款等)7万元。会计分录如下:

借:银行存款　　　　　　　7
　　贷:其他货币资金　　　　　7

『解释』原材料的收入、发出和结存可以用实际成本法或计划成本法核算,两者使用科目区别如下:

计算方法	材料未入库	材料已入库
实际成本法	在途物资	原材料
计划成本法	材料采购	原材料

『提示』计划成本法下,不管材料是否入库,都需要通过"材料采购"科目过渡。相关的账务处理在本章第四节存货中详细讲解。

『学霸总结』银行存款余额调节表

项目	作用
银行存款余额调节表(2016年、2014年判断)	只是为了核对账目
	并不能作为调整银行存款账面余额的记账依据
	调节后的存款余额表示企业可以动用的银行存款数

同步训练　限时15min

一、百考多选题

企业发生现金盘盈盘亏,以下表述正确的有(　　)。

A. 现金盘盈经批准后,贷方账户可能记入"管理费用"

B. 现金盘盈经批准后,贷方账户可能记入"营业外收入"

C. 现金盘盈经批准后,贷方账户可能记入"其他应付款"

D. 现金盘亏经批准后,无法查明原因,借方账户记入"管理费用"

E. 现金盘亏经批准后,无法查明原因,借方账户记入"营业外支出"

F. 现金盘亏经批准后，借方账户可能记入"其他应收款"

二、单项选择题

1. （2019年、2018年、2017年、2016年）2016年12月31日，某企业进行现金清查，发现库存现金短缺300元。经批准，应由出纳员赔偿180元，其余120元无法查明原因，由企业承担损失。不考虑其他因素，该业务减少企业当期营业利润的金额为（　　）元。
   A. 0　　　　　　　B. 120
   C. 300　　　　　　D. 180

2. （2019年）按照现金管理相关规定，下列各项中，企业一般不能使用库存现金进行结算的经济业务是（　　）。
   A. 按规定颁发给科技人员的创新奖金
   B. 发放给职工的劳保福利
   C. 向个人收购农产品的价款
   D. 向外单位支付的机器设备款

3. （2019年）下列各项中，会导致企业银行存款日记账余额大于银行对账单余额的是（　　）。
   A. 企业开具支票，对方未到银行兑现
   B. 银行误将其他公司的存款计入本企业银行存款账户
   C. 银行代收货款，企业尚未接到收款通知
   D. 企业收到购货方转账支票一张，送存银行，银行尚未入账

4. 下列业务中，能够增加银行存款的是（　　）。
   A. 从银行取得短期借款
   B. 从银行提取现金
   C. 销售商品收到对方开出的商业承兑汇票
   D. 销售货物尚未收到款项

三、多项选择题

1. （2018年）下列各项中，关于企业现金溢余的会计处理表述正确的有（　　）。
   A. 无法查明原因的现金溢余记入"营业外收入"
   B. 应支付给有关单位的现金溢余记入"其他应付款"
   C. 无法查明原因的现金溢余冲减"管理费用"
   D. 应支付给有关单位的现金溢余记入"应付账款"

2. （2018年）下列应通过"其他货币资金"科目核算的有（　　）。
   A. 企业将款项汇往外地开立采购专用账户
   B. 用银行本票购买办公用品
   C. 销售商品收到商业汇票
   D. 用银行汇票购入原材料

3. （2019年、2016年、2014年）下列各项中，企业应通过"其他货币资金"科目核算的有（　　）。
   A. 用银行本票支付采购办公用品的款项
   B. 存入证券公司指定账户的款项
   C. 汇往异地银行开立采购专户的款项
   D. 存入银行信用证保证金专户的款项

4. 编制银行存款余额调节表时，下列未达账项中，会导致企业银行存款日记账的账面余额小于银行对账单余额的有（　　）。
   A. 企业开出支票，银行尚未支付
   B. 企业送存支票，银行尚未入账
   C. 银行代收款项，企业尚未接到收款通知
   D. 银行代付款项，企业尚未接到付款通知

四、判断题

1. （2016年、2014年）企业可以根据银行存款余额调节表直接调整银行存款的账面金额。（　　）

2. （2019年、2014年）企业收到退回银行汇票的多余款项，记入"其他货币资金"科目的借方。（　　）

同步训练答案及解析

一、百考多选题

BCDF　【解析】库存现金盘盈盘亏的账务处理：

项目	盘盈(现金称溢余)	盘亏(现金称短缺)
库存现金	借：库存现金 　贷：待处理财产损溢 借：待处理财产损溢 　贷：其他应付款 　　营业外收入[无法查明原因]	借：待处理财产损溢 　贷：库存现金 借：其他应收款 　　管理费用[无法查明原因] 　贷：待处理财产损溢

二、单项选择题

1. B 【解析】企业发生现金短缺，在报经批准处理前：

　　借：待处理财产损溢　　　　300
　　　　贷：库存现金　　　　　　　300

报经批准处理后：

　　借：管理费用　　　　　　　120
　　　　其他应收款　　　　　　180
　　　　贷：待处理财产损溢　　　　300

管理费用增加 120 元，使营业利润减少 120 元。

2. D 【解析】支付给外单位的价款一般不可以使用库存现金支付。

3. D

4. A 【解析】选项 A，借记"银行存款"，贷记"短期借款"；选项 B，借记"库存现金"，贷记"银行存款"；选项 C，增加应收票据；选项 D，增加应收账款。

三、多项选择题

1. AB 【解析】现金溢余审批后，应支付给其他单位或个人的计入其他应付款，无法查明原因的计入营业外收入。

2. ABD 【解析】选项 A，企业将款项汇往外地开立采购专用账户的分录为：

　　借：其他货币资金——外埠存款
　　　　贷：银行存款

选项 B，用银行本票购买办公用品的分录为：

　　借：管理费用
　　　　贷：其他货币资金——银行本票

选项 C，销售商品收到商业汇票的分录为：

　　借：应收票据
　　　　贷：主营业务收入
　　　　　　应交税费——应交增值税(销项税额)

选项 D，用银行汇票购入原材料的分录为：

　　借：原材料
　　　　应交税费——应交增值税(进项税额)
　　　　贷：其他货币资金——银行汇票

3. ABCD 【解析】其他货币资金主要包括银行汇票存款、银行本票存款、信用卡存款、信用证保证金存款、存出投资款和外埠存款等。

4. AC 【解析】选项 BD 是银行存款日记账的账面余额大于银行对账单余额的情形。

四、判断题

1. × 【解析】银行存款余额调节表只是为了消除未达账项的影响，核对银行存款账目有无错误，该表本身并非原始凭证，不能根据该表在银行存款日记账上登记，只有等到银行转来有关结算凭证后，才能按记账程序登记入账。

2. × 【解析】企业收到退回的银行汇票多余款项时，记入"其他货币资金"科目的贷方。

第二节　应收票据、应收账款、其他应收款及预付款项

扫我解疑难

考点详解

一、应收票据

（一）概述

应收票据是指企业因销售商品、提供服务等而收到的商业汇票。

根据承兑人不同，商业汇票分为商业承兑汇票和银行承兑汇票。（债权人：应收票

据，债务人：应付票据。

『注意』银行承兑汇票与银行汇票记入的会计科目不同。银行承兑汇票记入"应收票据""应付票据"；银行汇票记入"其他货币资金"。

(二)会计处理

1. 应收票据取得及收回

(1)因提供服务或销售商品而取得。

【案例1】福喜公司(一般纳税人)销售一批商品给有喜公司，价款100万元，增值税13万元，收到商业汇票(商业/银行承兑汇票)一张，面值113万元。会计分录如下：

借：应收票据 113
  贷：主营业务收入 100
    应交税费——应交增值税(销项税额) 13

(2)因抵债而取得。

【案例2】福喜公司收到购买方有福公司的商业汇票(商业/银行承兑汇票)一张，面值113万元，用于抵偿1个月前的购货款。会计分录如下：

借：应收票据 113
  贷：应收账款 113

(3)商业汇票到期收回款项。

【案例3】福喜公司收到上述商业汇票的票款113万元。会计分录如下：

借：银行存款 113
  贷：应收票据 113

2. 应收票据转让

【案例4】福喜公司(一般纳税人)向发财公司购买材料/商品100万元，增值税13万元，假定转让【案例1】商业汇票给发财公司。会计分录如下：

借：在途物资/材料采购/原材料/库存商品等 100
  应交税费——应交增值税(进项税额) 13
  贷：应收票据 113

3. 应收票据贴现

【案例5】假定福喜公司提早1个月将【案例1】未到期的面值为113万元的商业汇票向银行贴现，银行收取0.1万元的贴现利息。会计分录如下：

借：银行存款[收到的金额] 112.9
  财务费用[贴现利息] 0.1
  贷：应收票据[票面价值] 113

二、应收账款

(一)概述

应收账款是指企业在日常活动中，由于销售商品、提供服务而形成的，应向购货单位或接受服务单位收取的款项，主要包括销售价款、代购货单位垫付的包装费和运杂费、增值税销项税额等。

(二)会计处理

1. 销售商品

【案例6】福喜公司(一般纳税人)销售一批商品给有喜公司，价款100万元，增值税税率13%，款未收。会计分录如下：

借：应收账款 113
  贷：主营业务收入 100
    应交税费——应交增值税(销项税额) 13

2. 企业代购货单位垫付包装费、运杂费

【案例7】福喜公司代有喜公司垫付包装费1万元。会计分录如下：

借：应收账款 1
  贷：银行存款 1

3. 收回款项

【案例8】假定福喜公司收到有喜公司支付的货款和代垫包装费114万元。会计分录如下：

借：银行存款 114
  贷：应收账款 114

4. 收到商业汇票

【案例9】假定福喜公司收到有喜公司开具商业汇票一张，面值114万元，用于抵付上述欠款。会计分录如下：

借：应收票据 114
  贷：应收账款 114

5. 不设置"预收账款"科目企业的核算★

不设置"预收账款"科目的企业，发生预

收账款时,可以记入"应收账款"科目核算。期末编制资产负债表时,如果"应收账款"的明细科目期末余额在贷方,则反映企业预收的账款。

【例题1·单选题】(2013年改)某企业采用托收承付结算方式销售一批商品,增值税专用发票注明的价款为1000万元,增值税税额为130万元,销售商品为客户代垫运输费5万元,全部款项已办妥托收手续。该企业应确认的应收账款为( )万元。

A. 1000 　　 B. 1005
C. 1130 　　 D. 1135

解析 ▶ 该企业应确认的应收账款=1000+130+5=1135(万元)。　　**答案** ▶ D

三、预付账款

(一)概述

预付账款是指企业按照合同规定预付的款项。

★预付款项情况不多的企业,可以不设置"预付账款"科目,发生预付账款业务时,直接记入"应付账款"账户的借方。

(二)会计处理

【案例10】 有福公司与有喜公司均为增值税一般纳税人,发生如下业务:

(1)2月1日,有喜公司预付有福公司购买丝袜款50万元(或120万元)。

(2)2月14日,有福公司将上述丝袜销售给有喜公司,价款100万元,增值税13万元,袜子成本80万元;有喜公司已收到该批袜子,采用实际成本法核算。

(3)3月1日,有喜公司支付尾款63万元给有福公司(或有福公司退回多余款项7万元)。

请编制买卖双方的会计分录。

【分析】

时间点	买方:有喜公司	时间点	卖方:有福公司
(1)预付款项时	①如果预付款为50万元 借:预付账款　　　　50 　贷:银行存款　　　　　50 ②如果预付款为120万元 借:预付账款　　　　120 　贷:银行存款　　　　　120	(1)收到预收款项时	①如果预收款为50万元 借:银行存款　　　　50 　贷:合同负债　　　　　50 ②如果预收款为120万元 借:银行存款　　　　120 　贷:合同负债　　　　　120
(2)收到商品时	借:库存商品　　　　100 　应交税费—应交增值税(进项税额)　13 　贷:预付账款　　　　　113	(2)发出商品	①确认收入 借:合同负债　　　　113 　贷:主营业务收入　　　100 　　应交税费—应交增值税(销项税额)　13 ②结转成本 借:主营业务成本　　　80 　贷:库存商品　　　　　80
(3)结算时(多退少补)	如果预付款为50万元 借:预付账款　　　　63 　贷:银行存款　　　　　63 如果预付款为120万元 借:银行存款　　　　7 　贷:预付账款　　　　　7	(3)结算时(多退少补)	如果预收款为50万元 借:银行存款　　　　63 　贷:合同负债　　　　　63 如果预收款为120万元 借:合同负债　　　　7 　贷:银行存款　　　　　7

四、其他应收款

资产负债表中,"其他应收款"项目,应根据"应收利息""应收股利"和"其他应收款"科目的期末余额合计数,减去"坏账准备"科目中相关坏账准备期末余额后的金额填列。

(一)应收股利的核算

应收股利是指企业应收取的现金股利和其他单位分配的利润。

1. 交易性金融资产涉及的应收股利的账务处理

【案例11】福喜公司持有有福上市公司股票,作为交易性金融资产核算,3月1日有福公司宣告发放上年现金股利,福喜公司可分得10万元。3月10日,福喜公司收到上述股利。

福喜公司账务处理两步走:

(1)3月1日,有福公司宣告发放现金股利时:

借:应收股利 10
　　贷:投资收益 10

(2)3月10日,福喜公司收到股利时:

借:其他货币资金/银行存款 10
　　贷:应收股利 10

『注意』其他货币资金:核算购买上市公司股票、收到现金股利等。银行存款:核算购买非上市公司股权、收到现金股利等。

2. 长期股权投资成本法下涉及的应收股利的账务处理

【案例12】福喜公司持有有喜股份(非上市)有限公司股权,采用成本法核算,3月1日,有喜公司向福喜公司分配上年利润20万元,款项尚未支付。3月30日,福喜公司收到上述股利,存入银行。

福喜公司账务处理两步走:

(1)3月1日,有喜公司宣告发放现金股利时:

借:应收股利 20
　　贷:投资收益 20

(2)3月30日,福喜公司收到该股利时:

借:银行存款 20
　　贷:应收股利 20

(二)应收利息的核算

应收利息是指企业购买债券或存款应向债务人收取而未收取的利息。

【案例13】福喜公司持有发财公司债券,年底计提债券利息30万元,次年1月30日收到上述利息,存入银行。

福喜公司账务处理两步走:

(1)年底,计算利息时:

借:应收利息 30
　　贷:投资收益 30

(2)次年1月30日,收到利息时:

借:银行存款 30
　　贷:应收利息 30

(三)其他应收款的核算

其他应收款是指企业除应收票据、应收账款、预付账款等以外的其他各种应收及暂付款项。其他应收款主要内容及账务处理:

(1)应收的各种赔款、罚款,包括应向保险公司或个人收取的赔款等。

『链接』请回忆现金盘亏,由出纳赔偿的会计分录。

(2)★★应收的出租包装物租金。

【案例14】福喜公司(一般纳税人)出租包装物一批,不含税租金收入2万元,增值税0.26万元,款未收。会计分录如下:

借:其他应收款 2.26
　　贷:其他业务收入 2
　　　　应交税费—应交增值税(销项税额) 0.26

(3)应向职工收取的各种垫付款项,包括为职工垫付的房租费、水电费、医药费、上网费等。

【案例15】3月1日福喜公司替总经理游喜福垫付医疗费1万元;3月10日,从其工资中扣回。会计分录如下:

①3月1日,公司垫支时:

借:其他应收款 1
　　贷:银行存款 1

②3月10日,公司从工资中扣款时:

借：应付职工薪酬　　　　　　　　　1
　　贷：其他应收款　　　　　　　　　1
(4)★★**存出保证金，如租入包装物支付的押金。**
【案例16】 福喜公司租入包装物一批，以银行存款向出租方支付押金2万元。会计分录如下：
借：其他应收款　　　　　　　　　　2
　　贷：银行存款　　　　　　　　　　2
(5)其他各种应收、暂付款项。
【例题2·单选题】(2017年)下列各项中，企业应通过"其他应收款"科目核算的是(　　)。
A. 出租包装物收取的押金
B. 为职工垫付的水电费
C. 代购货方垫付的销售商品运费
D. 销售商品未收到的货款
解析 选项A的会计分录为：
借：银行存款
　　贷：其他应付款
选项B的会计分录为：
借：其他应收款
　　贷：银行存款
选项C的会计分录为：
借：应收账款
　　贷：银行存款
选项D的会计分录为：
借：应收账款
　　贷：主营业务收入
　　　　应交税费——应交增值税(销项税额)
答案 B

五、应收款项减值

(一)减值损失的确认
应收款项减值的方法包括直接转销法和备抵法，我国企业会计准则规定**不允许采用直接转销法，应采用备抵法。**
备抵法要求企业设置"坏账准备"账户，该账户是应收账款的备抵类账户，增加在贷方，减少在借方。计提"坏账准备"的应收款

项包括：应收账款、应收票据、预付账款、其他应收款、应收股利和应收利息等。
【例题3·多选题】(2010年)下列各项中，应计提坏账准备的有(　　)。
A. 应收账款　　　B. 应收票据
C. 预付账款　　　D. 其他应收款
解析 这四项都属于应收款项，都应该计提坏账准备。　　**答案** ABCD

(二)坏账准备的核算
当期应计提的坏账准备(倒挤)＝计算的坏账准备金额(需要的余额)－"坏账准备"科目的贷方(已存在的余额，正数)＋"坏账准备"科目的借方(已存在的余额，负数)
【案例17】 福喜公司按应收账款的10%计提坏账准备。
(1)2015年12月31日应收账款余额100万元，期初"坏账准备"无余额。会计分录如下：
借：信用减值损失(100×10%-0)　10
　　贷：坏账准备　　　　　　　　　10
(2)2016年12月31日应收账款余额150万元。会计分录如下：
借：信用减值损失　　　　　　　　　5
　　贷：坏账准备　　　　　　　　　　5
『提示』需要计提的金额＝需要的余额(150×10%)－已存在的余额10＝5(万元)
(3)2017年5月31日发生坏账损失10万元。会计分录如下：
借：坏账准备　　　　　　　　　　　10
　　贷：应收账款　　　　　　　　　10
期末"坏账准备"余额＝15-10＝5(万元)
(4)2017年12月31日，应收账款余额180万元。会计分录如下：
借：信用减值损失　　　　　　　　　13
　　贷：坏账准备　　　　　　　　　13
『提示』需要计提的金额＝需要的余额(180×10%)－已存在的余额5＝13(万元)
(5)2018年5月31日收回已转销的应收账款5万元。会计分录如下：
先恢复：

借：应收账款　　　　　　　　5
　　贷：坏账准备　　　　　　　　5
后收款：
借：银行存款　　　　　　　　5
　　贷：应收账款　　　　　　　　5
期末"坏账准备"余额＝18＋5＝23（万元）
（6）2018年12月31日，应收账款余额200万元。会计分录如下：
借：坏账准备　　　　　　　　3
　　贷：信用减值损失　　　　　　3
『提示』需要计提的金额＝需要的余额（200×10%）－已存在的余额23＝－3（万元）

【例题4·单选题】（2017年、2016年、2015年、2013年）2016年12月1日，某公司"坏账准备——应收账款"科目贷方余额为1万元。12月16日，收回已作坏账转销的应收账款1万元。12月31日，应收账款账面余额为120万元。12月31日，应收账款的预计未来现金流量现值为108万元，不考虑其他因素，12月31日该公司应计提的坏账准备金额为（　　）万元。
A. 13　　　　　　B. 12
C. 10　　　　　　D. 11
解析▶应计提的坏账准备＝（120－108）－（1＋1）＝10（万元）。
答案▶C

『学霸总结』应收款项减值★★★

时点	坏账准备的账务处理 （2018年、2017年单选题；2019年、2016年多选题）		坏账准备科目余额	应收账款账面价值
（1）初次计提	借：信用减值损失 　　贷：坏账准备		增加	减少
（2）发生坏账	借：坏账准备 　　贷：应收账款		减少	不变
（3）发生坏账又收回	借：应收账款 　　贷：坏账准备 借：银行存款 　　贷：应收账款		增加	减少
（4）再次计提 应提＝应有－已提	补提	借：信用减值损失 　　贷：坏账准备	增加	减少
	冲减	借：坏账准备 　　贷：信用减值损失	减少	增加

同步训练　限时30min

一、百考多选题

1. 下列各项中，关于应收及预付款项的核算表述正确的有（　　）。
   A. 持有商业承兑汇票向银行贴现，支付给银行的贴现利息应记入"财务费用"科目
   B. 采用托收承付结算方式销售商品，增值税发票上注明的价款和销项税额记入"应收账款"科目，为客户代垫的运输费记入"其他应收款"科目
   C. 确认销售收入时的现金折扣不影响"应收账款"的入账金额
   D. 如果企业不设置"预付账款"科目，则预付的款项在"预收账款"科目的借方核算
   E. 应收的各种赔款、罚款、出租包装物租金记入"其他应收款"科目
   F. 为职工垫付的款项记入"其他应收款"科目
   G. 收到的出租包装物押金记入"其他应收款"科目
   H. 租入固定资产支付的押金记入"其他应收款"科目

2. 下列关于企业应收款项减值的核算，表述不正确的有（ ）。
   A. 我国企业可以采用直接转销法核算坏账
   B. 资产负债表日，企业应收账款的账面价值低于其预计未来现金流量的现值的差额，应记入"信用减值损失"的借方
   C. 资产负债表日，企业应收账款的账面价值低于其预计未来现金流量的现值的差额，可能应记入"信用减值损失"的贷方、"坏账准备"的借方
   D. 收回应收账款、计提坏账准备和收回已转销的应收账款会影响应收账款的账面价值
   E. 转销无法收回的应收账款的会计分录应借记"坏账准备"，贷记"信用减值损失"
   F. 转销无法收回的应收账款会影响应收账款的账面价值
   G. 某企业2019年12月初"坏账准备"余额借方6万元，本期实际发生坏账损失3万元，企业当月坏账准备的借方余额为3万元

二、单项选择题

1. （2019年）下列各项中，应记入"应收票据"科目借方的是（ ）。
   A. 提供服务收到的商业承兑汇票
   B. 提供服务收到的银行本票
   C. 销售商品收到的银行汇票
   D. 销售原材料收到的转账支票

2. （2018年、2017年）某企业年初"坏账准备"科目的贷方余额为20万元，本年收回上年已确认为坏账的应收账款5万元，确定"坏账准备"科目年末贷方余额应为30万元，不考虑其他因素，该企业年末应提的坏账准备为（ ）万元。
   A. 30   B. 5
   C. 10   D. 15

3. （2018年）下列各项中，属于"其他应收款"科目核算内容的是（ ）。
   A. 为职工垫付的房租
   B. 为购货单位垫付的运费
   C. 应付的采购商品款
   D. 应收的服务款

4. 企业出租固定资产，应收而未收到的租金应计入（ ）科目的借方。
   A. 其他业务收入
   B. 固定资产清理
   C. 应收账款
   D. 其他应收款

5. 2017年年末某企业应收A公司的账款余额为1000万元，确定该应收账款的未来现金流量现值为700万元，坏账准备的期初贷方余额为350万元。则年末该企业应确认的信用减值损失为（ ）万元。
   A. 300   B. 50
   C. -50   D. 0

三、多项选择题

1. （2019年）下列各项中，企业应通过"其他应收款"科目核算的有（ ）。
   A. 应收代职工垫付的房租和水电费
   B. 财产遭受意外损失应由保险公司支付的赔偿款项
   C. 销售商品代客户垫付的运输费
   D. 租入包装物支付的押金

2. （2019年、2016年）下列各项中，应在"坏账准备"借方登记的有（ ）。
   A. 冲减已计提的减值准备
   B. 收回前期已核销的应收账款
   C. 核销实际发生的坏账损失
   D. 计提坏账准备

3. （2018年改）下列各项中，引起应收账款账面价值发生增减变化的有（ ）。
   A. 收回应收账款
   B. 计提应收账款坏账准备
   C. 收回已作为坏账核销的应收账款
   D. 应收的商业承兑汇票到期，对方无力付款

4. 下列各项中，应记入"应收账款"科目的有（ ）。
   A. 代购货方垫付的运杂费

B. 销售产品应收取的款项
C. 对外提供服务应收取的款项
D. 代购货方垫付的保险费

5. 关于"预付账款"账户，下列说法正确的有（　　）。
   A. "预付账款"属于资产性质的账户
   B. 预付货款不多的企业，可以不单独设置"预付账款"账户，将预付的货款记入"应付账款"账户的借方
   C. "预付账款"账户贷方余额反映的是应付供货单位的款项
   D. "预付账款"账户只核算企业因销售业务产生的往来款项

四、判断题

1. （2019 年、2018 年）某企业由于预付账款业务不多，不单独设置"预付账款"科目，对于预付的款项应通过"应付账款"科目核算。（　　）
2. （2019 年）企业短期租入包装物支付的押金应通过"其他应收款"科目核算。（　　）
3. （2016 年）企业销售商品已确认收入但货款尚未收到，在资产负债表日得知客户资金周转困难而无法收回货款，该企业应冲减已确认的商品销售收入。（　　）
4. 企业确实无法收回的应收款项经批准作为坏账损失时，一方面冲减应收款项，另一方面确认信用减值损失。（　　）
5. 企业应收款项发生减值时，应将该应收款项账面价值高于预计未来现金流量现值的差额，确认为减值损失，计入当期损益。（　　）

五、不定项选择题

甲公司为增值税一般纳税人，增值税税率为 13%。2019 年 12 月 1 日，甲公司"应收账款"科目借方余额为 500 万元，"坏账准备"科目贷方余额为 25 万元，公司通过对应收款项的信用风险特征进行分析，确定计提坏账准备的比例为期末应收账款余额的 5%。12 月份，甲公司发生如下相关业务：

(1) 12 月 5 日，向乙公司赊销商品一批，按商品价目表标明的价格计算的金额为 1000 万元（不含增值税），由于是成批销售，甲公司给予乙公司 10% 的商业折扣。

(2) 12 月 9 日，一客户破产，根据清算程序，有应收账款 40 万元不能收回，确认为坏账。

(3) 12 月 11 日，收到乙公司前欠的销货款 500 万元，存入银行。

(4) 12 月 21 日，收到 2018 年已转销为坏账的应收账款 10 万元，存入银行。

(5) 12 月 30 日，向丙公司销售商品一批，增值税专用发票上注明的售价为 100 万元，增值税额为 13 万元。甲公司为了及早收回货款而在合同中规定的现金折扣条件为 2/10，1/20，N/30，假定现金折扣不考虑增值税。截至 12 月 31 日，丙公司尚未付款。

要求：根据上述资料，不考虑其他因素，分析回答下列小题。（答案中的金额单位用万元表示）

(1) 根据资料(1)，12 月 5 日发生的经济业务中应收账款的入账价值为（　　）万元。
   A. 1000　　　　B. 1130
   C. 900　　　　 D. 1017

(2) 根据资料(5)，12 月 30 日发生的经济业务中应收账款的入账价值为（　　）万元。
   A. 100　　　　 B. 98
   C. 113　　　　 D. 110.74

(3) 根据资料(1)-(3)，甲公司的处理正确的是（　　）。
   A. 资料(1)应确认收入 1000 万元
   B. 资料(1)应确认收入 900 万元
   C. 资料(2)应贷记坏账准备 40 万元
   D. 资料(3)应确认应收账款 500 万元

(4) 根据资料(4)和(5)，甲公司的处理正确的是（　　）。
   A. 资料(4)应借记银行存款 10 万元
   B. 资料(4)应贷记坏账准备 10 万元
   C. 资料(5)应确认收入 100 万元

D. 资料(5)应确认应收账款 113 万元

(5)本期应计提坏账准备的金额为( )万元。

A. 56.5　　　　B. 59.5
C. 101.5　　　 D. 96.5

同步训练答案及解析

一、百考多选题

1. ACEFH 【解析】选项 B，采用托收承付结算方式销售商品，增值税发票上注明的价款和销项税额记入"应收账款"科目，为客户代垫的运输费也应记入"应收账款"科目；选项 D，如果企业不设置"预付账款"科目，则预付的款项在"应付账款"科目的借方核算；选项 G，收到的出租包装物押金记入"其他应付款"科目。

2. ABEFG 【解析】选项 A，我国企业必须采用备抵法核算坏账；选项 BC，资产负债表日，企业应收账款的账面价值低于其预计未来现金流量的现值的差额，不计提减值损失或记入"信用减值损失"的贷方、"坏账准备"的借方；选项 EF，转销无法收回的应收账款，应借记"坏账准备"，贷记"应收账款"，使企业应收账款账面余额和坏账准备同时减少，因此不会影响应收账款的账面价值；选项 G，实际发生坏账损失时，计入坏账准备借方，当月企业坏账准备借方余额为 9 万元(6+3)。

二、单项选择题

1. A 【解析】选项 BCD，记入"银行存款"科目的借方。

2. B 【解析】应计提的坏账准备金额 = 30-(20+5) = 5(万元)。

3. A 【解析】选项 BD，通过"应收账款"科目核算；选项 C，通过"应付账款"科目核算。

4. D 【解析】会计分录：
   借：其他应收款
       贷：其他业务收入

5. C 【解析】年末应计提的坏账准备 = (1000-700)-350 = -50(万元)，故应确认的信用减值损失为-50 万元。

三、多项选择题

1. ABD 【解析】选项 C，通过"应收账款"科目核算。

2. AC 【解析】选项 A，冲减已计提的减值准备的会计分录为：
   借：坏账准备
       贷：信用减值损失
   选项 B，收回前期已核销的应收账款的会计分录为：
   借：应收账款
       贷：坏账准备
   借：银行存款
       贷：应收账款
   选项 C，核销实际发生的坏账损失的会计分录为：
   借：坏账准备
       贷：应收账款
   选项 D，计提坏账准备的会计分录为：
   借：信用减值损失
       贷：坏账准备

3. ABCD 【解析】选项 A，收回应收账款的会计分录为：
   借：银行存款
       贷：应收账款
   选项 B，计提应收账款坏账准备的会计分录为：
   借：信用减值损失
       贷：坏账准备
   选项 C，收回已作为坏账核销的应收账款的会计分录为：
   借：应收账款
       贷：坏账准备
   借：银行存款
       贷：应收账款
   选项 D，应收的商业承兑汇票到期，对方无力付款的会计分录为：
   借：应收账款

贷：应收票据

4. ABCD 【解析】应收账款的入账价值包括销售货物或提供服务未收到的价款、增值税，以及代购货方垫付的包装费、保险费和运输费等。

5. ABC 【解析】选项 D，"预付账款"核算的是企业按照购货合同规定预付给供货单位的款项，而不是销售业务产生的往来款项。

四、判断题

1. √ 【解析】企业应通过"预付账款"科目，核算预付账款的增减变动及其结存情况。但是预付货款业务不多的企业，可以不单独设置"预付账款"科目，其所发生的预付货款，可通过"应付账款"科目核算。

2. √

3. × 【解析】冲减收入的情况有：发生销售退回、销售折让等。此种情况下，应当对应收账款计提坏账准备。

4. × 【解析】企业确实无法收回的应收款项经批准作为坏账损失时，一方面冲减应收款项，另一方面冲减已计提的坏账准备。

5. √ 【解析】有客观证据表明应收款项发生减值时，应当将该应收款项的账面价值减记至预计未来现金流量现值，减记的金额确认减值损失，计提坏账准备。

五、不定项选择题

(1) D；(2) C；(3) B；(4) ABCD；(5) B。

【解析】(1) 在有商业折扣的情况下，应按折扣后的价款计入应收账款，本题为 1000×(1−10%)×(1+13%)=1017(万元)。
(2) 在有现金折扣的情况下，现金折扣不影响应收账款的入账价值，实际发生现金折扣时，作为当期财务费用，计入当期损益，本题答案为 100+13=113(万元)。
(3) 资料(1)，应该按扣除商业折扣的金额入账，应确认收入 1000×(1−10%)=900(万元)；资料(2)，确认坏账损失时，应该借记"坏账准备"，贷记"应收账款"；资料(3)，借记"银行存款"，贷记"应收账款"，即冲减应收账款 500 万元。
(4) 详见会计分录。
(5) 本期应计提坏账准备=应收账款(500+1017−40−500+113)×5%−坏账准备(25−40+10)=59.5(万元)。

本题详细分录如下：
资料(1)
借：应收账款　　　　　　　　1017
　　贷：主营业务收入　　　　　　　900
　　　　应交税费——应交增值税(销项税额)　　　　　　　　　　　　　117
资料(2)
借：坏账准备　　　　　　　　　40
　　贷：应收账款　　　　　　　　　40
资料(3)
借：银行存款　　　　　　　　 500
　　贷：应收账款　　　　　　　　 500
资料(4)
借：应收账款　　　　　　　　　10
　　贷：坏账准备　　　　　　　　　10
借：银行存款　　　　　　　　　10
　　贷：应收账款　　　　　　　　　10
资料(5)
借：应收账款　　　　　　　　 113
　　贷：主营业务收入　　　　　　　100
　　　　应交税费——应交增值税(销项税额)　　　　　　　　　　　　　 13

第三节　交易性金融资产

扫我解疑难

一、概述

交易性金融资产主要核算以公允价值计量且其变动计入当期损益的金融资产，其持有目的一般是为近期内出售以赚取差价，例如企业以赚取差价为目的从活跃市场购入的股票、债券或基金等。此外，如果相关金融资产在初始确认时属于集中管理的可辨认金融工具组合的一部分,且有客观证据表明近期实际存在短期获利模式,则一般也作为交易性金融资产核算。

二、会计处理

(一)科目设置

设置:交易性金融资产—成本
　　　　　　　　　—公允价值变动

属于资产类科目,增加在借方,减少在贷方,余额在借方。

公允价值变动损益(假赚:涨价、跌价)和投资收益(真赚,收益已经实现)属于损益类科目,增加在贷方,减少在借方,期末无余额。

(二)交易性金融资产的取得

【案例1】2018年4月1日,福喜公司(一般纳税人)购入有福上市公司股票10万股,每股11元,含已宣告但尚未发放的现金股利1元/股,另支付交易费用2万元,增值税税额为0.12万元,划分为交易性金融资产。会计分录如下:

借:交易性金融资产—成本
　　　　　　[(11-1)×10]100
　　应收股利　　　　　　　　10
　　投资收益　　　　　　　　2
　　应交税费—应交增值税(进项税额)
　　　　　　　　　　　　　　0.12
　贷:其他货币资金—存出投资款
　　　　　　　　　　　　　　112.12

『提示』交易性金融资产的初始入账成本包含了**已宣告但尚未发放的现金股利**,或**已到付息期但尚未领取的债券利息**,**应单独确认为应收项目**。取得时所发生的相关**交易费用**,如手续费、佣金和相关税费等,**记入"投资收益"借方**。

『巧记』双交(交易性金融资产的交易费用)冲减投资收益。

【例题1·判断题】(2015年)企业取得交易性金融资产时,支付给证券交易所的手续费和佣金应计入初始确认金额。( )

解析 取得交易性金融资产发生的交易费用确认为投资收益,不计入交易性金融资产初始确认金额。**答案** ×

(三)交易性金融资产的持有

1. 企业收到购入时包含的已宣告但尚未发放现金股利或已到付息期未领取的利息

【案例2】承接【案例1】,2018年5月1日福喜公司收到有福公司发放的现金股利10万元(如果是债券,收到已到付息期但尚未领取的利息)。会计分录如下:

借:其他货币资金　　　　　　10
　贷:应收股利　　　　　　　　10

2. 交易性金融资产持有期间的公允价值变动

资产负债表日,交易性金融资产按照**公允价值计量**,公允价值与账面余额之间的差额计入当期损益。

(1)股价或债券价格上涨。

【案例3】承接【案例1】,2018年6月30日,股价为12元/股。会计分录如下:

借:交易性金融资产—公允价值变动
　　　　　　　　　(12×10-100)20
　贷:公允价值变动损益　　　　20

(2)股价或债券价格下跌。

【案例4】承接【案例3】,2018年12月31日,股价为11元/股。会计分录如下:

借:公允价值变动损益
　　　　　　　　　[(12-11)×10]10
　贷:交易性金融资产—公允价值变动
　　　　　　　　　　　　　　10

『注意』涨跌价时,"交易性金融资产—公允价值变动"与"公允价值变动损益"是成双成对出现的。

3. 持有期间被投资单位宣告发放现金股利或在资产负债表日计算利息收入

(1)被投资单位宣告发放现金股利。

【案例5】承接【案例4】,2019年4月1日有福公司宣告发放现金股利0.1元/股。会计分录如下:

借:应收股利　　　　　(0.1×10)1

贷：投资收益　　　　　　　　1

（2）收到现金股利。

【案例6】承接【案例5】，2019年4月10日，福喜公司收到有福公司发放的现金股利。会计分录如下：

借：其他货币资金　　　　　　1
　　贷：应收股利　　　　　　　　1

（四）交易性金融资产的出售（处置）

【案例7】承接【案例1】至【案例6】，2019年10月31日，福喜公司出售上述10万股股票，价格为15.3元/股。

【分析】"交易性金融资产—成本"借方100万元；"交易性金融资产—公允价值变动"借方10万元。出售时，反方向结转上述账户。

股票出售，价款与交易性金融资产账面余额的差额记入"投资收益"，分录如下：

借：其他货币资金　　　　　　153
　　贷：交易性金融资产—成本　　100
　　　　　　—公允价值变动　　　　10
　　　　投资收益　　（153-100-10）43

结论：上述处置分录对当期损益的影响金额为43万元（等于投资收益金额）。

（五）金融商品转让应交的增值税

【案例8】承接【案例7】，计算转让金融商品应交增值税。

增值税税额=（卖出价-买入价）/（1+6%）×6%=（153-110）/（1+6%）×6%=2.43（万元）

会计分录如下：

借：投资收益　　　　　　　　2.43
　　贷：应交税费—转让金融商品应交
　　　　　　增值税　　　　　　2.43

『注意』（1）计算转让金融商品应交增值税税额时，买入价不需要扣除取得金融商品时已经宣告未发放的现金股利或已到付息期未领取的利息。

（2）若为亏损（10月），可结转下一纳税期（11月），与下期转让金融商品销售额相抵，但年末（12月）仍为亏损，不得转入下年。

亏损的会计分录：

借：应交税费—转让金融商品应交
　　　　增值税
　　贷：投资收益

年末，若为亏损，将"应交税费—转让金融商品应交增值税"的借方余额转出。

『学霸总结』交易性金融资产

时点		账务处理
取得（2019年、2018年、2017年单选题）		借：交易性金融资产—成本[公允价值] 应收股利/应收利息[购入时价款中包含的已经宣告但尚未发放的现金股利或已到付息期但尚未领取的利息] 投资收益[购入时发生的交易费用] 应交税费—应交增值税（进项税额） 贷：其他货币资金
持有期间	收到购买时价款中包含的股利、利息	借：其他货币资金 贷：应收股利/应收利息
	计算持有收益	借：应收股利/应收利息 贷：投资收益
	收到持有收益	借：其他货币资金 贷：应收股利/应收利息
	期末价值变动	涨价（2019年）　借：交易性金融资产—公允价值变动 　　　　　　　　　贷：公允价值变动损益
		跌价（2018年、2016年单选题）　借：公允价值变动损益 　　　　　　　　　贷：交易性金融资产—公允价值变动

续表

时点	账务处理
出售	借：其他货币资金 　　贷：交易性金融资产—成本 　　　　　—公允价值变动[可能在借方] 　　　　投资收益[差额，或借方]
增值税	借：投资收益 　　贷：应交税费—转让金融商品应交增值税 亏损做相反分录，可结转到下月，但不能结转到下年

同步训练 限时25min

一、单项选择题

1. (2019年、2018年、2017年)2017年5月10日，甲公司从上海证券交易所购入乙公司股票20万股，支付价款200万元，其中包含已宣告但尚未发放的现金股利12万元。另支付相关交易费用1万元，取得增值税专用发票上注明的增值税税额为0.06万元。甲公司将该股票划分为交易性金融资产，该交易性金融资产的初始入账金额为（　　）万元。

　　A. 201　　　　　　B. 200
　　C. 188　　　　　　D. 201.06

2. (2019年)企业取得交易性金融资产时，应计入当期损益的是（　　）。

　　A. 支付的不含增值税交易费用
　　B. 支付交易费用时取得经税务机关认证的增值税专用发票上注明的增值税税额
　　C. 支付价款中包含的已到付息期但尚未领取的债券利息
　　D. 支付价款中包含的已宣告但尚未发放的现金股利

3. (2019年、2018年)2018年12月1日，某企业"交易性金融资产—A上市公司股票"借方余额为1000000元；12月31日，A上市公司股票的公允价值为1050000元。不考虑其他因素，下列各项中，关于该企业持有A上市公司股票相关会计科目处理正确的是（　　）。

　　A. 贷记"营业外收入"科目50000元
　　B. 贷记"资本公积"科目50000元
　　C. 贷记"公允价值变动损益"科目50000元
　　D. 贷记"投资收益"科目50000元

4. 2019年1月1日，某企业以410万元从证券公司购入甲公司当日发行的债券作为交易性金融资产核算，另支付相关税费1.5万元，取得的增值税专用发票上注明的增值税税额为0.09万元；该债券票面金额为400万元，每半年付息一次，年利率为4%；6月30日，该债券的公允价值为418万元；7月1日，企业收到利息8万元；8月20日，企业以405万元的价格出售该投资。假定不考虑其他相关税费，该企业出售该投资确认的投资收益为（　　）万元。

　　A. -14.5　　　　　B. -13
　　C. 1.5　　　　　　D. -5

5. 甲公司为上市公司，2019年5月10日以830万元(含已宣告但尚未领取的现金股利30万元)购入乙公司股票200万股作为交易性金融资产核算，另支付手续费4万元，取得的增值税专用发票上注明的增值税税额为0.24万元。5月30日，甲公司收到现金股利30万元。6月30日乙公司股票每股市价为3.95元。7月20日，甲公司以920万元出售该项交易性金融资产，同时支付交易费用5万元。甲公司因这项交易性金融资产而确认的投资收益金额为（　　）万元。

　　A. 121　　　　　　B. 115
　　C. 151　　　　　　D. 155

二、多项选择题

1. 下列项目中,不应计入交易性金融资产取得成本的有( )。
   A. 支付的手续费、佣金
   B. 支付的购买价格
   C. 实际支付的价款中含有的已到付息期但尚未领取的债券利息
   D. 支付的交易费用

2. 下列各项中,在"交易性金融资产"科目借方登记的有( )。
   A. 交易性金融资产的取得成本
   B. 资产负债表日其公允价值高于账面余额的差额
   C. 取得交易性金融资产所发生的相关交易费用
   D. 资产负债表日其公允价值低于账面余额的差额

3. 下列关于以公允价值计量且其变动计入当期损益的金融资产会计处理方法,正确的有( )。
   A. 企业在持有期间取得的利息,应当确认为投资收益
   B. 企业划分为以公允价值计量且其变动计入当期损益金融资产的股票、债券、基金,应当按照取得时的公允价值和相关的交易费用作为初始确认金额
   C. 资产负债表日,其公允价值变动计入公允价值变动损益
   D. 取得时支付的价款中包含的已宣告但尚未发放的现金股利或债券利息,应当单独确认为应收项目

三、判断题

1. (2019年)资产负债表日,企业持有的交易性金融资产的公允价值变动损益应计入投资收益。( )
2. (2017年)交易性金融资产持有期间,投资单位收到投资前被投资单位已宣告但尚未发放的现金股利时,应贷记"应收股利"科目。( )
3. (2017年、2014年)出售交易性金融资产发生的净损失应计入营业外支出。( )
4. 企业出售交易性金融资产,应将实际收到的价款小于其账面余额的差额记入公允价值变动损益。( )
5. 出售交易性金融资产时,应将原计入公允价值变动损益的公允价值变动金额转入营业外收支。( )

四、不定项选择题

乙公司从市场上购入债券作为交易性金融资产核算,有关资料如下:

(1) 2019年1月1日购入某公司债券,共支付价款1025万元(含已到期但尚未领取的2018年下半年的利息25万元)。另支付交易费用5万元,取得的增值税专用发票上注明的增值税税额为0.3万元。该债券面值为1000万元,于2018年1月1日发行,4年期,票面利率为5%,每年1月2日和7月2日付息,到期时归还本金和最后一次利息;

(2) 乙公司于2019年1月2日收到该债券2018年下半年的利息;

(3) 2019年6月30日,该债券的公允价值为980万元;

(4) 2019年7月2日,收到该债券2019年上半年的利息;

(5) 2019年12月31日,该债券的公允价值为1010万元;

(6) 2020年1月2日,收到该债券2019年下半年的利息;

(7) 2020年3月31日,乙公司将该债券以1015万元价格售出,交易手续费8万元,款项已收到。(不考虑增值税)

要求:根据上述资料,不考虑其他因素,分析回答下列小题。(答案中的金额单位用万元表示)

(1) 根据资料(1),关于购入该项交易性金融资产的表述中,正确的是( )。
A. 入账价值为1000万元
B. 借记"交易性金融资产—成本"中含有的债券利息为25万元

C. 交易费用5万元不计入购买价款中
D. 借记"应交税费——应交增值税(进项税额)"0.3万元

(2)根据资料(2)和(4)，有关利息的处理正确的是(　　)。
A. 资料(2)，确认借方投资收益25万元
B. 资料(2)，确认贷方应收利息25万元
C. 资料(4)，确认借方银行存款25万元
D. 资料(4)，确认贷方应收利息25万元

(3)根据资料(3)和(5)，有关公允价值变动的处理，下列正确的是(　　)。
A. 2019年6月30日，确认借方公允价值变动损益20万元
B. 2019年6月30日，确认借方公允价值变动损益45万元
C. 2019年12月31日，确认贷方投资收益30万元
D. 2019年12月31日，确认贷方公允价值变动损益30万元

(4)处置该项交易性金融资产时，对营业利润的影响金额为(　　)万元。
A. -18　　　　　B. 7
C. -3　　　　　D. -10

(5)从购入到处置该交易性金融资产，确认的投资收益为(　　)万元。
A. 52　　　　　B. 2
C. 60　　　　　D. 42

同步训练答案及解析

一、单项选择题

1. C 【解析】初始入账金额=200-12=188(万元)，分录如下：
   借：交易性金融资产——成本　　188
   　　应收股利　　　　　　　　　12
   　　贷：其他货币资金　　　　　　200
   借：投资收益　　　　　　　　　1
   　　应交税费——应交增值税(进项税额)
   　　　　　　　　　　　　　　0.06
   　　贷：其他货币资金　　　　　　1.06

2. A 【解析】选项B，应记入"应交税费——应交增值税(进项税额)"科目；选项C，应记入"应收利息"科目；选项D，应记入"应收股利"科目。

3. C 【解析】交易性金融资产期末按公允价值计量，12月31日，公允价值上升50000元，相关分录：
   借：交易性金融资产——公允价值变动
   　　　　　　　　　　　　　50000
   　　贷：公允价值变动损益　　50000

4. B 【解析】出售时应计入投资收益的金额=售价405-账面余额418=-13(万元)。

5. A 【解析】(1)2019年5月10日：
   借：交易性金融资产——成本　　800
   　　应收股利　　　　　　　　　30
   　　投资收益　　　　　　　　　4
   　　应交税费——应交增值税(进项税额)
   　　　　　　　　　　　　　　0.24
   　　贷：其他货币资金　　　　　834.24
   (2)2019年5月30日：
   借：其他货币资金　　　　　　30
   　　贷：应收股利　　　　　　　　30
   (3)2019年6月30日：
   借：公允价值变动损益　　　　10
   　　贷：交易性金融资产——公允价值变动
   　　　　　　　　　　　　　　10
   (4)2019年7月20日：
   借：其他货币资金　　　　　　915
   　　交易性金融资产——公允价值变动
   　　　　　　　　　　　　　　10
   　　贷：交易性金融资产——成本　800
   　　　　投资收益　　　　　　　125
   (5)因该投资应确认的投资收益=-4+125=121(万元)。

二、多项选择题

1. ACD 【解析】选项AD，计入投资收益；选项C，计入应收利息。

2. AB 【解析】选项C，取得时发生的交易费用记入"投资收益"科目；选项D，计入该科目贷方。

3. ACD 【解析】选项B，交易费用不计入初始确认金额，确认为投资收益；选项D，单独确认为应收股利或应收利息。

三、判断题

1. × 【解析】资产负债表日，企业持有的交易性金融资产的公允价值变动损益应计入公允价值变动损益。
2. √ 【解析】在取得金融资产时，投资前被投资单位已经宣告但尚未发放的现金股利作为应收项目单独核算，后续期间实际收到时：
借：其他货币资金
　　贷：应收股利
3. × 【解析】应通过"投资收益"科目核算。
4. × 【解析】企业出售交易性金融资产，应将实际收到的价款小于其账面余额的差额计入投资收益科目。
5. × 【解析】出售交易性金融资产时，公允价值变动损益不需要结转。

四、不定项选择题

（1）ACD；（2）BCD；（3）AD；（4）C；（5）D。

【解析】（1）支付的价款中包含的已到期但尚未领取的利息应计入应收利息，支付的交易费用应计入投资收益。交易性金融资产的入账价值为1000万元。

资料(1)会计分录：
借：交易性金融资产—成本　　1000
　　应收利息　　　　　　　　　25
　　投资收益　　　　　　　　　 5
　　应交税费—应交增值税(进项税额)
　　　　　　　　　　　　　　　0.3
　　贷：其他货币资金　　　　1030.3

（2）选项A，应借记银行存款25万元。

资料(2)会计分录：
借：银行存款　　　　　　　　25
　　贷：应收利息　　　　　　　25

6月30日确认利息的会计分录：
借：应收利息　　　　　　　　25
　　贷：投资收益　　　　　　　25

资料(4)会计分录：
借：银行存款　　　　　　　　25
　　贷：应收利息　　　　　　　25

（3）交易性金融资产持有期间公允价值的变动应计入公允价值变动损益。2019年6月30日，应借记公允价值变动损益20万元；2019年12月31日，应贷记公允价值变动损益30万元。

资料(3)会计分录：
借：公允价值变动损益　　　　20
　　贷：交易性金融资产—公允价值变动　　　　　　　　　　　　20

资料(5)会计分录：
借：交易性金融资产—公允价值变动
　　　　　　　　　　　　　　30
　　贷：公允价值变动损益　　　30

（4）处置时对营业利润的影响为-3万元。

资料(7)会计分录：
借：其他货币资金　(1015-8)1007
　　投资收益　　　　　　　　　 3
　　贷：交易性金融资产—成本　1000
　　　　　　—公允价值变动　　 10

（5）从购入到处置该交易性金融资产，确认的投资收益=-5+25+25-3=42(万元)。

第四节　存货

扫我解疑难

考点详解

一、存货的概述

（一）内容

存货是企业在日常活动中持有以备出售的产品或商品(库存商品)；处在生产过程中的在产品、半成品(生产成本)；材料(原材料)；包装物、低值易耗品(周转材料)；委托代销商品等。

（二）成本的确定

表 2-1 存货成本的确定

计入成本的项目 （2018 年、2014 年多选题，2017 年、2016 年单选题）	不计入成本的项目及其归属
买价、包装费、运杂费	一般纳税人可以抵扣的增值税，单独列示
关税、资源税、消费税、小规模纳税人不能抵扣的增值税进项税额	非正常消耗的直接材料、直接人工和制造费用，记入当期损益
运输途中的合理损耗	运输途中的不合理损耗，冲减成本
入库前的挑选整理费	入库后的挑选整理费，记入当期损益
为特定客户的设计费用	一般的设计费用，记入当期损益
生产过程中为达到下一阶段的储存费用	入库后存储费用，记入当期损益
生产过程中发生的直接材料、直接人工和制造费用	
商品流通企业在采购商品过程中发生的运输装卸费等进货费用	商品流通企业采购商品进货费用较小的，可以直接计入当期损益

【案例1】3月1日，福喜公司从有喜公司购买100个玻璃杯，单价为9元/个，另支付快递费90元，运输过程中破损2个以内，属于合理损耗，卖家不负责。3月2日，福喜公司收到快递，该玻璃杯破损1个。假定不考虑增值税，求福喜公司购买玻璃杯的总成本和单位成本。

购买玻璃杯的总成本 = 100×9 + 90 = 990（元）

购买玻璃杯的单位成本 = 990/99 = 10（元/个）

『注意』计算单位成本时，分母按实际入库数量计算。

【例题1·单选题】某企业为增值税小规模纳税人，本月购入甲材料2060千克，每千克单价（含增值税）50元，另外支付运杂费3500元，运输途中发生合理损耗60千克，入库前发生挑选整理费用620元。该批材料入库的实际单位成本为（ ）元。

A. 50 B. 51.81
C. 52 D. 53.56

解析 ▶ 该批材料入库的实际单位成本 = 材料入库的总成本/材料的实际入库数量 = (2060×50 + 3500 + 620)/(2060 − 60) = 53.56（元/千克）。

答案 ▶ D

（三）发出存货的计价方法

实际成本核算方式：个别计价法、先进先出法、月末一次加权平均法、移动加权平均法。

计划成本核算方式：计划成本法。

【案例2】福喜公司3月A商品的收入、发出及购进资料如下表所示。

A 商品购销明细账

单位：元

日期		摘要	收入			发出			结存		
月	日		数量	单价	金额	数量	单价	金额	数量	单价	金额
3	1	期初余额							100	12	1200
	10	购入	200	15	3000				300		
	15	销售				200			100		
	20	购入	300	18	5400				400		
	25	销售				300			100		
	31	本期合计	500	—	8400	500			100		

1. 个别计价法

个别计价法是逐一辨认各批存货发出和期末成本计价的方法。

【案例3】 承接【案例2】，福喜公司发出商品采用个别计价法。

(1) 3月15日发出的200件存货中，已知50件成本为12元/件，150件成本为15元/件。

则3月15日存货发出成本 = 50×12+150×15 = 2850(元)。

(2) 3月25日发出的300件存货中，已知50件成本为12元/件，250件成本为18元/件。

则3月25日存货发出成本 = 50×12+250×18 = 5100(元)。

(3) 期末结存的存货成本 = 50×15+50×18 = 1650(元)。

适用范围：一般不能替代使用的存货，如房屋、珠宝和名画等贵重物品。

2. 先进先出法

先进先出法是指以先购入先发出存货的计价方法。

【案例4】 承接【案例2】，福喜公司发出商品采用先进先出法。

(1) 3月15日发出的200件存货中，100件为期初存货(成本为12元/件)，另100件为3月10日购入存货(成本为15元/件)。

则3月15日存货发出成本 = 100×12+100×15 = 2700(元)。

(2) 3月25日发出的300件存货中，确定100件为3月10日购入的存货(成本为15元/件)，另200件为3月20日购入的存货(成本为18元/件)。

则3月25日存货发出成本 = 100×15+200×18 = 5100(元)。

(3) 期末结存的存货成本 = 100×18 = 1800(元)。

优点：可以在发出存货时结转存货发出成本，有利于均衡核算工作。

缺点：较烦琐；收发业务较多、单价不稳定时，其工作量大。

『提示』 在**物价持续上升**时，期末存货成本接近于市价，而发出成本偏低，会**高估**企业当期利润和存货价值；反之，会低估企业存货价值和当期利润。

【例题2·单选题】(2010年)某企业采用先进先出法计算发出原材料的成本。2009年9月1日，甲材料结存200千克，每千克实际成本为300元；9月7日购入甲材料350千克，每千克实际成本为310元；9月21日购入甲材料400千克，每千克实际成本为290元；9月28日发出甲材料500千克。9月份甲材料发出成本为(　　)元。

A. 145000　　　　B. 150000
C. 153000　　　　D. 155000

解析 发出材料成本 = 200×300+300×310 = 153000(元)。首先发出结存材料的200千克；然后发出9月7日购入的350千克中的300千克。　　**答案** C

3. 月末一次加权平均法(每月末计算一次成本)

【案例5】 承接【案例2】，福喜公司发出商品采用月末一次加权平均法。

(1) 存货(月末)单位成本 = 总成本÷总数量 = (月初结存存货成本+本月购入存货的成本)÷(月初结存存货的数量+本月购入存货数量) = (100×12+200×15+300×18)÷(100+200+300) = 16(元)。

(2) 本月月末结存存货成本 = 月末结存存货的数量×存货单位成本 = 100×16 = 1600(元)。

(3) 本月发出存货的成本 = 总成本 − 月末成本 = 月初结存存货的实际成本+本月购入存货的实际成本 − 月末结存存货成本 = 9600 − 1600 = 8000(元)。

或 = 本月发出存货的数量×存货单位成本 = (200+300)×16 = 8000(元)。

优点：发出存货单价只在月末计算一次，有利于简化成本计算工作。

缺点：平时账面上不能及时反映存货的发出金额和结存金额，不利于存货成本的日常管理和控制。

【例题3·单选题】 某企业采用月末一次加权平均法计算发出材料成本。2018年3月1日结存甲材料200件，单位成本为40元；3月15日购入甲材料400件，单位成本为35元；3月20日购入甲材料400件，单位成本为38元；当月共发出甲材料500件。则3月份发出甲材料的成本为( )元。

A. 18500　　　　B. 18600
C. 19000　　　　D. 20000

解析 ▶ 材料单价=(期初结存材料成本+本期购入材料成本)/(期初结存材料数量+本期购入材料数量)=(200×40+400×35+400×38)/(200+400+400)=37.2(元)，3月份发出甲材料成本=37.2×500=18600(元)。
答案 ▶ B

4. 移动加权平均法(买一次算一次成本)

【案例6】 承接【案例2】，福喜公司发出商品采用移动加权平均法。

3月10日存货的单位成本=(原有结存存货的实际成本+本次进货的实际成本)/(原有结存存货数量+本次进货数量)=(100×12+200×15)÷(100+200)=14(元)

3月15日存货的销售成本=发出数量×发货前的单位成本=200×14=2800(元)

3月15日结存存货成本=100×14=1400(元)

3月20日存货的单位成本=(100×14+300×18)÷(100+300)=17(元)

3月25日存货的销售成本=300×17=5100(元)

3月月末结存存货成本=月末结存存货的数量×月末单位成本=100×17=1700(元)

优点：可以及时了解存货的结存情况，计算的平均单位成本以及发出和结存的存货成本比较客观。

缺点：计算工作量较大，不适用收发货较频繁的企业。

【例题4·多选题】 (2012年)下列各项中，企业可以采用的发出存货成本计价方法有( )。

A. 先进先出法
B. 移动加权平均法
C. 个别计价法
D. 成本与可变现净值孰低法

解析 ▶ 选项D，存货的期末价值应按成本与可变现净值孰低计量。
答案 ▶ ABC

二、原材料

(一)原材料按实际成本核算

1. 会计科目设置

"原材料"科目，核算已入库的材料；"在途物资"科目，核算未入库的材料，实际成本法专用；这两个科目都是资产类账户，增加在借方，减少在贷方，余额在借方。

2. 实际成本核算的账务处理

(1)购入时。

【案例7】 3月1日，福喜公司(一般纳税人)购入甲材料一批100万元，增值税13万元。材料未入库，款项用银行存款支付(或已于上月预付)。会计分录如下：

借：在途物资　　　　　　　　100
　　应交税费——应交增值税(进项税额)
　　　　　　　　　　　　　　13
　贷：银行存款/预付账款　　113

【案例8】 3月5日，福喜公司(一般纳税人)购入乙材料一批200万元，增值税26万元。材料已验收入库，使用商业汇票结算，该汇票面值为226万元。会计分录如下：

借：原材料　　　　　　　　　200
　　应交税费——应交增值税(进项税额)
　　　　　　　　　　　　　　26
　贷：应付票据　　　　　　　226

(2)入库时。

【案例9】 承接【案例7】，3月8日，上述甲材料验收入库。会计分录如下：

借：原材料　　　　　　　　　100
　贷：在途物资　　　　　　　100

(3)暂估入库(月末，料到单未到)。

【案例10】 3月15日福喜公司(一般纳税人)购入乙材料一批，材料已验收入库。月发票账单尚未收到,也无法确定其实际成本,暂估价值为20万元。

【分析】3月15日不做账,3月末暂估入库,因为发票未到,不考虑增值税。

会计分录如下:

借:原材料—乙材料　　　　　　20
　　贷:应付账款—暂估应付账款　20

4月初用红字予以冲回:

借:原材料—乙材料　　　　　　20
　　贷:应付账款—暂估应付账款　20

【案例11】承接【案例10】,于4月10日收到上述乙材料的发票账单,货款20万元,增值税税额2.6万元,已用银行存款付讫。会计分录如下:

借:原材料—乙材料　　　　　　20
　　应交税费—应交增值税(进项税额)
　　　　　　　　　　　　　　　2.6
　　贷:银行存款　　　　　　　22.6

(4)发出材料的核算。

【案例12】福喜公司3月份领用甲材料110万元,其中基本生产车间40万元,辅助生产车间30万元,车间管理部门20万元,用于出售10万元,销售部门5万元,企业管理部门5万元。会计分录如下:

借:生产成本—基本生产成本　　40
　　　　　　—辅助生产成本　　30
　　制造费用　　　　　　　　　20
　　其他业务成本　　　　　　　10
　　销售费用　　　　　　　　　 5
　　管理费用　　　　　　　　　 5
　　贷:原材料　　　　　　　　110

(二)原材料按计划成本核算

1. 计划成本与实际成本核算的会计科目比较

表2-2 计划成本与实际成本核算的会计科目比较

计划成本法	实际成本法
"材料采购",计划成本法专用	"在途物资",实际成本法专用
"原材料",核算材料的计划成本	"原材料",核算材料的实际成本
"材料成本差异",实际成本与计划成本的差异	

"材料成本差异"账户的登记:

借方登记:已入库材料的超支差异(实际大于计划);发出材料负担的节约差异。

贷方登记:已入库材料的节约差异(实际小于计划);发出材料负担的超支差异。

"材料成本差异"账户,余额在借方,表示超支,是正数;余额在贷方,表示节约,是负数。

【例题5·多选题】(2015年)下列各项中,关于原材料按计划成本核算的会计处理表述正确的有( )。

A. 入库原材料的超支差异应借记"材料成本差异"科目

B. 发出原材料应负担的节约差异应借记"材料成本差异"科目

C. 发出原材料应负担的超支差异应贷记"材料成本差异"科目

D. 入库原材料的节约差异应借记"材料成本差异"科目

解析 ▶ 选项D,入库材料的节约差异应记入"材料成本差异"科目的贷方。

答案 ▶ ABC

2. 原材料按计划成本核算图示

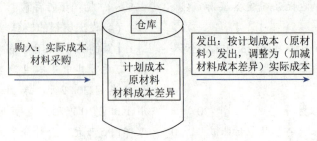

图 2-2 原材料按计划成本核算图

3. 原材料按计划成本核算全貌(生活案例导入)

【案例 13】 今天中午吃盒饭,假设盒饭为材料,计划盒饭 20 元一份,小花(管理人员)用 21 元买了一份,刚到办公室放在桌上(假设已入库),一会儿,她男朋友(管理人员)小明买了同样的盒饭 2 份,每份 18 元,共 36 元,盒饭也放到办公桌上。她俩吃了 2 份,还剩 1 份。材料采用计划成本法核算。

(1)小花购入盒饭和入库的会计分录

①购买时:通过"材料采购"按实际成本核算(假设不考虑相关税费)。

借:材料采购　　　　　　　21
　　贷:银行存款　　　　　　21

『注意』计划成本法,购买材料必须通过"材料采购"账户。

②入库时:通过"原材料"按计划成本入库,结转"材料采购"。

借:原材料[计划成本]　　　20
　　材料成本差异[倒挤]　　 1
　　贷:材料采购[从①得知] 21

材料成本差异在借方,表示超支 1 元,计算材料成本差异率时以正数表示。

(2)小明购入盒饭和入库的会计分录

①购买时:

借:材料采购　　　　　　　36
　　贷:银行存款　　　　　　36

②入库时:

借:原材料[计划成本]　　　40
　　贷:材料采购[从①得知] 36
　　　　材料成本差异[倒挤] 4

材料成本差异发生时在贷方,表示节约 4 元,计算材料成本差异率时以负数表示。

(3)盒饭发出 2 盒(被管理人员吃掉),发出计划成本为 40 元。

①借:管理费用　　　　　　40
　　贷:原材料　　　　　　　40

此笔分录的意思是吃 2 盒饭,计划 40 元。

②材料成本差异率=总差异÷总计划成本
=(1-4)÷(20+40)×100%=-5%

差异率为-5%,意思是 100 元的材料节约 5 元。

③发出材料应负担的差异=发出材料的计划成本×材料成本差异率=40×(-5%)=-2(元)。

④结转材料成本差异:

借:材料成本差异　　　　　2
　　贷:管理费用　　　　　　2

购入时,"材料成本差异"科目在贷方,发出时应结转相应的材料成本差异,即应借记"材料成本差异"科目。

⑤发出材料(吃掉盒饭)的实际成本=发出材料的计划成本+发出材料的成本差异=40+(-2)=38(元)。

⑥结存材料的实际成本:

结存材料(剩余盒饭)的计划成本=20+40-40=20(元);

结存材料(剩余盒饭)的材料成本差异=20×(-5%)=-1(元);

结存材料(剩余盒饭)的实际成本=20-1=19(元)。

4. 原材料按计划成本核算的账务处理

①购入时。

【案例14】3月1日，福喜公司（一般纳税人）购入丙材料一批，实际成本120万元，计划成本100万元，增值税15.6万元。材料未入库，款项用银行存款支付（或已于上月预付）。会计分录如下：

　　借：材料采购　　　　　　　　120
　　　　应交税费——应交增值税（进项税额）
　　　　　　　　　　　　　　　　15.6
　　　　贷：银行存款/预付账款　　135.6
②入库时。

【案例15】承接【案例14】，3月8日，上述丙材料验收入库。会计分录如下：

　　借：原材料　　　　　　　　　100
　　　　材料成本差异　　　（倒挤）20
　　　　贷：材料采购　　　　　　120
③月末暂估入库分录同实际成本法（此处省略）。
④计划成本发出材料的账务处理。

【案例16】承接【案例14】和【案例15】，已知福喜公司月初持有的丙材料实际成本110万元，计划成本100万元，材料成本差异超支10万元。本月消耗丙材料200万元（计划成本），其中基本生产车间100万元，辅助生产车间40万元，车间管理部门30万元，企业行政管理部门20万元，销售部门10万元。

【分析】发出材料时计入成本费用的金额应为其实际成本，故需要把计划成本调整为实际成本，如何调整？

调整两步走：
第一步，按照发出材料的计划成本核算。

　　借：生产成本——基本生产车间　100
　　　　　　　　——辅助生产车间　40
　　　　制造费用　　　　　　　　30
　　　　管理费用　　　　　　　　20
　　　　销售费用　　　　　　　　10
　　　　贷：原材料　　　　　　　200

第二步，结转发出材料计划成本对应的材料成本差异。

材料成本差异率=（期初材料差异+本月购入材料差异）÷（期初材料计划成本+本月购入材料计划成本）×100%=（10+20）÷（100+100）×100%=15%

入库时差异率15%，是正数，属于超支，账户余额在借方，发出在反方向（贷方）。

编制会计分录，把第一步中的"原材料"改为"材料成本差异"，对应账户不变，金额乘以差异率。

　　借：生产成本——基本生产成本
　　　　　　　　　　　（100×15%）15
　　　　　　　　——辅助生产成本
　　　　　　　　　　　（40×15%）6
　　　　制造费用　　（30×15%）4.5
　　　　管理费用　　（20×15%）3
　　　　销售费用　　（10×15%）1.5
　　　　贷：材料成本差异　（200×15%）30

三、周转材料

周转材料主要指包装物和低值易耗品。
（一）包装物的核算

★包装物，是指为了包装本企业商品而储备的各种包装容器，如桶、箱、瓶、坛、袋等。

1. 生产领用包装物的账务处理

【案例17】3月18日，福喜公司生产产品领用包装物，计划成本为10万元，材料成本差异率为5%。会计分录如下：

　　借：生产成本　　　　　　　　10.5
　　　　贷：周转材料——包装物　　10
　　　　　　材料成本差异　（10×5%）0.5

2. 随同商品出售不单独计价的包装物的账务处理（目的：促销）

【案例18】3月20日，福喜公司销售商品领用不单独计价包装物的计划成本为20万元，材料成本差异率为-5%。会计分录如下：

　　借：销售费用　　　　　　　　19
　　　　材料成本差异　（20×5%）1
　　　　贷：周转材料——包装物　　20

3. 随同商品出售单独计价的包装物的账务处理

『提示』产生的收入记入"其他业务收入"，结转的成本记入"其他业务成本"。

【案例19】3月25日，福喜公司销售单独计价包装物的计划成本为8万元，销售收入为10万元，增值税税额为1.3万元，款项已存入银行。该包装物的材料成本差异率为5%。会计分录如下：

(1)确认收入：
借：银行存款　　　　　　　　11.3
　　贷：其他业务收入　　　　　　10
　　　　应交税费——应交增值税(销项税额)　　　　　　　　　1.3

(2)结转成本：
借：其他业务成本　　　　　　8.4
　　贷：周转材料——包装物　　　8
　　　　材料成本差异　(8×5%)0.4

4. 出借(或出租)包装物的账务处理

①出借(或出租)时：
借：周转材料——包装物——出借(或出租)包装物
　　贷：周转材料——包装物——库存包装物

②出借(或出租)收取押金(或租金)时：
借：库存现金等
　　贷：其他应付款——存入保证金
退还押金时做相反会计分录。

③出租时取得的租金收入：
借：银行存款等
　　贷：其他业务收入
　　　　应交税费——应交增值税(销项税额)

④结转包装物相关费用时：
借：销售费用[出借时]
　　其他业务成本[出租时]
　　贷：周转材料——包装物——包装物摊销[包装物摊销费用]
　　　　银行存款等[包装物修理费用]

『链接』计入其他业务收入(成本)的情况：①<u>出租</u>包装物、固定资产、无形资产等；②<u>销售原材料</u>；③随同商品出售<u>单独计价</u>的包装物。

『巧记』猪(出租)吃包装(销售单独计价的包装物)的饲料(销售原材料)。

(二)低值易耗品的核算

低值易耗品通常被视同存货，按用途不同分为一般工具、专用工具、替换设备、管理用具、劳动保护用品、其他用具等。与固定资产相比，价值低，寿命短。

领用低值易耗品的摊销方法，按价值大小，采用五五摊销法(分2次计入成本费用)和一次摊销法(一次性计入成本费用)。

五五摊销法，低值易耗品的核算(使用次数为2次)：

(1)领用时：
借：周转材料——低值易耗品——在用
　　贷：周转材料——低值易耗品——在库

(2)第一次领用时摊销其价值的一半：
借：制造费用等
　　贷：周转材料——低值易耗品——摊销

(3)第二次领用摊销其价值的一半：
借：制造费用等
　　贷：周转材料——低值易耗品——摊销
同时，
借：周转材料——低值易耗品——摊销
　　贷：周转材料——低值易耗品——在用

【例题6·多选题】下列各项中，关于周转材料会计处理表述正确的有(　　)。

A. 多次使用的包装物应根据使用次数分次进行摊销

B. 低值易耗品金额较小的可在领用时一次计入成本费用

C. 随同商品销售出租的包装物的摊销额应记入"管理费用"

D. 随同商品出售单独计价的包装物取得的收入记入"其他业务收入"

解析　选项C，随同商品销售出租的包装物的摊销额记入"其他业务成本"科目。

答案　ABD

四、委托加工物资

委托加工物资主要指：(1)加工中实际耗用的材料成本；(2)运杂费；(3)加工费；(4)支付的不包括可以抵扣的增值税和消费

税等。

【案例20】福喜公司（一般纳税人）委托有福公司加工一批高档化妆品，材料和商品采用实际成本法核算。

(1)福喜公司发出珍珠一批，材料成本为100万元。会计分录如下：

借：委托加工物资　　　　　100
　　贷：原材料　　　　　　　　100

(2)福喜公司支付往返运费，价款1万元，增值税税额为0.09万元。会计分录如下：

借：委托加工物资　　　　　　1
　　应交税费—应交增值税(进项税额)
　　　　　　　　　　　　　　0.09
　　贷：银行存款　　　　　　1.09

(3)福喜公司支付加工费用70万元，增值税额为9.1万元。会计分录如下：

借：委托加工物资　　　　　70
　　应交税费—应交增值税(进项税额)
　　　　　　　　　　　　　9.1
　　贷：银行存款　　　　　79.1

(4)福喜公司支付消费税30万元。

①高档化妆品收回后用于直接销售的，记入"委托加工物资"科目。会计分录如下：

借：委托加工物资　　　　　30
　　贷：银行存款　　　　　　30

『提示』一般情况下，消费税只交纳一次，此案例已将消费税计入委托加工物资成本。

②高档化妆品收回后用于继续加工应税消费品的，记入"应交税费—应交消费税"科目。会计分录如下：

借：应交税费—应交消费税　30
　　贷：银行存款等　　　　　30

『提示』因为未来再加工后的高档化妆品会产生更多的消费税，所以现在交的消费税在未来可以抵扣，因此把消费税记入"应交税费—应交消费税"借方。

(5)化妆品验收入库。

①高档化妆品收回后用于直接销售的，会计分录如下：

借：库存商品　　　　　　　201
　　贷：委托加工物资
　　　　　　　　(100+1+70+30)201

②高档化妆品收回后用于继续加工的，会计分录如下：

借：原材料　　　　　　　　171
　　贷：委托加工物资(100+1+70)171

五、库存商品

1. 验收入库商品

【案例21】福喜公司生产完工一批高档化妆品，实际成本80万元。会计分录如下：

借：库存商品　　　　　　　　80
　　贷：生产成本—基本生产成本　80

2. 发出商品(两步走：一手交钱，一手交货)

【案例22】福喜公司销售一批A产品，售价100万元，增值税13万元，实际成本80万元，价款已收。会计分录如下：

(1)一手交钱，确认收入：

借：银行存款　　　　　　　113
　　贷：主营业务收入　　　　100
　　　　应交税费—应交增值税(销项税额)　　　　　　　　　13

(2)一手交货，结转成本：

借：主营业务成本　　　　　80
　　贷：库存商品　　　　　　80

3. 商品流通企业按毛利率法和售价金额核算法核算

(1)毛利率法。

【案例23】某商场采用毛利率法进行核算，3月1日库存矿泉水600万元，每箱成本3万元；本月购进2700万元；本月销售收入为3000万元，每箱售价5万元。

求：矿泉水的毛利率、已售矿泉水的成本和期末库存矿泉水的成本。

毛利率=(售价−进价)/售价×100%=(5−3)/5×100%=40%

销售净额=商品销售收入−销售退回和折让=3000(万元)

销售毛利=销售净额×毛利率=3000×40%=1200(万元)

销售成本=销售净额-销售毛利=3000-1200=1800(万元)

期末存货成本=总成本-销售成本=600+2700-1800=1500(万元)

『提示』毛利率法适用于商业批发企业。

【例题7·单选题】(2011年)某商场采用毛利率法计算期末存货成本。甲类商品2010年4月1日,期初成本为3500万元,当月购货成本为500万元,当月销售收入为4500万元。甲类商品第一季度实际毛利率为25%。2010年4月30日,甲类商品结存成本为( )万元。

A. 50　　　　　B. 1125
C. 625　　　　 D. 3375

解析▶ 本期销售毛利=4500×25%=1125(万元);销售成本=4500-1125=3375(万元);期末存货成本=3500+500-3375=625(万元)。

答案▶ C

(2)售价金额核算法。

【案例24】某商场采用售价金额核算法进行核算,3月初库存矿泉水的进价成本为60万元,售价总额为100万元,本月购进该商品的进价成本为150万元,售价总额为200万元,本月销售收入为180万元。

求:矿泉水的进销差价率、本期销售矿泉水的成本和期末结存库存矿泉水的成本。

矿泉水的进销差价率=(期初库存进销差价+本期购入商品进销差价)÷(期初库存商品售价+本期购入商品售价)×100%=(100-60+200-150)/(100+200)×100%=30%

本期销售矿泉水的进销差价=销售收入×进销差价率=180×30%=54(万元)

本期销售矿泉水的成本=本期商品销售收入-本期已销商品的商品进销差价=180-54=126(万元)

期末结存库存矿泉水的成本=总成本-销售成本=60+150-126=84(万元)

『提示』售价金额核算法适用于百货公司、超市等商业零售业务的企业。

【例题8·单选题】(2015年、2014年)某商业企业的库存商品采用售价金额核算法核算。2014年4月初,库存商品成本为10000元,售价总额为20000元。本月购入库存商品成本为50000元,售价总额为60000元。4月销售收入为75000元。不考虑其他因素,该企业4月份销售成本为( )元。

A. 62500
B. 60000
C. 56250
D. 37500

解析▶ 4月份销售成本=75000×[1-(10000+10000)/(20000+60000)×100%]=56250(元)。

答案▶ C

六、存货清查

(一)盘盈(两步走)

【案例25】3月末,福喜公司盘盈甲材料(商品)10万元。经查属于材料(商品)收发计量方面的错误。

【分析】第一步,企业发生存货盘盈时(批准处理前):

借:原材料/库存商品　　　　　　10
　　贷:待处理财产损溢　　　　　　10

第二步,在按管理权限报经批准后:

借:待处理财产损溢　　　　　　10
　　贷:管理费用　　　　　　　　10

『注意』与库存现金盘盈账务处理的区别。

(二)盘亏及毁损(两步走)

【案例26】3月末,福喜公司盘亏乙材料(商品)20万元,相关增值税税额为2.6万元。经查该损失系管理不善造成,剩余残料0.1万元,保险公司赔偿9.9万元。

【分析】第一步,企业发生存货盘亏及毁损时:

借:待处理财产损溢　　　　　　22.6
　　贷:原材料/库存商品　　　　　20
　　　　应交税费——应交增值税(进项税额转出)　　　2.6

第二步,在按管理权限报经批准后:
借:原材料[入库的残料价值]　　0.5
　　其他应收款[保险公司和过失人的赔偿]　　9.9
　　管理费用[一般经营损失的部分]
　　　　　　　　　　　　　　12.6
　　贷:待处理财产损溢　　22.6
如果属于非正常损失,借方记入"营业外支出"账户。

七、存货减值

(一)概述

资产负债表日,存货应当按照**成本与可变现净值孰低**计量。其中,成本是指期末存货的实际成本。"存货跌价准备"属于资产备抵类账户,增加在贷方,减少在借方,余额在贷方。

可变现净值=估计售价-至完工时估计将要发生的成本-估计的销售费用-相关税费

(二)会计处理

1. 存货跌价准备的计提

★存货成本高于其可变现净值的,应当计提存货跌价准备,计入当期损益(资产减值损失)。

【案例27】福喜公司,期末存货实际成本100万元,可变现净值90万元。假定该项存货以前未计提存货跌价准备,会计分录如下:
借:资产减值损失　　10
　　贷:存货跌价准备　　10

2. 存货跌价准备的转回

『提示』以前减记存货价值的影响因素已经消失的,减记的金额应当予以恢复,并在原已计提的存货跌价准备金额内转回。

【案例28】承接【案例27】,本期末以前减记存货价值的影响因素已经部分或全部消失。

(1)如果存货可变现净值为95万元,小于成本,存货跌价准备期末余额应为100-95=5(万元),本期存货跌价准备发生额=5-10=-5(万元),即应转回存货跌价准备5万元。会计分录如下:
借:存货跌价准备　　5
　　贷:资产减值损失　　5

(2)如果存货的可变现净值为105万元,大于成本,存货跌价准备期末余额应为0,本期存货跌价准备发生额=0-10=-10(万元),即应转回存货跌价准备10万元。会计分录如下:
借:存货跌价准备　　10
　　贷:资产减值损失　　10

『提示』原成本100万元小于可变现净值105万元,转回上限为100万元。

【例题9·单选题】2014年3月31日,某企业乙存货的实际成本为100万元,该存货加工至完工估计还将发生成本为20万元,估计销售费用和相关税费为2万元,估计用该存货生产的产成品售价为110万元。假定乙存货月初"存货跌价准备"科目余额为0,2014年3月31日应计提的存货跌价准备为(　)万元。

A. -10　　　　B. 0
C. 10　　　　D. 12

解析 2014年3月31日该存货可变现净值=110-20-2=88(万元),其成本为100万元,应计提的存货跌价准备=100-88=12(万元)。

答案 D

『注意』判断用于生产的材料是否跌价。
先比较对应产品是否跌价:
①若产品未跌价,则材料未跌价,材料按成本计量。
②若产品已跌价,则材料已跌价,材料按可变现净值计量。

『学霸总结』原材料采用实际成本核算★（2018年单选题）

项目		账务处理
（1）购入材料	①款已付或票（商业汇票）已开，料已入库	借：原材料 　　应交税费—应交增值税（进项税额） 　贷：银行存款/应付账款/应付票据/预付账款
	②发票账单已到、料未到	借：在途物资[实际成本法下专用] 　　应交税费—应交增值税（进项税额） 　贷：银行存款/应付账款/应付票据/预付账款
	③发票账单未到、料已到	月末暂估入库： 借：原材料 　贷：应付账款—暂估应付账款
		下月初用红字予以冲回： 借：原材料[红字] 　贷：应付账款—暂估应付账款[红字]
（2）发出材料	计价方法一经确定，不得随意变更	借：生产成本/制造费用/销售费用/管理费用/其他业务成本 　贷：原材料

『学霸总结』原材料采用计划成本核算★★（2018年单选题）

项目	账务处理	
购入材料	借：材料采购[实际成本，在计划成本法下用] 　　应交税费—应交增值税（进项税额） 　贷：银行存款/应付账款等	
材料入库	"材料成本差异"（入库时）：借方—超支、正数；贷方—节约、负数 （发出时在反方向）(2017年单选题；2016年、2015年多选题)	
	超支： 借：原材料[计划成本] 　　材料成本差异[超支] 　贷：材料采购	节约： 借：原材料[计划成本] 　贷：材料采购 　　材料成本差异[节约]
发出材料（注意：发出的材料成本应由计划成本调整为实际成本）	(1)本期材料成本差异率=总差异/总计划成本 =（期初结存材料的成本差异+本期验收入库材料的成本差异）/（期初结存材料的计划成本+本期验收入库材料的计划成本）×100% (2)发出材料应负担的成本差异=发出材料的计划成本×差异率 (3)发出材料的实际成本=发出材料的计划成本+材料成本差异（超支、节约） (4)期末存货的实际成本=期初实际成本+本期购入实际成本−本期发出实际成本	
	超支： (1)发出材料 借：生产成本/制造费用/管理费用 　贷：原材料 (2)发出差异 借：生产成本/制造费用/管理费用 　贷：材料成本差异[材料金额×差异率]	节约： (1)发出材料 借：生产成本/制造费用/管理费用 　贷：原材料 (2)发出差异 借：材料成本差异[材料金额×差异率] 　贷：生产成本/制造费用/管理费用

同步训练 限时70min

一、百考多选题

1. 关于企业存货的成本,以下表述正确的有( )。

   A. 某增值税一般纳税人购入农产品,收购发票上注明买价20000元,规定的增值税进项税额扣除率为9%,另支付入库前挑选整理费100元,则农产品的入账价值是20100元

   B. 如果A选项中的企业为小规模纳税人,则农产品的入账价值是20100元

   C. 采购材料支付的原材料价款、运输费、装卸费应计入材料成本

   D. 一般纳税人企业购进原材料支付的增值税、消费税、关税计入材料成本

   E. 小规模纳税企业购进原材料支付的增值税、消费税、关税应计入材料成本

   F. 某公司为小规模纳税人,本月购入甲材料1060千克,每千克不含税单价10元,增值税每千克1.3元,另外支付运杂费500元,运输途中发生合理损耗60千克,入库前发生挑选整理费用100元,入库后发生挑选整理费用200元。该批材料入库的总成本为11400元,实际单位成本为11.4元

   G. 如果F选项中的企业为一般纳税人,则该批材料入库的总成本为11200元,实际单位成本为11.2元

   H. 商品流通企业在采购商品过程中发生的运杂费等进货费用,应当计入存货采购成本;进货费用数额较小的,也可以在发生时直接计入当期费用

   I. 在生产过程中为达到下一生产阶段所必需的仓储费用和存货的加工成本应计入存货成本

   J. 企业设计产品发生的设计费用通常应计入存货的成本

2. 下列关于低值易耗品、委托加工物资和库存商品的表述,不正确的有( )。

   A. 随同商品销售出借的包装物的摊销额应计入其他业务成本

   B. 随同商品出售单独计价的包装物取得的收入应计入主营业务收入

   C. 多次使用的包装物应根据使用次数分次进行摊销,低值易耗品金额较小的可在领用时一次计入成本费用

   D. 某企业收回委托加工的一批材料,原材料的成本500万元,加工费20万元,增值税2.6万元,消费税25万元,收回的材料要连续生产应税消费品,这批材料的入账价值为545万元

   E. 如果选项D中收回的材料直接销售,这批材料的入账价值为520万元

   F. 某商场采用毛利率法计算期末存货成本。甲类商品2017年4月1日期初成本为4500万元,当月购货成本为1500万元,当月销售收入为5000万元。甲类商品第一季度实际毛利率为20%。2017年4月30日,甲类商品的销售成本为4000万元,期末结存成本为2000万元

   G. 某企业采用售价金额法核算库存商品成本,本月月初库存商品成本为28万元,售价总额为42万元,本月购进商品成本为36万元,售价总额为58万元,本月销售商品收入为40万元,该企业本月结转销售商品成本为38.4万元,期末结存商品成本为25.6万元

二、单项选择题

1. (2018年改)某企业为增值税小规模纳税人,该企业购入一批原材料,取得增值税专用发票上注明的价款为150万元,增值税税额为19.5万元,另付运费1万元,增值税税额为0.09万元,不考虑其他因素,该批原材料的入账成本为( )万元。

   A. 170.59   B. 151
   C. 175   D. 174

2. (2019年)某企业本期购进5批存货,发出2批,在物价持续上升的情况下,与加权平均法相比,该企业采用先进先出方法导

致的结果是( )。
A. 当期利润较低
B. 库存存货价值较低
C. 期末存货成本接近于市价
D. 发出存货的成本较高

3. (2019年)2019年9月,某企业(为一般纳税人)购入一批材料,取得并经税务机关认证的增值税专用发票上注明价款100000元,增值税税额13000元,材料入库前发生挑选整理费900元。不考虑其他因素,该批材料的实际成本为( )元。
A. 100000   B. 113000
C. 100900   D. 113900

4. (2019年)某企业材料采用计划成本核算,月初结存材料计划成本为260万元,材料成本差异为节约60万元;当月购入材料一批,实际成本为150万元,计划成本为140万元,领用材料的计划成本为200万元。当月结存材料的实际成本为( )万元。
A. 125   B. 200
C. 250   D. 175

5. (2019年)某企业(一般纳税人)委托外单位加工一批应税货物,该批货物收回后用于继续加工应税消费品,则委托加工物资成本包括( )。
A. 受托方代扣代缴的消费税
B. 支付的材料的增值税
C. 支付的物资加工费
D. 支付的代销手续费

6. (2018年)某企业采用先进先出法对发出存货进行计价。2017年12月1日,该企业结存材料50千克,单位成本为1000元;12月15日入库材料150千克,单位成本为1050元;12月21日生产产品领用该材料100千克,12月发出该材料的成本为( )元。
A. 105000   B. 103750
C. 100000   D. 102500

7. (2018年改)某企业为增值税一般纳税人,增值税税率为13%,销售一批原材料,价税合计为5876元,款项尚未收到。该批材料计划成本为4200元,材料成本差异为2%。不考虑其他因素,销售材料应确认的损益为( )元。
A. 1884   B. 1084
C. 1968   D. 916

8. (2019年)下列各项中,企业确认随同商品出售不单独计价的包装物的实际成本应借记的会计科目是( )。
A. 管理费用   B. 主营业务成本
C. 销售费用   D. 其他业务成本

9. (2019年)下列各项中,企业确认随同商品出售且单独计价的包装物的收入应贷记的会计科目是( )。
A. 营业外收入
B. 其他综合收益
C. 其他业务收入
D. 主营业务收入

10. (2018年)下列各项中,企业随同商品出售而单独计价包装物的实际成本应计入的会计科目是( )。
A. 其他业务成本   B. 管理费用
C. 销售费用   D. 营业外支出

11. (2018年)企业委托加工应税消费品收回后直接对外销售,下列各项中,属于由受托方代收代缴的消费税应记入的会计科目是( )。
A. 发出商品   B. 委托加工物资
C. 税金及附加   D. 应交税费

12. (2018年、2013年)某商场采用毛利率法计算期末存货成本,甲商品4月1日期初成本3600万元,本月购入6000万元,当月销售收入6800万元,该商品第一季度毛利率为25%,4月30日,期末结存成本为( )万元。
A. 4500   B. 2800
C. 7900   D. 5400

13. (2017年、2016年)甲企业为增值税小规模纳税人,本月采购原材料2060千克,每千克 50 元(含增值税),运输途中的合理损耗为 60 千克,入库前的挑选整理费用为 500 元,企业该批原材料的入账价值为( )元。
A. 100500　　　B. 103500
C. 103000　　　D. 106500

14. 某企业材料采用计划成本核算,2017 年 12 月 1 日结存材料的计划成本是 400 万元。材料成本差异科目贷方余额是 6 万元,本月入库材料的计划成本是 2000 万元。材料成本差异科目借方发生额 12 万元。本月发出材料的计划成本是 1600 万元。该企业 2017 年 12 月 31 日,结存材料的实际成本是( )万元。
A. 802　　　B. 800
C. 798　　　D. 1604

15. 对于价值较低或极易损坏的低值易耗品,应采用的摊销方法是( )。
A. 五五摊销法　B. 分次摊销法
C. 一次转销法　D. 计划成本法

16. 甲公司存货的日常核算采用毛利率法计算发出存货成本。该企业 2017 年 4 月份销售收入 500 万元,销售成本 460 万元,4 月末存货成本 300 万元。5 月份购入存货 700 万元,本月销售收入 600 万元,发生销售退回 40 万元。假定不考虑相关税费,该企业 2017 年 5 月末存货成本为( )万元。
A. 448　　　B. 484.8
C. 540　　　D. 440

17. 某企业采用售价金额法核算库存商品成本,本月月初库存商品成本为 18 万元,售价总额为 22 万元,本月购进商品成本为 16 万元,售价总额 28 万元,本月销售商品收入为 15 万元,该企业本月结转销售商品成本总额为( )万元。
A. 10.2　　　B. 23.8
C. 26.2　　　D. 19

18. 某企业是增值税一般纳税人,企业因火灾(管理不善引起)原因盘亏一批材料 16000 元,增值税 2080 元。收到各种赔款 1500 元,残料入库 100 元。报经批准后,应计入管理费用的金额为( )元。
A. 16480　　　B. 18620
C. 14300　　　D. 14400

三、多项选择题

1. (2019 年)下列各项中,企业应计入外购存货采购成本的有( )。
A. 入库前的挑选整理费
B. 材料购买价款(不含增值税)
C. 享受的商业折扣
D. 采购过程中发生的仓储费

2. (2019 年)下列各项中,关于原材料采用计划成本核算的会计处理表述中,正确的有( )。
A. 入库原材料节约差异记入"材料成本差异"科目的借方
B. 发出原材料应分担的超支差异记入"材料成本差异"科目的贷方
C. 材料的收入、发出及结存均按照计划成本计价
D. 发出材料应分担的差异,将计划成本调整为实际成本

3. (2019 年)下列各项中,关于企业存货减值的相关会计处理表述正确的有( )。
A. 企业结转存货销售成本时,对于其已计提的存货跌价准备,应当一并结转
B. 资产负债表日,当存货期末账面价值高于其可变现净值时,企业应当按账面价值计量
C. 资产负债表日,期末存货应当按照成本与可变现净值孰低计量
D. 资产负债表日,当存货期末账面价值低于其可变现净值时,企业应当按可变现净值计量

4. (2019 年)下列各项中,关于存货毁损报经批准后的会计科目处理表述正确的有( )。
A. 属于一般经营损失的部分,记入"营业外支出"科目

B. 属于过失人赔偿的部分，记入"其他应收款"科目

C. 入库的材料价值，记入"原材料"科目

D. 属于非常损失的部分，记入"管理费用"科目

5.（2019年、2018年）下列各项中，应计入企业存货成本的有（　）。

A. 存货采购运输途中发生的定额内合理损耗

B. 存货加工过程中发生的直接人工成本

C. 为特定客户设计产品所发生的可直接确定的设计费用

D. 购买存货时支付的进口关税

6.（2017年）存货计价方法包括（　）。

A. 先进先出法　　B. 个别计价法

C. 后进先出法　　D. 加权平均法

7.（2017年）甲企业委托乙企业加工一批物资、支出原材料的实际成本为100万元，支付运杂费3万元，加工费2万元（均不考虑增值税）。乙企业代收代缴消费税8万元，该物资收回后用于连续加工应税消费品。不考虑其他税费，下列各项中，关于甲企业委托加工物资会计处理结果表述正确的有（　）。

A. 支付的运杂费3万元应计入委托加工物资成本

B. 乙企业代收代缴的消费税8万元应计入委托加工物资成本

C. 乙企业代收代缴的消费税8万元应借记"应交税费—应交消费税"科目

D. 委托加工物资成本总额为105万元

8.（2017年）下列各项中，影响企业资产负债表日存货的可变现净值的有（　）。

A. 存货的账面价值

B. 销售存货过程中估计的销售费用及相关税费

C. 存货的估计售价

D. 存货至完工估计将要发生的成本

9. 下列各项中，会计处理表述正确的有（　）。

A. 出借包装物成本的摊销记入"其他业务成本"

B. 出租包装物成本的摊销记入"其他业务成本"

C. 随同产品出售单独计价的包装物成本记入"其他业务成本"

D. 随同产品出售不单独计价的包装物成本记入"其他业务成本"

10. 下列各项中，企业需暂估入账的有（　）。

A. 月末已验收入库但发票账单未到的原材料

B. 已发出商品但货款很可能无法收回的商品销售

C. 已达到预定可使用状态但尚未办理竣工决算的办公楼

D. 董事会已通过但股东大会尚未批准的拟分配的现金股利

11. 某企业周转材料采用实际成本核算，生产车间领用低值易耗品一批，实际成本为10000元，估计使用次数为2次，采用分次摊销法进行摊销，低值易耗品第二次摊销的会计处理正确的有（　）。

A. 借：周转材料—低值易耗品—在用　　10000
　　　　贷：周转材料—低值易耗品—在库　　10000

B. 借：制造费用　　10000
　　　　贷：周转材料—低值易耗品—在库　　10000

C. 借：制造费用　　5000
　　　　贷：周转材料—低值易耗品—摊销　　5000

D. 借：周转材料—低值易耗品—摊销　　10000
　　　　贷：周转材料—低值易耗品—在用　　10000

四、判断题

1.（2019年）采用月末一次加权平均法核算发出材料成本，企业可以随时通过账簿记录得到发出和结存材料的单价和金额。（　）

2. (2019年)月末,企业对已验收入库但发票账单等结算凭证未到并且其货款尚未支付的材料,应按其暂估价值入账。（　　）

3. (2019年)采用原材料计划成本计价,购入原材料无论是否入库,实际成本记入"材料采购"科目。（　　）

4. (2019年)企业原材料日常核算采用计划成本法,发出材料应负担的成本差异应当在季末或年末一次计算。（　　）

5. (2019年)对于金额较小的低值易耗品,可在领用时一次确认成本费用。（　　）

6. (2019年、2018年)企业因自然灾害造成的财产损失,扣除残料价值和应由保险公司承担和赔偿后的净损失计入营业外支出。（　　）

7. (2018年)企业对于已验收入库但未取得增值税扣税凭证的存货,应在月末按照暂估价值计算进项税额并登记入账。（　　）

8. (2017年)采用移动加权平均法计算发出存货成本不能在月度内随时结转发出存货的成本。（　　）

9. (2016年)计划成本法下,本期发出材料应负担的成本差异应按期(月)分摊结转。（　　）

10. 企业为特定客户设计产品所发生的可直接确定的设计费用应记入相关产品成本。（　　）

11. 存货的可变现净值即为市场的销售价格。（　　）

12. 企业持有的存货发生减值的,减值损失一经确认,即使以后期间价值得以回升,也不得转回。（　　）

五、不定项选择题

1. 某工业企业为增值税一般纳税人,增值税税率13%,原材料按计划成本法核算。甲材料计划单位成本为10元。该企业2019年6月初有关核算资料如下:
"原材料"账户月初借方余额20000元,"材料成本差异"账户月初贷方余额700元,"材料采购"账户月初借方余额40000元,"存货跌价准备"账户的月初贷方余额为600元(假设上述账户核算的内容均为甲材料)。2019年6月份发生如下业务:

(1)6月5日,企业上月已付款的购入甲材料4040千克如数收到,已验收入库,即期初材料采购全部入库。

(2)6月20日,从外地A公司购入甲材料8000千克,增值税专用发票注明材料价款为80000元,增值税额10400元;运费1000元(不含税,按照9%计算增值税),企业已用银行存款支付各种款项,材料尚未到达。

(3)6月25日,从A公司购入的甲材料运达,验收入库时发现短缺40千克,经查明为运输途中合理损耗(定额内自然损耗),按实收数量验收入库。

(4)6月30日,汇总本月发料凭证,共发出甲材料7000千克,全部用于产品生产。

(5)假设甲材料本期末的可变现净值为72000元。

要求:根据上述资料,不考虑其他因素,分析回答下列小题。

(1)根据资料(1),下列处理正确的是(　　)。

A. 6月5日
借:原材料　　　　　　　　　40400
　　贷:材料采购　　　　　　　40000
　　　　材料成本差异　　　　　400

B. 6月5日
借:材料采购　　　　　　　　40400
　　贷:原材料　　　　　　　　40000
　　　　材料成本差异　　　　　400

C. "材料成本差异"在借方,超支400元

D. "材料成本差异"在贷方,节约400元

(2)根据资料(2),下列处理正确的是(　　)。

A. 运费的进项税额为90元

B. 借:原材料　　　　　　　　81000
　　　应交税费—应交增值税(进项税额)
　　　　　　　　　　　　　　10490
　　　贷:银行存款　　　　　　91490

C. 借：材料采购　　　　　　　　81000
　　　应交税费—应交增值税（进项税额）
　　　　　　　　　　　　　　　10400
　　　　贷：银行存款　　　　　　91400
D. 借：材料采购　　　　　　　　81000
　　　应交税费—应交增值税（进项税额）
　　　　　　　　　　　　　　　10490
　　　　贷：银行存款　　　　　　91490
（3）根据资料（3），下列处理不正确的是（　　）。
A. 合理损耗不影响原材料的单位成本
B. 合理损耗应计入实际采购成本中
C. 合理损耗金额应由运输企业承担赔偿责任
D. 原材料入账金额为79600元
（4）根据资料（4），发出材料的实际成本为（　　）元。（差异率保留4位小数）
A. 69849.99　　　　B. 70150.01
C. 70500　　　　　 D. 69500
（5）根据资料（1）-（5），下列关于月末的处理，正确的是（　　）。
A. 期末需要计提减值准备
B. 期末应冲减减值准备1849.99元
C. 期末应冲减减值准备600元
D. 期末需计提减值1249.99元

2. A公司将生产应税消费品甲产品所用原材料委托B企业加工，收回后用于继续生产应税消费品。B企业属于专门从事加工业务的企业。A公司、B企业均为增值税一般纳税人，增值税税率为13%。
（1）6月8日，A公司发出材料实际成本为24900元，应付加工费为3000元（不含增值税），消费税税率为10%。
（2）6月17日，收回加工物资并验收入库，另支付往返运费60元，增值税税率9%，加工费及代扣代缴的消费税均未结算，受托方无同类消费品价格。
（3）6月23日，将加工收回的物资投入生产甲产品（应税消费品），此外生产甲产品过程中发生工资费用9000元，福利费用1750元，分配制造费用10600元。
（4）6月30日，甲产品全部完工验收入库。
（5）7月12日，将此次生产的甲产品全部销售，售价100000元（不含增值税），甲产品消费税税率为10%。货款尚未收到。
要求：根据上述资料，不考虑其他因素，分析回答下列小题。
（1）根据资料（1），B企业应收取的增值税为（　　）元。
A. 4233　　　　　　B. 390
C. 2490　　　　　　D. 3100
（2）根据资料（1），B企业应收取的消费税为（　　）元。
A. 4960　　　　　　B. 510
C. 2490　　　　　　D. 3100
（3）根据资料（1）、（3）和（5），A公司有关消费税会计处理正确的是（　　）。
A. 委托加工的应交消费税，借记"委托加工物资"，贷记"应付账款"
B. 委托加工的应交消费税，借记"应交税费—应交消费税"，贷记"应付账款"
C. 销售甲产品的应交消费税，借记"应收账款"，贷记"应交税费—应交消费税"
D. 销售甲产品的应交消费税，借记"税金及附加"，贷记"应交税费—应交消费税"
（4）根据资料（2）和（3），A公司会计处理正确的是（　　）。
A. 支付往返运费
借：委托加工物资　　　　　　　　60
　　应交税费—应交增值税（进项税额）
　　　　　　　　　　　　　　　　5.4
　　贷：银行存款　　　　　　　　65.4
B. 收回加工物资验收入库
借：原材料　　　　　　　　　　27960
　　贷：委托加工物资　　　　　27960
C. 甲产品领用收回的加工物资
借：生产成本　　　　　　　　　27960
　　贷：原材料　　　　　　　　27960
D. 甲产品发生其他费用
借：生产成本　　　　　　　　　21350

贷：应付职工薪酬（9000+1750）10750
　　　制造费用　　　　　　　　10600
(5) 关于 A 企业的处理表述正确的是（　　）。
A. 加工环节支付的消费税应计入委托加工物资的成本
B. 收回加工物资的入账成本为 31570 元
C. 甲产品完工入库的成本为 47560 元
D. 销售甲产品发生的消费税金额为 10000 元，应计入税金及附加科目

同步训练答案及解析

一、百考多选题

1. BCEGHI 【解析】选项 A，所购农产品的入账价值 = 20000×（1-9%）+100 = 18300（元）；选项 D，一般纳税人企业购进原材料支付的增值税可以抵扣，不计入材料成本；选项 F，该批材料入库的总成本 = 1060×11.3+500+100 = 12578（元）；该批材料入库的实际单位成本 = 材料入库的总成本/材料入库的实际入库数量 = 12578/（1060-60）= 12.58（元）；选项 G，该批材料入库的总成本 = 1060×10+500+100 = 11200（元）；该批材料入库的实际单位成本 = 11200/（1060-60）= 11.2（元）；选项 J，企业设计产品发生的设计费用通常应计入当期损益，但是为特定客户设计产品所发生的、可直接确定的设计费用应计入存货的成本。

2. ABDEG 【解析】选项 A，随同商品销售出借的包装物的摊销额应计入销售费用；选项 B，随同商品出售单独计价的包装物取得的收入应计入其他业务收入；选项 D，收回后继续用于加工应税消费品的，委托加工环节的消费税应记入"应交税费—应交消费税"的借方，所以材料的入账价值 = 500+20 = 520（万元）；选项 E，收回后直接销售的，委托加工环节的消费税应记入"委托加工物资"的借方，所以材料的入账价值 = 500+20+25 = 545（万元）；选项 F，

本期销售毛利 = 5000×20% = 1000（万元）。销售成本 = 5000-1000 = 4000（万元）。期末存货成本 = 4500+1500-4000 = 2000（万元）；选项 G，商品进销差价率 =（14+22）/（42+58）×100% = 36%。本月销售商品应分摊的商品进销差价 = 40×36% = 14.4（万元）。本月销售商品的成本 = 40-14.4 = 25.6（万元）。期末结存商品的成本 = 28+36-25.6 = 38.4（万元）。

二、单项选择题

1. A 【解析】会计分录：
借：原材料
　　（150+19.5+1+0.09）170.59
　　贷：银行存款　　　　　170.59

2. C 【解析】先进先出法下，物价上涨，发出的都是之前购入的价格较低的存货成本，期末结余的是最近购入的单价较高的存货，故会高估存货价值。结转到主营业务成本科目的金额为之前购入存货的成本，成本较低，成本少计的情况下，企业的利润增加。

3. C 【解析】该批材料的实际成本 = 100000+900 = 100900（元）。

4. D 【解析】材料成本差异率 =（-60+10）/（260+140）×100% = -12.5%；当月领用材料的实际成本 = 200×（1-12.5%）= 175（万元）。当月结存材料的实际成本 = 260-60+150-175 = 175（万元）。

5. C 【解析】选项 A，应记入"应交税费—应交消费税"科目；选项 B，应记入"应交税费—应交增值税（销项税额）"科目；选项 D，应记入"销售费用"科目。

6. D 【解析】12 月发出该材料的成本 = 50×1000+50×1050 = 102500（元）。

7. D 【解析】会计分录：
借：应收账款　　　　　　　5876
　　贷：其他业务收入　（5876/1.13）5200
　　　　应交税费—应交增值税（销项税额）　　　　　　　　676

借：其他业务成本　　　　　　4284
　　贷：原材料　　　　　　　　4200
　　　　材料成本差异　（4200×2%）84
确认的损益=5200-4284=916(元)。

8. C 【解析】随同商品出售不单独计价的包装物的实际成本，应借记"销售费用"科目。

9. C

10. A

11. B 【解析】委托加工物资收回后直接用于销售的，应将受托方代收代缴的消费税计入委托加工物资的成本。

12. A 【解析】期末结存成本=总成本-销售成本=期初结存成本+本期购入成本-销售成本=（3600+6000）-6800×（1-25%）=4500(万元)。

13. B 【解析】运输途中的合理损耗和入库前的挑选整理费用计入采购原材料的成本，甲企业该批原材料的入账价值=2060×50+500=103500(元)。

【拓展1】求单位成本。
【解答】单位成本=103500/（2060-60）=51.75(元)。

【拓展2】此题改为一般纳税人，假定增值税税率为13%，求入账价值和单位成本。
【解答】入账价值=2060×50/（1+13%）+500=91650.44(元)
单位成本=91650.44/（2060-60）=45.83(元)

14. A 【解析】材料成本差异率=（-6+12）/（400+2000）×100%=0.25%，本月发出材料实际成本=1600×（1+0.25%）=1604(万元)，2017年12月31日结存材料实际成本=（400-6）+（2000+12）-1604=802(万元)。

15. C 【解析】对于价值较低或者极易损坏的低值易耗品，应采用一次转销法进行摊销；对于使用期限较长、单位价值较高或一次领用数量较大的低值易耗品应采用五五摊销法进行摊销。

16. B 【解析】毛利率=（500-460）/500×100%=8%；5月末存货成本=300+700-（600-40）×（1-8%）=484.8(万元)。

17. A 【解析】商品进销差价率=（4+12）/（22+28）×100%=32%，本月销售商品应分摊的商品进销差价=15×32%=4.8(万元)，本月销售商品的成本=15-4.8=10.2(万元)。

18. A 【解析】应计入管理费用的金额=16000+2080-1500-100=16480(元)。

三、多项选择题

1. ABD 【解析】选项C，应当按扣除商业折扣后的金额计入外购存货采购成本。

2. BCD 【解析】选项A，应记入"材料成本差异"科目的贷方。

3. AC 【解析】选项BD，资产负债表日，企业应当按照成本与可变现净值孰低计量，当存货期末成本高于其可变现净值时，企业应当按可变现净值计量；当存货期末成本低于其可变现净值时，企业应当按成本计量。

4. BC 【解析】选项A，属于一般经营损失的部分，记入"管理费用"科目；选项D，属于非常损失的部分，记入"营业外支出"科目。

5. ABCD

6. ABD 【解析】发出存货成本的计价方法包括个别计价法、先进先出法、月末一次加权平均法和移动加权平均法，不包括后进先出法。

7. ACD 【解析】甲企业委托加工物资的账务处理为：
借：委托加工物资　（100+3+2）105
　　应交税费—应交消费税　　　8
　　贷：原材料　　　　　　　　100
　　　　银行存款　　　　　　　　13

【拓展】若改为该物资收回后直接销售：
借：委托加工物资　（100+3+2+8）113
　　贷：原材料　　　　　　　　100
　　　　银行存款　　　　　　　　13

8. BCD 【解析】可变现净值=存货的估计售价-进一步加工的成本-估计的销售费用-估计的相关税费。

9. BC 【解析】选项AD，出借包装物和随同产品出售不单独计价的包装物的摊销应记入"销售费用"科目。

10. AC 【解析】选项B，确认发出商品的成本，不确认收入；选项D，董事会已通过但股东大会尚未批准的拟分配的现金股利，此时不作处理。

11. CD 【解析】领用低值易耗品时：

借：周转材料—低值易耗品—在用　　10000
　　贷：周转材料—低值易耗品—在库　　10000

第一次领用时摊销期价值的一半：

借：制造费用　　5000
　　贷：周转材料—低值易耗品—摊销　　5000

第二次领用时摊销其价值的一半：

借：制造费用　　5000
　　贷：周转材料—低值易耗品—摊销　　5000

同时：

借：周转材料—低值易耗品—摊销　　10000
　　贷：周转材料—低值易耗品—在用　　10000

四、判断题

1. × 【解析】采用月末一次加权平均法只在月末一次计算加权平均单价，平时无法从账上提供发出和结存存货的单价及金额。

2. √
3. √
4. × 【解析】发出材料应负担的成本差异不可以在季末或年末一次计算，应当按月分摊。
5. √
6. √
7. × 【解析】应在实际收到发票时按照实际价款确认进项税额。

8. × 【解析】可以在月度内随时结转发出存货的成本。

9. √
10. √
11. × 【解析】存货可变现净值=存货的估计售价-至完工时估计将要发生的成本-估计的销售费用及税金。

12. × 【解析】企业持有的存货发生减值的，如果以后期间由于减值因素的消失使得价值得以回升，已经计提的减值准备可以转回，但转回的金额以已经计提的存货跌价准备的金额为限。

五、不定项选择题

1.（1）AD；（2）AD；（3）AC；（4）B；（5）C。

【解析】（1）原材料采用计划成本核算时，应该以实际成本计入材料采购账户，材料验收入库后以计划成本计入原材料账户，二者之间的差额通过"材料成本差异"核算。

资料（1）会计分录：

借：原材料　　40400
　　贷：材料采购　　40000
　　　　材料成本差异　　400

（2）运费的进项税额为1000×9%=90（元），总进项税额=10400+90=10490（元）。

资料（2）会计分录：

借：材料采购　　81000
　　应交税费—应交增值税（进项税额）　　10490
　　贷：银行存款　　91490

（3）选项A，合理损耗不影响原材料的入账价值，但是由于确实发生了损耗，所以会影响原材料的单位成本；选项C，合理损耗不需要赔偿，应计入原材料的采购成本。

本题详细分录如下：

资料（3）

借：原材料　［(8000-40)×10］79600
　　材料成本差异　　1400

　　　　贷：材料采购　　　　　　81000
(4)材料成本差异率＝(-700-400+1400)/(20000+40400+79600)×100%＝0.2143%，发出甲材料的实际成本＝70000+70000×0.2143%＝70150.01(元)。
资料(4)会计分录：
　　借：生产成本　　　　　　　70000
　　　　贷：原材料　　　　　　　70000
　　借：生产成本
　　　　　　(70000×0.2143%)150.01
　　　　贷：材料成本差异　　　　150.01
(5)期末结存甲材料的实际成本＝(20000+40400+79600-70000)×(1+0.2143%)＝70150.01(元)，期末可变现净值为72000元，大于原材料实际成本70150.01元，应将"存货跌价准备"科目的贷方余额600元全部冲销。
资料(5)会计分录：
　　借：存货跌价准备　　　　　　600
　　　　贷：资产减值损失　　　　　600

2. (1)B；(2)D；(3)BD；(4)ABCD；(5)D。
【解析】(1)应收取的增值税额＝3000×13%＝390(元)。
(2)应税消费品组成计税价格＝(24900+3000)/(1-10%)＝31000(元)；代收代缴的消费税＝31000×10%＝3100(元)。
资料(1)会计分录：
①发出原材料时：
　　借：委托加工物资　　　　　24900
　　　　贷：原材料　　　　　　　24900
②应付加工费、代扣代缴的消费税：
　　借：委托加工物资　　　　　　3000
　　　　应交税费——应交增值税(进项税额)
　　　　　　　　　　　　　　　　　390
　　　　　——应交消费税　　　　3100
　　　　贷：应付账款　　　　　　6490
(3)委托加工收回后，用于继续生产应税消费品，借记"应交税费——应交消费税"；委托加工收回后，用于直接销售的，借记

"委托加工物资"。所以选项B正确。选项D的解析详见资料(5)会计分录。
(4)选项ABCD全部正确。
(5)选项A，需要交纳消费税的委托加工物资，收回后用于继续生产应税消费品的，记入"应交税费——应交消费税"科目；选项B，收回加工物资的入账成本为24900+3000+60=27960(元)；选项C，甲产品完工入库的成本=27960+21350=49310(元)。
资料(4)和(5)的会计分录：
资料(4)甲产品完工验收入库：
　　借：库存商品　　　　　　　49310
　　　　贷：生产成本　　　　　　49310
资料(5)销售甲产品：
　　借：应收账款　　　　　　　113000
　　　　贷：主营业务收入　　　100000
　　　　　　应交税费——应交增值税(销项税额)
　　　　　　　　　　　　　　　13000
　　借：税金及附加(100000×10%)10000
　　　　贷：应交税费——应交消费税 10000
　　借：主营业务成本　　　　　49310
　　　　贷：库存商品　　　　　　49310

第五节　固定资产

扫我解疑难

考点详解

一、固定资产概述

1. 概念

固定资产是指同时具有以下特征的有形资产：

(1)为生产商品、提供劳务、出租或经营管理而持有；

『注意』商品：为了对外出售而持有。

(2)使用寿命超过一个会计年度。

2. 固定资产的科目设置

(1)"工程物资""在建工程""固定资产"科目。

以上三个科目都属于资产类账户,增加在借方,减少在贷方,余额在借方。

(2)"累计折旧"属于资产备抵类账户,增加在贷方,减少在借方,余额在贷方。

(3)"固定资产清理"科目核算企业因出售、报废、毁损等原因转出的固定资产价值以及在清理过程中发生的费用等。不包括:盘盈固定资产(盘盈记入"以前年度损益调整")和盘亏固定资产(盘亏记入"待处理财产损溢")。

(4)"固定资产减值准备"属于资产备抵类科目,增加在贷方,减少在借方,余额在贷方,同样属于此类的还有"坏账准备""存货跌价准备""无形资产减值准备"等科目。

二、外购固定资产

(一)一般纳税人外购动产的账务处理

外购的固定资产的成本包括购买价款;进口关税、车辆购置税等相关税费;使固定资产达到预定可使用状态前所发生的可归属于该项资产的运输费、装卸费、安装费和专业人员服务费等,简称为(价+税+费)。

成本不包括:可以抵扣的增值税进项税额。

1. 购入不需要安装的动产(设备)

【案例1】福喜公司(一般纳税人)购入不需要安装的设备一台,价款100万元,增值税13万元,款项用银行存款支付。会计分录如下:

借:固定资产　　　　　　　　100
　　应交税费——应交增值税(进项税额)
　　　　　　　　　　　　　　13
　　贷:银行存款　　　　　　113

2. 购入需要安装的动产(设备)

【案例2】3月1日,福喜公司(一般纳税人)购入需要安装的设备一台,价款100万元,增值税13万元,款项用银行存款支付。3月10日用银行存款支付安装费10万元,增值税1.3万元。安装设备领用原材料9万元,应付人工工资6万元。3月15日,设备达到可使用状态。会计分录如下:

三步走:

第一步,购入时:

借:在建工程　　　　　　　　100
　　应交税费——应交增值税(进项税额)
　　　　　　　　　　　　　　13
　　贷:银行存款　　　　　　113

第二步,支付安装费用等时:

借:在建工程　　　　　　　　10
　　应交税费——应交增值税(进项税额)
　　　　　　　　　　　　　　1.3
　　贷:银行存款　　　　　　11.3

耗用人工、材料时:

借:在建工程　　　　　　　　15
　　贷:原材料　　　　　　　9
　　　　应付职工薪酬　　　　6

第三步,安装完毕达到预定可使用状态时:

借:固定资产　　　　　　　　125
　　贷:在建工程　(100+10+9+6)125

(二)一般纳税人外购不动产的账务处理

【案例3】8月1日,福喜公司(一般纳税人)购入一幢办公大楼,价款100万元,增值税9万元,款项以银行存款支付。会计分录如下:

借:固定资产　　　　　　　　100
　　应交税费——应交增值税(进项税额)
　　　　　　　　　　　　　　9
　　贷:银行存款　　　　　　109

(三)小规模纳税人外购固定资产的账务处理

【案例4】小规模纳税人有喜公司购入一幢办公楼,价款50万元,增值税4.5万元,款项尚未支付。会计分录如下:

小规模纳税人购入固定资产不允许抵扣进项税额。

借:固定资产　　　　　　　　54.5
　　贷:应付账款　　　　　　54.5

(四)购入多项没有单独标价的固定资产

【案例5】8月10日,福喜公司(一般纳税人)一次性购入电脑、IPAD(平板电脑)和手机,公允价值分别为1万元、0.6万元和0.9万元,还价后总成交价2万元,增值税0.26万元,款项用银行存款支付。计算三件固定资产各自的入账价值。

【分析】(1)三件固定资产公允价值合计=1+0.6+0.9=2.5(万元)

(2)设备成本与公允价值的比例=购买价/公允价=2/2.5=0.8

(3)三件设备各自的成本:
电脑:1×0.8=0.8(万元)
IPAD:0.6×0.8=0.48(万元)
手机:0.9×0.8=0.72(万元)

【例题1·判断题】企业以一笔款项购入多项没有单独标价的固定资产时,应按各项固定资产公允价值的比例对总成本进行分配,分别确定各项固定资产的成本。( )

答案 ▶ √

三、自行建造固定资产

自行建造资产的成本包括**达到预定可使用状态(不是竣工)前**所发生的必要支出。

1. ★自营工程

【案例6】福喜公司(一般纳税人)自建办公楼一幢,具体业务如下:

(1)1月2日,购入工程物资100万元,增值税13万元,款已付(款未付)。会计分录如下:

借:工程物资　　　　　　　　100
　　应交税费——应交增值税(进项税额)
　　　　　　　　　　　　　　13
　贷:银行存款/应付账款　　　113

(2)1月3日,领用工程物资100万元用于建造办公楼。会计分录如下:

借:在建工程　　　　　　　　100
　贷:工程物资　　　　　　　100

(3)1月10日,领用本企业外购原材料10万元。会计分录如下:

借:在建工程　　　　　　　　10
　贷:原材料　　　　　　　　10

(4)支付工程安装费30万元,增值税2.7万元。会计分录如下:

借:在建工程　　　　　　　　30
　贷:银行存款　　　　　　　30
同时,
借:应交税费——应交增值税(进项税额)
　　　　　　　　　　　　　　2.7
　贷:银行存款　　　　　　　2.7

(5)工程达到预定可使用状态。会计分录如下:

借:固定资产　　　　　　　　140
　贷:在建工程　(100+10+30)140

2. 出包工程

【案例7】8月1日,福喜公司(一般纳税人)将一幢办公大楼的建造工程出包给有福公司(一般纳税人)承建,按发包工程进度向有福公司结算进度款100万元,增值税税额9万元。11月11日,工程完工后,补付工程款50万元,增值税税额4.5万元。工程完工并达到预定可使用状态。会计分录如下:

(1)8月1日,按发包工程进度支付进度款时:

借:在建工程　　　　　　　　100
　　应交税费——应交增值税(进项税额)
　　　　　　　　　　　　　　9
　贷:银行存款　　　　　　　109

(2)11月11日,补付工程款时:

借:在建工程　　　　　　　　50
　　应交税费——应交增值税(进项税额)
　　　　　　　　　　　　　　4.5
　贷:银行存款　　　　　　　54.5

(3)11月11日,工程完工并达到预定可使用状态时:

借:固定资产　　　　　　　　150
　贷:在建工程　　　　　　　150

四、固定资产折旧

(一)固定资产折旧概述

【案例8】福喜公司购入宝马牌拖拉机一辆,原价12万元,预计使用年限为5年,预计净残值为2万元,采用年限平均法计提折旧。使用2年后计提减值准备3万元,减值前后折旧年限、预计净残值和折旧方法均不变。计算该公司前三年的折旧额。

【分析】第1年折旧额=(12-2)/5=2（万元）

第2年折旧额=(12-2)/5=2（万元）

第3年折旧额=(12-2-4-3)/(5-2)=1（万元）

1. 影响固定资产折旧的因素

①原价。

②预计净残值。

③减值准备。

④使用寿命。

【例题2·多选题】（2012年）下列各项中，影响固定资产折旧的因素有（　）。

A. 固定资产原价

B. 固定资产的预计使用寿命

C. 固定资产预计净残值

D. 已计提的固定资产减值准备

答案▶ ABCD

2. ★计提折旧的范围

★除以下情况外，企业应当对所有固定资产计提折旧：

第一，已提足折旧仍继续使用的固定资产（因为折旧已提完，无折旧可提了）；

第二，提前报废的固定资产（因为实际上固定资产已经不存在）；

第三，单独计价入账的土地（因为不知道土地的寿命）；

第四，进入改扩建状态的固定资产（因为会计账上已经转入"在建工程"，不是固定资产）。

3. ★计提折旧的时间

（1）固定资产应当按月计提折旧：当月增加，当月不提，下月开提；当月减少，当月照提，下月停提。

『链接』无形资产摊销：当月增加，当月开摊；当月减少，当月停摊。

（2）已达到预定可使用状态但尚未办理竣工决算的固定资产，应当按照估计价值确定其成本，并计提折旧；待办理竣工决算后，再按实际成本调整原来的暂估价值，但不需要调整原已计提的折旧额。（调价不调折旧）

4. 使用寿命、预计净残值和折旧方法的复核

固定资产使用寿命、预计净残值和折旧方法一经确定，不得随意变更。企业至少在每年年度终了，对上述项目进行复核。

【例题3·多选题】（2011年）下列各项中，应计提固定资产折旧的有（　）。

A. 短期租入的设备

B. 外购的办公楼

C. 已投入使用但未办理竣工决算的厂房

D. 已达到预定可使用状态但未投产的生产线

解析▶ 选项A，企业对短期租入的设备不具有所有权，因此不对其计提折旧。

答案▶ BCD

(二)固定资产折旧的计算方法

【案例9】福喜公司购入宝牛牌汽车一辆，原价100万元，预计使用5年（工作量法下行驶50万公里），预计净残值10万元。工作量法下，第1、2、3年分别行驶3万、8万、10万公里。请使用不同方法计算该公司的折旧。

方法一：年限平均法（直线法）

年折旧额=（原价-预计净残值）÷预计使用年限=(100-10)/5=18（万元）

年折旧率=年折旧额÷原价=（1-预计净残值率）÷预计使用年限=18/100=18%

月折旧额=18/12=1.5（万元）

月折旧率=18%/12=1.5%

净残值率=10/100=10%

净残值率+预计使用年限×年折旧率=10%+5×18%=1

方法二：工作量法

每公里折旧额=（原价-预计净残值）÷总工作量=(100-10)/50=1.8（万元/万公里）

第1年折旧额=3×1.8=5.4（万元）

第2年折旧额=8×1.8=14.4（万元）

第3年折旧额=10×1.8=18（万元）

方法三：双倍余额递减法

年折旧率=2÷预计使用年限×100%=2/5=40%

『提示』以上公式计算出的金额是不考虑残值率的直线法折旧率的两倍。

第1年折旧额=固定资产账面净值×折旧率=100/5×2=40(万元)

第2年折旧额=(100-40)/5×2=24(万元)

第3年折旧额=(100-40-24)/5×2=14.4(万元)

第4、5年折旧额=(100-40-24-14.4-10)/2=5.8(万元)

『牢记』**双倍余额递减法前n-2年不考虑净残值，最后两年用直线法。**

方法四：年数总和法

折旧率=尚可使用年限/预计使用年限的年数总和×100%

折旧额=(固定资产原值-预计净残值)×折旧率

第1年折旧额=(100-10)×5/(5+4+3+2+1)=90×5/15=30(万元)

第2年折旧额=90×4/15=24(万元)

第3年折旧额=90×3/15=18(万元)

第4年折旧额=90×2/15=12(万元)

第5年折旧额=90×1/15=6(万元)

『提示1』计算时先算出最后一年的折旧额，倒数第二年、第三年、第四年、第五年分别是最后一年折旧的2倍、3倍、4倍和5倍。

『提示2』已计提减值准备的固定资产，应当按照该项资产的账面价值(固定资产账面余额扣减累计折旧和减值准备后的金额)以及尚可使用寿命重新计算确定折旧率和折旧额。

【例题4·单选题】2017年12月31日，甲公司购入一台设备并投入使用，其成本为25万元，预计使用年限5年，预计净残值1万元，采用双倍余额递减法计提折旧。假定不考虑其他因素，2018年度该设备应计提的折旧为( )万元。

A. 4.8　　　　B. 8
C. 9.6　　　　D. 10

解析 2018年该设备应计提的折旧额=25×2/5=10(万元)。 **答案** D

(三)固定资产折旧的会计处理

【案例10】2018年3月，福喜公司应计提的固定资产折旧额为20万元，其中管理部门计提折旧10万元，销售部门计提折旧4万元，生产车间计提折旧3万元，出租设备计提折旧2万元，建造厂房使用设备计提折旧1万元。会计分录如下：

借：管理费用　　　　　　10
　　销售费用　　　　　　 4
　　制造费用　　　　　　 3
　　其他业务成本　　　　 2
　　在建工程　　　　　　 1
　　贷：累计折旧　　　　　　　20

【例题5·单选题】(2013年)下列关于企业计提固定资产折旧会计处理的表述中，不正确的是( )。

A. 对管理部门使用的固定资产计提的折旧应计入管理费用

B. 对财务部门使用的固定资产计提的折旧应计入财务费用

C. 对生产车间使用的固定资产计提的折旧应计入制造费用

D. 对专设销售机构使用的固定资产计提的折旧应计入销售费用

解析 财务部门使用固定资产的折旧计入管理费用。 **答案** B

五、固定资产的后续支出

固定资产的后续支出主要包括更新改造支出、修理费用等。

(一)固定资产资本化后续支出的核算

★1. 固定资产的更新改造等后续支出

固定资产(汽车)如果有被替换(替换发动机)的部分，应**将被替换部分(发动机)的账面价值(不是账面余额)从该固定资产(汽车)原账面价值中扣除。**

2. 资本化支出账务处理

【案例11】3月1日福喜公司(一般纳税人)将原价100万元(包括发动机40万元)的宝牛牌汽车更换新发动机，截至当前，汽车已计提折旧30万元，汽车更换的新发动机的不含税价款为60万元,出售旧发动机取得价款10万元,增值税1.3万元,款已收。用银行存款支付安装费1万元,增值税0.13万元。3月5日,汽车达到预定可使用状态。会计分录如下:

(1)旧设备转入"在建工程":

借:在建工程　　　　　　　　70
　　累计折旧　　　　　　　　30
　　贷:固定资产　　　　　　　　100

『提示』如果存在"固定资产减值准备",也需转出。

(2)旧部件被替换并出售:

旧发动机原价=40万元

旧发动机折旧额=40×30/100=12(万元)

旧发动机的账面价值=40-12=28(万元)

借:营业外支出　　　　　　　　28
　　贷:在建工程　　　　　　　　28

旧部件出售

借:银行存款　　　　　　　　11.3
　　贷:营业外支出　　　　　　　　10
　　　　应交税费——应交增值税(销项税额)　　　　　　　　1.3

不影响"在建工程"(固定资产入账价值)。

(3)可资本化的后续支出:

借:在建工程　　　　　　　　60
　　贷:工程物资　　　　　　　　60

『链接』上月新发动机购买价款60万元,增值税7.8万元,款已付。

借:工程物资　　　　　　　　60
　　应交税费——应交增值税(进项税额)　　　　　　　　7.8
　　贷:银行存款　　　　　　　　67.8

(4)支付安装费:

借:在建工程　　　　　　　　1
　　应交税费——应交增值税(进项税额)　　　　　　　　0.13
　　贷:银行存款　　　　　　　　1.13

(5)达到预定可使用状态时:

借:固定资产　　　　　　　　103

贷:在建工程　　(70-28+60+1)103

【例题6·单选题】(2016年)某企业对一条生产线进行改扩建,该生产线原价1000万元,已计提折旧300万元,改扩建生产线发生相关支出800万元,满足固定资产确认条件,则改扩建后生产线的入账价值为(　)万元。

A. 800　　　　　　B. 1500
C. 1800　　　　　D. 1000

解析▶改扩建后固定资产的入账价值=1000-300+800=1500(万元)。　　答案▶B

(二)固定资产费用化后续支出的核算

不满足固定资产确认条件的固定资产修理费用等,应当在发生时计入当期损益。

【案例12】3月,福喜公司(一般纳税人)用银行存款支付设备日常修理费价款10万元,增值税1.3万元,其中行政管理部门7万元,销售部门2万元,出租设备1万元。会计分录如下:

借:管理费用　　　　　　　　7
　　销售费用　　　　　　　　2
　　其他业务成本　　　　　　　　1
　　应交税费——应交增值税(进项税额)　　　　　　　　1.3
　　贷:银行存款　　　　　　　　11.3

【例题7·判断题】(2016年改)企业行政管理部门发生的固定资产日常修理费用应确认为制造费用。　　　　　　　　(　)

解析▶企业行政管理部门发生的固定资产日常修理费用应确认为管理费用。

答案▶×

六、固定资产的处置

主要指固定资产的出售、报废、毁损等,不包括盘盈和盘亏。

★1.固定资产转入清理

【案例13】福喜公司(一般纳税人)将宝牛牌汽车处置,原价100万元,已计提折旧50万元,已计提减值准备30万元。会计分录如下:

借:固定资产清理　　　　　　　　20

累计折旧　　　　　　　　　50
　　固定资产减值准备　　　　　30
　　贷：固定资产　　　　　　　　　100

★2. 发生的清理费用

【案例14】承接【案例13】，用银行存款支付宝牛牌汽车清理费1万元，增值税0.13万元。会计分录如下：

借：固定资产清理　　　　　　　1
　　应交税费——应交增值税（进项税额）
　　　　　　　　　　　　　　0.13
　　贷：银行存款　　　　　　　　1.13

★3. 出售收入和材料等

【案例15】承接【案例14】，销售宝牛牌汽车收到银行存款，价款10万元（30万元），增值税1.3万元（3.9万元）。会计分录如下：

会计分录	售价10万元	售价30万元
借：银行存款	11.3	33.9
贷：固定资产清理	10	30
应交税费——应交增值税（销项税额）	1.3	3.9

『注意』如果处置时存在残料，会计处理为：

借：原材料
　　贷：固定资产清理

★4. 保险赔偿

借：其他应收款
　　贷：固定资产清理

5. 清理净损益

（1）出售、转让产生的利得或损失记入"**资产处置损益**"。

①净损失。

【案例16】承接【案例13】-【案例15】，结转处置净损失。会计分录如下：

假设出售价款为10万元。

借：资产处置损益　　　　　　　11
　　贷：固定资产清理　（20+1-10）11

结平"固定资产清理"账户即可算出净损失。

②净收益。

【案例17】承接【案例13】-【案例15】，结转处置利得。会计分录如下：

假设出售价款为30万元。

借：固定资产清理　　（30-20-1）9
　　贷：资产处置损益　　　　　　　9

（2）丧失功能或自然灾害毁损的损失记入"**营业外支出**"（净损失）。

【案例18】承接【案例13】和【案例14】，固定资产丧失功能报废，结转处置净损失。会计分录如下：

借：营业外支出　　　　　　　　21
　　贷：固定资产清理　　（20+1）21

【例题8·单选题】（2016年）下列关于固定资产的表述中，正确的是（　　）。

A. 经营出租的生产设备计提的折旧记入"其他业务成本"

B. 当月新增固定资产，当月开始计提折旧

C. 生产线的日常修理费记入"在建工程"

D. 设备报废清理费记入"管理费用"

解析　选项B，应从下月开始计提折旧；选项C，应计入管理费用；选项D，应计入固定资产清理。　　　　　　　答案▶A

七、固定资产清查

1. 固定资产盘亏

【案例19】今年情人节，福喜公司（一般纳税人）购买X手机给CFO（财务总监）游喜福使用，价款1万元，进项税额0.13万元，后来手机盘亏，该手机已计提折旧0.1万元。报经领导批准后，手机损失的一半由游喜福赔偿。会计分录如下：

（1）盘亏时：

借：待处理财产损溢　　　　　　0.9
　　累计折旧　　　　　　　　　0.1
　　贷：固定资产　　　　　　　　　1

（2）转出不可抵扣的进项税额：

借：待处理财产损溢　　　　　0.117
　　贷：应交税费——应交增值税（进项税额转出）　　（0.13×90%）0.117

『解释』情人节，公司购买固定资产时已

抵扣进项税额0.13万元；固定资产已计提折旧0.1万元，占原价的10%，还有90%的折旧未计提，此时，固定资产盘亏，按规定，应当转出90%的进项税额。

（3）经领导批准后处理时：
借：其他应收款　　　　　　　　0.5085
　　营业外支出　　　　　　　　0.5085
　　贷：待处理财产损溢
　　　　　　　　　　（0.9+0.117）1.017

2. 固定资产盘盈

盘盈的固定资产，作为**前期差错**处理。企业应按重置成本确定固定资产的入账价值。

【案例20】福喜公司盘盈一部手机，确定为去年购入的手机，未入账，该手机重置成本为1万元。假定福喜公司按净利润的10%提取法定盈余公积，不考虑相关税费及其他因素的影响。会计分录如下：

（1）盘盈固定资产时：
借：固定资产　　　　　　　　　1
　　贷：以前年度损益调整　　　　1

（2）结转为留存收益时：
借：以前年度损益调整　　　　　1
　　贷：盈余公积—法定盈余公积
　　　　　　　　　　　　（1×10%）0.1

利润分配—未分配利润　　　0.9

八、固定资产减值

1. 固定资产减值金额的计量

资产负债表日，固定资产的**可收回金额低于账面价值**的，企业应当将其差额确认为减值损失，计入当期损益（资产减值损失），同时计提固定资产资产减值准备。

2. ★固定资产减值的核算

【案例21】2019年12月31日，福喜公司的手机出现减值迹象，经计算，可收回金额合计为0.8万元，账面价值为0.95万元，以前年度未对该手机计提过减值准备。会计分录如下：

借：资产减值损失　　　　　　　0.15
　　贷：固定资产减值准备　　　　0.15

『提示』固定资产减值损失一经确认，在以后会计期间**不得转回**。

『链接』初级考试掌握能转回的准备：坏（坏账准备）、蠢（存货跌价准备）。其他准备一般不能转回，包括固定资产减值准备和无形资产减值准备等。

『学霸总结』库存现金、存货和固定资产盘盈盘亏的账务处理★★

项目	盘盈（现金称溢余）	盘亏（现金称短缺）
库存现金	借：库存现金 　　贷：待处理财产损溢 借：待处理财产损溢 　　贷：其他应付款 　　　　营业外收入[无法查明原因] （2019年、2018年、2017年单选题）	借：待处理财产损溢 　　贷：库存现金 借：其他应收款 　　管理费用[无法查明原因] 　　贷：待处理财产损溢 （2018年、2017年单选题）
存货	借：原材料等 　　贷：待处理财产损溢 借：待处理财产损溢 　　贷：管理费用	借：待处理财产损溢 　　贷：原材料等 　　　　应交税费—应交增值税（进项税额转出）[自然灾害不需转出] 借：原材料[收回残料] 　　其他应收款[应收取有关人员或保险公司赔款] 　　管理费用[管理不善] 　　营业外支出[非常损失] 　　贷：待处理财产损溢 （2019年、2017年判断题）

续表

项目	盘盈(现金称溢余)	盘亏(现金称短缺)
固定资产	按前期差错处理 借：固定资产[重置成本] 　贷：以前年度损益调整 借：以前年度损益调整 　贷：应交税费—应交所得税 借：以前年度损益调整 　贷：盈余公积 　　　利润分配—未分配利润 (2018年单选题)	借：待处理财产损溢 　　累计折旧 　　固定资产减值准备 　贷：固定资产 借：营业外支出 　贷：待处理财产损溢

同步训练 限时45min

一、百考多选题

下列关于固定资产后续支出、处置、减值的表述，正确的有( )。

A. 某企业对一条生产线进行改扩建，该生产线原价100万元，已计提折旧40万元，改扩建生产线发生相关支出50万元，被替换部分的账面价值20万元，满足固定资产确认条件，则改扩建后生产线的入账价值为90万元

B. 某企业对一条生产线进行改扩建，该生产线原价100万元，已计提折旧40万元，改扩建生产线发生相关支出50万元，被替换部分的账面原值20万元，满足固定资产确认条件，则改扩建后生产线的入账价值为90万元

C. 企业发生固定资产改扩建支出，应计入相应在建工程成本

D. 车间设备的日常修理费记入"制造费用"科目，管理部门设备的日常修理费记入"管理费用"科目，销售部门设备的日常修理费记入"销售费用"科目，出租设备的日常修理费记入"管理费用"科目

E. 影响固定资产清理净损益的有：变价收入、账面价值和耗用的材料成本

F. 固定资产盘盈应按历史成本确定固定资产的入账价值，通过"待处理财产损溢"科目核算

G. 固定资产的出售、报废、毁损、盘亏，通过"固定资产清理"科目核算

H. 计提减值准备不会导致固定资产账面价值发生变化

I. 固定资产减值损失一经确认，在以后会计期间不得转回

二、单项选择题

1. (2019年)企业已有固定资产价值960万元，已计提折旧320万元，其中上月已提足折旧额仍继续使用的设备为60万元，另一台设备20万元上月已经达到预定可使用状态尚未投入使用。采用年限平均法计提折旧，所有设备的月折旧率均为1%。不考虑其他因素，该企业当月应计提的折旧额为( )元。
   A. 96000　　　　B. 94000
   C. 90000　　　　D. 92000

2. (2018年)2016年12月15日，某企业购入一台不需要安装的设备并投入使用。该设备入账价值为200万元，预计使用年限为5年，预计净残值率为1%，采用年数总和法计提折旧。不考虑其他因素，该设备2017年度应计提的折旧额为( )万元。
   A. 5.28　　　　B. 66.67
   C. 66　　　　　D. 80

3. (2018年改)某企业自行建造厂房购入工程物资一批，增值税专用发票上注明的价款为100万元，增值税税款为13万元，发票已通过税务机关认证，不考虑其他因素，该企业购买工程物资相关科目会计处理结果表述正确的是( )。

A. 借记"应交税费—待抵扣进项税额"科目 5.2 万元
B. 借记"应交税费—应交增值税(进项税额)"科目 13 万元
C. 借记"应交税费—待抵扣进项税额"科目 7.8 万元
D. 借记"原材料"科目 100 万元

4. 盘盈的固定资产,应该借记"固定资产"科目,贷记的科目是( )。
   A. 待处理财产损溢
   B. 以前年度损益调整
   C. 其他应付款
   D. 营业外收入

5. 采用年限平均法计算应提折旧,不需要考虑的因素是( )。
   A. 规定的折旧的年限
   B. 固定资产原值
   C. 实际净残值
   D. 预计净残值率

6. 某企业将自产的一批应税消费品用于房屋建造。该批消费品成本为 1500 万元,计税价格为 2500 万元,适用的增值税税率为 13%,消费税税率为 10%。则计入在建工程成本的金额为( )万元。
   A. 1750 B. 1925
   C. 2175 D. 3175

7. 下列各项固定资产中,应该将折旧金额记入"管理费用"科目的是( )。
   A. 研发部门用于技术开发的机器设备
   B. 生产车间闲置的固定资产
   C. 已提足折旧仍在使用的机器设备
   D. 以经营方式出租的机器设备

8. 某企业 2019 年购入一台需要安装的生产经营用设备,取得的增值税发票上注明的设备买价为 50000 元(不含税),增值税额为 6500 元,支付的运输费为 1500 元(不含税),设备安装时领用工程用材料价值 1000 元(不含税),购进该批工程用材料的增值税为 130 元。根据税法相关规定,与该固定资产有关的增值税可以抵扣,则该固定资产的成本为( )元。
A. 52500 B. 60000
C. 61000 D. 52660

9. 下列关于固定资产的后续支出说法正确的是( )。
   A. 固定资产的后续支出,均应当计入固定资产成本
   B. 固定资产的更新改造中,如有被替换的部分,应同时将被替换部分的账面余额从该固定资产原账面价值中扣除
   C. 企业行政管理部门发生的不可资本化的固定资产日常修理费用,计入制造费用
   D. 企业专设销售机构发生的不可资本化的后续支出,计入销售费用

10. 企业的固定资产在盘亏时,应将固定资产的账面价值转入的科目是( )。
    A. 待处理财产损溢
    B. 固定资产
    C. 营业外支出
    D. 固定资产清理

11. 2017 年 12 月 31 日,甲公司购入一台设备,入账价值为 100 万元,预计使用年限为 5 年,预计净残值 4 万元,采用双倍余额递减法计算折旧,则该项设备 2019 年应计提的折旧额为( )万元。
    A. 25.6 B. 19.2
    C. 40   D. 24

三、多项选择题

1. (2019 年)下列各项中,会引起固定资产账面价值减少的有( )。
   A. 固定资产计提折旧
   B. 固定资产发生减值损失
   C. 固定资产发生报废毁损
   D. 盘亏固定资产

2. (2018 年)2016 年 12 月 20 日,某企业购入一台设备,其原价为 2000 万元,预计使用年限 5 年,预计净残值 5 万元,采用双倍余额递减法计提折旧。下列各项中,该企业采用双倍余额递减法计提折旧的结果表述正确的有( )。

A. 应计折旧总额为 1995 万元

B. 2017 年折旧额为 665 万元

C. 年折旧率为 33%

D. 2017 年折旧额为 800 万元

3. (2018 年)下列各项中，应通过"固定资产清理"科目核算的有( )。

A. 固定资产盘亏的账面价值

B. 固定资产更新改造支出

C. 固定资产出售的账面价值

D. 固定资产毁损净损失

4. 下列项目中，影响固定资产初始入账价值的有( )。

A. 进口固定资产支付的关税

B. 专业人员服务费

C. 员工培训费

D. 固定资产安装费

5. 下列有关固定资产会计处理的表述中，正确的有( )。

A. 固定资产盘亏产生的损失计入管理费用

B. 计提减值准备后的固定资产以扣除减值准备后的账面价值为基础计提折旧

C. 一般纳税企业购入的生产设备支付的增值税不计入固定资产成本

D. 对于固定资产均应按照确定的方法计提折旧

6. 影响固定资产折旧金额的因素主要有( )。

A. 固定资产原价

B. 固定资产减值准备

C. 固定资产使用寿命

D. 固定资产预计净残值

7. 下列固定资产中，不计提折旧的有( )。

A. 单独估价入账的土地

B. 当月减少的固定资产

C. 未提足折旧提前报废的固定资产

D. 短期租入的固定资产

8. 下列关于固定资产会计处理的表述，正确的有( )。

A. 固定资产折旧方法一经确定不得改变

B. 固定资产减值损失一经确认在以后会计期间不得转回

C. 季节性停用的固定资产不停止计提折旧

D. 自行建造的固定资产应自办理竣工决算时开始计提折旧

9. 采用自营方式建造固定资产的情况下，下列项目中应计入固定资产成本的有( )。

A. 工程耗用原材料

B. 工程人员的工资

C. 工程领用本企业的商品实际成本

D. 企业行政管理部门为组织和管理生产经营活动而发生的费用

10. 下列各项中，关于企业固定资产折旧会计处理表述正确的有( )。

A. 自营建造厂房使用自有固定资产，计提的折旧应计入在建工程成本

B. 基本生产车间使用自有固定资产，计提的折旧应计入制造费用

C. 经营租赁租出的固定资产，其计提折旧应计入管理费用

D. 专设销售机构使用的自有固定资产，计提的折旧应计入销售费用

四、判断题

1. (2019 年)企业自行建造固定资产过程中，所使用自有设备计提的折旧应计入在建工程成本。( )

2. (2019 年)企业自行建造的固定资产应当以建造该项目固定资产达到预定可使用状态前所发生的必要支出作为固定资产的成本。( )

3. (2017 年)企业当月新增加的固定资产，当月不计提折旧，自下月起计提折旧。当月减少的固定资产，当月仍计提折旧。( )

4. (2016 年)企业发生固定资产改扩建支出且符合资本化条件的应计入相应的在建工程成本。( )

5. 固定资产的各组成部分具有不同使用寿命、适用不同折旧率的，应当分别将各组成部分确认为单项固定资产。( )

6. 已达到预定可使用状态尚未办理竣工决算

的固定资产,应当按照估计价值确定其成本,并计提折旧;待办理竣工决算后,再按实际成本调整原来的暂估价值,同时需要调整原已计提的折旧额。( )

7. 固定资产发生的更新改造支出、房屋装修费用等,符合固定资产确认条件的,应当计入固定资产成本,同时将被替换部分的账面价值扣除。( )

8. 企业生产车间以经营租赁方式将一台固定资产租给某单位使用,该固定资产的所有权尚未转移。企业对该固定资产仍应计提折旧,计提折旧时应记入"制造费用"账户。( )

9. 固定资产出售、报废以及由于各种不可抗拒的自然灾害而产生的毁损,均应通过"固定资产清理"科目核算。( )

10. 固定资产日常修理支出不增加固定资产价值,固定资产改扩建支出,都应当增加固定资产价值。( )

11. 企业在计提固定资产折旧时,对于当月增加的固定资产当月照提折旧,当月减少的固定资产当月不提折旧。( )

五、不定项选择题

甲公司为增值税一般纳税人。因生产需要,甲公司决定用自营方式建造一间材料仓库。相关资料如下:

(1)2×18年1月5日,购入工程用专项物资20万元,增值税税额为2.6万元,该批专项物资已验收入库,款项用银行存款付讫。

(2)领用上述专项物资,用于建造仓库。

(3)领用本单位生产的水泥一批用于工程建设,该批水泥成本为2万元,税务部门核定的计税价格为3万元,增值税税率为13%。

(4)领用本单位外购原材料一批用于工程建设,原材料实际成本为1万元,应负担的增值税额为0.13万元。

(5)2×18年1月至3月,应付工程人员工资6.08万元,用银行存款支付其他费用0.92万元。

(6)2×18年3月31日,该仓库达到预定可使用状态,预计可使用20年,预计净残值为2万元,采用直线法计提折旧。

(7)2×22年12月31日,该仓库突遭火灾焚毁,残料估计价值5万元,验收入库,用银行存款支付清理费用2万元。经保险公司核定的应赔偿损失7万元,尚未收到赔款。甲公司确认了该仓库的毁损损失。

要求:根据上述资料,不考虑其他因素,分析回答下列小题。(答案中的金额单位用万元表示)

(1)根据资料(1)至(3),下列表述正确的是( )。

A. 购入工程物资的入账价值是23.2万元

B. 购入工程物资的入账价值是20万元

C. 领用水泥,使该仓库的成本增加2.48万元

D. 领用水泥,使该仓库的成本增加3.48万元

(2)该仓库的入账价值为( )万元。

A. 31　　　　　B. 30

C. 27.6　　　　D. 26.6

(3)2×18年度该仓库应计提的折旧额为( )万元。

A. 1.0875　　　B. 0.96

C. 0.9225　　　D. 1.05

(4)根据资料(7),下列说法正确的是( )。

A. 处置该仓库通过"待处理财产损溢"科目核算

B. 处置该仓库通过"固定资产清理"科目核算

C. 该仓库2×19年应计提的累计折旧额是1.4万元

D. 该仓库计提的累计折旧额是6.65万元

(5)根据资料(7),下列说法正确的是( )。

A. 保险公司赔偿计入其他应收款

B. 残料计入原材料

C. 形成的损失计入管理费用
D. 形成的损失计入营业外支出

同步训练答案及解析

一、百考多选题

AEI 【解析】选项B，入账价值=(100-40)-(20-20×40/100)+50=98(万元)；选项C，企业发生固定资产改扩建支出且符合资本化条件的，应计入相应在建工程成本；选项D，车间设备的日常修理费记入"管理费用"科目，出租设备的日常修理费记入"其他业务成本"科目；选项F，固定资产盘盈应按重置成本确定固定资产的入账价值，通过"以前年度损益调整"科目核算；选项G，固定资产的出售、报废、毁损，通过"固定资产清理"科目核算；盘亏通过"待处理财产损溢"科目核算；选项H，计提固定资产减值准备会导致固定资产账面价值减少。

二、单项选择题

1. **C** 【解析】已提足折旧仍继续使用的固定资产不计提折旧。所以本月需计提折旧的固定资产价值=960-60=900(万元)，当月应计提折旧额=900×1%=9(万元)。

2. **C** 【解析】2017年度应计提的折旧额=200×(1-1%)×5/(1+2+3+4+5)=66(万元)

3. **B** 【解析】会计分录：
借：工程物资　　　　　　　　100
　　应交税费——应交增值税(进项税额)
　　　　　　　　　　　　　　　13
　　贷：银行存款　　　　　　　113

4. **B** 【解析】盘盈固定资产，属于前期差错，所以应当借记"固定资产"科目，贷记"以前年度损益调整"科目。

5. **C** 【解析】实际净残值在处置或者使用期满才能知晓，因此计算折旧时不予考虑。

6. **A** 【解析】企业将自产产品用于购建不动产，应按照产品成本进行结转，不确认收入，不交增值税，所以在建工程成本的金额=1500+2500(计税价格)×10%=1750(万元)。

相关会计分录：
借：在建工程　　　　　　　1750
　　贷：库存商品　　　　　　1500
　　　　应交税费——应交消费税　250

7. **B** 【解析】选项A，记入"研发支出"科目；选项C，不再计提折旧；选项D，记入"其他业务成本"科目。

8. **A** 【解析】该固定资产的成本=50000+1500+1000=52500(元)。

9. **D** 【解析】选项A，固定资产的后续支出，只有满足资本化条件的，才能计入固定资产成本；选项B，应当将被替换部分的账面价值从该固定资产原账面价值中扣除；选项C，应当计入管理费用。

10. **A** 【解析】固定资产盘亏时，应将固定资产的账面价值转入"待处理财产损溢"科目，最后批准后结转到"营业外支出"科目。

11. **D** 【解析】2018年折旧额=100×2/5=40(万元)，2019年折旧额=(100-40)×2/5=24(万元)，2020年折旧额=(100-40-24)×2/5=14.4(万元)，2021、2022年折旧额=(100-40-24-14.4-4)/2=8.8(万元)。

三、多项选择题

1. **ABCD** 【解析】固定资产账面价值=固定资产的原价-计提的减值准备-计提的累计折旧。

2. **AD** 【解析】选项A，应计提折旧总额=固定资产原值-预计净残值=2000-5=1995(万元)；选项C，因为采用双倍余额递减法，所以年折旧率=2/5×100%=40%；选项BD，因为采用双倍余额递减法，所以前几年计提折旧额时，不考虑预计净残值，只有最后两年考虑预计净残值，因此2017年折旧额=2000×40%=800(万元)。

3. **CD** 【解析】选项A，通过"待处理财产损溢"科目核算；选项B，转入"在建工程"科目核算。

4. ABD 【解析】选项C，员工培训费计入当期损益，不构成固定资产的入账价值。

5. BC 【解析】选项A，固定资产盘亏产生的损失应计入营业外支出；选项D，企业应当对所有固定资产计提折旧，但是已提足折旧仍继续使用的固定资产和单独计价入账的土地除外。

6. ABCD 【解析】四个选项均会影响固定资产的折旧金额。

7. ACD 【解析】选项A，作为固定资产单独估价入账的土地不计提折旧；选项B，当月减少的固定资产当月照提折旧；选项C，提前报废的固定资产不补提折旧；选项D，短期租入的固定资产不属于企业的固定资产，不计提折旧。

8. BC 【解析】选项A，固定资产的折旧方法一经确定不得随意变更，当与固定资产有关的经济利益预期消耗方式有重大变更的，应当改变固定资产的折旧方法；选项D，应在达到预定可使用状态时，按照估计价值确定其成本，并从下月开始计提折旧。

9. ABC 【解析】选项D，应计入管理费用。

10. ABD 【解析】选项C，应计入其他业务成本。

四、判断题

1. √ 【解析】企业自行建造固定资产过程中使用的固定资产，其计提的折旧应计入在建工程成本。

2. √

3. √

4. √

5. √

6. × 【解析】不需要调整原已计提的折旧额。

7. √

8. × 【解析】经营租出固定资产计提的折旧应记入"其他业务成本"科目。

9. √

10. × 【解析】固定资产改扩建支出要注意是否符合资本化条件，若不符合资本化条件的应费用化，计入当期损益，不影响固定资产价值。

11. × 【解析】当月增加的固定资产当月不提折旧，当月减少的固定资产当月照提折旧。

五、不定项选择题

(1) B；(2) B；(3) D；(4) BCD；(5) ABD。

【解析】(1)全面营改增后，仓库等不动产也纳入增值税的征收范围，所以自建仓库不再将增值税计入工程成本，故领用水泥增加成本2万元。

(2)该仓库的入账价值=20+2+1+6.08+0.92=30(万元)

(3)2×18年度该仓库应计提的折旧额=(30-2)/20/12×9=1.05(万元)。

(4)处置该仓库通过"固定资产清理"核算。2×19年度该仓库应计提的折旧额=(30-2)/20=1.4(万元)。该仓库计提的累计折旧=1.05+1.4×4=6.65(万元)。

(5)清理净损失计入营业外支出。

本题详细分录如下：

资料(1)

借：工程物资　　　　　　　　　　20
　　应交税费—应交增值税(进项税额)
　　　　　　　　　　　　　　　　2.6
　　贷：银行存款　　　　　　　　22.6

资料(2)

借：在建工程　　　　　　　　　　20
　　贷：工程物资　　　　　　　　20

资料(3)

借：在建工程　　　　　　　　　　2
　　贷：库存商品　　　　　　　　2

资料(4)

借：在建工程　　　　　　　　　　1
　　贷：原材料　　　　　　　　　1

资料(5)

借：在建工程　　　　　　　　　　7
　　贷：应付职工薪酬　　　　　6.08
　　　　银行存款　　　　　　　0.92

资料(6)

借：固定资产　　　　　　　　30
　　贷：在建工程　　　　　　　　30
资料(7)
借：固定资产清理　　　　　　23.35
　　累计折旧
　　　　[1.05+(30-2)/20×4]6.65
　　贷：固定资产　　　　　　　　30
借：原材料　　　　　　　　　5
　　贷：固定资产清理　　　　　　5
借：固定资产清理　　　　　　2
　　贷：银行存款　　　　　　　　2
借：其他应收款　　　　　　　7
　　贷：固定资产清理　　　　　　7
借：营业外支出　　　　　　　13.35
　　贷：固定资产清理　　　　　　13.35

第六节　无形资产和长期待摊费用

扫我解疑难

考点详解

一、概述

1. 无形资产的定义和特征

(1)定义：无形资产是指企业拥有或者控制的没有实物形态的可辨认非货币性资产。

(2)特征：①不具有实物形态。②具有可辨认性。③属于非货币性长期资产。

『提示』商誉的存在无法与企业自身分离，不具有可辨认性。无形资产的使用年限在一年以上。

2. ★无形资产的内容

(1)专利权；(2)非专利技术(技术秘密，如祖传秘方)；(3)商标权；(4)著作权；(5)土地使用权；(6)特许权(经营特许权、专营权)。

【例题1·判断题】(2016年)除房地产企业以外的企业单独取得的土地使用权，应将取得时发生的支出资本化作为无形资产成本。　　　　　　　　　　( )

解析▶房地产企业取得土地使用权(包括相关资本化支出)属于存货，计入开发成本。其他企业取得土地使用权，所发生的支出是计入该土地使用权(无形资产)的入账成本。

答案▶√

二、账务处理

(一)账户设置

"无形资产"：属于资产类科目，增加在借方，减少在贷方，余额在借方；

"累计摊销""无形资产减值准备"：属于资产类备抵科目，增加在贷方，减少在借方，余额在贷方。

(二)无形资产的取得

1. 外购

【案例1】福喜公司(一般纳税人)购入一项专利权，价款100万元，增值税6万元，以银行存款支付。会计分录如下：

借：无形资产　　　　　　　　100
　　应交税费——应交增值税(进项税额)
　　　　　　　　　　　　　　　6
　　贷：银行存款　　　　　　　　106

2. 自行研发

(1)企业内部研发支出分为研究阶段支出和开发阶段支出。

(2)研发支出账务处理流程图。

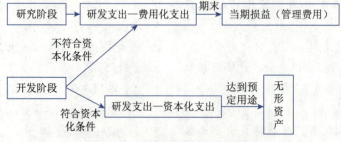

图2-3　研发支出账务处理流程图

【案例2】6月1日，福喜公司(一般纳税人)开始自行研发一项非专利技术，6月30日前发生研究支出100万元，其中领用原材料30万元，应付人工工资20万元，以银行存款支付给有福公司研发费，取得增值税专用发票价款50万元，增值税税额3万元。从7月1日起，开始进入开发阶段，当日领用原材料100万元，应付人工工资150万元，以银行存款支付给有福公司研发费，取得增值税专用发票价款50万元，增值税税额3万元，全部满足资本化条件。9月30日，无形资产达到预定可使用状态。会计分录如下：

①研究阶段支出：

借：研发支出—费用化支出　　100
　　应交税费—应交增值税(进项税额)
　　　　　　　　　　　　　　　3
　　贷：原材料　　　　　　　　30
　　　　应付职工薪酬　　　　　20
　　　　银行存款　　　　　　　53

★②6月30日，期(月)末：

借：管理费用　　　　　　　　100
　　贷：研发支出—费用化支出　100

③发生满足资本化条件的研发支出(开发阶段)：

借：研发支出—资本化支出　　300
　　应交税费—应交增值税(进项税额)
　　　　　　　　　　　　　　　3
　　贷：原材料　　　　　　　　100
　　　　应付职工薪酬　　　　　150
　　　　银行存款　　　　　　　53

★④9月30日，满足资本化条件的研究开发项目达到预定用途形成无形资产的：

借：无形资产　　　　　　　　300
　　贷：研发支出—资本化支出　300

『提示』如果<u>无法可靠区分</u>研究阶段的支出和开发阶段的支出，应将其发生的研发支出<u>全部费用化</u>，计入当期损益(管理费用)。

【例题2·单选题】(2015年)2013年3月1日，某企业开始自行研发一项非专利技术，2014年1月1日研发成功并达到预定可使用状态。该非专利技术研究阶段累计支出为300万元(均不符合资本化条件)，开发阶段的累计支出为800万元(其中不符合资本化条件的支出为200万元)，不考虑其他因素，企业该非专利技术的入账价值为(　)万元。

A. 800　　　　　B. 900
C. 1100　　　　D. 600

解析▶研究阶段的支出和开发阶段不符合资本化条件的支出，都是先记入"研发支出—费用化支出"，期末转入"管理费用"；只有开发阶段满足资本化条件的支出才计入无形资产的成本。
答案▶D

(三)无形资产的摊销

1. 范围

(1)使用寿命有限的无形资产，持有期间应进行摊销。

(2)使用<u>寿命不确定</u>的无形资产，持有期间<u>不应摊销</u>。

2. 时间和方法

(1)使用寿命有限的无形资产，通常其残值应当视为零。

(2)对于使用寿命有限的无形资产：<u>当月增加，当月开摊；当月减少，当月停摊</u>。

『链接』固定资产折旧时间：滞后一个月。

(3)无形资产摊销方法包括直线法、生产总量法等。

『链接』固定资产折旧方法：直线法、工作量法、双倍余额递减法、年数总和法。

3. 核算

企业应当按月对无形资产进行摊销。

【案例3】10月，福喜公司对自行研发的专利权进行摊销，该专利权成本为300万元，法律规定受益年限为10年。每月摊销金额中，管理部门占50%，出租占30%，车间管理部门占20%。

【分析】年摊销额＝300÷10＝30(万元)

月摊销额＝30÷12＝2.5(万元)

会计分录如下：

借：管理费用　　(2.5×50%)1.25

其他业务成本　（2.5×30%）0.75
制造费用　　　（2.5×20%）0.5
　　贷：累计摊销　　　　　　2.5

【例题3·单选题】（2016年）下列各项中关于无形资产的表述不正确的是（　）。

A. 使用寿命不确定的无形资产不应进行摊销

B. 无形资产的摊销方法应反映其经济利益的预期消耗方式

C. 各种无形资产的摊销额应全部计入当期损益

D. 使用寿命有限的无形资产自可供使用当月起开始摊销

解析 各种无形资产的摊销额应根据受益对象，计入不同的科目中。例如企业管理用的无形资产，其摊销金额计入管理费用；某项无形资产用于生产产品，其摊销金额应当计入相关资产成本。

答案 C

（四）无形资产的处置

1. 出售

出售产生的利得或损失记入"**资产处置损益**"。

（1）出售产生的利得。

【案例4】福喜公司（一般纳税人）出售一项商标权，商品成本100万元，已摊销50万元，已计提减值准备30万元，出售价款100万元，增值税6万元，款已收并存入银行。会计分录如下：

借：累计摊销　　　　　　　　50
　　无形资产减值准备　　　　30
　　银行存款　　（100+6）106
　　贷：无形资产　　　　　　　100
　　　　应交税费——应交增值税（销项税额）　　　　　　　　6
　　　　资产处置损益（赚）
　　　　　　　［100-（100-50-30）］80

（2）出售产生的损失。

【案例5】承接【案例4】，如果福喜公司出售商标权取得的价款为10万元，增值税0.6万元，款已收并存入银行。会计分录如下：

借：累计摊销　　　　　　　　50
　　无形资产减值准备　　　　30
　　银行存款　　（10+0.6）10.6
　　资产处置损益(亏)
　　　　　［（100-50-30）-10］10
　　贷：无形资产　　　　　　　100
　　　　应交税费——应交增值税（销项税额）　　　　　　　0.6

2. 报废

报废的损失记入"**营业外支出**"。

【案例6】承接【案例4】，福喜公司报废上述商标权。会计分录如下：（不考虑增值税）

借：累计摊销　　　　　　　　50
　　无形资产减值准备　　　　30
　　营业外支出(亏)　　　　　20
　　贷：无形资产　　　　　　　100

【例题4·单选题】（2015年改）2014年9月1日，某工业企业转让一项专利权，该专利权成本为250000元，累计摊销50000元。取得转让价款为300000元，增值税额18000元。不考虑其他因素，则下列关于转让专利权的会计处理结果正确的是（　）。

A. 资产处置损益增加300000元

B. 其他业务收入增加300000元

C. 资产处置损益增加100000元

D. 其他业务收入增加100000元

解析 会计分录为：

借：银行存款　　　　　　318000
　　累计摊销　　　　　　 50000
　　贷：无形资产　　　　　250000
　　　　应交税费——应交增值税（销项税额）　　　　　　18000
　　　　资产处置损益　　　100000

答案 C

（五）无形资产的减值

在资产负债表日，无形资产的可收回金额低于账面价值时：

借：资产减值损失
　　贷：无形资产减值准备

★无形资产减值损失在以后会计期间**不**

得转回。

【例题5·多选题】(2015年改)下列各项中,关于无形资产会计处理的表述正确的有( )。

A. 预期不能给企业带来经济利益的专利权应终止确认无形资产

B. 无形资产减值损失确认后不能转回

C. 出售无形资产形成的净损失应计入资产处置损益

D. 使用寿命不确定的无形资产不应摊销

答案 ▶ ABCD

三、长期待摊费用

长期待摊费用是指企业已经发生但应由本期和以后各期负担的分摊期限在**1年以上**的各项费用,例如企业租入使用权资产的改良支出。

设置"长期待摊费用"科目,属于资产类,增加在借方,减少在贷方,期末余额在借方。

【案例7】3月,福喜公司(一般纳税人)对以非短期租赁方式租入的办公室进行装修,支出如下:领用生产用材料50万元,相关增值税税额为6.5万元;有关人员工资22万元。6月底,装修结束。7月,办公室开始投入使用,管理部门和销售部门各占50%,预计使用6年。会计分录如下:

(1)领用原材料:
借:长期待摊费用　　　　　50
　　贷:原材料　　　　　　　　50

(2)确认人员工资:
借:长期待摊费用　　　　　22
　　贷:应付职工薪酬　　　　　22

(3)7月,摊销时:
每年应摊销的装修支出=(50+22)÷6=12(万元)
每月应摊销的装修支出=12÷12=1(万元)
借:管理费用　　　　　　0.5
　　销售费用　　　　　　0.5
　　贷:长期待摊费用　　　　　1

『学霸总结』固定资产折旧与无形资产摊销 ★★

项目	固定资产折旧	无形资产摊销
摊销时间	当月增加,当月不提,下月开提;当月减少,当月照提,下月停提(2018年判断题)	当月增加,当月开摊;当月减少,当月停摊
摊销方法	年限平均法(直线法)、工作量法、**双倍余额递减法**(2018年单选题)、年数总和法(2018年单选题)	直线法、生产总量法
核算(2018年、2017年多选题)	借:在建工程 　　其他业务成本[出租] 　　制造费用[车间] 　　销售费用[销售部门] 　　管理费用[管理部门含财务部门] 　　研发支出[研发无形资产] 　　贷:累计折旧	借:管理费用[企业自用] 　　其他业务成本[出租] 　　制造费用[车间使用] 　　贷:累计摊销

同步训练　限时30min

一、百考多选题

下列关于无形资产和其他资产的表述,不正确的有( )。

A. 甲公司为增值税一般纳税人,2016年1月5日以2800万元购入一项专利权,另支付相关税费200万元。为推广由该专利权生产的产品,甲公司发生广告宣传费100万元。该专利权预计使用5年,预计净残值为零,采用直线法摊销。假设不考虑其他因素,2016年12月31日该专利权的账面价值为2480万元

B. 除房地产企业以外的企业单独取得的土地使用权,应将取得时发生的支出资本化作为无形资产成本

C. 2016年7月1日，某企业开始自行研发一项非专利技术，2017年1月1日研发成功并达到预定可使用状态。该非专利技术研究阶段累计支出为500万元（均不符合资本化条件），开发阶段的累计支出为1000万元（其中不符合资本化条件的支出为200万元），不考虑其他因素，企业该非专利技术计入管理费用的金额为500万元，无形资产入账价值为1000万元

D. 企业无法可靠区分研究阶段和开发阶段支出的，应将其所发生的研发支出全部资本化计入无形资产成本

E. 使用寿命不确定的无形资产不应进行摊销，无形资产的摊销方法应反映其经济利益的预期消耗方式，各种无形资产的摊销额应全部计入当期损益

F. 使用寿命有限的无形资产，如无法可靠确定预期经济利益消耗的方式，应采用直线法摊销

G. 2016年9月1日，某工业企业转让一项专利权，该专利权成本为50000元，累计摊销20000元，无形资产减值准备5000元，取得转让价款为30000元。不考虑其他因素，则转让专利权使企业"其他业务收入"增加5000元

H. 预期不能给企业带来经济利益的专利权应终止确认无形资产，无形资产减值损失确认后不能转回；租出无形资产的摊销额，应计入其他业务成本；出售无形资产形成的净损失应计入资产处置损益

I. 以租赁方式租入的使用权资产发生的改良支出计入长期待摊费用

二、单项选择题

1. （2019年）某企业为增值税一般纳税人，购入一项专利，取得并经税务机关认证的增值税专用发票上注明的价款为120万元，增值税税额为7.2万元。为宣传该专利权生产的产品，另外发生宣传费支出20万元。不考虑其他因素，该专利的入账价值为（　　）万元。

A. 127.2　　　　B. 147.2
C. 120　　　　　D. 140

2. （2019年）某企业（为增值税一般纳税人）出售一项专利权，开具的增值税专用发票上注明的价款为20万元，增值税税额为1.2万元，款项已收，该专利权的账面原价为80万元，已累计摊销56万元，未计提减值。不考虑其他因素，该企业出售专利权应确认的资产处置收益为（　　）万元。

A. -5.2　　　　B. -4
C. 20　　　　　D. -60

3. （2019年）2018年12月初，甲企业"长期待摊费用"科目借方余额为4000元，当月借方发生额为3000元，贷方发生额为2000元。不考虑其他因素，甲企业2018年年末长期待摊费用的科目余额为（　　）。

A. 借方5000元　　B. 贷方5000元
C. 借方3000元　　D. 贷方3000元

4. （2018年改）某企业自行研究开发一项技术，共发生研发支出450万元，其中，研究阶段发生职工薪酬100万元，专用设备折旧费用50万元；开发阶段满足资本化条件的支出300万元，取得增值税专用发票上注明的增值税税额为39万元，开发阶段结束研究开发项目达到预定用途形成无形资产，不考虑其他因素，下列各项中，关于该企业研发支出会计处理表述正确的是（　　）。

A. 确认管理费用150万元，确认无形资产300万元

B. 确认管理费用150万元，确认无形资产339万元

C. 确认管理费用100万元，确认无形资产350万元

D. 确认管理费用198万元，确认无形资产300万元

5. （2018年）某企业将其自行开发完成的管理系统软件出租给乙公司，每年支付使用费240000元（不含增值税），双方约定租赁期限为5年。该管理系统软件的总成本为

600000元。该企业按月计提摊销。不考虑其他因素，该企业对其计提累计摊销进行的会计处理正确的是( )。

A. 借：管理费用　　　　　　20000
　　　贷：累计摊销　　　　　　　20000

B. 借：其他业务成本　　　　20000
　　　贷：累计摊销　　　　　　　20000

C. 借：其他业务成本　　　　10000
　　　贷：累计摊销　　　　　　　10000

D. 借：管理费用　　　　　　10000
　　　贷：累计摊销　　　　　　　10000

6. (2018年)下列各项中，属于长期待摊费用的是( )。

A. 租入使用权资产的改良支出
B. 自有固定资产改良支出
C. 固定资产日常修理费
D. 房屋建筑物的折旧费

7. 某企业2015年1月1日购入一项专利权，实际支付价款为100万元，按10年采用直线法摊销，无残值。2016年末，该无形资产的可收回金额为60万元。2017年1月1日，对无形资产的使用寿命和摊销方法进行复核，该无形资产的尚可使用年限为5年，摊销方法仍采用直线法，预计净残值仍为0。该专利权2017年应摊销的金额为( )万元。

A. 16　　　　　　B. 20
C. 12　　　　　　D. 10

8. 下列关于无形资产会计处理的表述中，正确的是( )。

A. 当月增加的使用寿命有限的无形资产从下月开始摊销
B. 无形资产摊销方法应当反映其经济利益的预期消耗方式
C. 无法可靠确定有关的经济利益的预期消耗方式的无形资产不应摊销
D. 使用寿命不确定的无形资产应采用年限平均法按10年摊销

9. 下列各项中，不属于无形资产的是( )。

A. 企业取得的将用于建造厂房的土地使用权
B. 商誉
C. 自行研发的非专利技术
D. 通过购买方式取得的著作权

三、多项选择题

1. (2019年)下列各项中，企业摊销管理用的无形资产应计入的会计科目有( )。

A. 制造费用　　　　B. 其他业务成本
C. 管理费用　　　　D. 累计摊销

2. (2018年)某公司为增值税一般纳税人，2017年1月4日购入一项无形资产，取得的增值税专用发票注明价款为880万元，增值税税额为52.8万元。该无形资产使用年限为5年，按年进行摊销，预计残值为零。下列关于该项无形资产的会计处理中正确的有( )。

A. 2017年1月4日取得该无形资产的成本为880万元
B. 该项无形资产自2017年2月起开始摊销
C. 该无形资产的应计摊销额为932.8万元
D. 2017年12月31日，该无形资产的累计摊销额为176万元

3. (2017年、2014年)下列各项中，企业计提的资产减值准备在以后期间不得转回的有( )。

A. 坏账准备
B. 无形资产减值准备
C. 固定资产减值准备
D. 存货跌价准备

4. 关于无形资产处置，下列说法中正确的有( )。

A. 企业出售无形资产，应当将取得的价款与该无形资产账面价值的差额计入当期损益
B. 企业出售无形资产，应当将取得的价款与该无形资产账面净值的差额计入当期损益
C. 无形资产预期不能为企业带来经济利益的，应当将该无形资产的账面价值予以

转销

    D. 无形资产预期不能为企业带来经济利益的，也应按原预定方法和使用寿命摊销

5. 下列各项中，一定会引起无形资产账面价值发生增减变动的有（　　）。
    A. 对无形资产计提减值准备
    B. 发生无形资产后续支出
    C. 摊销无形资产
    D. 转让无形资产所有权

四、判断题

1. （2019年）自行开发并形成使用寿命有限的无形资产，应当自达到预定用途的当月开始摊销。（　　）
2. （2016年）使用寿命不确定的无形资产，不应计提摊销。（　　）
3. （2018年、2017年、2015年、2013年）企业以租赁方式租入只有使用权的办公楼供销售部门使用，对该资产进行改良发生的支出应直接计入固定资产的成本。（　　）
4. 企业开发阶段发生的支出应全部资本化，计入无形资产成本。（　　）
5. 企业自行研发无形资产，研究阶段的支出应费用化，计入当期损益。（　　）
6. 企业的商誉应当作为无形资产入账。（　　）

五、不定项选择题

甲企业为增值税一般纳税人，2015年度至2017年度发生的与无形资产有关业务如下：

（1）2015年1月10日，甲企业开始自行研发一项行政管理用非专利技术，截至2015年5月31日，用银行存款支付外单位协作费74万元，领用本单位原材料成本26万元（不考虑增值税因素），经测试，该项研发活动已完成研究阶段。

（2）2015年6月1日研发活动进入开发阶段，该阶段发生研究人员的薪酬支出35万元，领用材料成本85万元（不考虑增值税因素），全部符合资本化条件，2015年12月1日，该项研发活动结束，最终开发形成一项非专利技术并投入使用，该非专利技术预计可使用年限为5年，预计净残值为零，采用直线法摊销。

（3）2016年1月1日，甲企业将该非专利技术出租给乙企业，双方约定租赁期限为2年，每月末以银行转账结算方式收取租金1.5万元。

（4）2017年12月31日，租赁期限届满，该非专利技术的可回收金额为52万元。

要求：根据上述资料，不考虑其他因素，分析回答下列小题。（答案中的金额单位用万元表示）

（1）根据资料（1）和（2），甲企业自行研究开发无形资产的入账价值为（　　）万元。
  A. 100   B. 120
  C. 146   D. 220

（2）根据资料（1）至（3），下列各项中，关于甲企业该非专利技术摊销的会计处理表述正确的是（　　）。
  A. 应当自可供使用的下月起开始摊销
  B. 应当自可供使用的当月起开始摊销
  C. 该非专利技术出租前的摊销额应计入管理费用
  D. 摊销方法应当反映与该非专利技术有关的经济利益的预期消耗方式

（3）根据资料（3），下列各项中，甲企业2016年1月出租无形资产和收取租金的会计处理正确的是（　　）。
  A. 借：其他业务成本   2
       贷：累计摊销   2
  B. 借：管理费用   2
       贷：累计摊销   2
  C. 借：银行存款   1.5
       贷：其他业务收入   1.5
  D. 借：银行存款   1.5
       贷：资产处置损益   1.5

（4）根据资料（4），甲企业非专利技术的减值金额为（　　）万元。
  A. 0   B. 18
  C. 20   D. 35.6

（5）根据资料（1）至（4），甲企业2017年

12月31日应列入资产负债表"无形资产"项目的金额为( )万元。
A. 52　　　　　B. 70
C. 72　　　　　D. 88

同步训练答案及解析

一、百考多选题

ACDEG 【解析】选项A，2016年12月31日该专利权的账面价值=购入时的入账价值-累计摊销=(2800+200)-(2800+200)/5=2400(万元)；选项C，企业该非专利技术计入管理费用的金额为700万元(500+200)，无形资产入账价值为800万元(1000-200)；选项D，企业无法可靠区分研究阶段和开发阶段支出的，应将其所发生的研发支出全部费用化，计入当期损益(管理费用)；选项E，无形资产的摊销额应根据受益对象，计入不同的科目中。例如某项无形资产用于生产产品等，其摊销金额应当计入相关资产成本；选项G，转让专利权使企业"资产处置损益"增加5000元。

二、单项选择题

1. C 【解析】发生的宣传费用应当计入销售费用，所以该专利的入账价值为120万元。

2. B 【解析】该企业出售专利权应确认的资产处置收益=20-(80-56)=-4(万元)。

3. A 【解析】"长期待摊费用"科目期末余额=期初借方余额+本期借方发生额-本期贷方发生额=4000+3000-2000=5000(元)。

4. A 【解析】研究阶段支出150万元应计入管理费用。开发阶段满足资本化条件的支出300万元确认为无形资产。

5. C 【解析】因出租无形资产，每月收取的租金收入通过"其他业务收入"科目核算，相应的摊销额通过"其他业务成本"科目核算。无形资产每月摊销额=600000/5/12=10000(元)。

6. A 【解析】选项B，要先转入在建工程，改良完工之后，转入固定资产；选项C，计入管理费用等；选项D，计入制造费用或管理费用等。

7. C 【解析】2016年末，应计提的减值准备的金额=100-100/10×2-60=20(万元)，此时账面价值为60万元，应该以此为基数计算以后5年的摊销额，因此2017年计提的摊销额=60/5=12(万元)。

8. B 【解析】选项A，当月增加的使用寿命有限的无形资产从当月开始摊销；选项C，无法可靠确定有关的经济利益的预期消耗方式的无形资产，应当采用直线法摊销；选项D，使用寿命不确定的无形资产不用进行摊销。

9. B 【解析】商誉不具有可辨认性，因此不能作为无形资产确认。

三、多项选择题

1. CD 【解析】会计分录：
   借：管理费用
   　　贷：累计摊销

2. AD 【解析】选项B，无形资产当月购入，当月摊销，所以从2017年1月开始摊销；选项C，无形资产入账价值=880(万元)，因预计净残值为零，所以应计提的摊销总额为880万元；选项D，2017年12月31日累计摊销额=880/5=176(万元)。

3. BC 【解析】坏账准备和存货跌价准备在以后期间可以转回。
   『链接』初级常考能转回的2个准备：坏的—坏账准备；蠢的—存货跌价准备。

4. AC
   【应试技巧】注意无形资产账面价值、账面净值的区别。账面余额=无形资产的账面原价；账面净值=无形资产的摊余价值=无形资产原价-累计摊销；账面价值=无形资产的原价-计提的减值准备-累计摊销。

5. ACD 【解析】无形资产后续支出，一般应在发生时计入当期损益。

四、判断题

1. √

2. √

3. × 【解析】应计入长期待摊费用。

4. × 【解析】开发阶段的支出还要区分费用化与资本化，不满足资本化条件的计入研发支出——费用化支出，期末转入管理费用。

5. √

6. × 【解析】由于商誉具有不可辨认性，因此不属于无形资产。

五、不定项选择题

(1)B；(2)BCD；(3)AC；(4)B；(5)A。

【解析】(1)无形资产研究阶段的支出应该予以费用化，开发阶段支出符合资本化条件的予以资本化，因此计入无形资产成本的金额=35+85=120(万元)。

(2)无形资产自可使用当月起开始摊销，处置当月不再摊销。

(3)2016年1月份的摊销额=120/5/12=2(万元)，企业出租无形资产属于企业的其他业务收入，同时摊销金额计入其他业务成本。

(4)截至2017年12月31日，累计摊销金额=120/5/12×25=50(万元)，账面价值=120-50=70(万元)，减值金额=70-52=18(万元)。

(5)资产负债表"无形资产"项目应该根据该科目余额减去累计摊销以及减值准备后的金额填列，因此甲企业2017年12月31日应列入资产负债表"无形资产"项目的金额=120-50-18=52(万元)。

本题详细分录如下：

资料(1)

借：研发支出——费用化支出　　100
　　贷：银行存款　　　　　　　　74
　　　　原材料　　　　　　　　　26

资料(2)

借：研发支出——资本化支出　　120
　　贷：应付职工薪酬　　　　　　35
　　　　原材料　　　　　　　　　85

借：无形资产　　　　　　　　　120
　　管理费用　　　　　　　　　100
　　贷：研发支出——资本化支出　120
　　　　　　——费用化支出　　100

资料(3)

借：其他业务成本　　　　　　　2
　　贷：累计摊销　　　　　　　　2

借：银行存款　　　　　　　　1.5
　　贷：其他业务收入　　　　　1.5

资料(4)

借：资产减值损失　　　　　　　18
　　贷：无形资产减值准备　　　　18

通关演练 限时25min

一、单项选择题

1. 下列属于企业"坏账准备"科目贷方核算内容的是（　　）。
   A. 计提的坏账准备
   B. 按期收回的应收款项
   C. 冲减多提的坏账准备
   D. 转销无法收回的应收账款

2. 下列各项中，在确认销售收入时不影响应收账款入账金额的是（　　）。
   A. 销售价款
   B. 增值税销项税额
   C. 现金折扣
   D. 销售产品代垫的运杂费

3. 甲公司从证券市场购入乙公司股票50000股，划分为交易性金融资产。甲公司为此支付价款105万元，其中包含已宣告但尚未发放的现金股利1万元，另支付相关交易费用0.5万元，增值税0.03万元，不考虑其他因素，甲公司取得该投资的入账金额为（　　）万元。
   A. 104   B. 105.5
   C. 105   D. 104.5

4. 委托加工应税消费品收回后用于连续生产应税消费品的，由受托方代收代缴的消费税，委托方应借记的会计科目是（　　）。
   A. 在途物资
   B. 委托加工物资
   C. 应交税费—应交消费税
   D. 税金及附加

5. 某企业为增值税一般纳税人。2018年9月该企业为自行建造厂房购入工程物资一批，取得增值税专用发票上注明的价款为800000元，增值税税额为104000元，物资全部用于建造厂房工程项目，不考虑其他因素，该企业2018年9月领用工程物资应计入在建工程的成本为（　　）元。
   A. 904000   B. 800000
   C. 928000   D. 881600

6. 下列属于企业生产车间发生的不符合资本化条件的设备修理费用，应借记的会计科目是（　　）。
   A. 管理费用   B. 营业外支出
   C. 长期待摊费用   D. 制造费用

7. 2018年3月1日，某企业对租赁方式租入的只有使用权的办公楼进行装修，发生职工薪酬15万元，其他费用45万元。2018年10月31日，该办公楼装修完工，达到预定可使用状态并交付使用，至租赁到期还有5年。假定不考虑其他因素，该企业发生的该装修费用对2018年度损益的影响金额为（　　）万元。
   A. 45   B. 12
   C. 2   D. 60

二、多项选择题

1. 下列各项中，会引起应收账款账面价值变动的有（　　）。
   A. 支付手续费方式下发出委托代销商品
   B. 计提坏账准备
   C. 代购货方垫付的包装费
   D. 租入包装物支付的押金

2. 关于存货成本，表述正确的有（　　）。
   A. 商品流通企业采购商品的进货费用金额较小的，可以不计入存货成本
   B. 委托加工物资发生的加工费用应计入委托加工物资成本
   C. 商品流通企业发生的进货费用先进行归集的，期末未售商品分摊的进货费用计入存货成本
   D. 企业为特定客户设计的产品直接发生的设计费用应计入产品成本

3. 下列关于工业企业固定资产折旧会计处理，表述正确的有（　　）。
   A. 基本生产车间使用的固定资产，其计提的折旧应计入制造费用
   B. 经营租出的固定资产，其计提的折旧应计入其他业务成本
   C. 建造厂房时使用的自有固定资产，其计提的折旧应计入在建工程成本
   D. 行政管理部门使用的固定资产，其计提的折旧应计入管理费用

三、判断题

1. 资产负债表日，应收账款的账面价值低于预计未来现金流量现值的，应计提坏账准备。（　　）

2. 企业租入包装物支付的押金应计入其他业务成本。（　　）

3. 企业出售交易性金融资产，应将实际收到的价款小于其账面余额的差额计入公允价值变动损益。（　　）

4. 物价上涨的时候，采用先进先出法核算，会低估利润。（　　）

四、不定项选择题

（2019年）某企业为增值税一般纳税人，2019年12月发生的有关经济业务如下：
（1）2日，企业自行开发的一项行政部门管理用M非专利技术的研发活动结束，达到预定用途。其中，研究阶段自本年1月1日开始至6月30日结束，共发生支出600000元，不符合资本化确认条件；开发阶段自本年7月1日开始至12月2日结束，共发生支出300000元，全部符合资本化确认条件。企业预计M非专利技术的

受益年限为5年,残值为零,采用直线法进行摊销。

(2)10日,购入一台不需要安装的N生产设备,取得经税务机关认证的增值税专用发票注明的价款为800000元,增值税税额为104000元,款项尚未支付。

(3)12日,N生产设备运达并交付使用。以银行存款支付N设备运输费,取得经税务机关认证的增值税专用发票注明的运输费为3000元,增值税税额为270元。

要求:根据上述资料,不考虑其他因素,分析回答下列小题。

(1)根据资料(1),下列各项中,关于M非专利技术研发支出的会计科目处理表述正确的是( )。

A. 12月2日一次性将"研发支出—费用化支出"科目归集金额600000元转入"管理费用"科目

B. 12月2日一次性将"研发支出—资本化支出"科目归集金额300000元转入"无形资产"科目

C. 6月30日之前发生的研发支出在发生时计入"研发支出—费用化支出"科目共计600000元

D. 7月至12月发生的研发支出在发生时记入"研发支出—资本化支出"科目共计300000元

(2)根据资料(1),下列各项中,关于M非专利技术摊销的会计处理表述正确的是( )。

A. 2019年12月M非专利技术的摊销金额为5000元

B. 计提的摊销额应计入管理费用

C. 应自2020年1月起开始计提摊销

D. 应自2019年12月起开始计提摊销

(3)根据资料(2)和(3),下列各项中,关于N设备的会计科目处理表述正确的是( )。

A. 购进设备价款800000元记入"固定资产"科目借方

B. 月末将"在建工程"科目借方金额3000元转入"固定资产"科目

C. 支付运输费3000元记入"固定资产"科目借方

D. 支付运输费3000元记入"在建工程"科目借方

(4)根据资料(2)和(3),下列各项中,关于购进N设备的增值税会计科目处理正确的是( )。

A. 借记"应交税费—应交增值税(进项税额)"科目104270元

B. 借记"应交税费—应交增值税(进项税额)"科目62562元

C. 借记"固定资产"科目104000元

D. 借记"应交税费—待抵扣进项税额"科目41708元

(5)根据资料(1)至(3),该企业2019年12月31日资产负债表中"固定资产"项目和"无形资产"项目"期末余额"增加的金额分别是( )。

A. 803000元和295000元

B. 800000元和300000元

C. 800000元和295000元

D. 803000元和300000元

通关演练答案及解析

一、单项选择题

1. A 【解析】选项A,计提的坏账准备
借:信用减值损失
　　贷:坏账准备
选项B,按期收回的应收款项
借:银行存款
　　贷:应收账款
选项C,冲减多提的坏账准备
借:坏账准备
　　贷:信用减值损失

选项D，转销无法收回的应收账款
借：坏账准备
    贷：应收账款

2. C 【解析】在总价法核算下，应收账款入账时不考虑预计可能发生的现金折扣，在实际发生时确认财务费用。

3. A 【解析】该交易性金融资产的入账金额=105-1=104（万元），支付的相关交易费用计入投资收益。

4. C 【解析】委托加工物资收回后用于连续生产应税消费品，按规定准予抵扣的，应按已由受托方代收代缴的消费税，借记"应交税费——应交消费税"科目，贷记"应付账款""银行存款"等科目。

5. B 【解析】增值税可以抵扣，不计入在建工程成本。

6. A 【解析】企业生产车间（部门）和行政管理部门发生的不可资本化的后续支出，记入"管理费用"科目；企业专设销售机构发生的不可资本化的后续支出记入"销售费用"科目。

7. C 【解析】发生改良支出时：
借：长期待摊费用   60
    贷：应付职工薪酬   15
        银行存款   45
2018年11月、12月每月摊销额=（45+15）/5/12=1（万元）。
借：管理费用   1
    贷：长期待摊费用   1
对2018年度损益的影响金额为2×1=2（万元）。

二、多项选择题

1. BC 【解析】选项A不确认应收账款；选项D属于其他应收款。

2. ABCD

3. ABCD

三、判断题

1. × 【解析】资产负债表日，应收账款的账面价值高于预计未来现金流量现值的，应计提坏账准备。

2. × 【解析】租入包装物支付的押金，应计入其他应收款，属于企业的资产。

3. × 【解析】企业出售交易性金融资产，应将实际收到的价款小于其账面余额的差额记入"投资收益"科目。

4. × 【解析】会高估企业当期利润和库存商品的价值。

四、不定项选择题

（1）BCD；（2）ABD；（3）AC；（4）A；（5）A。

【解析】资料（1）会计分录：
1月1日至6月30日：
借：研发支出——费用化支出   600000
    贷：银行存款   600000
6月30日
借：管理费用   600000
    贷：研发支出——费用化支出 600000
7月1日至12月2日：
借：研发支出——资本化支出   300000
    贷：银行存款   300000
12月2日
借：无形资产   300000
    贷：研发支出——资本化支出 300000
从12月开始计提摊销，每月的摊销额=300000/5/12=5000（元），因为该非专利技术属于行政管理部门使用，所以摊销额计入管理费用。
会计分录：
借：管理费用   5000
    贷：累计摊销   5000
资料（2）会计分录：
借：固定资产   800000
    应交税费——应交增值税（进项税额）
                              104000
    贷：应付账款   904000
资料（3）会计分录：
借：固定资产   3000
    应交税费——应交增值税（进项税额）
                              270
    贷：银行存款   3270

"固定资产"项目的金额=800000(资料2)+3000(资料3)=803000(元)。
"无形资产"项目的金额="无形资产"期末余额-"累计摊销"金额=300000(资料1)-5000(资料1)=295000(元)。

本章知识串联

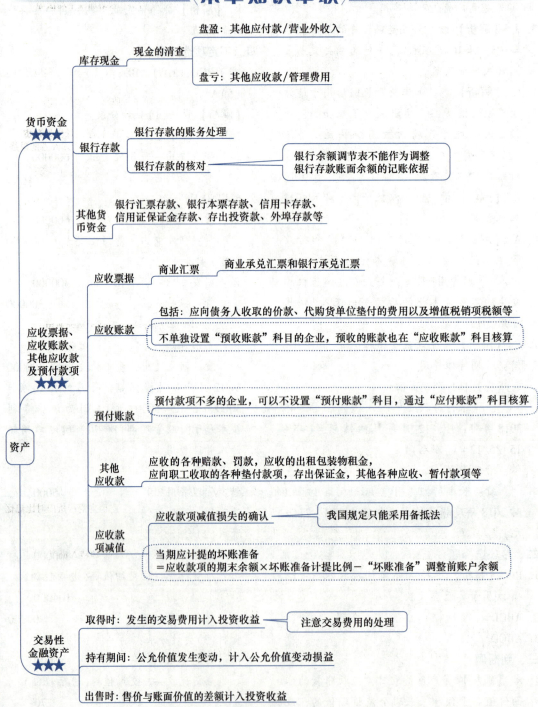

第2章 资产

资产

存货 ★★★
- 包括各类材料、在产品、半成品、产成品、商品以及包装物、低值易耗品、委托代销商品等
- 存货的成本包括采购成本、加工成本和其他成本 —— 存货按照成本进行初始计量
- 发出存货的计价方法：个别计价法、先进先出法、月末一次加权平均法和移动加权平均法等
- 原材料采用实际成本核算和计划成本核算时，会计科目的设置和账务处理
- 包装物、低值易耗品和委托加工物资的账务处理 —— 注意消费税的处理
- 商品流通企业库存商品核算方法：毛利率法、售价金额核算法等
- 存货的清查
  - 盘盈：冲减管理费用
  - 盘亏：原材料/管理费用/其他应收款/营业外支出
- 存货减值
  - 借：资产减值损失　贷：存货跌价准备
  - 减值因素消失，在原已计提的存货跌价准备金额内转回，计入当期损益

固定资产 ★★★
- 为生产商品、提供劳务、出租或经营管理而持有，使用寿命超过一个会计年度的有形资产
- 取得：外购、建造 —— 注意不同取得方式的账务处理
- 折旧
  - 当月增加，下月开始计提折旧；当月减少，当月照提折旧
  - 方法：年限平均法（直线法）、工作量法、双倍余额递减法、年数总和法
  - 借：制造费用/管理费用/销售费用/其他业务成本等
  - 贷：累计折旧
- 后续支出
  - 可资本化的后续支出：在建工程
  - 不可资本化的后续支出（费用化）
    - 生产车间、行政管理部门：计入管理费用
    - 专设销售机构：销售费用
- 处置：通过"固定资产清理"核算，净损益结转到资产处置损益（出售转让）或营业外收支（报废毁损）
- 清查
  - 盘盈：以前年度损益调整
  - 盘亏：其他应收款/营业外支出
- 减值
  - 借：资产减值损失　贷：固定资产减值准备
  - 一经计提，以后会计期间不得转回

无形资产 ★★★
- 摊销
  - 当月增加，当月开始摊销；当月减少，当月不再摊销
  - 方法：年限平均法（直线法）、生产总量法
  - 借：管理费用/其他业务成本等　贷：累计摊销
  - 与固定资产折旧对比记忆
- 处置：将取得的价款扣除该无形资产账面价值以及出售相关税费后的差额转入资产处置损益（出售转让）或营业外收支（报废）
- 发生减值
  - 借：资产减值损失　贷：无形资产减值准备
  - 一经计提，持有期间不得转回

长期待摊费用 ★
- 已经发生但应由本期和以后各期负担的分摊期限在一年以上的各项费用

第3章 负 债

历年考情概况

本章是《初级会计实务》中比较重要的一章，题型覆盖单选、多选、判断和不定项等。历年考试情况为2019年9分，2018年8分，2017年15分，预计今年考试分数在10分-15分之间。

近年考点直击

考点	主要考查题型	考频指数	考查角度
短期借款	单选题、不定项选择题	★★	短期借款利息费用的核算
应付账款	单选题、判断题、不定项选择题	★★★	应付账款的一般处理及转销的核算
应付票据	单选题	★	应付票据的转销
应付职工薪酬	单选题、多选题、判断题、不定项选择题	★★★	应付职工薪酬的内容与核算
应交税费	单选题、判断题、不定项选择题	★★★	应交税费范围、应交消费税、城市维护建设税、个人所得税等的核算、一般纳税人的处理
其他应付款	单选题、多选题	★★	其他应付款核算的内容

2020年考试变化

涉及增值税的内容按照最新规定进行调整，其中将原16%的税率改为13%，将原10%的税率改为9%。此外，对其他部分内容进行了微调。

【案例导入】

有福对有喜说：老师，我想找一位有钱的男朋友，请你帮忙介绍一位呗。

有喜：有钱的？

有福：是。

有喜：怎样才算有钱的？对了，消费税交得多的男生一定有钱。你知道哪些情况要交消费税吗(消费税的税目有哪些)？

有福：我只知道奢侈品要交消费税。

有喜：请听我讲个有钱的男女朋友从约会到结婚的故事，你就知道哪些情况要交消费税了。

（1）平时生活时：

有钱男：喜欢抽烟（烟）、喝酒（酒）。

(酒精不需要缴纳消费税)

有钱女：喜欢化妆（高档化妆品）、佩戴金银首饰（贵重首饰及珠宝玉石）。

（2）约会时：

周末早上，钱塘江江景房小区门口，她在等他来。有钱女想：他会开车（小汽车）来接我吗？太堵了，骑摩托车（摩托车）不堵。这里是江边，最好是开游艇（游艇）来接我，怎么这个点还不到啊，是不是加油（成品油）去了，他说带我去打高尔夫球（高尔夫球及球具），那打球时，他的劳力士手表（高档手表）怎么办呢？

有钱男终于来了，上车，打高尔夫球去。

（3）结婚时：

有情人终成眷属。结婚当天，酒席开始前新郎新娘的家属先放鞭炮（鞭炮及焰火），然后开始吃饭，主持人拿着话筒（里面有电池）向亲朋好友说着唱着，宾客们拿着一次性筷子（木制一次性筷子）用餐。用餐后，新郎新娘步入洞房,地面是实木地板(实木地板),今天真累,新郎新娘躺在床上,看到了涂了颜色(涂料)的天花板。

懂了吗,什么是有钱人?

有福:我懂了,我来总结一下,以下情况交消费税:

(1)男:烟、酒。

(2)女:高档化妆品、贵重首饰及珠宝玉石。

(3)恋爱:小汽车、摩托车、游艇、成品油、高尔夫球及球具、高档手表。

(4)结婚:鞭炮及焰火、电池、木制一次性筷子、实木地板、涂料。

有喜:完全正确。

第一节　短期借款

扫我解疑难

考点详解

一、负债概述

负债,是指企业过去的交易或者事项形成的、预期会导致经济利益流出企业的**现时义务**。

按流动性(还债日期的远近)分为:**流动(短期)负债(≤1年)和非流动(长期)负债(>1年)**。

流动负债包括:短期借款、应付及预收款项、应交税费和其他应付款等。

非流动负债包括:长期借款、长期应付款和应付债券等。

『提示』一般:"应付和应交"开头的是流动(短期)负债;特殊情况是"应付债券"属于非流动(长期)负债,如国债多数为3年期、5年期。

[例题1·单选题](2015年)以下属于资产负债表中非流动负债的是( )。

A. 预收账款　　B. 其他应付款

C. 应付股利　　D. 应付债券

解析 选项A、B、C均属于流动负债。

答案 D

二、短期借款概述

短期借款:期限≤1年的借款;

长期借款:期限>1年的借款。

三、短期借款的账务处理

【案例1】1. 借入短期借款

福喜公司于4月1日借入100万元,期限6个月的短期借款。会计分录如下:

借:银行存款　　　　　100

　　贷:短期借款　　　　　　100

2. 月末,预提利息

(1)4月末计提利息,假设年利率6%(月利率6%/12=0.5%),会计分录如下:

借:财务费用　(100×0.5%)0.5

　　贷:应付利息　　　　　　0.5

(2)5月末计提利息同4月。

3. 银行规定,按季(春季末、夏季末、秋季末、冬季末)支付利息

(1)6月末(季末)支付当月利息,会计分录如下:

借:财务费用　　　　　0.5

　　贷:银行存款　　　　　　0.5

(2)6月末支付前2个月计提的利息,会计分录如下:

借:应付利息　　(0.5+0.5)1

　　贷:银行存款　　　　　　1

(3)7月末、8月末计提利息的会计处理同4月,9月末(季末)归还利息的账务处理同6月末。

4. 短期借款到期偿还本金(还本)

9月底归还本金,会计分录如下:

借:短期借款　　　　　100

　　贷:银行存款　　　　　　100

『提示』利息不采用预提时的处理。如果短期借款利息是**按月支付**,或者**利息数额不大**的,可以不采用预提的方法,而在实际支付或收到银行的计息通知时:

借:财务费用

　　贷:银行存款

【例题 2·单选题】2018 年 7 月 1 日，某企业向银行借入一笔经营周转资金 200 万元，期限 6 个月，利息分月预提、按季支付，本金到期归还，年利率为 6%，借款利息按月预提，2018 年 11 月 30 日该业务导致的应付利息和短期借款的账面价值分别为（　　）万元。

A. 3；201　　B. 3；203
C. 2；200　　D. 2；202

解析 ▶ 7 月借入款项时，借记"银行存款"200 万元，贷记"短期借款"200 万元；7 月、8 月、10 月、11 月底预提利息时，借记"财务费用"1 万元，贷记"应付利息"1 万元；9 月、12 月底支付利息时，借记"应付利息"2 万元，借记"财务费用"1 万元，贷记"银行存款"3 万元；12 月底归还本金时，借记"短期借款"200 万元，贷记"银行存款"200 万元。

所以 2018 年 11 月 30 日应付利息的账面价值为 2 万元，短期借款的账面价值 200 万元。

答案 ▶ C

『学霸总结』短期借款★

项目	账务处理
借款取得时（2014 年单选题）	借：银行存款 　　贷：短期借款 『提示』借款期限≤1 年
月末计提利息时（2019 年、2017 年单选题）	借：财务费用 　　贷：应付利息
季末实际支付时（2017 年单选题）	借：应付利息 　　　财务费用 　　贷：银行存款
不计提/预提利息（2018 年判断题）	利息数额不大不计提/预提利息，月末支付利息时： 借：财务费用 　　贷：银行存款
偿还本金时	借：短期借款 　　贷：银行存款

同步训练　限时5min

一、单项选择题

1. (2018 年、2017 年) 2016 年 1 月 1 日，某企业向银行借入资金 600000 元，期限为 6 个月，年利率为 5%，借款利息分月计提，季末支付，本金到期一次归还，下列各项中，2016 年 6 月 30 日，该企业支付借款利息的会计处理正确的是( )。

A. 借：财务费用　　　　5000
　　应付利息　　　　2500
　　贷：银行存款　　　　　　7500
B. 借：财务费用　　　　7500
　　贷：银行存款　　　　　　7500
C. 借：应付利息　　　　5000
　　贷：银行存款　　　　　　5000
D. 借：财务费用　　　　2500
　　应付利息　　　　5000
　　贷：银行存款　　　　　　7500

2. (2017 年)下列各项中，企业计提短期借款利息费用应贷记的会计科目是( )。

A. 其他应付款　B. 短期借款
C. 银行存款　　D. 应付利息

3. 企业核算短期借款利息时，不会涉及的会计科目是( )。

A. 应付利息　　B. 财务费用
C. 银行存款　　D. 短期借款

二、多项选择题

(2019 年)下列各项中，关于制造业企业预提短期借款利息的会计科目处理正确的有( )。

A. 贷记"应付账款"科目
B. 借记"制造费用"科目
C. 贷记"应付利息"科目
D. 借记"财务费用"科目

三、判断题

短期借款利息金额不大的情况下可以不计提，在实际支付时直接计入当期损益。( )

同步训练答案及解析

一、单项选择题

1. D　【解析】借款利息分月计提，按季支付，计提4月份利息：
借：财务费用 （600000×5%/12）2500
　　贷：应付利息　　　　　　　2500
计提5月份利息处理同上。
2016年6月30日支付利息时：
借：应付利息 （2500+2500）5000
　　财务费用　　　　　　　　　2500
　　贷：银行存款　　　　　　　7500

2. D 【解析】计提短期借款利息费用的分录是：
借：财务费用
　　贷：应付利息

3. D 【解析】短期借款利息计提时，借记"财务费用"，贷记"应付利息"，实际支付时，借记"应付利息"，贷记"银行存款"，因此不会涉及"短期借款"科目。

二、多项选择题
CD 【解析】会计分录：
借：财务费用
　　贷：应付利息

三、判断题
√

第二节　应付及预收款项

扫我解疑难

考点详解

一、应付票据

（一）概述

应付票据是企业购买材料、商品和接受劳务供应等开出、承兑的商业汇票，包括商业承兑汇票和银行承兑汇票。

『链接』出票方：应付票据；持票人：应收票据。我国商业汇票的付款期限：纸质≤6个月，电子≤1年。

（二）应付票据的核算

1. 开出商业汇票时

【案例1】福喜公司购买材料或商品100万元，增值税进项税额13万元，开出商业汇票或商业承兑汇票或银行承兑汇票。会计分录如下：
借：材料采购/在途物资/原材料/库存商品等　　　　　　　　　　　　100
　　应交税费——应交增值税（进项税额）
　　　　　　　　　　　　　　　　　13
　　贷：应付票据　　　　　　　113

2. 企业支付银行承兑汇票手续费

【案例2】福喜公司支付不含税银行承兑汇票手续费0.1万元，增值税进项税额0.006万元，用银行存款支付。会计分录如下：
借：财务费用　　　　　　　　0.1
　　应交税费——应交增值税（进项税额）
　　　　　　　　　　　　　　0.006
　　贷：银行存款　　　　　　0.106

3. 到期，企业付款

【案例3】福喜公司支付上述票据款项。会计分录如下：
借：应付票据　　　　　　　　113
　　贷：银行存款　　　　　　113

4. 商业汇票到期，如果企业无力支付票款

（1）如果是商业承兑汇票。

【案例4】福喜公司无力支付上述商业承兑票据款项。会计分录如下：
借：应付票据　　　　　　　　113
　　贷：应付账款　　　　　　113

（2）如果是银行承兑汇票。

【案例5】福喜公司无力支付上述银行承兑票据款项。会计分录如下：
借：应付票据　　　　　　　　113
　　贷：短期借款　　　　　　113

『提示』此处怎么理解记入"短期借款"科目，票据到期时银行有义务暂时帮企业还款给持票人，企业现在欠银行的借款，银行希望企业马上还，故期限较短，所以记入"短期借款"科目。

【例题1·多选题】2019年11月11日某企业购入原材料一批，开出面值为113000元，期

限为3个月的不带息的商业承兑汇票和银行承兑汇票各一张。2019年2月11日该企业无力支付票款时，下列会计处理正确的有(　　)。

A. 银行承兑汇票：
借：应付票据　　　　　　　113000
　　贷：短期借款　　　　　　　　113000

B. 银行承兑汇票：
借：应付票据　　　　　　　113000
　　贷：应付账款　　　　　　　　113000

C. 商业承兑汇票：
借：应付票据　　　　　　　113000
　　贷：应付账款　　　　　　　　113000

D. 商业承兑汇票：
借：应付票据　　　　　　　113000
　　贷：短期借款　　　　　　　　113000

解析 ▶ 银行承兑汇票到期时企业无力兑付的，应将"应付票据"转为"短期借款"，商业承兑汇票到期企业无力兑付转为"应付账款"，故答案选AC。　　**答案** ▶ AC

二、应付账款

(一)概述

应付账款是指企业因购买材料、商品或接受劳务供应等经营活动应支付的款项。

(二)应付账款发生、偿还

1. 购入材料商品等，款项尚未支付

【案例6】3月1日，有福公司销售产品给福喜公司，价款100万元，增值税额13万元，成本80万元，款项尚未支付。买卖双方的会计分录如下：

购买方会计分录	销售方会计分录
借：材料采购/在途物资/原材料/库存商品等　100 　　应交税费—应交增值税(进项税额)　13 　　贷：应付账款　　　　　　113	确认收入： 借：应收账款　　　　　　113 　　贷：主营业务收入　　　　100 　　　应交税费—应交增值税(销项税额)　13 结转成本： 借：主营业务成本　　　　80 　　贷：库存商品　　　　　　80

2. 接受劳务(如修理)，应付未付款项

【案例7】福喜公司接受修理劳务100万元，增值税进项税额13万元，款项尚未支付。会计分录如下：
借：销售费用/管理费用等　　　100
　　应交税费—应交增值税(进项税额)　13
　　贷：应付账款　　　　　　　　113

『注意』行政管理部门的修理费都记入"管理费用"，销售部门发生的修理费记入"销售费用"，出租设备的修理费记入"其他业务成本"。

3. 偿还应付账款时

【案例8】福喜公司用银行存款偿还上述应付账款。会计分录如下：
借：应付账款　　　　　　　113
　　贷：银行存款　　　　　　　113

【案例9】福喜公司开出商业汇票抵付上述应付账款。会计分录如下：
借：应付账款　　　　　　　113
　　贷：应付票据　　　　　　　113

4. 现金折扣

应付账款附有现金折扣(2/10，1/20，N/30)的，应按照**扣除现金折扣前**的应付款总额入账。

2/10，1/20，N/30：表示10天内付款，优惠2%；11-20天内付款，优惠1%；21-30天内付款，没有优惠，但买方守信用，n的英文是"net""净"的意思，30天为净信用期。

【案例10】接【案例6】，如果销售方给予购买方(2/10，1/20，N/30)的现金折扣，福喜公司在3月10付款。

销售方和购买方现金折扣考虑增值税和不考虑增值税的会计分录如下：

(1) 销售方：

账务处理	现金折扣不考虑增值税	现金折扣考虑增值税
借：银行存款	111	110.74
财务费用	（100×2%）2	（113×2%）2.26
贷：应收账款	113	113

(2) 购买方：

账务处理	现金折扣不考虑增值税	现金折扣考虑增值税
借：应付账款	113	113
贷：财务费用[享有的现金折扣]	（100×2%）2	（113×2%）2.26
银行存款[倒挤]	（113-2）111	（113-2.26）110.74

【案例11】 接【案例6】，如果销售方给予购买方(2/10, 1/20, N/30)的现金折扣，购买方在折扣期限（假设11-20天）内付款而获得的现金折扣。

销售方和购买方现金折扣考虑增值税和不考虑增值税的会计分录如下：

(1) 销售方：

账务处理	现金折扣不考虑增值税	现金折扣考虑增值税
借：银行存款	112	111.87
财务费用	（100×1%）1	（113×1%）1.13
贷：应收账款	113	113

(2) 购买方：

账务处理	现金折扣不考虑增值税	现金折扣考虑增值税
借：应付账款	113	113
贷：财务费用[享有的现金折扣]	（100×1%）1	（113×1%）1.13
银行存款[倒挤]	（113-1）112	（113-1.13）111.87

【拓展】若在21-30天内付款，无优惠。买卖双方的会计分录如下：

购买方	销售方
借：应付账款　113 贷：银行存款　　113	借：银行存款　113 贷：应收账款　　113

【例题2·单选题】（2013年改）10月8日，甲公司从乙公司购买原材料，增值税专用发票上注明价款200万元，增值税26万元，合同上现金折扣条件：2/10、1/20、N/30（现金折扣不考虑增值税）。15日，甲公司付清货款。甲公司因购买该批材料的应付账款入账价值为（　）万元。

A. 222　　　　　B. 226

C. 223.74　　　D. 200

解析▶ 应付账款的入账价值＝200+26＝226（万元），现金折扣在实际支付款项时计入财务费用科目的贷方。　　答案▶ B

5. 实务中，企业外购动力、燃气等

(1) 在每月付款时先作暂付款处理。

【案例12】 福喜公司本月预付电费1万元，增值税进项税额0.13万元。会计分录如下：

借：应付账款[具有预付账款性质] 1
　　应交税费——应交增值税（进项税额）
　　　　　　　　　　　　　　　　　0.13
　　贷：银行存款　　　　　　　　1.13

(2) 月末按照外购动力的用途分摊。

【案例13】接【案例12】，福喜公司月末实际应付电费1万元，车间直接生产用电占50%，车间间接用电占30%，管理部门用电占20%。会计分录如下：

借：生产成本　　　　　　　0.5
　　制造费用　　　　　　　0.3
　　管理费用　　　　　　　0.2
　　贷：应付账款　　　　　　　　1

(三) 应付账款转销

【案例14】福喜公司转销无法支付的应付账款20万元。会计分录如下：

借：应付账款　　　　　　　20
　　贷：营业外收入　　　　　　　20

【例题3·单选题】（2018年、2016年）结转确实无法支付的应付账款，账面余额转入( )。

A. 管理费用　　　B. 财务费用
C. 其他业务收入　D. 营业外收入

解析▶ 转销确实无法支付的应付账款，属于企业的利得，应计入营业外收入。

答案▶ D

三、合同负债

"合同负债"科目核算企业已收或应收客户对价而应向客户转让商品的义务。

1. 转让商品前，收到客户支付的合同对价

【案例15】福喜公司与有福公司签订商品销售合同，并预收有福公司的预付款10（或30）万元：

分录	预收10万元	预收30万元
借：银行存款	10	30
贷：合同负债	10	30

2. 实现收入时

【案例16】福喜公司向有福公司发货，发票注明价款20万元，销项税额2.6万元，销售商品成本16万元。满足收入确认条件。会计分录如下：

借：合同负债　　　　　　　22.6
　　贷：主营业务收入　　　　　　20
　　　　应交税费——应交增值税（销项税额）　　　　　　　　　2.6

同时，
借：主营业务成本　　　　　16
　　贷：库存商品　　　　　　　　16

3. 多退少补

【案例17】承接【案例15】【案例16】，如果预付款为10万元，收到补付货款时：

借：银行存款　　　　　　　12.6
　　贷：合同负债　　　　　　　12.6

【案例18】承接【案例15】【案例16】，如果预付款为30万元，退回多付款时：

借：合同负债　　　　　　　7.4
　　贷：银行存款　　　　　　　7.4

四、预收账款

"预收账款"核算企业按照租赁合同、保险合同等规定预收的款项。预收账款情况不多的，也可以不设置"预收账款"科目，将预收的款项直接记入"应收账款"科目。

需要特别注意的是，企业在转让商品等适用收入准则的业务中收到的预收款，不再使用"预收账款"等科目，而使用"合同负债"科目。

企业预收款项时：
借：银行存款等
　　贷：预收账款

确认收入时：
借：预收账款
　　贷：主营业务收入等

涉及增值税销项税额的，还应进行相应的处理。

五、应付利息

应付利息核算企业按照合同约定应支付的利息，包括短期借款、分期付息到期还本的长期借款、企业债券等应支付的利息。

『链接』我们回顾一下本章第一节：短期借款的借入、利息计提、付息、还本的会计分录。

1. 利息预提(计提)时

【案例19】福喜公司1月1日借入6个月的借款100万元，年利率6%，按月预提利

息,按季支付利息,1月末、2月末计提利息时的会计分录如下:

借:财务费用　(100×6%/12)0.5
　　贷:应付利息　　　　　　　　0.5

2. 实际支付时

【案例20】承上例,福喜公司3月末,支付第一季利息。会计分录如下:

借:应付利息[归还前2个月利息]1
　　财务费用[本月利息]　　　0.5
　　贷:银行存款　　　　　　　　1.5

六、应付股利(现金股利)

应付股利是企业股东大会等机构审批的利润分配方案确定分配给股东的现金股利或利润,白话叫作分红。

账务处理,两步走:

1. 宣告分配现金股利时

【案例21】3月1日,福喜公司宣告分配现金股利100万元。会计分录如下:

借:利润分配—应付现金股利或利润
　　　　　　　　　　　　　　　100
　　贷:应付股利　　　　　　　　100

2. 实际支付现金股利时

【案例22】3月8日,福喜公司实际支付现金股利100万元。

借:应付股利　　　　　　　　　100
　　贷:银行存款　　　　　　　　100

『提示』企业分配股票股利是企业给股东分配股票,不是分红,因此该业务不通过"应付股利"项目核算,其账务处理为:

借:利润分配
　　贷:股本

七、其他应付款

其他应付款包括**应付短期租赁固定资产租金,应付租入包装物租金、存入保证金**等。

【案例23】2019年1月1日起,公司短期租入办公设备,每月租金1万元,按季支付。会计分录如下:

(1)1月底、2月底计提时:

借:管理费用　　　　　　　　　　1
　　贷:其他应付款　　　　　　　　1

(2)3月31日支付本季租金3万元,增值税进项税额为0.39万元:

借:其他应付款　　　　　　　　　2
　　管理费用　　　　　　　　　　1
　　应交税费—应交增值税(进项税额)
　　　　　　　　　　　　　　　0.39
　　贷:银行存款　　　　　　　　3.39

【例题4·单选题】(2016年、2015年)下列选项中不记入"其他应付款"科目的是( )。

A. 无力支付到期的银行承兑汇票
B. 销售商品收取的包装物押金
C. 应付租入包装物的租金
D. 应付短期租赁固定资产租金

解析▶选项A,计入短期借款,即:

借:应付票据
　　贷:短期借款　　　　　　答案▶A

『学霸总结』应收账款与应付账款★★★

应收账款	债权人A(收款方)	应付账款	债务人B(付款方)
内容	销售价款、代垫运杂费、销项税	内容	买价、运杂费、进项税
(1)销售	借:应收账款 　贷:主营业务收入 　　　应交税费—应交增值税 　　　　(销项税额) 借:主营业务成本 　贷:库存商品	(1)采购	借:原材料/库存商品 　　　应交税费—应交增值税(进项税额) 　贷:应付账款
『提示』商业折扣:直接扣除后确认收入			
『提示』现金折扣:"2/10,1/20,N/30"折扣前确认收入,收款方收到时(付款方付款时)记入"财务费用",计算时注意金额是否考虑(包含)增值税			

续表

应收账款	债权人 A(收款方)	应付账款	债务人 B(付款方)
(2)到期收回	借：银行存款 　　财务费用 　贷：应收账款 『提示』有现金折扣时财务费用计算如下： 2%、1%×收入(不考虑增值税) 2%、1%×应收(考虑增值税)	(2)到期付款	借：应付账款 　贷：银行存款 　　　财务费用 『提示』有现金折扣时财务费用计算如下： 2%、1%×收入(不考虑增值税) 2%、1%×应付(考虑增值税)
(3)垫付包装费、运杂费	借：应收账款 　贷：银行存款	★(3)企业转销无法支付的应付账款	借：应付账款 　贷：营业外收入
(4)到期收到承兑的商业汇票	借：应收票据 　贷：应收账款		

同步训练　限时30min

一、百考多选题

下列关于应付票据、应付利息、预收账款的表述中，不正确的有(　　)。

A．企业支付银行承兑汇票手续费，记入"财务费用"的借方
B．应付银行承兑汇票到期，如企业无力支付票款应编制如下分录：
　借：应付票据
　　贷：应付账款
应付商业承兑汇票到期，如企业无力支付票款应编制如下分录：
　借：应付票据
　　贷：应付账款
C．计提借款利息时，贷记"应付利息"，借记的科目可能是"在建工程、财务费用、研发支出"
D．如果企业不设"预收账款"科目，应将租赁业务中预收的款项计入应收账款的借方

二、单项选择题

1．(2019年)下列各项中，企业外购材料开出银行承兑汇票支付的手续费，应借记的会计科目是(　　)。
　A．管理费用　　B．材料采购
　C．原材料　　　D．财务费用

2．(2019年)下列各项中，应通过"应付票据"会计科目核算的是(　　)。
　A．用银行本票购买办公用品
　B．用商业汇票购买原材料
　C．用转账支票购买固定资产
　D．用银行汇票购买周转材料

3．(2019年)2019年7月2日，甲企业购买乙企业一批商品并验收入库，取得经税务机关认证的增值税专用发票，价款50000元，增值税税额6500元，按照协议约定，甲企业在15天内付款，可享受1%的现金折扣(计算现金折扣不考虑增值税)。不考虑其他因素，甲企业应付账款入账金额为(　　)元。
　A．56000　　　　B．55935
　C．56500　　　　D．50000

4．(2018年、2017年)下列各项中，企业应付银行承兑汇票到期无力支付票款时，应将应付票据的账面余额转入到的会计科目是(　　)。
　A．其他应付款　　B．预付账款
　C．应付账款　　　D．短期借款

5．(2019年、2018年、2016年)下列各项中，应计入其他应付款的是(　　)。
　A．应缴纳的教育费附加
　B．根据法院判决应支付的合同违约金
　C．应付由企业负担的职工社会保险费
　D．代扣代缴的职工个人所得税

6．下列关于应付票据会计处理的说法中，不正确的是(　　)。

A. 企业到期无力支付的商业承兑汇票，应按账面余额转入"短期借款"
B. 企业支付的银行承兑汇票手续费，记入当期"财务费用"
C. 企业到期无力支付的银行承兑汇票，应按账面余额转入"短期借款"
D. 企业开出商业汇票，应当按其票面金额作为应付票据的入账金额

7. 企业转销无法支付的应付账款时，应将该应付账款的账面余额转入( )科目。
A. 管理费用　　　B. 其他应付款
C. 营业外收入　　D. 资本公积

8. 下列根据股东大会或类似机构审议批准的利润分配方案，确定应付给投资者的现金股利的会计处理中，正确的是( )。
A. 借：利润分配——应付现金股利或利润
　　贷：应付股利
B. 借：应付股利
　　贷：利润分配——应付现金股利或利润
C. 不做会计处理
D. 不做会计处理，只需在报表中进行披露

三、多项选择题

1. (2019年)下列各项中，关于应付账款的会计处理表述正确的有( )。
A. 确定无法偿还的应付账款，应按其账面余额计入其他业务收入
B. 购入材料确认的应付账款，不包括商业折扣
C. 附有现金折扣条件的，按现金折扣前的金额确认应付账款
D. 开出商业汇票抵付所欠货款时，将应付账款转作应付票据

2. (2018年)下列各项中，关于"应付利息"科目表述正确的有( )。
A. 企业开出银行承兑汇票支付银行手续费，应记入"应付利息"科目借方
B. "应付利息"科目期末贷方余额反映企业应付未付的利息
C. 按照短期借款合同约定计提应付利息，应记入"应付利息"科目借方
D. 企业支付已经预提的利息，应记入"应付利息"科目借方

3. (2019年、2015年、2014年)下列各项中，计入其他应付款的有( )。
A. 根据法院判决应支付的合同违约金
B. 租入包装物应支付的租金
C. 根据购销合同预收的货款
D. 租入包装物支付的押金

四、判断题

1. (2019年)企业签发的不带息银行承兑汇票到期时应将无力支付的票款转作短期借款。( )

2. (2019年、2018年)某企业预收货款较少，不单独设立预收账款科目的，可通过应收账款科目核算。( )

3. (2019年)股东确认分配的股票股利应该通过"应付股利"科目核算。( )

4. (2019年、2018年、2017年)企业转销无法支付的应付账款时，应按其账面余额冲减管理费用。( )

5. "应付票据"只能用于核算企业购买材料、商品和接受劳务供应等而开出的银行承兑汇票。( )

6. 经股东大会批准，企业对外宣告分配现金股利时，应确认一项负债。( )

五、不定项选择题

甲公司为增值税一般纳税人，适用的增值税税率为13%，2020年1月发生如下经济业务：

(1) 1月2日，预收A公司销售合同价款56.5万元，已送存银行。

(2) 1月5日，从B公司购入一批原材料20万元，增值税税额为2.6万元，约定的现金折扣条件为2/10，1/20，N/30，假设现金折扣不考虑增值税，款项尚未支付。

(3) 1月10日向A公司发出货物，开具增值税专用发票上注明的价款为50万元，增值税税额为6.5万元。满足收入确认条件。

(4) 1月11日支付给B公司购货款。

(5)1月25日，从C公司购入工程物资一批，共计200万元，不考虑相关税费，开具面值200万元为期3个月的银行承兑汇票予以支付，因向银行申请承兑汇票的汇票手续费为2万元。

要求：根据上述资料，不考虑其他因素，分析回答下列小题。（答案中的金额单位为万元）

(1)下列关于甲公司与A公司之间的业务处理，正确的是（　　）。

A. 合同负债的减少应以货币资金进行清偿

B. 预收的款项，是甲公司的一项资产

C. 1月2日预收价款时，应贷记"合同负债"56.5万元

D. 1月10日发出货物时，应转销合同负债，同时确认收入50万元

(2)下列关于甲公司与B公司之间的业务处理，不正确的是（　　）。

A. 1月5日，应确认应付账款23万元

B. 现金折扣影响实际支付货款时的应付账款

C. 现金折扣应在发生时计入管理费用

D. 实际支付的价款为22.2万元

(3)下列关于甲公司与C公司之间的业务处理，正确的是（　　）。

A. 开出的银行承兑汇票通过其他货币资金科目核算

B. 支付的手续费计入财务费用

C. 银行承兑汇票属于商业承兑汇票

D. 到期无法支付的银行承兑汇票，应将其账面余额转作短期借款

同步训练答案及解析

一、百考多选题

BD　【解析】选项B，应付银行承兑汇票到期，如企业无力支付票款，应编制如下分录：

借：应付票据

贷：短期借款

选项D，如果企业不设"预收账款"科目，应将租赁业务中预收的款项计入"应收账款"的贷方。

二、单项选择题

1. D

2. B　【解析】选项AD，通过"其他货币资金"科目核算；选项C，通过"银行存款"科目核算。

3. C　【解析】会计分录为：

借：库存商品　　　　　　　　50000

　　应交税费——应交增值税(进项税额)
　　　　　　　　　　　　　　 6500

贷：应付账款　　　　　　　　56500

4. D　【解析】分录如下：

借：应付票据

贷：短期借款

5. B　【解析】选项A，应缴纳的教育费附加：

借：税金及附加

贷：应交税费——应交教育费附加

选项B，根据法院判决应支付的合同违约金：

借：营业外支出

贷：其他应付款

选项C，应付由企业负担的职工社会保险费：

借：生产成本等

贷：应付职工薪酬——社会保险费

选项D，代扣代缴的职工个人所得税：

借：应付职工薪酬

贷：应交税费——应交个人所得税

借：应交税费——应交个人所得税

贷：银行存款

6. A　【解析】企业到期无力支付的商业承兑汇票，应按账面余额转入"应付账款"。

7. C　【解析】无法支付的应付账款应计入营业外收入中。

8. A　【解析】根据股东大会或类似机构审议批准的利润分配方案，确定应付给投资者的现金股利时，借记"利润分配——应付现

金股利或利润",贷记"应付股利"。

三、多项选择题

1. BCD 【解析】选项 A,企业应转销确实无法支付的应付账款,按其账面余额计入营业外收入。

2. BD 【解析】选项 A,计入财务费用;选项 C,应记入"应付利息"科目贷方。

3. AB 【解析】选项 A,
   借:营业外支出
       贷:其他应付款
   选项 B,
   借:管理费用/销售费用等
       贷:其他应付款
   选项 C,
   借:银行存款
       贷:合同负债
   选项 D,
   借:其他应收款
       贷:银行存款
   出租方:
   借:银行存款
       贷:其他应付款

四、判断题

1. √
2. √
3. × 【解析】企业分配股票股利时,不做账务处理,不通过"应付股利"科目核算。
4. × 【解析】应按其账面余额计入营业外收入。
5. × 【解析】应付票据是指企业为购买材料、商品和接受劳务供应等而开出的商业汇票,包括商业承兑汇票和银行承兑汇票。
6. √ 【解析】应确认"应付股利"。

五、不定项选择题

(1)CD;(2)ABC;(3)BD。
【解析】(1)选项 A,合同负债的减少是以货物清偿;选项 B,合同负债属于企业的负债。
(2)选项 A,现金折扣不影响应付账款的账面价值,应付账款应为 22.6 万元;选项 B,现金折扣影响实际支付货款时的银行存款;选项 C,现金折扣在发生时计入财务费用;选项 D,实际支付的价款=22.6(资料 2)-20×2%(资料 4)=22.2(万元)。
(3)选项 A,开出银行承兑汇票通过"应付票据"核算;选项 C,银行承兑汇票和商业承兑汇票同属于商业汇票。

本题详细分录如下:
资料(1):
借:银行存款   56.5
    贷:合同负债   56.5
资料(2):
借:原材料   20
    应交税费——应交增值税(进项税额)
                     2.6
    贷:应付账款   22.6
资料(3):
借:合同负债   56.5
    贷:主营业务收入   50
        应交税费——应交增值税(销项税额)
                         6.5
资料(4):
借:应付账款   22.6
    贷:银行存款   22.2
        财务费用   0.4
资料(5):
借:工程物资   200
    贷:应付票据   200
借:财务费用   2
    贷:银行存款   2

第三节 应付职工薪酬

扫我解疑难

考点详解

一、内容

职工薪酬的内容:短期薪酬、离职后福

利、辞退福利和其他长期职工福利。

企业提供给职工配偶、子女、受赡养人、已故员工遗属及其他受益人等的福利，也属于职工薪酬。

职工薪酬主要包括以下内容：

（一）短期薪酬

短期薪酬，是指企业在职工提供相关服务的年度报告期间结束后 12 月内需要全部予以支付的职工薪酬。

短期薪酬具体包括：

（1）职工工资、奖金、津贴和补贴；

（2）职工福利费；

（3）医疗保险费和工伤保险费等社会保险费（不包括：养老保险和失业保险）；

（4）住房公积金；

（5）工会经费和职工教育经费；

（6）短期带薪缺勤；

（7）短期利润分享计划；

（8）其他短期薪酬。

（二）离职后福利

离职后福利，是指企业为获得职工提供的服务而在**职工退休或与企业解除劳动关系后**，提供的各种形式的报酬和福利，**短期薪酬和辞退福利除外**。

离职后福利计划分类为**设定提存计划和设定受益计划**。设定提存计划，是指向独立的基金缴存固定费用后，企业不再承担进一步支付义务的离职后福利计划；**如养老保险和失业保险**。

（三）辞退福利

辞退福利，是指企业在职工劳动合同到期之前解除与职工的劳动关系，或者为鼓励职工自愿接受裁减而给予职工的补偿。

（四）其他长期职工福利

其他长期职工福利，包括长期带薪缺勤、长期残疾福利、长期利润分享计划等。

【例题 1·多选题】（2015 年）下列各项中，属于企业应付职工薪酬核算内容的有（ ）。

A. 离职后福利　B. 医疗保险费

C. 长期残疾福利　D. 辞退福利

答案 ▶ ABCD

二、货币性的短期薪酬的核算

1. 职工工资、奖金、津贴和补贴的处理

【案例 1】3 月底，福喜公司计提工资总额 1000 万元，其中管理人员 100 万元，车间生产工人 200 万元，车间管理人员 300 万元，销售人员 400 万元。会计分录如下：

借：管理费用　　　　　　　100
　　生产成本　　　　　　　200
　　制造费用　　　　　　　300
　　销售费用　　　　　　　400
　　贷：应付职工薪酬——工资、奖金、
　　　　津贴和补贴　　　　1000

【案例 2】承【案例 1】，4 月初，支付工资，其中代扣职工款项（房租、医药费）为 1 万元，代扣个人所得税 20 万元。会计分录如下：

借：应付职工薪酬——工资、奖金、津贴
　　和补贴　　　　　　　1000
　　贷：其他应收款［扣还代垫的各种
　　　　款项］　　　　　　　　1
　　　　应交税费——应交个人所得税［代
　　　　扣个人所得税］　　　　20
　　　　银行存款/库存现金［倒挤］　979

『提示』以前企业代垫职工款项（房租、医药费）或借给职工款项 1 万元时：

借：其他应收款　　　　　　　1
　　贷：银行存款/库存现金　　　1

『注意』其他应收款（先付后收）与其他应付款（先收后付）的区别，见上节。

2. 职工福利费的处理

【案例 3】承【案例 1】3 月，福喜公司按工资的 10% 给付食堂补贴。会计分录如下：

借：管理费用　　　　（100×10%）10
　　生产成本　　　　（200×10%）20
　　制造费用　　　　（300×10%）30
　　销售费用　　　　（400×10%）40
　　贷：应付职工薪酬——职工福利费 100

【案例 4】承【案例 3】，4 月，企业支付 100 万元补贴给食堂。会计分录如下：

借：应付职工薪酬—职工福利费 100
　　贷：银行存款　　　　　　　　100
3. 国家规定计提标准的职工薪酬的处理
（1）按规定计提的工会经费和职工教育经费。

【案例5】承【案例1】，3月企业分别按照工资总额的2%和8%计提工会经费和职工教育经费。会计分录如下：

借：管理费用　　　　　　　　　10
　　生产成本　　　　　　　　　20
　　制造费用　　　　　　　　　30
　　销售费用　　　　　　　　　40
　　贷：应付职工薪酬—工会经费和职
　　　　工教育经费—工会经费　20
　　　　　　　　　　—职工教育经费 80

（2）按规定计提的社会保险费和住房公积金。

对于社会保险费（医疗保险费、工伤保险费）和住房公积金，企业需区分企业为职工缴存和职工个人缴存两部分进行处理。

企业计提其为职工缴存的社会保险费和住房公积金时：

借：生产成本/制造费用/管理费用/销售
　　费用/在建工程/研发支出等
　　贷：应付职工薪酬—社会保险费
　　　　　　　　　　—住房公积金

对于职工个人承担（缴存）的社会保险费和住房公积金，应从职工工资中代扣代缴：

借：应付职工薪酬—社会保险费
　　　　　　　　—住房公积金
　　贷：其他应付款—社会保险费
　　　　　　　　　—住房公积金

注意，社会保险费还包括养老保险费和失业保险费，这属于离职后福利，不属于短期薪酬。

4. 短期带薪缺勤的处理

（1）累积带薪缺勤，是指带薪权利**可以结转下期**的带薪缺勤，本期尚未用完的带薪缺勤权利可以在未来期间使用。企业应当在职工提供了服务从而增加了其未来享有的带薪缺勤权利的当期：

借：管理费用等
　　贷：应付职工薪酬—带薪缺勤—短
　　　　　期带薪缺勤—累计带薪缺勤

【案例6】企业共有100名职工，每个职工享受5天的带薪年休假，未使用的年休假可结转下年，2018年企业10名部门经理每人只使用了3天的年休假，预计在2019年上述部门经理每人平均享受7天的年休假，工资为平均每人每天500元，企业为此应确认1万元（500元×2天×10）的薪酬。会计分录如下：

借：管理费用　　　　　　　　　1
　　贷：应付职工薪酬—短期带薪缺
　　　　　勤—累积带薪缺勤　　　1

（2）非累积带薪缺勤，是指带薪权利**不能结转下期**的带薪缺勤，本期尚未用完的带薪缺勤权利将予以取消，并且职工离开企业时也无权获得现金支付。

我国企业职工休**婚假、产假、丧假、探亲假、病假**期间的工资通常属于非累积带薪缺勤。

企业确认职工享有的与非累积带薪缺勤权利相关的薪酬，视同职工出勤确认当期损益或相关资产成本，不必额外作相应的账务处理。

三、非货币性短期薪酬的核算

1. 非货币性职工薪酬

主要包括：

（1）企业以其自产产品发放给职工。

（2）将企业拥有的房屋等资产无偿提供给职工使用。

（3）租赁住房等资产供职工无偿使用。

2. 企业以其自产产品发放给职工

【案例7】甲生产企业今年春节给职工每人发一部自产手机，每部售价1万元，成本0.8万元，增值税税率为13%，企业共有职工100名，其中管理人员10名，车间生产工人20名，车间管理人员30名，销售人员40名。会计分录如下：

三步走：

第一步，确认收入。

借：应付职工薪酬——非货币性福利
          113
 贷：主营业务收入   100
   应交税费——应交增值税(销项
   税额)   13

第二步，结转产品成本。

借：主营业务成本   80
 贷：库存商品   80

第三步，确认应付职工薪酬。

借：管理费用 (113×10%)11.3
  生产成本 (113×20%)22.6
  制造费用 (113×30%)33.9
  销售费用 (113×40%)45.2
 贷：应付职工薪酬——非货币性福利
          113

3. 将企业拥有的房屋等资产无偿提供给职工使用

【案例8】甲企业配备小汽车给员工使用，每月折旧10万元，其中管理人员占10%，车间生产工人占20%，车间管理人员占30%，销售人员占40%。

【分析】先做企业自用，中间再插入"应付职工薪酬"。会计分录如下：

借：管理费用   (10×10%)1
  生产成本   (10×20%)2
  制造费用   (10×30%)3
  销售费用   (10×40%)4
 贷：应付职工薪酬——非货币性福利
          10

同时，

借：应付职工薪酬——非货币性福利
          10
 贷：累计折旧   10

4. 租赁住房等资产供职工无偿使用

【案例9】甲企业给员工租赁住房每月10万元，其中管理人员占10%，车间生产工人占20%，车间管理人员占30%，销售人员占40%。

【分析】先做企业自用，中间再插入"应付职工薪酬"，会计分录如下：

(1)确认应付职工薪酬时：

借：管理费用   (10×10%)1
  生产成本   (10×20%)2
  制造费用   (10×30%)3
  销售费用   (10×40%)4
 贷：应付职工薪酬——非货币性福利
          10

(2)支付房租时：

借：应付职工薪酬——非货币性福利
          10
 贷：银行存款   10

【例题2·单选题】(2014年改)2013年10月，某企业将自产的300台空调作为福利发放给职工，每台成本为0.18万元，市场售价为0.2万元(不含增值税)，该企业适用的增值税税率为13%，假定不考虑其他因素，该企业由此而贷记"应付职工薪酬"科目的发生额为(　　)万元。

A. 67.8   B. 63.18
C. 54   D. 60

解析▶ 应确认的应付职工薪酬=0.2×300+0.2×300×13%=67.8(万元)。答案▶ A

四、设定提存计划

对于设定提存计划(**养老保险**等)，企业应当根据在资产负债表日为换取职工在会计期间提供的服务而应向单独主体缴存的提存金。

【案例10】承【案例1】，3月企业分别按照工资总额的20%计提基本养老保险费。会计分录如下：

借：管理费用   20
  生产成本   40
  制造费用   60
  销售费用   80
 贷：应付职工薪酬——设定提存计
   划——基本养老保险费 200

【例题3·判断题】(2016年)对于设定提存计划，企业应当根据在资产负债表日为换取

职工在会计期间提供的服务而应向单独主体缴存的提存金,确认为应付职工薪酬。（　　）

答案 ✓

『学霸总结』应付职工薪酬的内容★

项目	内容（2018年、2016年、2014年、2013年、2012年多选题）
短期薪酬	年度报告期间结束后十二个月内需要全部予以支付的职工薪酬 （1）职工工资、奖金、津贴和补贴； （2）职工福利费； （3）医疗保险费和工伤保险费等社会保险费； （4）住房公积金； （5）工会经费和职工教育经费； （6）短期带薪缺勤； （7）短期利润分享计划； （8）其他短期薪酬
离职后福利	设定提存计划和设定受益计划
辞退福利	劳动合同到期之前解除劳动关系给予职工的补偿（2018年判断题）
其他长期职工福利	长期带薪缺勤、长期残疾福利、长期利润分享计划

同步训练 限时30min

一、百考多选题

下列关于应付职工薪酬的表述中，正确的有（　　）。

A. 企业应付职工薪酬核算内容包括离职后福利、医疗保险费、长期残疾福利和辞退福利

B. 支付职工的工资、奖金及津贴、福利费，非货币性福利、按规定计提的职工教育经费和工会经费、向职工发放的防暑降温费、生活困难补助、职工出差报销的差旅费应通过"应付职工薪酬"科目核算

C. 企业从工资中扣回代垫职工家属医药费，代扣个人所得税时的会计分录：
借：应付职工薪酬
　　贷：其他应收款——职工家属医药费
　　　　应交税费——应交个人所得税

D. 甲公司为8P手机生产企业，共有职工100名，其中70名为直接参加生产的职工，30名为总部管理人员。2019年12月，甲公司以其生产的每台成本为5000元的手机作为春节福利发放给公司每名职工。该手机市场售价为每台6000元，甲公司适用的增值税税率为13%。假定不考虑其他因素，该公司应确认的应付职工薪酬为60万元，管理费用为18万元，主营业务收入为60万元，主营业务成本为50万元

E. 甲公司为总部各部门经理级别以上职工提供汽车免费使用，计提汽车折旧的会计处理应借记"管理费用"，贷记"累计折旧"

F. 甲公司为副总裁以上高级管理人员每人租赁一套住房，月租金共100000元，确认提供住房的非货币性福利：
借：管理费用　　　　　　　　100000
　　贷：应付职工薪酬——非货币性福利
　　　　　　　　　　　　　　100000

G. 对于设定提存计划，企业应当根据在资产负债表日为换取职工在会计期间提供的服务而应向单独主体缴存的提存金，确认为应付职工薪酬

二、单项选择题

1.（2019年）下列各项中，企业应计入"应付职工薪酬"科目贷方的是（　　）。
A. 发放职工工资
B. 确认因解除与职工劳动关系应给予的补偿
C. 支付职工的培训费
D. 缴存职工基本养老保险费

2.（2019年）下列各项中，不属于企业职工薪

酬组成内容的是( )。
   A. 为职工代扣代缴的个人所得税
   B. 根据设定提存计划计提应向单独主体缴存的提存金
   C. 按国家规定标准提取的职工教育经费
   D. 为鼓励职工自愿接受裁减而给予职工的补偿

3. (2019年、2018年、2017年)下列各项中，关于企业以自产产品作为福利发放给职工的会计处理表述不正确的是( )。
   A. 按产品的账面价值确认主营业务成本
   B. 按产品的公允价值确认主营业务收入
   C. 按产品的账面价值加上增值税销项税额确认应付职工薪酬
   D. 按产品的公允价值加上增值税销项税额确认应付职工薪酬

4. (2017年)企业将自有房屋无偿提供给本企业行政管理人员使用，下列各项中，关于计提房屋折旧的会计处理表述正确的是( )。
   A. 借记"其他业务成本"科目，贷记"累计折旧"科目
   B. 借记"其他应收款"科目，贷记"累计折旧"科目
   C. 借记"营业外支出"科目，贷记"累计折旧"科目
   D. 借记"管理费用"科目，贷记"应付职工薪酬"科目，同时借记"应付职工薪酬"科目，贷记"累计折旧"科目

5. (2017年)某企业计提生产车间管理人员基本养老保险费120000元。下列各项中，关于该事项的会计处理正确的是( )。
   A. 借：管理费用   120000
        贷：应付职工薪酬—设定提存计划—基本养老保险费 120000
   B. 借：制造费用   120000
        贷：应付职工薪酬—设定提存计划—基本养老保险费 120000
   C. 借：制造费用   120000
        贷：银行存款   120000
   D. 借：制造费用   120000
        贷：其他应付款   120000

6. 甲企业结算本月管理部门人员的应付职工工资共500000元，代扣该部门职工个人所得税30000元，实发工资470000元，下列该企业会计处理中，不正确的是( )。
   A. 借：管理费用   500000
        贷：应付职工薪酬   500000
   B. 借：应付职工薪酬   30000
        贷：应交税费—应交个人所得税
                                30000
   C. 借：其他应收款   30000
        贷：应交税费—应交个人所得税
                                30000
   D. 借：应付职工薪酬   470000
        贷：银行存款   470000

7. 丁公司累积带薪缺勤制度规定：每个职工每年可享受5个工作日带薪年假，未使用的年假只能向后结转一个公历年度，超过1年未使用的权利作废，不能在职工离开公司时获得现金支付；职工休年假以后进先出为基础，即首先从当年可享受的权利中扣除，再从上年结转的带薪年假余额中扣除。2016年12月31日，每个职工当年平均未使用带薪年假为2天。丁公司1000名职工预计2017年有950名职工将享受不超过5天的带薪年假，不需要考虑带薪缺勤。剩余50名职工每人将平均享受6天半年假，假定这50名职工全部为总部各部门经理，平均每名职工每个工作日工资为300元。2016年12月31日的账务处理是( )。
   A. 借：管理费用   22500
        贷：应付职工薪酬—带薪缺勤—短期带薪缺勤—累积带薪缺勤
                                22500
   B. 借：管理费用   15000
        贷：应付职工薪酬—带薪缺勤—短期带薪缺勤—累积带薪缺勤
                                15000

C. 借：制造费用　　　　　　　22500
　　　贷：应付职工薪酬—带薪缺勤—短期带薪缺勤—累积带薪缺勤
　　　　　　　　　　　　　　　22500
D. 借：制造费用　　　　　　　15000
　　　贷：应付职工薪酬—带薪缺勤—短期带薪缺勤—累积带薪缺勤
　　　　　　　　　　　　　　　15000

三、多项选择题

1. (2019年)某企业为增值税一般纳税人，2019年12月该企业将500台自产加湿器作为福利发放给基本生产车间工人，每台的成本100元，每台不含税市场售价为200元，销售商品适用的增值税税率为13%。不考虑其他因素，下列各项中，关于该项经济业务的相关会计科目处理正确有(　　)。
   A. 借记"生产成本"科目113000元
   B. 借记"主营业务成本"科目50000元
   C. 贷记"应付职工薪酬"科目63000元
   D. 贷记"应交税费—应交增值税(销项税额)"科目13000元

2. (2018年)以下属于应付职工薪酬核算的有(　　)。
   A. 发放给员工的生活困难补助
   B. 报销员工出差的差旅费
   C. 给员工支付的培训支出
   D. 离职后福利

3. 下列项目中，属于短期薪酬的有(　　)。
   A. 职工福利费　　B. 住房公积金
   C. 离职后福利　　D. 辞退福利

4. 下列关于职工薪酬的处理中，说法正确的有(　　)。
   A. 职工福利费为非货币性福利的，应当按照公允价值计量
   B. 企业应当将辞退福利分类为设定提存计划和设定受益计划
   C. 短期薪酬是指企业在职工提供相关服务的年度开始12个月内需要全部支付的职工薪酬

D. 在职工提供服务从而增加了其未来享有的带薪缺勤权利时，企业应确认与累积带薪缺勤相关的职工薪酬

四、判断题

1. (2019年)某企业职工张某经批准获得探亲假5天，企业确认为非累积带薪缺勤，该企业应当在其休假期间确认与非累积带薪缺勤相关的职工薪酬。(　　)
2. (2019年)企业以自产的产品作为非货币性福利发放给职工，应以账面价值计量该项非货币性福利。(　　)
3. (2018年、2017年)企业应在职工发生实际缺勤的会计期间确认与累积带薪缺勤相关的应付职工薪酬。(　　)
4. (2018年)企业提前解除与职工签订的劳动合同而给予职工的补偿金额，应确认为应付职工薪酬。(　　)
5. (2017年、2016年)资产负债表日企业按工资总额的一定比例计提的基本养老保险属于设定提存计划，应确认为应付职工薪酬。(　　)

五、不定项选择题

甲上市公司为增值税一般纳税人，适用的增值税税率为13%。2019年8月发生与职工薪酬有关的交易或事项如下：

(1)对行政管理部门使用的设备进行日常维修，应付企业内部维修人员工资1.2万元。

(2)对一条外购的生产线进行改良，应付企业内部改良工程人员工资3万元(满足资本化条件)。

(3)为公司总部下属25位部门经理每人配备汽车一辆免费使用，假定每辆汽车每月折旧0.08万元。

(4)将5台自产的V型厨房清洁器作为福利分配给本公司行政管理人员。该厨房清洁器每台生产成本为12万元，市场售价为15万元(不含增值税)。

(5)月末，分配职工工资150万元，其中直接生产产品人员工资105万元，车间管

理人员工资15万元，企业行政管理人员工资20万元，专设销售机构人员工资10万元。

(6)以银行存款缴纳职工医疗保险费5万元。

(7)按规定计算代扣代缴职工个人所得税0.8万元。

(8)以现金支付职工李某生活困难补助0.1万元。

(9)从应付张经理的工资中，扣回上月代垫的应由其本人负担的医疗费0.8万元。

要求：根据上述资料，不考虑其他因素，分析回答下列小题。(答案中的金额单位用万元表示)

(1)根据资料(1)至(9)，2019年8月份，甲公司因职工薪酬而计入管理费用的金额是( )万元。

  A. 95.2   B. 109
  C. 107.95   D. 125.2

(2)根据资料(2)，甲公司应编制的会计分录是( )。

  A. 借：长期待摊费用   3
     贷：应付职工薪酬   3
  B. 借：在建工程   3
     贷：应付职工薪酬   3
  C. 借：制造费用   3
     贷：应付职工薪酬   3
  D. 借：长期待摊费用   3
     贷：银行存款   3

(3)根据资料(6)至(7)，下列说法正确的是( )。

A. 资料(6)的会计分录为借记"其他应付款"科目，贷记"银行存款"科目，金额为5万元

B. 资料(6)的会计分录为借记"应付职工薪酬"科目，贷记"银行存款"科目，金额为5万元

C. 资料(7)的会计分录为借记"应交税费—应交个人所得税"科目，贷记"银行存款"科目，金额为0.8万元

D. 资料(7)的会计分录为借记"应付职工薪酬"科目，贷记"应交税费—应交个人所得税"科目，金额为0.8万元

(4)根据资料(8)至(9)，下列说法正确的是( )。

A. 资料(8)的会计分录为借记"管理费用"科目，贷记"库存现金"科目，金额为0.1万元

B. 资料(8)的会计分录为借记"应付职工薪酬"科目，贷记"库存现金"科目，金额为0.1万元

C. 资料(9)的会计分录为借记"应付职工薪酬"科目，贷记"其他应收款"科目，金额为0.8万元

D. 资料(9)的会计分录为借记"应付职工薪酬"科目，贷记"其他应付款"科目，金额为0.8万元

同步训练答案及解析

一、百考多选题

ACFG 【解析】选项B，职工出差报销的差旅费应当记入"管理费用"科目中。选项D，该公司应确认的应付职工薪酬为67.8万元，管理费用为20.34万元，主营业务收入为60万元，主营业务成本为50万元。选项E，甲公司为总部各部门经理级别以上职工提供汽车免费使用，计提汽车折旧时应借记"管理费用"，贷记"应付职工薪酬"，同时借记"应付职工薪酬"，贷记"累计折旧"。

二、单项选择题

1. B 【解析】选项ACD，因为都属于支付职工薪酬，所以应当记入"应付职工薪酬"科目的借方。

2. A 【解析】为职工代扣代缴的个人所得税，计入应交税费—应交个人所得税，不属于职工薪酬的组成部分，企业只是承担了代扣代缴的义务。

3. C 【解析】相关会计分录为：

确认时：
借：生产成本/制造费用/销售费用/管理
　　费用等[公允价值+销项税额]
　　贷：应付职工薪酬——非货币性福利
　　　　[公允价值+销项税额]
发放时：
借：应付职工薪酬——非货币性福利
　　贷：主营业务收入[公允价值]
　　　　应交税费——应交增值税(销项税
　　　　额)[公允价值×增值税税率]
借：主营业务成本[账面价值]
　　贷：库存商品[账面价值]

4. D　【解析】企业将自有房屋无偿提供给本企业行政管理人员使用，在计提折旧时：
借：管理费用
　　贷：应付职工薪酬——非货币性福利
借：应付职工薪酬——非货币性福利
　　贷：累计折旧

5. B　【解析】计提生产车间管理人员的养老保险费：
借：制造费用　　　　　　　120000
　　贷：应付职工薪酬——设定提存计划——
　　　　基本养老保险费　　　120000

6. C　【解析】企业代扣职工个人所得税，通过"应付职工薪酬"科目核算。

7. A　【解析】丁公司在2016年12月31日应当预计由于职工累积未使用的带薪年休假权利而导致的预期支付的金额，即相当于75天(50×1.5)的年休假工资金额22500元(75×300)。为总部各总经理发生的费用应计入管理费用科目。

三、多项选择题

1. ABD　【解析】会计分录为：
借：生产成本　　　　　　　113000
　　贷：应付职工薪酬　　　　113000
借：应付职工薪酬　　　　　113000
　　贷：主营业务收入　(200×500)100000
　　　　应交税费——应交增值税(销项税额)
　　　　　　　　　　　　　　13000
借：主营业务成本　(100×500)50000
　　贷：库存商品　　　　　　50000

2. ACD　【解析】选项A的分录为：
借：生产成本/管理费用等
　　贷：应付职工薪酬——职工福利费
选项B的分录为：
借：管理费用等
　　贷：其他应收款/库存现金
选项C的分录为：
借：应付职工薪酬——职工教育经费
　　贷：银行存款
选项D的分录为：
借：管理费用等
　　贷：应付职工薪酬——设定提存计划——
　　　　基本养老保险或失业保险费

3. AB　【解析】选项CD属于职工薪酬，但不属于短期薪酬的范围。
【易错提示】职工薪酬包括短期薪酬、离职后福利、辞退福利和其他长期职工福利。其中短期薪酬包括职工工资、奖金、津贴和补贴；职工福利费；社会保险；住房公积金；工会经费和职工教育经费；短期带薪缺勤；短期利润分享计划；其他短期薪酬。

4. AD　【解析】选项B，企业应将离职后福利计划分类为设定提存计划和设定受益计划；选项C，短期薪酬是指企业在职工提供相关服务的年度报告期间结束后12个月内需要全部支付的职工薪酬。

四、判断题

1. √
2. ×　【解析】企业以其自产产品作为非货币性福利发放给职工的，应以产品的含税公允价值计量该项非货币性福利。
3. ×　【解析】应当在职工提供了服务从而增加了其未来享有的带薪缺勤权利的当期确认。
4. √
5. √

五、不定项选择题

(1)C；(2)B；(3)BD；(4)BC。
【解析】(1)管理费用=1.2(资料1)+2(资

料 3) + 84.75(资料 4) + 20(资料 5) = 107.95(万元)。

(2)借方通过"在建工程"科目核算。

(3)选项 AB,为职工缴纳的医疗保险费,应通过"应付职工薪酬"科目核算;选项 C,为实际交纳个人所得税时的分录,资料(7)应为计提个人所得税时的分录;选项 D,计提代扣代交职工个人所得税,应通过"应付职工薪酬"科目核算。

(4)选项 AB,应通过"应付职工薪酬"科目核算;选项 CD,扣回代垫医疗费,应通过"其他应收款"科目核算。

本题详细分录如下:

资料(1):
借:管理费用　　　　　　　1.2
　　贷:应付职工薪酬　　　　　　1.2

资料(2):
借:在建工程　　　　　　　3
　　贷:应付职工薪酬　　　　　　3

资料(3):
借:管理费用　　　(0.08×25)2
　　贷:应付职工薪酬　　　　　　2
借:应付职工薪酬　　　　　2
　　贷:累计折旧　　　　　　　　2

资料(4):
借:管理费用　　　　　　　84.75
　　贷:应付职工薪酬　　　　　84.75
借:应付职工薪酬　　　　　84.75
　　贷:主营业务收入　　(5×15)75
　　　　应交税费—应交增值税(销项税额)　　　　　　　　9.75
借:主营业务成本　　　　　60
　　贷:库存商品　　　　　　　60

资料(5):
借:生产成本　　　　　　　105
　　制造费用　　　　　　　15
　　管理费用　　　　　　　20
　　销售费用　　　　　　　10
　　贷:应付职工薪酬　　　　　150

资料(6):

借:应付职工薪酬　　　　　5
　　贷:银行存款　　　　　　　5

资料(7):
借:应付职工薪酬　　　　　0.8
　　贷:应交税费—应交个人所得税　0.8

资料(8):
借:应付职工薪酬　　　　　0.1
　　贷:库存现金　　　　　　　0.1

资料(9):
借:应付职工薪酬　　　　　0.8
　　贷:其他应收款　　　　　　0.8

第四节　应交税费

扫我解疑难

考点详解

【小知识】买卖新房和二手房要交哪些税?买新车要交哪些税?

新房:增值税、城市维护建设税、教育费附加、契税、印花税、土地增值税。

二手房:增值税、城市维护建设税、教育费附加、个人所得税、契税、印花税(很多地方免征)、土地增值税(很多地方免征)。

新车:增值税、消费税、城市维护建设税、教育费附加、印花税、车辆购置税。

一、应交税费概述

我国现行征收的税费包括:流转税类(增值税、消费税);所得税类(企业所得税、个人所得税);资源税类(资源税、城镇土地使用税);特定目的税类(城市维护建设税、土地增值税、车辆购置税、耕地占用税、烟叶税);财产和行为税(房产税、车船税、印花税、契税);关税;其他税费(环境保护税、教育费附加、矿产资源补偿费)等。

设置"应交税费"科目核算各种税费,增加在贷方,减少在借方,余额一般在贷方。

但印花税、耕地占用税、契税和车辆购置税等不通过"应交税费"账户核算,直接通过"银行存款"账户核算。
1. 印花税
   借：税金及附加
      贷：银行存款
2. 耕地占用税
   借：无形资产[购买土地]/在建工程[购建固定资产]等
      贷：银行存款
3. 契税
   借：无形资产[购买土地]/固定资产
      贷：银行存款
4. 车辆购置税
   借：固定资产
      贷：银行存款

『链接』大部分情况下，卖方交税，如：增值税、消费税、城市维护建设税等。

特殊情况下，买方交税：契税、耕地占用税、车辆购置税。

买卖双方交税：印花税。

二、应交增值税概述
1. 概念

增值税是以**商品(含应税劳务、应税行为)** 在流转过程中实现的**增值额**作为计税依据而征收的一种**流转税**。

2. 增值税的征税范围
(1)销售货物；
(2)加工修理修配劳务；
(3)服务：交通运输服务、邮政服务、建筑服务、电信服务、生活服务、现代服务、金融服务等(交邮建电生现金，速记：郊游见店生现金)；
(4)销售无形资产和不动产；
(5)进口货物。

3. 应纳税额的计算

一般纳税人：应纳税额=当期销项税额-当期进项税额；

销项税额=不含税销售额×税率；

小规模、简易计税：应纳税额=销售额×征收率(3%、5%)。

4. 可以抵扣的进项税额依据

主要包括：
(1)增值税专用发票；
(2)从海关取得的完税凭证；
(3)农产品发票；
由销项倒挤进项：销项9%倒挤扣除率9%；销项13%倒挤扣除率10%。
(4)道路、桥闸通行费发票。

5. 税率
(1)销售货物、劳务、有形动产租赁服务或者进口货物适用13%；
(2)口诀：郊游见电生现金，前半部分9%，后半部分6%；

『解释』前半部分9%：郊(交通运输服务)、游(邮政服务)、见(建筑服务)、电(基础电信)；后半部分6%：电(增值电信)、生(生活服务)、现(现代服务)、金(金融服务)。

(3)与不动产相关的，9%：销售不动产，包括转让土地使用权和不动产租赁服务；
(4)销售无形资产(除转让土地使用权外)，6%；
(5)粮食等农产品、自来水等居民用品、图书等读物税率为9%。

三、增值税的会计科目
应交税费—应交增值税(进项税额)(销项税额)(进项税额转出)(已交税金)(转出多交增值税)等
　　　　—未交增值税
　　　　—预交增值税[转让及租赁不动产等]
　　　　—待认证进项税额[有凭证，但未稽核或未认证]
　　　　—待转销项税额[确认收入但未发生纳税义务]
　　　　—简易计税
　　　　—转让金融商品应交增值税
　　　　—代扣代缴增值税

四、一般纳税人取得资产、接受应税劳务或应税行为
1. 取得货物、农产品等
(1)购进货物、劳务、服务、无形资产等。

【案例1】8月8日，企业购入材料（商品、劳务）100万元，增值税税率13%，当月已认证增值税。会计分录如下：

借：材料采购（在途物资）/原材料/库存商品/固定资产/管理费用等 100
　　应交税费——应交增值税（进项税额）
　　　　　　　　　　　　　　　　　　13
　　贷：银行存款/应付账款等 113

『注意』发生退货：开红字发票做相反分录。未认证：发票退回做相反分录。

(2)购进农产品。

【案例2】企业购入免税农产品100万元，扣除率10%、9%。

分录	未来销售时销项税10%	未来销售时销项税率9%
借：材料采购（在途物资）/原材料/库存商品等	90	91
应交税费——应交增值税（进项税额）	（买价×10%)10	（买价×9%)9
贷：银行存款/应付账款等	100	100

2. 货物等已验收入库，但**尚未取得增值税扣税凭证**

做账三步走：

第一步，月末先暂估入库（平时不做账）。

第二步，下月初红字冲销。

第三步，取得增值税扣税凭证并认证后，做正常采购分录。

【案例3】8月31日，企业购进原材料一批已验收入库，但尚未收到增值税扣税凭证，款项也未支付。材料清单列明采购价格为100万元。会计分录如下：

第一步，月末暂估入账（平时不做账）

借：原材料 100
　　贷：应付账款 100

第二步，下月初，用红字冲销

借：原材料 -100
　　贷：应付账款 -100

9月1日，取得相关增值税专用发票上注明的价款为100万元，增值税税额13万元，增值税专用发票已经认证。全部款项以银行存款支付。会计分录如下：

借：原材料 100
　　应交税费——应交增值税（进项税额）
　　　　　　　　　　　　　　　　　　13
　　贷：银行存款 113

3. **进项税额转出**

进项税额转出的情形：

(1)已确认进项税额但其事后**改变用途**（如用于免征增值税项目等）。

(2)企业购进的货物发生**非正常损失（不含自然灾害造成的）**。

(3)非正常损失情形：

①**管理不善**被盗、丢失、霉烂等损失；（记入"管理费用"科目）

②**被执法部门没收或销毁的损失**。（记入"营业外支出"科目）

(4)账务处理：

【案例4】库存材料因管理不善发生毁损，成本100万元，购入时增值税税额13万元。会计分录如下：

第一步，盘亏时（批准前）：

借：待处理财产损溢[非自然灾害造成的盘亏] 113
　　贷：原材料 100
　　　　应交税费——应交增值税（进项税额转出） 13

『注意』自然灾害造成的存货盘亏不需转出进项税额。

第二步，批准后：

借：管理费用[不是营业外支出] 113
　　贷：待处理财产损溢 113

【案例5】领用外购原材料100万元，购入时增值税税额13万元，材料用于集体福利，管理人员占10%，生产工人占20%，车间管理人员30%，销售人员占40%。会计分录如下：

第一步，领用时：
　　借：应付职工薪酬　　　　　113
　　　　贷：原材料　　　　　　　100
　　　　　　应交税费—应交增值税（进项税额转出）　　　　　　　　13
第二步，确认费用时：
　　借：管理费用　　　　　　11.3
　　　　生产成本　　　　　　22.6
　　　　制造费用　　　　　　33.9
　　　　销售费用　　　　　　45.2
　　　　贷：应付职工薪酬　　　　113

一般纳税人购进货物、劳务等用于简易计税、免征增值税项目、集体福利或个人消费等，不得抵扣进项税。

【案例6】甲公司外购手机100部作为福利发放给职工，每部手机1万元，增值税税率13%，管理人员占10%，生产工人占20%，车间管理人员30%，销售人员占40%。会计分录如下：

第一步，取得增值税专用发票时：
　　借：库存商品等　　　　　　100
　　　　应交税费—待认证进项税额　13
　　　　贷：银行存款/应付账款等　　113
第二步，税务机关认证为不可抵扣的进项时：
　　借：应交税费—应交增值税（进项税额）　　　　　　　　　　　　13
　　　　贷：应交税费—待认证进项税额　13
同时，
　　借：库存商品　　　　　　　　13
　　　　贷：应交税费—应交增值税（进项税额转出）　　　　　　　　13
第三步，实际发放时（假设为集体福利）：
　　借：应付职工薪酬　　　　　113
　　　　贷：库存商品　　　　　　113
第四步，确认费用时：
　　借：管理费用　　　　　　11.3
　　　　生产成本　　　　　　22.6
　　　　制造费用　　　　　　33.9
　　　　销售费用　　　　　　45.2
　　　　贷：应付职工薪酬　　　　113

『注意』企业购入材料，**不能取得增值税专用发票的，增值税计入材料成本。**

4．增值税销项税额的核算

（1）销售货物、加工修理修配劳务、服务、无形资产或不动产。

①确认会计收入与增值税纳税义务同时发生。

【案例7】企业销售产品（原材料、商品）100万元，商品（材料）成本为80万元，增值税税率为13%。会计分录如下：
　　借：应收账款/应收票据/银行存款　　　　　　　　　　　　113
　　　　贷：主营业务收入/其他业务收入　　　　　　　　　　　　100
　　　　　　应交税费—应交增值税（销项税额）　　　　　　　　13
　　借：主营业务成本/其他业务成本　80
　　　　贷：库存商品/原材料　　　　80
发生销售退回，做相反分录。

②确认会计收入早于发生增值税纳税义务。

【案例8】8月，企业销售产品（原材料）100万元，增值税税率为13%，税法规定10月份确认增值税纳税义务。会计分录如下：
两步走：
第一步，8月，确认收入，增值税待转：
　　借：应收账款/应收票据/银行存款　　　　　　　　　　　　113
　　　　贷：主营业务收入/其他业务收入　　　　　　　　　　　　100
　　　　　　应交税费—待转销项税额　13
第二步，10月，实际发生纳税义务时：
　　借：应交税费—待转销项税额　　13
　　　　贷：应交税费—应交增值税（销项税额）　　　　　　　　13

③发生增值税纳税义务早于确认会计收入。

【案例9】8月，企业销售产品100万元，商品成本80万元，经济利益不是很可能流

入,增值税专用发票已经开出,税率13%,10月份购买方经营情况好转,承诺近期付款。会计分录如下:

第一步,8月份,发出商品,发生增值税纳税义务:

借:发出商品　　　　　　80
　　贷:库存商品　　　　　　80
借:应收账款　　　　　　13
　　贷:应交税费—应交增值税(销项税额)　　　　　13

第二步,10月确认收入,结转成本:

借:应收账款　　　　　　100
　　贷:主营业务收入　　　　100
借:主营业务成本　　　　80
　　贷:发出商品　　　　　　80

(2)视同销售的账务处理。

视同销售(税法专用名词,与会计上确认收入不是一回事)需要交纳增值税的事项:

①企业将自产或委托加工的货物用于非应税项目(集体福利或个人消费);

②将自产、委托加工或购买的货物作为投资、分配给股东或投资者、无偿赠送他人等。

『提示』学到此处,考生对税法的视同销售和会计上是否确认收入产生了疑惑。为了让考生消除以上疑惑,作者对税法中的进项税额转出、会计是否确认收入和税法中的视同销售,专门举例并用表格的形式对比,如案例10。

【案例10】企业购入A材料用于生产B产品,成本100万元,市价120万元;生产出B产品成本200万元,售价300万元,用于集体福利时全部给管理部门职工,该企业增值税税率为13%。假设除了A材料的已经抵扣的增值税进项税额外,B产品没有其他的增值税进项税额,不考虑其他因素。

交税情况	经济业务	进项税额转出	会计确认收入	销项	会计分录
视同销售	产品用于职工集体福利	×(没有)	√(确认)	√(有)	借:应付职工薪酬　　339 　贷:主营业务收入　　300 　　　应交税费—应交增值税(销项税额) 　　　　(300×13%)39 借:主营业务成本　　200 　贷:库存商品　　　　200 借:管理费用　　　　339 　贷:应付职工薪酬　　339
视同销售	购进材料用于投资	×	√	√	借:长期股权投资　　135.6 　贷:其他业务收入　　120 　　　应交税费—应交增值税(销项税额) 　　　　(120×13%)15.6 借:其他业务成本　　100 　贷:原材料　　　　　100
视同销售	购进材料直接捐赠	×	×(不确认)	√	借:营业外支出　　　115.6 　贷:原材料　　　　　100 　　　应交税费—应交增值税(销项税额) 　　　　(120×13%)15.6
视同销售	产品用于投资	×	√	√	借:长期股权投资　　339 　贷:主营业务收入　　300 　　　应交税费—应交增值税(销项税额) 　　　　(300×13%)39 借:主营业务成本　　200 　贷:库存商品　　　　200

续表

交税情况	经济业务	进项税额转出	会计确认收入	销项	会计分录
视同销售	产品用于捐赠	×	×	√	借：营业外支出　　　　　　239 　　贷：库存商品　　　　　　　200 　　　　应交税费—应交增值税（销项税额） 　　　　　　　　　　　（300×13%）39
视同销售	产品用于分配股利	×	√	√	借：利润分配　　　　　　　339 　　贷：应付股利　　　　　　　339 借：应付股利　　　　　　　339 　　贷：主营业务收入　　　　　300 　　　　应交税费—应交增值税（销项税额） 　　　　　　　　　　　（300×13%）39 借：主营业务成本　　　　　200 　　贷：库存商品　　　　　　　200
视同销售	材料用于分配股利	×	√	√	借：利润分配　　　　　　135.6 　　贷：应付股利　　　　　　135.6 借：应付股利　　　　　　135.6 　　贷：其他业务收入　　　　120 　　　　应交税费—应交增值税（销项税额） 　　　　　　　　　　　（120×13%）15.6 借：其他业务成本　　　　　100 　　贷：原材料　　　　　　　　100

5. 月末交纳增值税、转出多交增值税和未交增值税

【案例11】企业3月应交增值税32万元，当月实际交纳24万元，结转以后月份交纳8万元。4月交纳以前月份未交增值税8万元；会计分录如下：

(1) 交纳当月的增值税：

借：应交税费—应交增值税（已交税金）
　　　　　　　　　　　　　　24
　　贷：银行存款　　　　　　　24

(2) 转出当月应交未交的增值税：

当月未交增值税=32-24=8（万元）

借：应交税费—应交增值税（转出未交增值税）　　　　　　　　8
　　贷：应交税费—未交增值税　　8

(3) 4月，企业交纳以前期间未交的增值税8万元：

借：应交税费—未交增值税　　8
　　贷：银行存款　　　　　　　8

五、小规模纳税人的账务处理

小规模纳税人账务处理要点：

(1) 购买时，不予抵扣增值税进项，直接计入有关货物或劳务的成本。

(2) 销售时，应交纳增值税，但不得开具增值税专用发票。

(3) 不含税销售额=含税销售额÷(1+征收率)

应纳税额=不含税销售额×征收率

(4) 设置"应交税费—应交增值税"科目，注意此处没有三级明细科目（销项税额）。

【案例12】某公司为小规模纳税人，增值税税率为3%，原材料按实际成本核算。购入原材料一批，货款100万元，增值税3万元，用银行存款支付，材料验收入库。销售产品一批，开具的普通发票中注明的货款（含税）为206万元，款项已存入银行。用银行存款交纳增值税6万元。会计分录如下：

(1) 购入原材料，不能抵扣进项税税额：

借：原材料　　　　　　　　103

贷：银行存款　　　　　　　　103
　（2）销售产品，交纳增值税：
　　不含税销售额=含税销售额÷(1+征收率)
=206÷(1+3%)=200(万元)；
　　应纳增值税=不含税销售额×征收率=200×3%=6(万元)。
　　借：银行存款　　　　　　　　206
　　　　贷：主营业务收入　　　　　200
　　　　　　应交税费——应交增值税　6
　（3）交纳增值税：
　　借：应交税费——应交增值税
　　　　　　　　　　　(不能抵扣3万元)6
　　　　贷：银行存款　　　　　　　　6
　【例题1·判断题】(2012年)增值税小规模纳税人购进货物支付的增值税直接计入有关货物的成本。　　　　　　　　　(　)
　　　　　　答案 ▶ √

六、差额征税的账务处理

　　采用差额征税的业务主要：**金融商品转让、经纪代理业务、旅游服务**等。

1. 成本允许扣减销售额

　【案例13】杭州有福旅行社应交增值税采用差额征税方式，8月份，该旅行社收取含税价款106万元，其中增值税6万元。该旅行社需要支付三亚接团有喜旅行社的交通费、住宿用、门票费等费用共计84.8万元，其中，因允许扣减销售额而减少的销项税额4.8万元。会计分录如下：
　（1）第一步，确认收入(旅游服务收费)时：
　　借：银行存款/应收账款等　　　106
　　　　贷：主营业务收入　　　　　100
　　　　　　应交税费——应交增值税(销项税额)　　　　　　　　　　　6
　（2）第二步，发生成本费用(付费)并取得增值税扣税凭证时：
　　借：主营业务成本　　　　　　　80
　　　　应交税费——应交增值税(销项税额抵减)　　　　　　　　　　　4.8
　　　　贷：银行存款/应付账款等　　84.8

销项税额-销项税额抵减=6-4.8=1.2(万元)。

2. 转让金融商品以盈亏相抵后的余额作为销售额

　（1）月末转让收益，应交增值税。
　【案例14】10月，企业转让股票取得含税价106万元，增值税税率6%，购入时不含税价80万元；
　　不含税价=106/(1+6%)=100(万元)；
　　转让收益=100-80=20(万元)；
　　增值税销项税额=20×6%=1.2(万元)，
会计分录如下：
　　借：投资收益　　　　　　　　　1.2
　　　　贷：应交税费——转让金融商品应交增值税　　　　　　　　　　　1.2
　（2）产生转让损失，可结转下月抵扣税额，但不能跨年结转。
　【案例15】10月，如果企业转让股票取得含税价74.2万元，增值税税率6%，购入时不含税价80万元。
　　不含税价=74.2/(1+6%)=70(万元)；
　　转让收益=70-80=-10(万元)；
　　应冲减增值税=10×6%=0.60(万元)，
会计分录如下：
　　借：应交税费——转让金融商品应交增值税　　　　　　　　　　　　0.6
　　　　贷：投资收益　　　　　　　　0.6
　　若为亏损(10月)，可结转下一纳税期(11月)，与下期转让金融商品销售额相抵，但年末(12月)仍为亏损，不得转入下年。
　（3）交纳增值税时。
　【案例16】10月，企业交纳增值税1.2万元。会计分录如下：
　　借：应交税费——转让金融商品应交增值税　　　　　　　　　　　　1.2
　　　　贷：银行存款　　　　　　　　1.2

七、增值税防伪税控系统专用设备和技术维护费的处理

　　企业初次购买防伪税控系统和维护的费用可以全额抵扣增值税的应纳税额。

【案例 17】 2019 年 8 月，某企业初次购买数台增值税税控系统专用设备作为固定资产核算，增值税专用发票上注明价款 2 万元，增值税税额为 0.26 元，价款和税款以银行存款支付。2020 年 11 月支付当年技术维护费 2.8 万元。会计分录如下：

(1)2019 年 8 月，初次购买时：

借：固定资产[价款+增值税+费]
　　　　　　　　　　　　　　2.26
　　贷：银行存款　　　　　　2.26

8 月，按规定抵减时：

借：应交税费——应交增值税(减免税额)
　　　　　　　　　　　　　　2.26
　　贷：管理费用　　　　　　2.26

(2)2020 年 11 月，发生技术维护费时：

借：管理费用　　　　　　　　2.8
　　贷：银行存款　　　　　　2.8

12 月按规定抵减时：

借：应交税费——应交增值税(减免税额)
　　　　　　　　　　　　　　2.8
　　贷：管理费用　　　　　　2.8

八、应交消费税

(一)概述

消费税是指在中华人民共和国境内生产、委托加工和进口应税消费品的单位和个人，按其流转额交纳的一种税。

消费税有<u>从价定率、从量定额和复合计征</u>三种征收方法。

『链接』消费税的征税范围，详见本章【案例导入】。

(二)应交消费税的核算

1. 销售应税消费品

【案例 18】 企业销售所生产的高档化妆品，价款 100 万元(不含增值税)，成本 80 万元，增值税税率 13%，消费税税率为 15%，款项已存入银行。满足收入确认条件。会计分录如下：

(1)计算应纳的消费。

应纳消费税额=100×15%=15(万元)。

借：税金及附加　　　　　　　15
　　贷：应交税费——应交消费税　15

(2)取得价款和税款，确认收入时：

借：银行存款　　　　　　　　113
　　贷：主营业务收入　　　　100
　　　　应交税费——应交增值税(销项税额)　　　　　　　　13

(3)发出商品，结转成本时：

借：主营业务成本　　　　　　80
　　贷：库存商品　　　　　　80

2. 自产自用应税消费品

【案例 19】 承上例，假设把上述高档化妆品提供给本企业下设的福利部门，其中管理人员、生产工人、车间管理人员和销售人员各占 10%、20%、30% 和 40%。会计分录如下：

(1)确认收入时：

借：应付职工薪酬——职工福利费 113
　　贷：主营业务收入　　　　100
　　　　应交税费——应交增值税(销项税额)　　　　　　　　13

(2)确认应付职工薪酬时：

借：管理费用　　　　　　　　11.3
　　生产成本　　　　　　　　22.6
　　制造费用　　　　　　　　33.9
　　销售费用　　　　　　　　45.2
　　贷：应付职工薪酬　　　　113

(3)计算应交纳消费税的分录同【案例 18】答案(1)。

(4)发出商品，结转成本的分录同【案例 18】答案(3)。

【案例 20】 企业在建工程领用自产柴油，成本为 100 万元，应交消费税 24 万元，不考虑其他相关税费。会计分录如下：

借：在建工程　　　　　　　　124
　　贷：库存商品　　　　　　100
　　　　应交税费——应交消费税　24

『注意』在建工程领用自产产品不交纳增值税。

3. 委托加工应税消费品的账务处理★

(1)委托加工物资收回后，<u>直接用于销售的</u>，消费税计入<u>委托加工物资的成本</u>(因为一一般情况下，消费税只交一次）。

【案例21】有福烟草公司支付有喜烟草公司代收代缴的消费税30万元，收回委托其加工的烟丝用于直接销售。会计分录如下：

借：委托加工物资　　　　　　30
　　贷：应付账款/银行存款　　　　30

（2）委托加工物资收回后用于连续生产应税消费品，代收代缴的消费税可以抵扣，因为受托方未来有更大的消费税(此处类似于购买商品的进项税可以抵扣，因为未来有更大的销项税)。

【案例22】有福烟草公司支付有喜烟草公司代收代缴的消费税30万元，收回委托其加工的烟丝用于继续生产卷烟。会计分录如下：

借：应交税费——应交消费税　　30
　　贷：应付账款/银行存款　　　　30

具体账务处理详见第二章资产第四节存货中委托加工物资的内容。

4. 进口应税消费品

企业进口环节应交的消费税，计入该物资的成本。

【案例23】企业从国外进口一批需要交纳消费税的材料(商品、设备)，价值500万元(不含增值税)，进口环节需要交纳的消费税为100万元。会计分录如下：

借：在途物资/材料采购/原材料/库存商品/固定资产等　　600
　　贷：银行存款　　　　　　　　600

九、应交资源税

资源税是对中华人民共和国境内开采应税资源矿产品或者生产盐的单位和个人征收的税。

【案例24】企业本期对外销售资源税应税矿产品，应交资源税2万元；将自产资源税应税矿产品用于其产品生产，应交资源税1万元。下月初，用银行存款交纳上述税款。会计分录如下：

（1）企业对外销售应税产品应纳的资源税：

借：税金及附加　　　　　　　　2
　　贷：应交税费——应交资源税　　2

（2）自产自用应税产品应交纳的资源税：

借：生产成本/制造费用　　　　　1
　　贷：应交税费——应交资源税　　1

（3）交纳资源税：

借：应交税费——应交资源税　　　3
　　贷：银行存款　　　　　　　　3

十、应交城市维护建设税和教育费附加★

城市维护建设税和教育费附加是以增值税、消费税为计税依据征收的一种税和费。

城市维护建设税应纳税额=（实缴增值税+实缴消费税）×7%（或5%）

应纳教育费附加=（实缴增值税+实缴消费税）×3%

【案例25】北京有福公司本期实际应交增值税70万元、消费税30万元，城市维护建设税税率为7%，教育费附加征收率为3%，下月初用银行存款交纳上述税款。会计分录如下：

（1）月末计算时：

借：税金及附加　　　　　　　　10
　　贷：应交税费——应交城市维护建设税
　　　　　　　　[(70+30)×7%]　　7
　　　　——应交教育费附加
　　　　　　　　[(70+30)×3%]　　3

（2）下月用银行存款交纳时：

借：应交税费——应交城市维护建设税
　　　　　　　　　　　　　　　　7
　　　　——应交教育费附加　　　3
　　贷：银行存款　　　　　　　　10

【例题2·单选题】(2016年)某企业本期实际应交增值税1100000元，城镇土地使用税200000元，消费税500000元，土地增值税350000元，城市建设维护税税率为7%，下列关于城市维护建设税的处理，正确的是(　)。

A. 借：管理费用　　　　　　112000
　　贷：应交税费——应交城市维护建设税　　　　　　　　112000

B. 借：管理费用　　　　　　150500
　　贷：应交税费——应交城市维护建设税　　　　　　　　150500

C. 借：税金及附加　　　　　112000

贷：应交税费——应交城市维护建
　　　设税　　　　　　　112000
D. 借：税金及附加　　　　150500
　　贷：应交税费——应交城市维护建
　　　　　设税　　　　　　150500

解析　城市维护建设税＝(1100000＋500000)×7%＝112000(元)，应计入税金及附加。

答案　C

十一、应交土地增值税

土地增值税是对转让国有土地使用权、地上的建筑物及其附着物并取得收入的单位和个人所征收的一种税。

1. 在"固定资产"科目核算

【案例26】企业对外转让办公楼，根据税法规定计算的应交土地增值税为2万元，下月初用银行存款交纳上述税款。会计分录如下：

（1）计算应交纳的土地增值税：

借：固定资产清理　　　　　　　2
　　贷：应交税费——应交土地增值税　2

（2）企业用银行存款交纳应交土地增值税：

借：应交税费——应交土地增值税　2
　　贷：银行存款　　　　　　　　2

2. 在"无形资产"科目核算

【案例27】企业以30万元的不含税价对外转让作为无形资产入账的土地使用权，账面原价100万元，已计提摊销50万元和减值准备30万元，根据税法计算的土地增值税为3万元，增值税销项税额为2.7万元。会计分录如下：

借：银行存款　　　　　　　　32.7
　　累计摊销　　　　　　　　　50
　　无形资产减值准备　　　　　30
　　贷：应交税费——应交增值税（销项
　　　　　税额）　　　　　　　2.7
　　　　——应交土地增值税　　　3
　　　无形资产　　　　　　　　100
　　　资产处置损益　　　　　　　7

3. 房地产企业销售房地产

【案例28】有福房地产开发公司本月应交纳土地增值税100万元。会计分录如下：

借：税金及附加　　　　　　　100
　　贷：应交税费——应交土地增值税　100

十二、应交车船税、房产税、城镇土地使用税和矿产资源补偿费的处理

【案例29】有喜公司本月应交房产税、城镇土地使用税、车船税和矿产资源补偿费分别为100万元、60万元、30万元和10万元，下月初用银行存款交纳上述税款。会计分录如下：

（1）计算应交纳上述税金：

借：税金及附加　　　　　　　200
　　贷：应交税费——应交房产税　　100
　　　　　——应交城镇土地使用税
　　　　　　　　　　　　　　　60
　　　　　——应交车船税　　　　30
　　　　　——应交矿产资源补偿费
　　　　　　　　　　　　　　　10

（2）用银行存款交纳上述税金：

借：应交税费——应交房产税　　100
　　　　　——应交城镇土地使用税
　　　　　　　　　　　　　　　60
　　　　　——应交车船税　　　　30
　　　　　——应交矿产资源补偿费
　　　　　　　　　　　　　　　10
　　贷：银行存款　　　　　　　200

『链接』企业应交的印花税，不通过"应交税费"科目核算。

【案例30】有喜公司本月应交印花税2万元。会计分录如下：

借：税金及附加　　　　　　　　2
　　贷：银行存款　　　　　　　　2

【例题3·多选题】（2016年）下列各项中，关于相关税金的会计处理正确的有（　）。

A. 拥有产权房屋交纳的房产税计入房屋成本

B. 企业应交的城市维护建设税计入税金及附加

C. 签订购销合同缴纳的印花税计入主营业务成本

D. 商用货车缴纳的车船税计入税金及附加

解析 选项AC，应计入税金及附加。

答案 BD

十三、应交个人所得税

【案例31】 企业结算本月应付职工工资总额100万元，按税法规定应代扣代缴的职工个人所得税共计3万元，实发工资97万元。下月初用银行存款交纳上述税款和发放工资。会计分录如下：

(1) 月末代扣个人所得税：

借：应付职工薪酬　　　　　　3
　　贷：应交税费—应交个人所得税　　3

(2) 交纳个人所得税：

借：应交税费—应交个人所得税　3
　　贷：银行存款　　　　　　　　3

(3) 发放工资：

借：应付职工薪酬　　　　　　97
　　贷：银行存款　　　　　　　97

『学霸总结』增值税税额的核算★

项目	分录及说明
购进农产品	借：材料采购[或在途物资]/原材料/库存商品 　　应交税费—应交增值税（进项税额）[买价×10%/9%] 贷：银行存款/应付账款/应付票据等
进项税额转出	(1) 企业已确认进项税额的购进货物等，事后改变用途（如用于简易方法计税项目、免征增值税项目、非增值税应税项目等）。 (2) 企业购进的货物发生非正常损失（不含自然灾害造成的）： ①管理不善被盗、丢失、霉烂变质的损失； ②被执法部门没收或强令自行销毁的货物。 借：待处理财产损溢[非自然灾害造成的盘亏] 　　应付职工薪酬[集体福利] 贷：原材料 　　应交税费—应交增值税（进项税额转出）
销项税额的核算 （2018年单选题）	(1) 企业销售货物、提供加工修理修配劳务、销售服务、无形资产或不动产： 借：应收账款/应收票据/银行存款 贷：主营业务收入/其他业务收入/固定资产清理 　　应交税费—应交增值税（销项税额） (2) 发生销售退回，做相反分录： 借：主营业务收入/其他业务收入/固定资产清理 　　应交税费—应交增值税（销项税额） 贷：应收账款/应收票据/银行存款

同步训练　限时25min

一、百考多选题

下列关于应交消费税、其他应交税费的表述，正确的有（　）。

A. 企业在建工程领用自产应税消费品成本为10000元，应纳增值税1300元，应纳消费税1000元，不考虑其他相关税费。该企业计入在建工程的金额为12300元

B. 委托加工物资收回后，直接用于销售的，应将受托方代收代缴的消费税计入委托加工物资的成本；委托加工物资收回后用于连续生产应税消费品，应按已由受托方代收代缴的消费税，借记"应交税费—应交消费税"

C. 企业确认自产自用应税产品应交纳的资源税的分录为：
借：生产成本、制造费用、主营业务成本等
　　贷：应交税费—应交资源税

D. 某企业本期实际应交增值税100000元，城镇土地使用税250000元，消费税

300000元，土地增值税350000元，印花税20000元，城市维护建设税税率为7%，则本期应交的城市维护建设税为70000元

E. 不通过"应交税费"科目核算的有印花税、耕地占用税、契税和车辆购置税

二、单项选择题

1. (2019年)某公司为增值税小规模纳税人，2019年8月购入原材料取得的增值税专用发票上注明的价款为10000元，增值税税额为1300元。当月销售产品开具的增值税普通发票注明价款123600元，适用的增值税税率为3%。不考虑其他因素，该企业2019年8月应缴纳的增值税税额为( )元。
   A. 2408　　　　　B. 3708
   C. 3600　　　　　D. 2300

2. (2019年)下列各项中，小规模纳税人应交纳增值税应贷记的科目是( )。
   A. 应交税费—应交增值税
   B. 应交税费—应交增值税(已交税金)
   C. 应交税费—预交增值税
   D. 应交税费—未交增值税

3. (2019年、2018年)下列各项中，企业确认当期销售部门使用车辆应交纳的车船税，应借记的会计科目是( )。
   A. 税金及附加　　B. 销售费用
   C. 制造费用　　　D. 其他业务成本

4. (2019年、2018年)下列各项中，企业应通过"应交税费"科目核算的是( )。
   A. 应缴纳的职工社会保险费
   B. 占用耕地建房交纳的耕地占用税
   C. 转让房屋应交纳的土地增值税
   D. 签订合同应交纳的印花税

5. (2018年)某增值税一般纳税人企业销售商品，商品已发出但不符合销售收入确认条件，增值税专用发票已开出，该企业确认应交增值税时贷记的会计科目是( )。
   A. 应交税费—应交增值税(销项税额)
   B. 应交税费—待转销项税额
   C. 应交税费—待认证进项税额
   D. 应交税费—待抵扣进项税额

6. (2018年)企业缴纳上月应交未交的增值税时，应借记( )。
   A. 应交税费—应交增值税(转出未交增值税)
   B. 应交税费—未交增值税
   C. 应交税费—应交增值税(转出多交增值税)
   D. 应交税费—应交增值税(已交税金)

7. (2018年)下列各项中，属于企业按规定代扣代缴职工个人所得税时，应借记的会计科目是( )。
   A. 管理费用　　　B. 税金及附加
   C. 营业外支出　　D. 应付职工薪酬

8. (2018年)某企业为增值税一般纳税人，下列各项中，关于该企业初次购入增值税税控系统专用设备按规定抵减增值税应纳税额的会计处理正确的是( )。
   A. 借记"累计折旧"科目，贷记"应交税费—应交增值税(减免税款)"科目
   B. 借记"应交税费—应交增值税(减免税款)"科目，贷记"累计折旧"科目
   C. 借记"应交税费—应交增值税(减免税款)"科目，贷记"管理费用"科目
   D. 借记"管理费用"科目，贷记"应交税费—应交增值税(减免税款)"科目

9. 某增值税一般纳税人企业适用的增值税税率为13%，因洪灾毁损原材料一批，该批原材料的实际成本是10000元，收回残料价值200元，保险公司赔偿2000元。该批毁损材料造成的损失净额是( )元。
   A. 6100　　　　　B. 7800
   C. 8200　　　　　D. 9500

10. 应交消费税的委托加工物资收回后直接用于销售的，其所负担的消费税应当计入( )。
    A. 生产成本　　　B. 应交税费
    C. 主营业务成本　D. 委托加工物资

11. 下列各项税金中，一般不影响企业损益的是( )。

A. 消费税
B. 城市维护建设税
C. 一般纳税人正常销售商品时产生的增值税销项税额
D. 所得税

三、多项选择题

1. (2019年、2018年)下列各项中,企业应通过"应交税费"科目核算的有( )。
   A. 计算应交纳的城市维护建设税
   B. 对外转让厂房应交纳的土地增值税
   C. 购买印花税票应交纳的印花税
   D. 对外销售应税产品应交纳的资源税

2. (2018年)下列各项中,属于增值税一般纳税人应在"应交税费"科目下设置的明细科目有( )。
   A. 待抵扣进项税额
   B. 预交增值税
   C. 简易计税
   D. 待转销项税额

3. (2018年)下列各项中,关于增值税一般纳税人会计处理表述正确的有( )。
   A. 已单独确认进项税额的购进货物用于投资,应贷记"应交税费—应交增值税(进项税额转出)"科目
   B. 将委托加工的货物用于对外捐赠,应贷记"应交税费—应交增值税(销项税额)"科目
   C. 已单独确认进项税的购进货物发生非正常损失,应贷记"应交税费—应交增值税(进项税额转出)"科目
   D. 企业管理部门领用本企业生产的产品,应贷记"应交税费—应交增值税(销项税额)"科目

4. (2014年改)下列各项中,应计入相关资产成本的有( )。
   A. 企业进口原材料缴纳的进口关税
   B. 企业签订加工承揽合同缴纳的印花税
   C. 企业商务用车缴纳的车船税
   D. 小规模纳税人购买商品支付的增值税

5. 对小规模纳税企业,下列说法中正确的有( )。

A. 小规模纳税企业销售货物或者提供应税劳务,一般情况下,只能开具普通发票,不能开具增值税专用发票
B. 小规模纳税企业销售货物或提供应税劳务,实行简易办法计算应纳税额,按照不含税销售额的一定比例计算征收
C. 小规模纳税企业在"应交增值税"明细科目下应设置"已交税金"等专栏
D. 小规模纳税企业购入货物取得增值税专用发票,其支付的增值税额可计入进项税额,并由销项税额抵扣,而不计入购入货物的成本

6. 企业实际交纳本期应交增值税,不应通过( )科目核算。
   A. 应交税费—应交增值税(销项税额)
   B. 应交税费—应交增值税(进项税额)
   C. 应交税费—应交增值税(进项税额转出)
   D. 应交税费—应交增值税(已交税金)

7. 下列关于消费税的表述,不正确的有( )。
   A. 凡是缴纳增值税的业务均需缴纳消费税
   B. 用于固定资产建设的消费品应将消费税计入相关资产成本中
   C. 将自产消费品用于对外投资,应将消费税记入"营业外支出"科目
   D. 企业委托加工应税消费品在收回后,应将由受托方代收代缴的消费税计入相关成本

四、判断题

1. (2019年)小规模纳税人购进原材料时,应按照取得的增值税专用发票上注明的增值税税额计入所购原材料的成本。( )

2. (2019年)企业初次购买增值税税控系统专用设备,按规定可抵减的增值税应纳税额,应冲减专用设备成本。( )

3. (2019年)企业销售自产应税消费税品确认的消费税,应记入"税金及附加"科目。( )

4. (2018年)企业为增值税一般纳税人,取得准予从销项税额抵扣的增值税扣税凭证,但尚未经税务机关认证的进项税额记入"应交税费—待认证进项税额"。( )

5. (2018年)小规模纳税人销售货物采用销售

额和应纳增值税税额合并定价的方法，向客户结算款项时应将其换算为不含税销售额，计算公式为：销售额=含税销售额/(1+征收率)。 （ ）

同步训练答案及解析

一、百考多选题

BE 【解析】选项A，该企业计入在建工程的金额应为11000元：

借：在建工程　　　　　　　11000
　　贷：库存商品　　　　　　　10000
　　　　应交税费——应交消费税　1000

选项C，企业自产自用应税产品应交纳的资源税：

借：生产成本、制造费用等
　　贷：应交税费——应交资源税

选项D，应交的城市维护建设税=(应交增值税100000元+消费税300000元)×7%=本期企业城市维护建设税28000元。

二、单项选择题

1. C 【解析】小规模纳税人，不管是取得增值税普通发票还是增值税专用发票，确认的进项税额都不能抵扣，需计入采购存货的成本中。所以本月应缴纳的增值税税额=123600÷(1+3%)×3%=3600(元)。

2. A 【解析】小规模纳税人进行账务处理时，只需在"应交税费"科目下设置"应交增值税"明细科目，"应交税费——应交增值税"科目贷方登记应交纳的增值税，借方登记已交纳的增值税。

3. A 【解析】企业确认车船税：

借：税金及附加
　　贷：应交税费——应交车船税

4. C 【解析】选项A，应通过"应付职工薪酬"科目核算；选项BD，企业交纳的印花税、耕地占用税等不需要预计应交数的税金，不通过"应交税费"科目核算。

5. A 【解析】会计分录：

借：应收账款
　　贷：应交税费——应交增值税(销项税额)

6. B 【解析】会计分录：

借：应交税费——未交增值税
　　贷：银行存款

7. D 【解析】会计分录：

借：应付职工薪酬
　　贷：应交税费——应交个人所得税

8. C 【解析】会计分录：

借：应交税费——应交增值税(减免税款)
　　贷：管理费用

9. B 【解析】因自然灾害造成的材料毁损，购入材料发生的增值税进项税额无须转出。该批毁损的材料造成的损失净额=10000-200-2000=7800(元)。

【易错提示】自然灾害本来就很惨了，国家也不想火上浇油，因此此时的进项税额不予转出。如果是管理不善造成的，则"纯属活该"，进项税额必须转出。

10. D 【解析】委托加工物资收回后直接用于销售的，其所负担的消费税应计入委托加工物资成本；如果收回的委托加工物资用于连续生产应税消费品的，应将所负担的消费税先计入"应交税费——应交消费税"科目的借方，按规定用以抵扣加工的消费品销售后所负担的消费税。

11. C 【解析】选项AB，消费税、城市维护建设税一般记入"税金及附加"科目，影响当期损益；选项D，所得税应记入"所得税费用"科目，影响当期损益。选项C，一般纳税人正常销售时产生的增值税销项税额，一般借方通过"应收账款/银行存款"等科目核算，贷方通过"应交税费——应交增值税(销项税额)"科目核算，不涉及损益类科目，不影响损益。

三、多项选择题

1. ABD 【解析】选项A，会计分录：

借：税金及附加
　　贷：应交税费——应交城市维护建设税

选项B，会计分录：

计算应交土地增值税：
借：固定资产清理
　　贷：应交税费——应交土地增值税
用银行存款交纳土地增值税：
借：应交税费——应交土地增值税
　　贷：银行存款
选项C，会计分录：
借：税金及附加
　　贷：银行存款
选项D，会计分录：
借：税金及附加
　　贷：应交税费——应交资源税
『拓展』耕地占用税的分录：
借：无形资产等
　　贷：银行存款

2. ABCD

3. BC 【解析】选项A，应当视同销售，确认应交税费——应交增值税(销项税额)；选项D，不视同销售，直接借记"管理费用"，贷记"库存商品"。

4. AD 【解析】选项A，关税应计入相关资产成本；选项BC，印花税和车船税应计入税金及附加；选项D，小规模纳税人购买商品支付的增值税不能抵扣，应计入相关资产成本。

5. AB 【解析】选项C，小规模纳税企业不需要在"应交增值税"明细科目中设置专栏；选项D，小规模纳税企业购入货物支付的增值税额计入购入货物的成本。

6. ABC 【解析】企业交纳本期应交增值税，借记"应交税费——应交增值税(已交税金)"科目，贷记"银行存款"科目。
【易错提示】注意区分应交增值税几个明细科目的使用方式。"销项税额"在实现销售时使用，"进项税额"在购入货物时使用，"进项税额转出"在已经计入进项税额的部分不能抵扣做转出处理时使用，"已交税金"在实际缴纳增值税时使用。

7. ACD 【解析】选项A，消费税是针对特定的消费品征税的，不是征收增值税即征收消费税；选项C，将自产消费品用于对外投资，应将消费税记入"税金及附加"科目；选项D，收回后直接销售的，应该计入相关资产的成本；收回后继续加工应税消费品的应该记入"应交税费——应交消费税"的借方。

四、判断题

1. √

2. × 【解析】企业初次购入增值税税控系统专用设备，按规定可抵减的增值税应纳税额：
借：应交税费——应交增值税(减免税款)
　　贷：管理费用等
小规模纳税人应借记"应交税费——应交增值税"科目。

3. √

4. √

5. √

通关演练 限时20min

一、单项选择题

1. (2019年)某家电生产企业，2019年5月以其生产的每台成本为800元的微波炉作为非货币性福利发放给职工，发放数量为100台，该型号的微波炉不含增值税的市场售价为1000元，适用的增值税税率为13%。不考虑其他因素，该企业确认职工薪酬的金额为( )元。

A. 90400　　B. 80000
C. 100000　　D. 113000

2. 2017年1月1日，某企业向银行借入资金500万元，期限为6个月，年利率为4%，借款利息分月计提，季末交付，本金到期一次归还，2017年6月30日，该企业交付借款利息时，应借记的科目是( )。

A. 应付利息

B. 财务费用
C. 银行存款
D. 财务费用和应付利息

3. 某企业以现金支付财务人员生活困难补助2000元，下列各项中，会计处理正确的是(　　)。
   A. 借：应付职工薪酬—职工福利 2000
           贷：库存现金   2000
   B. 借：其他应付款   2000
           贷：库存现金   2000
   C. 借：营业外支出   2000
           贷：库存现金   2000
   D. 借：管理费用   2000
           贷：库存现金   2000

4. 甲企业为增值税一般纳税人，本月发生进项税额1600万元，销项税额4800万元，进项税额转出48万元，同时月末以银行存款缴纳增值税税额1000万元，则本月尚未缴纳的增值税为(　　)万元。
   A. 2200   B. 2248
   C. 3848   D. 4848

5. 甲公司为增值税一般纳税人，委托外单位加工一批应交消费税的商品，原值500万元，以银行存款支付加工费200万元、增值税税额为26万元、消费税税额为30万元，该加工商品收回后用于连续生产应税消费品。则收回商品时记入"应交税费"科目的金额为(　　)万元。
   A. 0   B. 30
   C. 26   D. 56

二、多项选择题

1. 下列关于应付账款的表述中，正确的有(　　)。
   A. 购入商品需支付的应付账款包括增值税的金额
   B. 应付账款按照扣除现金折扣后的金额入账
   C. 企业开出商业汇票通过"应付账款"核算
   D. 无法支付的应付账款按其账面余额记入"营业外收入"

2. 下列关于非货币性职工薪酬的表述，正确的有(　　)。
   A. 企业将拥有的房屋等资产无偿提供给职工使用的，应当根据受益对象，按照该住房的公允价值计入相关资产成本或当期损益，同时确认应付职工薪酬
   B. 难以认定受益对象的非货币性福利，直接计入当期损益和应付职工薪酬
   C. 企业租赁住房等资产供职工无偿使用的，应当根据受益对象，将每期应付的租金计入相关资产成本或当期损益，并确认应付职工薪酬
   D. 企业以其自产产品作为非货币性福利发放给职工的，应当根据受益对象，按照产品的账面价值，计入相关资产成本或当期损益，同时确认应付职工薪酬

3. 企业自产自用的应税矿产品应交的资源税，应计入(　　)。
   A. 制造费用
   B. 生产成本
   C. 主营业务成本
   D. 税金及附加

三、判断题

1. 企业无法支付的应付账款应该记入到"其他业务收入"科目。(　　)
2. 资产负债表日企业按工资总额的一定比例计提的基本养老保险属于设定提存计划，通过"应付职工薪酬—非货币性福利—基本养老保险费"科目核算。(　　)
3. 企业进口应税消费品缴纳的消费税，计入应交税费的借方。(　　)

四、不定项选择题

(2019年)某企业为增值税一般纳税人，主要业务是生产销售家电。2018年12月该企业专设销售机构发生与职工薪酬有关的业务如下：

(1)3日，以银行存款支付当月职工宿舍房租16500元。该宿舍专供销售人员免费居住。

(2)10日，以银行存款发放上月销售机构人员职工薪酬465000元。应付上月销售人员职工薪酬总额为480000元，按税法规定应代扣代缴的职工个人所得税共计12000元。发放时收回代职工家属缴纳的医药费3000元。

(3)17日至21日，销售机构职工张某休探亲假5天，按照规定，确认为非累积带薪缺勤。

(4)31日，确认12月销售机构人员工资为560000元。按国家规定计提标准应缴纳的基本养老保险费为112000元，基本医疗保险费、工伤保险费等共计53200元，计提工会经费和职工教育经费共计25200元。

要求：
根据上述资料，不考虑其他因素，分析回答下列小题。

(1)根据资料(1)，下列各项中，该企业确认并支付职工宿舍租金的会计科目处理表述正确的是( )。
A. 借记"销售费用"科目，贷记"应付职工薪酬"科目
B. 借记"主营业务成本"科目，贷记"应付职工薪酬"科目
C. 借记"应付职工薪酬"科目，贷记"银行存款"科目
D. 借记"销售费用"科目，贷记"银行存款"科目

(2)根据资料(2)，下列各项中，该企业发放11月销售机构人员职工薪酬的会计处理正确的是( )。

A. 代扣款项：
借：应付职工薪酬 3000
　　贷：其他应收款—代垫医药费 3000
B. 发放职工薪酬：
借：应付职工薪酬 465000
　　贷：银行存款 465000
C. 代扣个人所得税：
借：应付职工薪酬 12000
　　贷：应交税费—应交个人所得税 12000
D. 发放职工薪酬
借：销售费用 465000
　　贷：银行存款 465000

(3)根据资料(3)，下列各项中，关于该企业非累积带薪缺勤的会计处理表述正确的是( )。
A. 本期尚未用完的带薪缺勤权利不能结转下期
B. 视同职工出勤不额外作账务处理
C. 确认非累积带薪缺勤时借记"管理费用"科目
D. 本期尚未用完的带薪缺勤权利可以结转下期

(4)根据资料(4)，该企业12月31日应记入"应付职工薪酬—设定提存计划"科目的金额是( )元。
A. 25200   B. 165200
C. 112000   D. 53200

(5)根据资料(1)至(4)，该企业12月销售费用增加的金额是( )元。
A. 750400   B. 1246900
C. 766900   D. 725200

通关演练答案及解析

一、单项选择题

1. D 【解析】该企业确认职工薪酬的金额＝1000×100×(1+13%)＝113000(元)。

2. D 【解析】借款利息分月计提，按季支付，即3月31日支付1月、2月和3月的利息，1月和2月已经预提，支付时通过应付利息核算，3月份的利息在3月实际支付，不用预提，直接通过财务费用核算。同理，6月30日支付利息时，4月和5月的利息通过应付利息核算，6月的利

3. A 【解析】完整的分录为：
分配时：
借：管理费用　　　　　　　　2000
　　贷：应付职工薪酬—职工福利　2000
支付时：
借：应付职工薪酬—职工福利　2000
　　贷：库存现金　　　　　　　2000

4. B 【解析】应交增值税余额＝销项税额＋进项税额转出－进项税额－已交税额＝4800+48-1600-1000=2248（万元）。

5. D 【解析】收回后用于连续生产应税消费品的消费税应记入"应交税费"的借方，增值税作为可以抵扣的进项税额，计入应交税费中。因此应交税费科目的金额＝26+30=56（万元）。

二、多项选择题

1. AD 【解析】选项B，应付账款按照扣除现金折扣前的金额入账；选项C，开出的商业汇票通过"应付票据"科目核算。

2. BC 【解析】选项A，企业拥有的房屋作为固定资产核算，应计提折旧，无偿提供给职工使用时，应当根据受益对象将计提的折旧计入当期损益或相关资产成本，同时确认应付职工薪酬；选项D，以企业自产产品作为福利发放给职工的，应当根据受益对象，按照产品的公允价值和增值税之和，计入当期损益或相关资产成本，同时确认应付职工薪酬。

3. AB 【解析】企业自销产品应交的资源税记入"税金及附加"科目，自产自用的记入"生产成本"或"制造费用"科目。

三、判断题

1. × 【解析】无法支付的应付账款应该记入到"营业外收入"科目。

2. × 【解析】资产负债表日企业按工资总额的一定比例计提的基本养老保险属于设定提存计划，通过"应付职工薪酬—设定提存计划—基本养老保险费"科目核算。

3. × 【解析】进口应税物资在进口环节应交的消费税，计入该项物资的成本，借记"材料采购""原材料"等科目，贷记"银行存款"科目。

四、不定项选择题

(1) AC；(2) ABC；(3) AB；(4) C；(5) C。

【解析】(1) 资料(1) 会计分录：
借：销售费用　　　　　　　　16500
　　贷：应付职工薪酬　　　　　16500
借：应付职工薪酬　　　　　　16500
　　贷：银行存款　　　　　　　16500
(2) 资料(2) 会计分录：
发放职工薪酬：
借：应付职工薪酬　　　　　　465000
　　贷：银行存款　　　　　　　465000
代扣个人所得税：
借：应付职工薪酬　　　　　　12000
　　贷：应交税费—应交个人所得税
　　　　　　　　　　　　　　　12000
缴纳个人所得税：
借：应交税费—应交个人所得税
　　　　　　　　　　　　　　　12000
　　贷：银行存款　　　　　　　12000
代扣款项：
借：应付职工薪酬　　　　　　3000
　　贷：其他应收款　　　　　　3000
(3) 非累积带薪缺勤实际发生时不需要进行账务处理。
(4) 资料(4) 中关于设定提存计划的会计分录：
借：销售费用　　　　　　　　112000
　　贷：应付职工薪酬—设定提存计划
　　　　　　　　　　　　　　　112000
(5) 销售费用增加的金额＝16500（资料1）+560000（资料4）+112000（资料4）+53200（资料4）+25200（资料4）＝766900（元）。

本章知识串联

- **负债**
  - **短期借款** ★★
    - 企业向银行或其他金融机构等借入的期限在1年以下（含一年）的各种款项
    - 计提短期借款利息
      - 借：财务费用　　贷：应付利息
      - 数额不大的，可以不预提，在实际支付或者收到计息通知时，直接计入当期损益

  - **应付及预收账款** ★★★
    - 应付票据
      - 商业承兑汇票和银行承兑汇票
      - 无力支付的商业承兑汇票，转入应付账款；
        无力支付的银行承兑汇票，转入短期借款。　　〔对比记忆〕
    - 应付账款
      - 若应付账款带有现金折扣，按扣除前的应付款总额入账，不得扣除现金折扣
      - 无法支付的应付账款转入营业外收入
    - 合同负债：核算企业已收或应收客户对价而应向客户转让商品的义务
    - 预收账款
    - 应付利息
      - 核算短期借款、分期付息到期还本的长期借款、企业债券等应支付的利息
      - 计提利息　　借：在建工程/财务费用等　　贷：应付利息
    - 应付股利：董事会拟分配的现金股利或利润不进行账务处理，在附注中披露
    - 其他应付款：其他应付款包括应付短期租赁固定资产、租入包装物租金、存入保证金等

  - **应付职工薪酬** ★★★
    - 职工薪酬包括：短期薪酬、离职后福利、辞退福利和其他长期职工福利
    - 短期薪酬的核算
      - 货币性职工薪酬：工资、奖金、津贴和补贴，职工福利费，国家规定计提标准的职工薪酬，短期带薪缺勤　　〔注意不同职工薪酬的核算〕
      - 非货币性职工薪酬
        - 自产产品：视同销售，确认收入并结转成本
        - 拥有的房屋等资产：计提的折旧计入相关资产成本或当期损益
        - 租赁住房：应付的租金计入相关资产成本或当期损益
    - 设定提存计划的核算：提存金计入相关资产成本或当期损益

  - **应交税费** ★★★
    - 应交增值税：一般纳税人、小规模纳税人的账务处理、差额征税的账务处理、增值税税控系统专用设备和技术维护费用抵减增值税额的账务处理　　〔注意视同销售行为的核算〕
    - 应交消费税：产品销售和委托加工的账务处理
    - 资源税、城建税、教育费附加、房产税、车船税、城镇土地使用税、印花税：计入税金及附加
    - 其他应交税费
      - 土地增值税
        - 税金及附加：经营房地产
        - 固定资产清理：转让的土地使用权连同地上建筑物及其附着物一并在固定资产核算
        - 土地使用权单独作为"无形资产"核算的，最终影响资产处置损益
      - 个人所得税：通常由单位代扣代缴

第4章 所有者权益

历年考情概况

本章是《初级会计实务》中比较重要的一章,考试覆盖了单选、多选、判断等题型,历年考试情况为2019年10分,2018年10分,2017年13分,预计今年考试分数在10分-15分之间。

近年考点直击

考点	主要考查题型	考频指数	考查角度
实收资本(股本)	单选题、多选题、判断题、不定项选择题	★★★	(1)接受现金资产投资和非现金资产投资的账务处理;(2)实收资本(股本)的增减变动
资本公积	单选题、多选题、判断题、不定项选择题	★★★	(1)资本公积的概念;(2)资本溢价和股本溢价的账务处理
留存收益	单选题、多选题、判断题	★★	(1)留存收益的概念、增减变动;(2)利润分配的顺序及相关的账务处理

2020年考试变化

本章内容无实质性变化。

【案例导入】

有福有喜初级必胜公司出资及经营状况如下:

(1)有福和有喜各出资10万元成立京杭有福有喜初级必胜有限责任公司,款项已存入银行;

(2)半年后,金八打算加入该公司,与有福和有喜约定投入15万元,占该公司1/3的股份;

(3)年底,公司赚取净利润10万元,根据《公司法》规定,应按净利润的10%提取法定盈余公积,同时公司决定提取任意盈余公积2万元;

(4)公司股东会决定向每位股东分配股利各1万元,共3万元。

要求:
(1)编制上述业务的会计分录;
(2)计算该公司实收资本、资本公积、盈余公积、未分配利润和留存收益的余额。

【分析】

1. 会计分录

(1)借:银行存款　　　　　　　　20
　　　贷:实收资本　　　　　　　20
(2)借:银行存款　　　　　　　　15
　　　贷:实收资本　　　　　　　10
　　　　　资本公积——资本溢价　 5
(3)借:利润分配——提取法定盈余公积
　　　　　　　　　　　　　　　　1
　　　贷:盈余公积——法定盈余公积 1
　　借:利润分配——提取任意盈余公积
　　　　　　　　　　　　　　　　2
　　　贷:盈余公积——任意盈余公积 2

『提示』很多考生觉得此处明细科目比较难掌握,其实你只需记住:"利润分配"明细科目比"盈余公积"明细科目多"提取"俩字。

(4)借：利润分配——应付现金股利或利润 3
　　　贷：应付股利 3
2. 各项目金额
实收资本=20+10=30(万元)
资本公积=5(万元)
盈余公积=1(法定盈余公积)+2(任意盈余公积)=3(万元)
未分配利润=10(净利润)-1(法定盈余公积)-2(任意盈余公积)-3(提取应付股利)=4(万元)
留存收益=3(盈余公积)+4(未分配利润)=7(万元)

第一节　实收资本（股本）

扫我解疑难

考点详解

一、概述

股东可以用货币资金、存货、固定资产和无形资产等财产作价出资。

设置"**实收资本**"(非股份制公司)或"**股本**"(股份制公司)账户，此账户属于所有者权益类，增加在贷方，减少在借方，余额在贷方。

『**提示**』我国公司有两种形式：股份有限公司和有限责任公司。股份有限公司的注册资本对应"股本"科目，有限责任公司的注册资本对应"实收资本"科目。

二、会计处理

(一)接受货币现金投资★
1. 非股份公司
【案例1】福喜公司接受甲个人投资100万元，享有注册资本的份额为60万元。
其会计分录应为：
借：银行存款　　　　　　　　100
　　贷：实收资本[按比例所占份额] 60
　　　　资本公积——资本溢价[超出份额部分] 40

2. 股份公司
股份有限公司可以**按面值(1元)和高于面值(溢价)发行股票，但不可以低于面值(折价)发行股票**。

【案例2】福喜股份有限公司发行普通股1000万股，每股面值1元，每股发行价格8元。其会计分录为：
借：银行存款　　　　　　　　8000
　　贷：股本　　　　　　　　1000
　　　　资本公积——股本溢价　7000

(二)接受非现金资产投资★★
1. 接受固定资产投资
企业接受股东作价投入的固定资产，应**按合同或协议约定的价值(一般是公允价，不公允的除外)**作为固定资产入账价值。

【案例3】福喜有限责任公司接受设备投资，不含税价值100万元，可抵扣增值税进项税额13万元。会计分录如下：
借：固定资产　　　　　　　　100
　　应交税费——应交增值税(进项税额) 13
　　贷：实收资本　　　　　　113

2. 接受材料物资投资
【案例4】福喜有限责任公司接受原材料投资，不含税价值100万元，可抵扣增值税进项税额13万元。会计分录如下：
借：原材料　　　　　　　　　100
　　应交税费——应交增值税(进项税额) 13
　　贷：实收资本　　　　　　113

【**例题1·单选题**】(2012年改)甲、乙公司均为增值税一般纳税人，适用的增值税税率为13%。甲公司接受乙公司投资转入的原材料一批，账面价值100000元，投资协议约定的价值120000元，假定投资协议约定的价值与公允价值相符，该项投资没有产生资本溢价。甲公司实收资本应增加(　)元。
A. 100000　　　　B. 113000
C. 120000　　　　D. 135600
解析▶甲公司实收资本应增加的金额=

120000×(1+13%)= 135600(元)。 **答案** D

3. 接受无形资产投资

【案例5】福喜有限责任公司接受非专利技术投资，不含税价值为100万元，可抵扣增值税进项税额6万元。会计分录如下：

借：无形资产　　　　　　　　　100
　　应交税费——应交增值税(进项税额)
　　　　　　　　　　　　　　　　6
　贷：实收资本　　　　　　　　106

(三) 实收资本(或股本)的增减变动 ★★★

1. 增加

资本增加的情况：追加投资、资本公积或盈余公积转增资本。

(1) 接受投资者追加投资。

【案例6】福喜有限责任公司接受投资者追加投资设备价款100万元，增值税进项税额13万元，占注册资本份额为110万元。会计分录如下：

借：固定资产　　　　　　　　　100
　　应交税费——应交增值税(进项税额)
　　　　　　　　　　　　　　　13
　贷：实收资本　　　　　　　　110
　　　资本公积——资本溢价　　　3

留存收益(盈余公积、未分配利润)不变，所有者权益增加113万元。

(2) 资本公积转增资本。

【案例7】资本公积转增资本10万元。

借：资本公积　　　　　　　　　10
　贷：实收资本[或股本]　　　　10

留存收益(盈余公积、未分配利润)不变，所有者权益内部一增一减，总额不变。

(3) 盈余公积转增资本。

【案例8】盈余公积转增资本10万元。

借：盈余公积　　　　　　　　　10
　贷：实收资本[或股本]　　　　10

留存收益(盈余公积)减少10万元，所有者权益内部一增一减，总额不变。

2. 减少

企业减少注册资本应按法定程序**报经批准**，股份有限公司一般采用**收购本公司股票方式减资**。

设置"库存股"账户，此账户为**所有者权益备抵类账户(不是资产类)**，增加在借方，减少在贷方，**先回购、后注销，初级考试回购和注销金额相同，该账户无余额**。

【案例9】1月1日，福喜股份有限公司发行1万股普通股股票，每股7元。会计分录如下：

借：银行存款　　　　　　　　　7
　贷：股本　　　　　　　　　　1
　　　资本公积——股本溢价　　　6

(1) 如果购回股票支付的价款高于面值总额：

7月1日，经批准收购本公司股票减资，收购1万股，每股7元。

①如果"资本公积——股本溢价"贷方余额大于等于6万元。

『提示』解题步骤：先做与发行股票相反的分录，再插进"库存股"科目。

第一步，先做与发行股票相反的分录。

借：股本　　　　　　　　　　　1
　　资本公积——股本溢价　　　　6
　贷：银行存款　　　　　　　　7

『注意』此处只做第一步分录，会计准则不允许。

第二步，再插进"库存股"科目。

借：股本　　　　　　　　　　　1
　　资本公积——股本溢价　　　　6
　贷：**库存股[注销]**　　　　　7
借：**库存股[回购]**　　　　　　7
　贷：银行存款　　　　　　　　7

『注意』做题时，先编制回购分录，再编制注销分录，即牢记"**先回购，后注销**"。

②如果"资本公积——股本溢价"贷方余额为3万元，盈余公积贷方余额为3万元。

先回购：

借：库存股　　　　　　　　　　7
　贷：银行存款　　　　　　　　7

再注销：

借：股本 1
　　资本公积—股本溢价 3
　　盈余公积 3
　　　贷：库存股 7

③如果"资本公积—股本溢价"贷方余额为3万元，盈余公积贷方余额为1万元。

先回购：
借：库存股 7
　　贷：银行存款 7

再注销：
借：股本 1
　　资本公积—股本溢价 3
　　盈余公积 1
　　利润分配—未分配利润 2
　　　贷：库存股 7

(2)如果购回股票支付的价款低于面值总额：

7月1日，经批准收购本公司股票减资，收购1万股，每股0.8元。

先回购：
借：库存股 0.8
　　贷：银行存款 0.8

再注销：
借：股本 1
　　贷：库存股 0.8
　　　资本公积—股本溢价 0.2

『学霸总结』所有者权益的内容★★★

所有者权益科目或账户(2016年不定项选择题；2018年、2010年单选题)	实收资本(股份有限公司：股本)、资本公积、库存股(备抵类账户)、盈余公积、其他综合收益、本年利润和利润分配
资产负债表中所有者权益的项目(2016年单选题)	实收资本(股份有限公司：股本)、资本公积、库存股、盈余公积、其他综合收益、未分配利润

◎ 同步训练　限时30min

一、单项选择题

1. (2019年)某上市公司经股东大会批准以现金回购并注销本公司股票1000万股，每股面值为1元，回购价为每股1.5元，该公司注销股份时"资本公积—股本溢价"科目余额为1000万元，"盈余公积"科目余额为500万元。不考虑其他因素，该公司注销股份的会计科目处理正确的是(　)。

A. 借记"资本公积—股本溢价"科目500万元
B. 借记"股本"科目1500万元
C. 借记"盈余公积"科目500万元
D. 借记"库存股"科目1000万元

2. (2018年)下列各项中，不通过所有者权益类科目核算的是(　)。

A. 固定资产毁损的净损失
B. 接受投资者投入的货币资金
C. 发行的股票产生的溢价
D. 提取的法定盈余公积

3. (2018年)下列各项中，会引起企业所有者权益总额增加的是(　)。

A. 当年实现净利润
B. 以盈余公积弥补以前年度亏损
C. 盈余公积转增资本
D. 向投资者宣告发放现金股利

4. (2010年)某公司2009年年初所有者权益总额为1360万元，当年实现净利润450万元，提取盈余公积45万元，向投资者分配现金股利200万元，本年内以资本公积转增资本50万元，投资者追加现金投资30万元。该公司年末所有者权益总额为(　)万元。

A. 1565　　　　　B. 1595
C. 1640　　　　　D. 1795

5. 甲、乙公司均为增值税一般纳税人，适用的增值税税率为13%。甲公司接受乙公司投资的原材料一批，账面价值100000元，投资协议约定的价值为120000元，假定投资协议约定的价值与公允价值相符，增值税进项税额由投资方支付，并开具了增值税专用发票，该项投资没有产生资本溢价。甲公司原材料和实收资本的金额分别为( )元。
A. 100000，100000　　B. 100000，113000
C. 120000，120000　　D. 120000，135600

6. 某股份有限公司按法定程序报经批准后采用收购本公司股票方式减资，购回股票支付价款低于股票面值总额的，所注销库存股账面余额与冲减股本的差额应计入( )。
A. 未分配利润　　B. 营业外收入
C. 盈余公积　　D. 资本公积

二、多项选择题

1. (2018年)某公司2017年年初股本为8000万元(每股股票面值为1元)，资本公积——股本溢价为5000万元，2017年公司按照每股3元的价格回购本公司股票1000万股并注销。不考虑其他因素，下列各项中，关于该公司注销所回购股票相关会计处理正确的有( )。
A. 借记"盈余公积"科目2000万元
B. 借记"资本公积"科目2000万元
C. 借记"利润分配——未分配利润"科目2000万元
D. 借记"股本"科目1000万元

2. (2015年)下列各项中，会导致企业实收资本增加的有( )。
A. 盈余公积转增资本
B. 接受非流动资产捐赠
C. 资本公积转增资本
D. 接受投资者追加投资

3. 甲有限责任公司注册资本总额为500万元，收到乙公司投入的银行存款120万元，在原注册资本中占20%的份额，甲公司进行账务处理时，涉及的会计科目有( )。
A. 银行存款
B. 实收资本(或股本)
C. 资本公积
D. 盈余公积

4. 下列各项中，会引起企业实收资本金额发生增减变动的有( )。
A. 接受无形资产投资
B. 接受非流动资产捐赠

C. 对外进行债券投资
D. 接受现金投资

5. 实收资本增加的途径有( )。
A. 接受投资者追加投资
B. 本年度实现净利润
C. 盈余公积转增资本
D. 资本公积转增资本

6. 某上市公司通过回购本公司股票方式减资，回购股票支付的总价款高于面值总额，在注销回购的股票时，可能涉及的会计科目有( )。
A. 盈余公积　　B. 资本公积
C. 股本　　D. 未分配利润

三、判断题

1. (2017年)企业接受投资者投资，投资者超额缴入的资本应该计入资本公积。( )

2. (2017年)除投资合同或协议约定价值不公允的以外，企业接受投资者作为资本投入的固定资产，应按投资合同或协议的约定价值确定其入账价值。( )

3. (2017年)有限责任公司以资本公积转增资本，应当按照原出资者各自出资比例相应增加各出资者的出资金额。( )

4. 企业增发新股，企业的股本金额增加，但是所有者权益总额不发生变化。( )

5. 企业接受投资者以非现金资产投资时，应按该资产的账面价值入账。( )

6. 有限责任公司以资本公积或盈余公积转增资本，应当按照原出资者各自出资比例相应增加各出资者的出资金额。( )

7. 投资者B将一项专利权投入公司作为增资，投资合同中约定该专利权价值为120000元，增值税税率为6%，不产生溢价，则公司的实收资本增加120000元。( )

同步训练答案及解析

一、单项选择题

1. A　【解析】本题分录为：
回购时：

借：库存股　　　　　　(1000×1.5)1500
　　　贷：银行存款　　　　　　　　1500
注销本公司股份时：
借：股本　　　　　　　(1000×1)1000
　　资本公积—股本溢价　　　　　500
　　　贷：库存股　　　　　　　　1500

2. A 【解析】所有者权益类科目主要包括：实收资本、资本公积、盈余公积、利润分配等。选项A，记入"营业外支出"，不属于所有者权益类科目；选项B，借记"银行存款"，贷记"实收资本/股本"；选项C，记入"资本公积—股本溢价"；选项D，借记"利润分配"，贷记"盈余公积"。

3. A 【解析】选项A，当年实现净利润：
借：本年利润
　　　贷：利润分配—未分配利润
贷方利润分配增加，引起所有者权益总额增加。
选项B，以盈余公积弥补以前年度亏损：
借：盈余公积
　　　贷：利润分配—盈余公积补亏
属于所有者权益一增一减，所有者权益总额不变。
选项C，盈余公积转增资本：
借：盈余公积
　　　贷：实收资本/股本
属于所有者内部一增一减，所有者权益总额不变。
选项D，向投资者宣告发放现金股利
借：利润分配—应付现金股利或利润
　　　贷：应付股利
利润分配减少，引起所有者权益总额减少。

4. C 【解析】以资本公积转增资本、提取盈余公积是所有者权益内部项目的变化，并不影响所有者权益总额，向投资者分配利润减少所有者权益总额，实现净利润、接受现金投资增加所有者权益，因此该企业年末所有者权益总额=1360+450-200+30=1640(万元)。

5. D 【解析】会计分录：

借：原材料　　　　　　　　　　120000
　　应交税费—应交增值税(进项税额)
　　　　　　　　　　(120000×13%)15600
　　　贷：实收资本　　　　　　　135600

6. D 【解析】如果购回股票支付的价款低于面值总额，所注销库存股的账面余额与所冲减股本的差额作为增加"资本公积—股本溢价"处理。
假设公司按每股0.6元回购股票50万股，全部注销。
(1)回购本公司股份时：
借：库存股　　　　　　　　　　　30
　　　贷：银行存款　　　　　　　　30
(2)注销本公司股份时：
借：股本　　　　　　　　　　　　50
　　　贷：库存股　　　　　　　　　30
　　　　　资本公积—股本溢价　　　20

二、多项选择题
1. BD 【解析】本题会计处理：
回购：
借：库存股　　　　　　　　　　3000
　　　贷：银行存款　　　　　　　3000
注销：
借：股本　　　　　　　　　　　1000
　　资本公积　　　　　　　　　2000
　　　贷：库存股　　　　　　　　3000

2. ACD 【解析】选项A：
借：盈余公积
　　　贷：实收资本
选项B：
借：固定资产等
　　　贷：营业外收入
选项C：
借：资本公积
　　　贷：实收资本
选项D：
借：银行存款等
　　　贷：实收资本
　　　　　资本公积

3. ABC 【解析】甲公司应做的账务处理为

借：银行存款　　　　　　　　　　120
　　贷：实收资本　　　　　　　　　　100
　　　　资本公积——股本溢价　　　　 20

4. AD　【解析】选项 A，属于接受非现金资产投资，借记"无形资产""应交税费——应交增值税(进项税额)"，贷记"实收资本""资本公积"等，使得实收资本金额增加；选项 B，属于企业利得，借记"固定资产""无形资产""应交税费——应交增值税(进项税额)"，贷记"营业外收入"科目，与实收资本无关；选项 C，属于对外投资，借记"交易性金融资产"等科目，贷记"其他货币资金"，与实收资本无关；选项 D，借记"库存现金"(狭义现金)、"银行存款"(广义现金)，贷记"实收资本""资本公积——资本溢价"等，使实收资本金额增加。

5. ACD　【解析】选项 B，本年度实现净利润，先使"本年利润"增加，年末结转"本年利润"到"利润分配——未分配利润"，最后使"利润分配——未分配利润"增加，不影响实收资本。

『提示』牢记增加资本的三个途径：(1)接受投资者追加投资；(2)资本公积转增资本；(3)盈余公积转增资本。

6. ABCD　【解析】如果回购股票支付的价款高于面值总额：
①先回购：
借：库存股[股数×每股回购价]
　　贷：银行存款
②再注销：
借：股本[股数×每股面值1元]
　　资本公积——股本溢价
　　盈余公积[上一账户余额不足冲减时]
　　利润分配——未分配利润[上一账户余额不足冲减时]
　　贷：库存股[股数×每股回购价]

三、判断题
1. √
2. √
3. √

4. ×　【解析】增发新股，借记"银行存款"等，贷记"股本""资本公积——股本溢价"，使所有者权益增加。

5. ×　【解析】企业接受投资者以非现金资产投资时，应按投资合同或协议约定的价值入账，但投资合同或协议约定的价值不公允的除外。

6. √　【解析】如甲、乙、丙三个公司共同投资设立 A 有限责任公司，甲公司占比30%，乙公司占比50%，丙公司占比20%。因扩大经营规模需要，将资本公积(盈余公积)100万元转增资本，则甲公司确认实收资本增加 100×30%＝30(万元)，同理，乙公司和丙公司分别确认增加 50 万元和 20 万元。

7. ×　【解析】
借：无形资产　　　　　　　　　　120000
　　应交税费——应交增值税(进项税额)
　　　　　　　　　　　　　　　　　7200
　　贷：实收资本　　　　　　　　　127200
实收资本增加127200元。

第二节　资本公积

扫我解疑难

◎ 考点详解

一、概述

(一)资本公积的内容

资本公积是企业收到投资者出资金额超出其在注册资本(或股本)中所占份额的部分和其他资本公积等。

资本公积包括**资本溢价(或股本溢价)和其他资本公积**(如长期股权投资采用权益法核算时，因被投资单位除净损益、其他综合收益以及利润分配以外的所有者权益的其他变动)。

(二)资本公积、留存收益、其他综合收益的区分

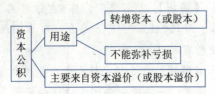

图 4-1 资本公积的用途和来源

图 4-2 留存收益的组成和来源

其他综合收益：直接计入所有者权益的各项利得和损失。

二、会计处理

（一）资本公积—资本溢价（或股本溢价）的会计处理

【案例 1】福喜股份有限公司接受投资，银行存款增加 15 万元（或 10.5 万元），股本增加 10 万元（普通股 10 万股，每股面值 1 元）。假定在此前，福喜公司的股本溢价余额为 0。会计分录如下：

借：银行存款　　　　　　　15（或 10.5）
　　贷：股本　　　　　　　　　　10
　　　　资本公积—股本溢价 5（或 0.5）

支付股票发行费（发行股票相关的手续费、佣金等交易费用）的账务处理：

①如果是溢价发行股票的，应从溢价中抵扣，冲减资本公积（股本溢价）；

②无溢价发行股票或溢价金额不足以抵扣的，应将不足抵扣的部分依次冲减盈余公积和未分配利润。

【案例 2】承上例，假定福喜公司发行股票支付手续费 1 万元，盈余公积余额为 0.3 万元。会计分录如下：

①银行存款增加 15 万元时（即"股本溢价"明细科目余额为 5 万元）：

借：资本公积—股本溢价　　　　1
　　贷：银行存款　　　　　　　　　1

②银行存款增加 10.5 万元时（即"股本溢价"明细科目余额为 0.5 万元）：

借：资本公积—股本溢价　　　　0.5
　　盈余公积　　　　　　　　　　0.3
　　利润分配—未分配利润　　　0.2
　　贷：银行存款　　　　　　　　　1

【例题 1·单选题】（2016 年、2015 年）某股份制公司委托证券公司代理发行普通股 2000 股，每股股价 1 元，发行价格每股 4 元。证券公司按发行收入的 2% 收取手续费，该公司这项业务应记入资本公积的金额为（　）元。

A. 5840　　　　　B. 5880
C. 5960　　　　　D. 6000

解析

借：银行存款　　　　　　　　8000
　　贷：股本　　　　　　　　　　2000
　　　　资本公积—股本溢价　　6000
借：资本公积—股本溢价
　　　　　　　　（2000×4×2%）160
　　贷：银行存款　　　　　　　　160

答案 A

（二）资本公积—其他资本公积的会计处理

『链接』长期股权投资权益法

A 公司投资 B 公司，占 B 公司股份的 30%，并对该公司有重大影响，因而对 B 公司长期股权投资采用权益法核算。A 公司的长期股权投资的账面价值随着 B 公司所有者权益的账面价值变化而变化。

如果被投资单位 B 除净损益、其他综合收益和利润分配以外的所有者权益的其他变动（即主要指所有者权益的资本公积—其他资本公积变动）增加 10 万元，则 A 公司的长期股权投资按照持股比例计算的增加额为 3 万元。其会计分录为：

借：长期股权投资—其他权益变动 3
　　贷：资本公积—其他资本公积　　3

处置长期股权投资时，应将"资本公积—其他资本公积"转入"投资收益"。

借：资本公积—其他资本公积　　3
　　贷：投资收益　　　　　　　　　3

『注意』考试中只有第一笔分录，此处补

充第二笔，因考试中已经删除长期股权投资内容，因此这部分内容，学员只需了解。

(三)资本公积转增资本的会计处理

借：资本公积
  贷：实收资本/股本

本业务引起所有者权益中的资本公积减少，实收资本/股本增加，所有者权益内部一增一减，总额不变，不影响留存收益(盈余公积+未分配利润)。

『学霸总结』资本公积★★★

项目		账务处理

来源	资本/股本溢价(主要来源)	借：银行存款
		  贷：实收资本[非股份公司]/股本[股份公司]
		    资本公积—股本溢价[资本溢价]

	其他资本公积(长期股权投资权益法：除净损益、其他综合收益和利润分配以外的所有者权益的变动)	借：长期股权投资—其他权益变动 贷：资本公积—其他资本公积
		处置长投时 借：资本公积—其他资本公积 贷：投资收益
用途	转增资本(不能弥补亏损)	借：资本公积 贷：实收资本/股本

同步训练 限时30min

一、单项选择题

1. (2019年、2017年)某企业公开发行普通股100万股，每股面值1元，每股发行价格为10元，按发行收入的3%向证券公司支付佣金，扣除佣金后的股票发行款存入银行。不考虑其他因素，该企业发行股票记入"资本公积"科目贷方的金额为( )万元。
   A. 970   B. 900
   C. 870   D. 873

2. 某股份有限公司首次公开发行普通股500万股，每股面值1元，发行价格每股6元，相关手续费和佣金共计95万元(不考虑增值税)。不考虑其他因素，该公司发行股票应计入资本公积的金额为( )万元。
   A. 2405   B. 2500
   C. 2905   D. 3000

二、多项选择题

1. (2019年)下列各项中，企业应通过"资本公积"科目核算的有( )。
   A. 投资者实际出资额超出其在企业注册资本的所占份额
   B. 盈余公积转增资本
   C. 回购股票确认库存股科目的账面价值
   D. 股份有限公司溢价发行股票扣除交易费用后的股本溢价

2. (2018年)下列各项中，关于公司资本公积的表述正确的有( )。
   A. 资本公积可以用于转增资本
   B. 溢价发行股票发生的相关交易费用冲减资本公积
   C. 资本公积可以用于弥补上年度发生的亏损
   D. 资本公积体现不同所有者的占有比例

3. (2015年)下列各项中，不会使资本公积发生增减变动的有( )。
   A. 企业实现净利润
   B. 盈余公积转增资本
   C. 资本公积转增资本
   D. 投资者超过注册资本额的投入资本

4. 下列各项业务或事项中，不通过"资本公积"科目核算的有( )。
   A. 接受固定资产捐赠
   B. 存货的盘盈
   C. 固定资产的盘盈
   D. 发行股票产生的股本溢价

5. 甲公司委托 A 证券公司代理发行普通股 3000 万股，每股面值 1 元，按每股 1.02 元的价格发行。甲公司与 A 证券公司约定，A 证券公司按发行收入的 3% 收取手续费，从发行收入中扣除，甲公司的资本公积科目余额为 100 万元，均是发行股票产生的溢价收入。收到的股款已存入银行。则下列处理不正确的有（ ）。

A. 增加银行存款 3060 万元

B. 增加股本 3000 万元

C. 冲减资本公积 91.8 万元

D. 增加资本公积 31.8 万元

三、判断题

1. （2019 年）投资者的出资额超过其在被投资企业注册资本中应享有的份额，多交的出资额计入其他综合收益。（ ）

2. （2018 年）企业溢价发行股票发生的相关手续费、佣金等交易费用，应计入财务费用。（ ）

3. （2016 年）公司按面值发行股票时，发生的相关交易费用冲减"资本公积—其他资本公积"科目。（ ）

4. （2016 年）股份有限公司溢价发行股票时，按面值计入股本，溢价收入扣除发行手续费、佣金等发行费用后的金额计入资本公积。（ ）

5. 资本公积主要用途是用来转增资本，不能用于派发现金股利。（ ）

四、不定项选择题

甲、乙两公司投资组建一个新的有限责任公司 S 公司。

（1）甲投资者投入自产产品一批，双方确认价值为 200 万元（与公允价值一致），税务部门认定增值税为 26 万元，并开具了增值税专用发票。

（2）乙投资者投入货币资金 10 万元和一项专利技术，货币资金已经存入开户银行，该专利技术原账面价值 180 万元，预计使用寿命为 20 年，已摊销 45 万元，已计提减值准备 10 万元，双方确认的价值为 140 万元（假设是公允的，不考虑专利技术的增值税）。

（3）一年后，丙投资者向 S 公司追加投资，其缴付该公司的出资额为人民币 210 万元，协议约定丙投资者享有的注册资本金额为 200 万元。

（假设甲、乙两个投资者出资额与其在注册资本中所享有的份额相等，不产生资本公积）

要求：根据上述资料，不考虑其他因素，分析回答下列小题。（答案中的金额单位为万元）

（1）根据资料（1），S 公司下列处理正确的是（ ）。

A. 增加 S 公司库存商品 226 万元

B. 增加 S 公司实收资本 226 万元

C. 可以抵扣销项的增值税进项税额为 26 万元

D. 增加 S 公司实收资本 200 万元

（2）根据资料（2），S 公司应增加的实收资本的金额为（ ）万元。

A. 150　　　　　B. 140

C. 135　　　　　D. 125

（3）根据资料（3），下列说法正确的是（ ）。

A. S 公司应增加实收资本 210 万元

B. 丙公司超过所占份额的出资额应作为企业的损益

C. S 公司应增加银行存款 210 万元

D. 丙公司应按其出资额享有权益

同步训练答案及解析

一、单项选择题

1. C 【解析】会计分录为：

借：银行存款　　　　　（100×10）1000

　　贷：股本　　　　　　（100×1）100

　　　　资本公积　　　　　　　　　900

借：资本公积　　　　（100×10×3%）30

　　贷：银行存款　　　　　　　　　　30

所以记入"资本公积"科目贷方的金额 =

900−30＝870(万元)。
2. A 【解析】应计入资本公积的金额＝500×6−500−95＝2405(万元)。

二、多项选择题

1. AD 【解析】选项A，投资者实际出资额超出其在企业注册资本的所占份额：
借：银行存款
　　贷：实收资本/股本
　　　　资本公积
选项B，盈余公积转增资本：
借：盈余公积
　　贷：实收资本/股本
选项C，回购股票确认库存股科目的账面价值：
借：库存股
　　贷：银行存款
选项D，股份有限公司溢价发行股票扣除交易费用后的股本溢价：
借：银行存款
　　贷：股本
　　　　资本公积

2. AB 【解析】选项C，资本公积不可以用于弥补企业的亏损；选项D，实收资本可以体现不同所有者的占有比例。

3. AB 【解析】选项A，企业实现净利润最终转入未分配利润科目，引起所有者权益增加，与资本公积无关。选项B，不会使资本公积发生增减变动，其分录为：
借：盈余公积
　　贷：实收资本/股本
选项C，会导致资本公积减少，其分录为：
借：资本公积
　　贷：实收资本/股本
选项D，会导致资本公积增加，其分录为：
借：银行存款
　　贷：实收资本/股本
　　　　资本公积

4. ABC 【解析】选项A，接受捐赠的利得应该记入"营业外收入"科目；选项B，存货盘盈通过"待处理财产损溢"科目核算；选项C，固定资产盘盈作为前期差错进行更正，通过"以前年度损益调整"科目核算；选项D，发行股票产生的股本溢价记入"资本公积—股本溢价"科目。

5. ACD 【解析】本题的账务处理为：
借：银行存款
　　　［1.02×3000×(1−3％)］2968.2
　　资本公积—股本溢价　　　　31.8
　　贷：股本　　　　(3000×1)3000

三、判断题

1. × 【解析】投资者的出资额超过其在被投资企业注册资本中应享有的份额，多缴的出资额计入资本公积。

2. × 【解析】发行股票相关的手续费、佣金等交易费用，如果是溢价发行股票的，应从溢价中抵扣，冲减资本公积(股本溢价)；无溢价发行股票或溢价金额不足以抵扣的，应将不足抵扣的部分依次冲减盈余公积和未分配利润。

3. × 【解析】发行股票时发生的相关交易费用应冲减"资本公积—股本溢价"，股本溢价不足冲减的，依次冲减盈余公积和未分配利润。

4. √

5. √ 【解析】资本公积经批准后只能用于转增资本，不能用于派发股利。

【易错提示】资本公积用途单一，只能转增资本，盈余公积则可以派发股利或补亏等，注意区别。

四、不定项选择题

(1)BC；(2)A；(3)C。

【解析】(1)选项A，增加库存商品200万元；选项D，增加的实收资本等于含税产品价值，为226万元。

【易错提示】投入的产品，进项税额也是构成实收资本的一部分。

(2)增加的实收资本金额＝10+140＝150(万元)。

(3)选项A，因为协议约定丙享有注册资本的金额为200万元,所以S公司应增加实收资本200万元;选项B,超过所占份额的出资额应作为资本公积;选项D,丙公司应按其所占注册资本的份额享有权益。

本题详细分录如下:

资料(1)
借:库存商品 200
　　应交税费——应交增值税(进项税额)
　　　　　　　　　　　　　　　　26
　　贷:实收资本——甲 226

资料(2)
借:银行存款 10
　　无形资产 140
　　贷:实收资本——乙 150

资料(3)
借:银行存款 210
　　贷:实收资本——丙 200
　　　　资本公积——资本溢价 10

第三节　留存收益

扫我解疑难

考点详解

一、概述

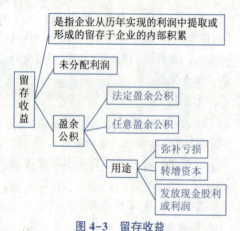

图4-3　留存收益

二、会计处理

(一)利润分配

1. 可供分配利润的内容

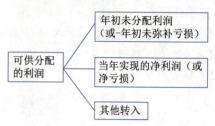

图4-4　可供分配利润的内容

『注意』就当年来说,计算可供分配利润在前,计提盈余公积在后,所以计提盈余公积不影响当年可供分配利润,但会影响未来年度的可供分配利润。

【例题1·单选题】(2015年)2014年年初某企业"利润分配——未分配利润"科目借方余额20万元,2014年度该企业实现净利润为160万元,根据净利润的10%提取盈余公积,2014年年末该企业可供分配利润的金额为( )万元。

A. 126　　　　B. 124
C. 140　　　　D. 160

解析　2014年年末该企业的可供分配利润的金额=年初未分配利润+本年实现的净利润+其他转入=-20+160=140(万元)。

答案　C

2. 利润分配的核算

(1)可供分配利润的顺序。

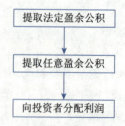

图4-5　可供分配利润的顺序

(2)利润分配的账务处理。

利润分配——未分配利润[期末有余额]
　　　　　——提取法定盈余公积
　　　　　——提取任意盈余公积
　　　　　——应付现金股利或利润

以上科目增加在贷方，减少在借方，只有"利润分配—未分配利润"科目期末有余额。

A. 年度终了，企业应将全年实现的净利润进行结转：

借：本年利润[净利润]
　　贷：利润分配—未分配利润

净亏损，反之。

B. 结转利润分配其他明细科目余额至未分配利润：

借：利润分配—未分配利润
　　贷：利润分配—提取法定盈余公积
　　　　等明细科目

【案例1】福喜股份有限公司年初未分配利润为0元，本年实现净利润10万元，本年提取法定盈余公积1万元，宣告发放现金股利8万元。会计分录如下：

(1) 结转本年利润：

借：本年利润　　　　　　　　10
　　贷：利润分配—未分配利润　　10

(2) 提取法定盈余公积、宣告发放现金股利：

借：利润分配—提取法定盈余公积 1
　　贷：盈余公积　　　　　　　1
借：利润分配—应付现金股利或利润
　　　　　　　　　　　　　　　8
　　贷：应付股利　　　　　　　8
借：利润分配—未分配利润　　　9
　　贷：利润分配—提取法定盈余公积 1
　　　　—应付现金股利或利润
　　　　　　　　　　　　　　　8

『提示』"利润分配—未分配利润"以外的其他明细科目无余额。

(二) 盈余公积★★

公司制企业根据规定从净利润(减弥补以前年度亏损，不加以前年度的盈利)的10%提取法定盈余公积。企业计提的法定盈余公积累计额已达注册资本的50%时，可以不再提取。

盈余公积用途：弥补亏损、转增资本、发放现金股利或利润。

1. 提取盈余公积时的处理

借：利润分配—提取法定盈余公积
　　贷：盈余公积—法定盈余公积

留存收益一增一减，总额不变。

【案例2】甲股份有限公司本年实现净利润为100万元，按当年净利润的10%提取法定盈余公积。

(1) 如果年初未分配利润大于等于0，假设为20万元。

本年提取盈余公积金额 = 100×10% = 10 (万元)。会计分录如下：

借：利润分配—提取法定盈余公积
　　　　　　　　　　　　　　10
　　贷：盈余公积—法定盈余公积 10

『注意』计算计提基数时不需要考虑20万元，因为这部分金额已经在以前年度计提盈余公积。

(2) 如果年初未分配利润小于0，假设为-20万元。

本年提取盈余公积金额=(100-20)×10%=8(万元)

会计分录如下：

借：利润分配—提取法定盈余公积 8
　　贷：盈余公积—法定盈余公积 8

【例题2·判断题】(2015年)期初未分配利润有贷方余额，期末获利的情况下，计提盈余公积时，要包含期初的贷方余额。（　）

解析▶ 期初未分配利润是借方余额时，才需要包括期初的借方余额。　　答案▶×

2. 盈余公积弥补亏损时的处理

借：盈余公积
　　贷：利润分配—盈余公积补亏

留存收益一增一减，总额不变。

【案例3】经股东大会批准，甲股份有限公司用以前年度提取的盈余公积20万元弥补亏损。

借：盈余公积　　　　　　　　20
　　贷：利润分配—盈余公积补亏 20

3. 盈余公积转增资本时的处理

借：盈余公积

贷：实收资本/股本

留存收益减少，所有者权益总额不变。

【案例4】 因扩大经营规模需要，甲股份有限公司将盈余公积30万元转增股本。会计分录如下：

借：盈余公积　　　　　　　30
　　贷：股本　　　　　　　　30

4. 用盈余公积发放现金股利或利润时的处理

借：盈余公积
　　贷：应付股利

留存收益减少，所有者权益减少。

【案例5】 甲股份有限公司共需要分派7万元现金股利，其中动用可供投资者分配的利润4万元、盈余公积3万元。甲公司用银行存款支付现金股利。假定不考虑其他因素。会计分录如下：

(1)宣告发放现金股利时：

借：利润分配—应付现金股利或利润
　　　　　　　　　　　　　　　4
　　盈余公积　　　　　　　　　3
　　贷：应付股利　　　　　　　7

(2)支付股利时：

借：应付股利　　　　　　　　7
　　贷：银行存款　　　　　　　7

【例题3·多选题】（2016年）下列各项中，引起留存收益总额发生增减变动的有（　）。

A. 盈余公积补亏
B. 税后净利润弥补亏损
C. 用盈余公积发放现金股利
D. 盈余公积转增资本

解析 ▶ 选项A，盈余公积补亏：

借：盈余公积
　　贷：利润分配—盈余公积补亏
借：利润分配—盈余公积补亏
　　贷：利润分配—未分配利润

属于留存收益内部的增减变化，不影响留存收益总额。

选项B，税后净利润弥补亏损

借：本年利润
　　贷：利润分配—未分配利润

不影响留存收益总额。

选项C，用盈余公积发放现金股利

借：盈余公积
　　贷：应付股利

导致留存收益减少。

选项D，盈余公积转增资本

借：盈余公积
　　贷：实收资本/股本

导致留存收益减少。

答案 ▶ CD

『学霸总结』留存收益★★★

留存收益=**盈余公积+未分配利润**(2016年、2014年单选题，2018年、2015年、2014年多选题)
可供分配的利润=当年实现的净利润(或净亏损)+年初未分配利润(或-年初未弥补亏损)+其他转入(了解)
可供分配的利润，按下列顺序分配：
(1)提取法定盈余公积　　(2)提取任意盈余公积　　(3)向投资者分配利润
年度终了，企业应将全年实现的净利润或发生的净亏损，自"本年利润"科目转入"利润分配—未分配利润"科目，并将"利润分配"科目所属其他明细科目的余额，转入"未分配利润"明细科目

同步训练　限时40min

一、单项选择题

1.（2019年）下列各项中，导致留存收益总额减少的是（　）。

A. 以盈余公积弥补亏损
B. 接受非现金资产投资
C. 以盈余公积转增实收资本
D. 以资本公积转增实收资本

2.（2019年）某企业年初"利润分配—未分配利润"科目借方余额为100万元，当年实现净利润为300万元。不考虑其他因素，该企业年末可供分配利润为（　）万元。

A. 100　　　　B. 400

C. 300　　　　　D. 200

3. (2018年)某企业2017年年初盈余公积为100万元,当年实现净利润为200万元。提取盈余公积20万元,用盈余公积转增资本30万元。用盈余公积向投资者分配现金股利10万元,2017年年末该企业盈余公积为( )万元。
   A. 70　　　　　B. 80
   C. 90　　　　　D. 60

4. (2018年)2017年1月1日,某股份有限公司未分配利润为100万元,2017年度实现净利润400万元,法定盈余公积的提取率为10%,不考虑其他因素,下列关于盈余公积的账务处理正确的是( )。
   A. 借:利润分配—提取法定盈余公积　　40
      贷:盈余公积　　　　　　　　　　40
   B. 借:本年利润—提取法定盈余公积　　40
      贷:盈余公积　　　　　　　　　　40
   C. 借:本年利润—提取法定盈余公积　　50
      贷:盈余公积　　　　　　　　　　50
   D. 借:利润分配—提取法定盈余公积　　50
      贷:盈余公积　　　　　　　　　　50

5. 下列各项中,能够导致企业盈余公积减少的是( )。
   A. 股东大会宣告分配股票股利
   B. 以资本公积转增资本
   C. 提取盈余公积
   D. 以盈余公积弥补亏损

6. 某企业盈余公积年初余额为100万元,本年利润总额为1000万元,所得税费用为250万元,按净利润的10%提取法定盈余公积,并将盈余公积10万元转增资本。该企业盈余公积年末余额为( )万元。
   A. 75　　　　　B. 165
   C. 175　　　　D. 190

7. 某企业年初未分配利润贷方余额为100万元,本年净利润为1500万元,所得税费用为500万元,按10%计提法定盈余公积,按5%计提任意盈余公积,宣告发放现金股利为80万元,该企业期末未分配利润为( )万元。
   A. 1295　　　　B. 1294
   C. 874　　　　　D. 870

8. 某企业年初所有者权益500万元,本年度实现净利润300万元,以资本公积转增资本50万元,提取盈余公积30万元,向投资者分配现金股利10万元。假设不考虑其他因素,该企业年末所有者权益为( )万元。
   A. 790　　　　B. 780
   C. 760　　　　D. 710

二、多项选择题

1. (2019年)下列各项中,通过"利润分配—未分配利润"科目核算的有( )。
   A. 向所有者宣告分配现金股利
   B. 提取法定盈余公积
   C. 盈余公积转增股本
   D. 盈余公积弥补亏损

2. (2018年)下列各项中,引起企业留存收益总额发生增减变动的有( )。
   A. 盈余公积转增资本
   B. 提取法定盈余公积
   C. 宣告分配现金股利
   D. 本年度实现净利润

3. (2015年)下列各项中,属于企业留存收益的有( )。
   A. 发行股票的溢价收入
   B. 按规定从净利润中提取的法定盈余公积
   C. 累计未分配利润
   D. 按股东大会决议从净利润中提取的任意盈余公积

4. (2014年)下列各项中,不会使盈余公积减少的有( )。
   A. 计提盈余公积
   B. 资本公积转增资本
   C. 盈余公积转增资本

D. 盈余公积补亏

5. 下列项目中，能引起盈余公积发生增减变动的有( )。
   A. 提取任意盈余公积
   B. 以盈余公积转增资本
   C. 用任意盈余公积弥补亏损
   D. 用盈余公积发放现金股利

6. 下列选项中，影响企业可供分配利润的有( )。
   A. 本年实现的净利润
   B. 用盈余公积弥补亏损
   C. 发放现金股利
   D. 投资者投入资本

7. 下列选项中，年度终了需要转入"利润分配—未分配利润"科目的有( )。
   A. 本年利润
   B. 利润分配—应付现金股利或利润
   C. 利润分配—盈余公积补亏
   D. 利润分配—提取法定盈余公积

8. 下列各项中，会引起负债和所有者权益同时发生变动的有( )。
   A. 以盈余公积补亏
   B. 以现金回购本公司股票
   C. 宣告发放现金股利
   D. 转销确实无法支付的应付账款

三、判断题

1. （2019年、2016年）企业提取的盈余公积经批准可用于弥补亏损、转增资本、发放金股利或利润。 ( )
2. （2018年）企业应以年初未分配利润和当年度实现的利润总额为基数计算提取法定盈余公积。 ( )
3. 企业计提法定盈余公积和任意盈余公积的比例都以法律规定为准。 ( )
4. 年度终了，除"未分配利润"明细科目外，"利润分配"科目下的其他明细科目应当无余额。 ( )

四、不定项选择题

2018年年初，甲股份有限公司（以下简称甲公司）所有者权益总额为3000万元，其中股本800万元，资本公积1600万元，盈余公积300万元，未分配利润300万元，甲公司适用的所得税税率为25%。2018年甲公司发生如下事项：

(1) 1月13日，甲公司委托证券公司代理发行普通股200万股，每股面值1元，每股发行价4元，按协议约定，证券公司从发行收入中提取2%的手续费。

(2) 3月5日，经股东大会批准，甲公司以每股3元价格回购本公司股票100万股并予以注销。

(3) 4月1日，经股东大会批准，甲公司将资本公积100万元、盈余公积100万元转增股本。

(4) 2018年度，甲公司共实现利润总额2000万元，假定不存在纳税调整事项及递延所得税；甲公司按净利润的10%提取盈余公积，分配现金股利50万元。

要求：根据上述资料，不考虑其他因素，分析回答下列问题。（答案中的金额单位用万元表示）

(1) 根据资料(1)，甲公司发行普通股应计入资本公积的金额为( )万元。
A. 584　　　　B. 588
C. 600　　　　D. 616

(2) 根据资料(2)，下列关于该公司注销库存股时的会计处理正确的是( )。
A. 借：股本　　　　　　　　100
　　　资本公积—股本溢价　　200
　　贷：库存股　　　　　　　300
B. 借：股本　　　　　　　　100
　　　资本公积—股本溢价　　150
　　　盈余公积　　　　　　　50
　　贷：银行存款　　　　　　300
C. 借：库存股　　　　　　　300
　　贷：银行存款　　　　　　300
D. 借：股本　　　　　　　　300
　　贷：银行存款　　　　　　300

(3) 根据上述资料，下列各项中会引起甲公司所有者权益总额发生增减变动的是( )。
A. 回购股票　　B. 提取盈余公积
C. 实现净利润　D. 分配现金股利
(4)根据资料(4)，甲公司 2018 年度应提取盈余公积( )万元。
A. 50　　　　　B. 100
C. 150　　　　 D. 200
(5)根据以上资料，甲公司 2018 年年末所有者权益总额为( )万元。
A. 3500　　　　B. 4934
C. 4984　　　　D. 580

同步训练答案及解析

一、单项选择题

1. C 【解析】选项 A，以盈余公积弥补亏损：
借：盈余公积
　　贷：利润分配—盈余公积补亏
借：利润分配—盈余公积补亏
　　贷：利润分配—未分配利润
留存收益内部一增一减，留存收益总额不变。
选项 B，接受非现金资产投资：
借：固定资产等
　　应交税费—应交增值税(进项税额)
　　贷：实收资本/股本
不涉及留存收益的变动。
选项 C，以盈余公积转增实收资本：
借：盈余公积
　　贷：实收资本
盈余公积减少，导致留存收益减少。
选项 D，以资本公积转增实收资本：
借：资本公积
　　贷：实收资本
不涉及留存收益的变动。

2. D 【解析】可供分配利润＝当年实现的净利润(或净亏损)＋年初未分配利润(或－年初未弥补亏损)＋其他转入＝300－100＝200(万元)。

3. B 【解析】2017 年年末该企业盈余公积＝100＋20－30－10＝80(万元)。

4. A 【解析】如果期初未分配利润为亏损，计提盈余公积时的基数为净利润扣除亏损之后的余额；如果为盈利，计提盈余公积时的基数为当期实现的净利润。应计提法定盈余公积金额＝400×10%＝40(万元)。

5. D 【解析】选项 A，股东大会宣告分配股票股利，企业不需要做账务处理；选项 B，以资本公积转增资本不涉及盈余公积的变化；选项 C，提取盈余公积会增加企业的盈余公积，减少未分配利润；选项 D，盈余公积补亏会减少企业的盈余公积。

6. B 【解析】盈余公积年末余额＝期初盈余公积余额＋本年计提盈余公积－盈余公积转出金额＝100＋(1000－250)×10%－10＝165(万元)。

7. A 【解析】企业期末未分配利润＝期初未分配利润＋本期实现的净利润－本期提取的盈余公积－本期向投资者分配的利润＝100＋1500－1500×10%－1500×5%－80＝1295(万元)。

8. A 【解析】实现净利润增加所有者权益，以资本公积转增资本、提取盈余公积是所有者权益内部项目的变化，并不影响所有者权益总额，向投资者分配利润减少所有者权益总额，因此该企业年末所有者权益总额＝年初所有者权益＋本年增加的所有者权益－本年减少的所有者权益＝500＋300－10＝790(万元)。

【应试技巧】首先确定年末所有者权益的计算公式，然后排除所有者权益内部项目的变化，最后确定本年所有者权益增加和减少额，通过公式计算最后金额。

二、多项选择题

1. ABD 【解析】选项 A，向所有者宣告分配现金股利：
借：利润分配—应付现金股利或利润
　　贷：应付股利
借：利润分配—未分配利润
　　贷：利润分配—应付现金股利或利润

选项B，提取法定盈余公积：
　　借：利润分配—提取法定盈余公积
　　　　贷：盈余公积—法定盈余公积
　　借：利润分配—未分配利润
　　　　贷：利润分配—提取法定盈余公积
选项C，盈余公积转增股本：
　　借：盈余公积
　　　　贷：股本
选项D，盈余公积弥补亏损：
　　借：盈余公积
　　　　贷：利润分配—盈余公积补亏
　　借：利润分配—盈余公积补亏
　　　　贷：利润分配—未分配利润

2. ACD　【解析】选项A，盈余公积转增资本：
　　借：盈余公积
　　　　贷：实收资本/股本
盈余公积减少，留存收益总额减少。
选项B，提取法定盈余公积：
　　借：利润分配
　　　　贷：盈余公积
留存收益内部一增一减，无影响。
选项C，宣告分配现金股利：
　　借：利润分配—应付现金股利或利润
　　　　贷：应付股利
　　借：利润分配—未分配利润
　　　　贷：利润分配—应付现金股利或利润
利润分配减少，留存收益减少。
选项D，本年度实现净利润：
　　借：本年利润
　　　　贷：利润分配—未分配利润
利润分配增加，留存收益总额增加。

3. BCD　【解析】选项A，计入资本公积，不属于留存收益。

4. AB　【解析】选项A，会使盈余公积增加；选项B，不会影响盈余公积。

5. ABCD　【解析】选项A，使盈余公积增加；选项BCD，使盈余公积减少。

6. AB　【解析】可供分配利润=当年实现的净利润+年初未分配利润+其他转入（盈余公积补亏）。

【易错提示】注意可供分配利润是还没有分配股利以及提取盈余公积之前的可供分配利润，这里容易出现错误的理解。

7. ABCD　【解析】年度终了，企业应将全年实现的净利润或发生的净亏损，自"本年利润"科目转入"利润分配—未分配利润"科目，并将"利润分配"科目所属其他明细科目的余额，转入"未分配利润"明细科目。

8. CD　【解析】选项A，盈余公积补亏属于所有者权益科目内部的变动；选项B，现金回购本公司股票是资产的减少，同时所有者权益减少；选项C，宣告发放现金股利是负债的增加，同时所有者权益的减少；选项D，转销无法支付的应付账款是负债的减少，同时所有者权益的增加。

三、判断题

1. √

2. ×　【解析】如果以前年度未分配利润有盈余（即年初未分配利润余额为正数），在计算提取法定盈余公积的基数时，不应包括企业年初未分配利润；如果以前年度有亏损（即年初未分配利润为负数），应先弥补以前年度亏损再提取盈余公积。

3. ×　【解析】法定盈余公积和任意盈余公积的区别是计提依据不同。法定盈余公积是以法律法规为依据，任意盈余公积是企业的权力机构自行决定的。

4. √

四、不定项选择题

（1）A；（2）A；（3）ACD；（4）C；（5）B。
【解析】（1）企业发行股票的收入大于面值的部分需要计入资本公积，发行股票的手续费、佣金等费用需要从溢价当中扣除，冲减资本公积。甲公司发行普通股应计入资本公积的金额=200×4-200-200×4×2%=584（万元）。
（2）请参考资料（2）分录。
（3）选项A，回购股票时，会引起甲公司

所有者权益减少；选项B，不影响所有者权益总额；选项C，实现净利润，会引起甲公司所有者权益增加；选项D，对外分配现金股利时，会引起所有者权益减少。

(4)甲公司2018年度应提取盈余公积=净利润×所得税税率×提取比例=2000×(1-25%)×10%=150(万元)。

(5)甲公司2018年年末所有者权益总额=年初所有者权益总额+本期所有者权益增加额-本期所有者权益减少额=3000(年初)+784(资料1)+[2000×(1-25%)-50](资料4)-300(资料2)=4934(万元)。

本题详细分录如下：

资料(1)

借：银行存款　　[200×4×(1-2%)]784
　　贷：股本　　　　　　　　　　　200
　　　　资本公积——股本溢价　　　584

资料(2)

回购本公司股票：

借：库存股　　　　　　　　　　　300
　　贷：银行存款　　　(100×3)300

注销本公司股票时：

借：股本　　　　　　　　　　　　100
　　资本公积——股本溢价　　　　200
　　贷：库存股　　　　　　　　　300

资料(3)

借：资本公积　　　　　　　　　　100
　　盈余公积　　　　　　　　　　100
　　贷：股本　　　　　　　　　　200

资料(4)

借：所得税费用　　　(2000×25%)500
　　贷：应交税费——应交所得税　　500

借：利润分配——提取法定盈余公积
　　　　　　　　　　(1500×10%)150
　　贷：盈余公积——法定盈余公积　150

借：利润分配——应付现金股利或利润
　　　　　　　　　　　　　　　　50
　　贷：应付股利　　　　　　　　　50

借：利润分配——未分配利润　　　200
　　贷：利润分配——提取法定盈余公积
　　　　　　　　　　　　　　　　150
　　　　利润分配——应付现金股利或利润
　　　　　　　　　　　　　　　　50

通关演练 限时40min

一、百考多选题

下列关于资本公积的表述中，不正确的有(　　)。

A. 资本公积——其他资本公积指除净损益、其他综合收益和利润分配等以外所有者权益的其他变动

B. 某公司首次公开发行普通股1000万股，每股面值为1元，每股发行价格为5元，支付佣金82万元，手续费18万元，该业务使企业资本公积增加4000万元

C. 资本公积和留存收益(盈余公积、未分配利润)都可以转增资本(或股本)、弥补亏损

D. 企业实现净利润、资本公积转增资本和投资者投入资本的溢价不会使资本公积、留存收益和所有者权益发生增减变动

E. 注销回购价格低于面值的库存股，其账面余额与所冲减股本的差额全部记入"资本公积"；注销回购价格高于面值的库存股，其账面余额与所冲减股本的差额全部记入"资本公积"

F. 某公司年初资本公积为1000万元，用资本公积转增资本100万元，不考虑其他因素，则年末资本公积为900万元

二、单项选择题

1. 下列各项中，不通过所有者权益类科目核算的是(　　)。

A. 固定资产毁损的净损失

B. 接受投资者投入的货币资金

C. 发行的股票产生的溢价

D. 提取的法定盈余公积
2. 甲股份有限公司委托证券公司发行股票1000万股，每股面值1元，每股发行价格为8元，向证券公司支付佣金500万元。该公司应计入"股本"和"资本公积—股本溢价"科目的金额为( )万元。
   A. 6500、1000   B. 1000、6500
   C. 1000、7000   D. 6500、1500

三、多项选择题

1. 下列各项中，属于资本公积来源的有( )。
   A. 盈余公积转入
   B. 资本溢价或股本溢价
   C. 其他资本公积
   D. 从企业实现的净利润中提取

2. 下列各项中，仅引起所有者权益内部结构发生变动而不影响所有者权益总额的有( )。
   A. 用盈余公积弥补亏损
   B. 用盈余公积转增资本
   C. 股东大会宣告分配现金股利
   D. 实际发放股票股利

3. 下列各项中，不会引起留存收益总额发生增减变动的有( )。
   A. 资本公积转增资本
   B. 盈余公积转增资本
   C. 盈余公积弥补亏损
   D. 本年实现的净利润

四、判断题

1. 企业用盈余公积转增资本，留存收益总额不会发生变动。( )
2. 企业当年实现净利润，应借记"本年利润"科目，贷记"利润分配—未分配利润"科目，发生亏损，则不做处理。( )

五、不定项选择题

(2019年)2018年1月1日，某股份有限公司所有者权益各项目金额分别为：股本10000万元(每股股票面值为1元)，资本公积(股本溢价)50000万元，盈余公积3000万元，未分配利润1000万元(贷方余额)。2018年该公司发生的相关业务资料如下：

(1) 4月25日，经股东大会批准，用盈余公积向普通股股东转增股本400万元，宣告分配现金股利200万元。5月24日，支付全部现金股利。

(2) 5月18日，经股东大会批准，以现金回购方式回购本公司股票1000万股并注销，每股回购价3元。

(3) 12月31日，全年实现净利润2000万元，按净利润的10%提取法定盈余公积，并结转至未分配利润。

要求：
根据上述资料，不考虑其他因素，分析回答下列小题。(答案中的金额单位用万元表示)

(1) 根据期初资料和资料(1)，下列各项中，关于该公司转增股本、发放并支付现金股利的会计处理正确的是( )。

A. 用盈余公积转增股本时：
   借：盈余公积   400
      贷：股本   400

B. 支付现金股利时：
   借：应付股利   200
      贷：银行存款   200

C. 支付现金股利时：
   借：利润分配—未分配利润   200
      贷：银行存款   200

D. 宣告分配现金股利时：
   借：利润分配—应付现金股利或利润   200
      贷：应付股利   200

(2) 根据期初资料和资料(2)，下列各项中，关于该公司回购并注销本公司股票会计处理正确的是( )。

A. 借记"盈余公积"科目2000万元
B. 借记"股本"科目1000万元
C. 贷记"银行存款"科目3000万元
D. 贷记"资本公积"2000万元

(3) 根据资料(3)，下列各项中，关于该公司结转净利润、提取法定盈余公积及结转未分配利润的会计处理正确的是( )。
A. 提取法定盈余公积时：
　　借：利润分配—提取法定盈余公积
　　　　　　　　　　　　　　　　200
　　　　贷：盈余公积　　　　　　200
B. 结转未分配利润时：
　　借：利润分配—未分配利润　　200
　　　　贷：利润分配—提取法定盈余公积
　　　　　　　　　　　　　　　　200
C. 结转净利润时：
　　借：本年利润　　　　　　　2000
　　　　贷：利润分配—未分配利润 2000
D. 结转未分配利润时：
　　借：利润分配—提取法定盈余公积
　　　　　　　　　　　　　　　　200
　　　　贷：利润分配—未分配利润 200

(4)根据期初资料、资料(1)至(3)，2018年末该公司"利润分配—未分配利润"科目余额是( )万元。
A. 2600　　　　　　B. 2800
C. 2000　　　　　　D. 3000

(5)根据期初资料、资料(1)至(3)，2018年末该公司所有者权益总额是( )万元。
A. 63800　　　　　B. 66000
C. 62800　　　　　D. 64000

通关演练答案及解析

一、百考多选题

BCDE 【解析】选项B，该业务使资本公积增加的金额=(5-1)×1000-(82+18)=3900(万元)；选项C，资本公积可以用于转增资本(或股本)，但不能用于弥补亏损；选项D，企业实现净利润不会影响资本公积，但会使留存收益和所有者权益增加；资本公积转增资本会使资本公积减少，不会影响留存收益和所有者权益总额；投资者投入资本的溢价使资本公积增加，从而导致所有者权益增加，但不影响留存收益；选项E，注销回购价格高于面值的库存股，其账面余额与所冲减股本的差额应先冲减"资本公积—股本溢价"，股本溢价不足冲减的部分，应依次冲减"盈余公积"和"利润分配—未分配利润"；若回购价格低于面值，则差额全部记入"资本公积—股本溢价"。

二、单项选择题

1. A 【解析】所有者权益类科目主要包括：实收资本、资本公积、盈余公积、利润分配等。选项A，记入"营业外支出"科目，不属于所有者权益类科目；选项B，借记"银行存款"，贷记"实收资本"或"股本"；选项C，记入"资本公积—股本溢价"；选项D，借记"利润分配"，贷记"盈余公积"。

2. B 【解析】会计分录：
　　借：银行存款　　(1000×8-500)7500
　　　　贷：股本　　　　　　　　1000
　　　　　　资本公积—股本溢价　6500

三、多项选择题

1. BC 【解析】选项A，盈余公积不能转入资本公积；选项D，从净利润中提取的是盈余公积。

2. ABD 【解析】选项A，盈余公积减少，未分配利润增加；选项B，盈余公积减少，实收资本或股本增加；选项D，未分配利润减少，股本增加。上述三项均不引起所有者权益总额的变动，但都导致所有者权益内部结构发生变动。选项C，未分配利润或盈余公积减少，应付股利增加，所有者权益总额减少。

【应试技巧】只要选项中的业务分录借贷方都是所有者权益类科目，即满足条件，因此重点还是把握好分录。

3. AC 【解析】选项B，盈余公积转增资本，借记"盈余公积"，贷记"实收资本"或"股本",会导致留存收益减少;选项D,会增加"利润分配—未分配利润",导致留存收益增加。

四、判断题

1. × 【解析】留存收益包括盈余公积和未分配利润。用盈余公积转增资本时,盈余公积减少,股本(或实收资本)增加,留存收益总额会减少。

2. × 【解析】企业发生亏损,应借记"利润分配—未分配利润"科目,贷记"本年利润"科目。

五、不定项选择题

(1) ABD;(2) BCD;(3) ABC;(4) A;(5) C。

【解析】(1)资料(1)会计分录:

4月25日:

借:盈余公积 400
　　贷:股本 400
借:利润分配—应付现金股利或利润
　　　　　　　　　　　　　　200
　　贷:应付股利 200
借:利润分配—未分配利润 200
　　贷:利润分配—应付现金股利或利润
　　　　　　　　　　　　　　200

5月24日:

借:应付股利 200
　　贷:银行存款 200

(2)资料(2)会计分录:

借:库存股 3000
　　贷:银行存款 (1000×3)3000
借:股本 1000

　　　资本公积 2000
　　贷:库存股 3000

(3)资料(3)会计分录:

借:本年利润 2000
　　贷:利润分配—未分配利润 2000
借:利润分配—提取法定盈余公积
　　　　　　　　　　　　　　200
　　贷:盈余公积—法定盈余公积
　　　　　　　　　　(2000×10%)200
借:利润分配—未分配利润 200
　　贷:利润分配—提取法定盈余公积
　　　　　　　　　　　　　　200

(4)"利润分配—未分配利润"期末余额=期初余额+本期增加额-本期减少额=1000-200(资料1)+2000(资料3)-200(资料3)=2600(万元)。

(5)"股本"期末余额=期初股本余额+本期增加额-本期减少额=10000+400(资料1)-1000(资料2)=9400(万元)

"资本公积"期末余额=期初资本公积余额+本期增加额-本期减少额=50000-2000(资料2)=48000(万元)

"盈余公积"期末余额=期初盈余公积余额+本期增加额-本期减少额=3000-400(资料1)+200(资料3)=2800(万元)

"利润分配—未分配利润"期末余额=期初余额+本期增加额-本期减少额=1000-200(资料1)+2000(资料3)-200(资料3)=2600(万元)

所以期末所有者权益总额=9400+48000+2800+2600=62800(万元)

本章知识串联

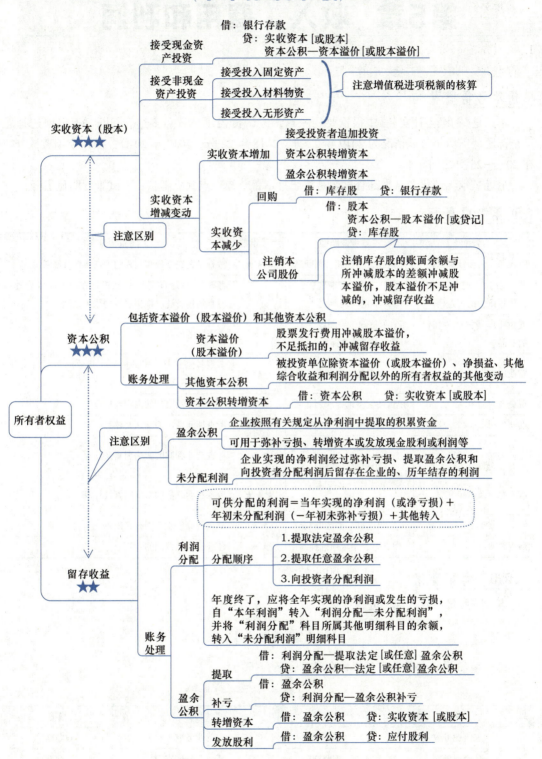

第5章 收入、费用和利润

历年考情概况

本章是《初级会计实务》中很重要的一章,考试覆盖了单选、多选、判断、不定项选择题等全部题型。历年考试情况为2019年22分,2018年22分,2017年20分,预计今年考试分数在20分-25分之间。

最近三年无纸化考试大部分试题是按照每章每节知识点独立考核,考试难度明显下降。

近年考点直击

考点	主要考查题型	考频指数	考查角度
收入的确认和计量原则	单选题、多选题、判断题	★★★	考查是否符合销售收入的确认条件及账务处理
商业折扣、现金折扣、销售折让、销售退回	单选题、判断题、不定项选择题	★★★	考查商业折扣和现金折扣都存在时的账务处理;考查销售折让、销售退回的账务处理
支付手续费方式委托代销商品	单选题、判断题、不定项选择题	★★	考查账务处理
营业成本	多选题、判断题	★	考查其他业务成本的内容、营业成本项目所含内容
税金及附加	单选题、多选题、判断题	★★	考查税金及附加的内容及核算
期间费用	单选题、多选题、判断题	★★★	考查期间费用的确认及核算
营业利润	单选题、多选题、不定项选择题	★★	考查营业利润的影响因素及计算
利润总额及本年利润	单选题、多选题、不定项选择题	★★★	考查利润总额的影响因素及计算
营业外收支	单选题、多选题	★★	考查营业外收支的核算内容
所得税费用	单选题、不定项选择题	★★	考查所得税费用的计算

2020年考试变化

本章按照最新收入规定进行了修改。

【案例导入】

20×0年3月,福喜公司结账前各科目余额如下:

单位:元

科目	贷方	科目	借方
主营业务收入	1000000	主营业务成本	600000
其他业务收入	500000	其他业务成本	300000
投资收益	300000	税金及附加	16000

续表

科目	贷方	科目	借方
公允价值变动损益	200000	销售费用	100000
资产处置损益	250000	管理费用(无研发费用)	84000
其他收益	150000	财务费用	20000
营业外收入	100000	资产减值损失	10000
其他综合收益	—	营业外支出	70000
		所得税费用	300000

该公司企业所得税税率为25%,请编制以下利润表(简表)。

利润表(简表)

20×0年3月   单位:元

项目	本期金额
一、营业收入	
减:营业成本	
税金及附加	
销售费用	
管理费用	
研发费用	
财务费用	
加:其他收益	
投资收益(损失以"-"号填列)	
公允价值变动收益(损失以"-"号填列)	
信用减值损失(损失以"-"号填列)	
资产减值损失(损失以"-"号填列)	
资产处置收益(损失以"-"号填列)	
二、营业利润	
加:营业外收入	
减:营业外支出	
三、利润总额	
减:所得税费用	
四、净利润	
五、其他综合收益的税后净额	
六、综合收益总额	
七、每股收益	

【分析】

利润表(简表)

20×0 年 3 月　　　　　　　　　　　　　　　　　　　　　单位：元

项目	本期金额
一、营业收入	(1000000+500000)1500000
减：营业成本	(600000+300000)900000
税金及附加	16000
销售费用	100000
管理费用	84000
研发费用	—
财务费用	20000
加：其他收益	150000
投资收益(损失以"-"号填列)	300000
公允价值变动收益(损失以"-"号填列)	200000
信用减值损失(损失以"-"号填列)	—
资产减值损失(损失以"-"号填列)	-10000
资产处置收益(损失以"-"号填列)	250000
二、营业利润	1270000
加：营业外收入	100000
减：营业外支出	70000
三、利润总额	1300000
减：所得税费用	300000
四、净利润	1000000
五、其他综合收益的税后净额	
六、综合收益总额	1000000
七、每股收益	—

请考生牢记上述利润表，本章将要学习的知识主要是利润表上的项目。

第一节　收入

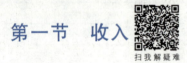
扫我解疑难

考点详解

一、收入基础知识

收入是指企业在<u>日常活动</u>中形成的、会导致所有者权益增加的、<u>与所有者投入资本无关</u>的经济利益的总流入。

(一)销售商品收入的一般账务处理

【案例1】(1)福喜公司(一般纳税人)向有福公司销售商品一批，已满足收入确认条件，售价为100万元，增值税13万元；收到商业承兑汇票一张，票面金额为113万元，期限为6个月。

一手交钱，确认收入：

借：应收票据　　　　　　　　113
　　贷：主营业务收入　　　　　　100
　　　　应交税费——应交增值税(销项税额)　　　　　　　　13

(2)该批商品发出时，福喜公司代垫运输费2万元，款项尚未收到，会计分录如下：

借：应收账款 2
　　贷：银行存款 2

(3) 该批商品成本为80万元。
一手交货，确认成本：
借：主营业务成本 80
　　贷：库存商品 80

(二) 已经发出商品但不符合收入的处理

如果企业发出商品不符合销售商品收入的相关确认条件（最主要的是对价"很可能收回"的条件，即钱收不到），则不应确认收入，所发出商品的成本通过"发出商品"科目核算。

【案例2】3月1日，服装生产商福喜公司（一般纳税人）委托来福士商场（一般纳税人）代销10套西装，每套售价为0.2万元，每套成本为0.1万元。双方约定：福喜公司按售价的10%向来福士商场支付手续费。

截至3月底，来福士商场共销售西装5套，总售价为1万元，增值税税额为0.13万元，款已收。

3月底，福喜公司收到来福士商场的代销清单，福喜公司开具增值税专用发票给来福士商场，发票注明价款为1万元，增值税税额为0.13万元，款未收。

来福士商场开具代销手续费增值税专用发票给福喜公司，不含税价款为0.1万元，增值税税额为0.006万元。同时，来福士商场支付扣除手续费及其增值税税额后的代销款给福喜公司，福喜公司收到款项，存入银行。

请编制委托方（福喜公司）的会计分录。

时点	账务处理
发出商品时	借：发出商品　　　　　　　　　　　　　　1 　　贷：库存商品　　　　　　　　　　　　　1
收到代销清单时	①借：应收账款　　　　　　　　　　　　　1.13 　　贷：主营业务收入　　　　　　　　　　1 　　　　应交税费—应交增值税（销项税额）　0.13 ②借：主营业务成本　　　　　　　　　　　0.5 　　贷：发出商品　　　　　　　　　　　　0.5 ③借：销售费用　　　　　　　　　　　　　0.1 　　　应交税费—应交增值税（进项税额）　0.006 　　贷：应收账款　　　　　　　　　　　　0.106
收到款项时	借：银行存款　　　　　　　　　　　　　　1.024 　　贷：应收账款　　　　　　　　　　　　1.024

(三) 涉及商业折扣、现金折扣和销售退回的账务处理

1. 商业折扣与现金折扣的处理

『提示』商业折扣和现金折扣的相关知识已在第三章第二节应付及预收款项有详细讲解，此处我们来练习两道题目。

【例题1·计算题】(1) 3月1日，福喜公司（一般纳税人）销售产品给有福公司（一般纳税人），不含税售价为400万元，由于是成批销售，福喜公司给予有福公司25%的商业折扣，增值税率为13%，成本200万元，已满足收入确认条件，款项尚未支付。有福公司作为原材料核算，采用实际成本法，材料已入库。福喜公司给予有福公司（2/10，1/20，N/30）的现金折扣。

(2) 如果有福公司在3月10日付款。

(3) 如果有福公司在3月18日付款。

(4) 如果有福公司在3月29日付款。

请编制销售方和购买方在以上四个时间点的会计分录，涉及的现金折扣应分别按"考虑增值税"和"不考虑增值税"两种情况处理。

答案 (1) 3月1日销售时：

应确认的收入=400×75%=300（万元）

应确认的增值税税额=300×13%=39（万元）

销售方		购买方	
确认收入：			
借：应收账款	339	借：原材料	300
贷：主营业务收入	300	应交税费—应交增值税(进项税额)	39
应交税费—应交增值税(销项税额)	39	贷：应付账款	339
结转成本：			
借：主营业务成本	200		
贷：库存商品	200		

(2) 若购买方在3月10日付款：

① 销售方：

账务处理	现金折扣不考虑增值税	现金折扣考虑增值税
借：银行存款	(339-6)333	(339-6.78)332.22
财务费用	(300×2%)6	(339×2%)6.78
贷：应收账款	339	339

② 购买方：

账务处理	现金折扣不考虑增值税	现金折扣考虑增值税
借：应付账款	339	339
贷：财务费用(享有的现金折扣)	6	6.78
银行存款(倒挤)	333	332.22

(3) 若购买方在3月18日付款：

① 销售方：

账务处理	现金折扣不考虑增值税	现金折扣考虑增值税
借：银行存款	(339-3)336	(339-3.39)335.61
财务费用	(300×1%)3	(339×1%)3.39
贷：应收账款	339	339

② 购买方：

账务处理	现金折扣不考虑增值税	现金折扣考虑增值税
借：应付账款	339	339
贷：财务费用(享有的现金折扣)	3	3.39
银行存款(倒挤)	336	335.61

(4) 若购买方在3月29日付款：

购买方		销售方	
借：应付账款	339	借：银行存款	339
贷：银行存款	339	贷：应收账款	339

【例题 2·单选题】（2015 年、2014 年改）9 月 1 日，甲公司赊销给乙公司一批商品，已满足收入确认条件，售价为 10000 元，增值税额为 1300 元，约定的现金折扣条件为：3/10、2/20、N/30，假定计算现金折扣不考虑增值税因素。同年 9 月 16 日，甲公司收到乙公司支付的款项，则甲公司实际收到的金额是( )元。

A. 11074　　　　B. 11100
C. 11200　　　　D. 11300

解析 9 月 1 日销售时：
借：应收账款　　　　　　　　11300
　　贷：主营业务收入　　　　　　　10000
　　　　应交税费——应交增值税（销项税额）　　　　　　　　　1300
9 月 16 日收到货款时：
借：银行存款　　　　　　　　11100
　　财务费用　　　　　　　　　200
　　贷：应收账款　　　　　　　　　11300

答案 B

2. 销售退回的处理

已确认收入的售出商品发生的销售退回（假定不是在日后期间发生退回），应冲减退货期间的收入和成本。

【案例 3】 3 月 1 日，福喜公司（一般纳税人）销售一批商品给有喜公司，售价为 100 万元，增值税税额为 13 万元，成本为 80 万元。福喜公司已确认收入，款未收。

3 月 8 日，有喜公司将上述商品全部退回。

假定 3 月 8 日不属于资产负债表日后期间。则：

(1) 3 月 1 日：
①销售实现，确认收入：
借：应收账款　　　　　　　　113
　　贷：主营业务收入　　　　　　　100
　　　　应交税费——应交增值税（销项税额）　　　　　　　　　13
②结转成本：
借：主营业务成本　　　　　　80
　　贷：库存商品　　　　　　　　　80

(2) 3 月 8 日：
①冲销收入：
借：主营业务收入　　　　　　100
　　应交税费——应交增值税（销项税额）　　　　　　　　　13
　　贷：应收账款　　　　　　　　　113
如果退货前，款已收，则应在上述分录中贷记"银行存款"。

②冲销成本：
借：库存商品　　　　　　　　80
　　贷：主营业务成本　　　　　　　80

(四) 其他业务收入的处理

1. 企业对外销售不需用的<u>原材料</u>、随同商品对外销售<u>单独计价</u>的<u>包装物</u>等业务。收入记入"其他业务收入"科目，成本记入"其他业务成本"科目。

2. 『链接』牢记计入其他业务收入（成本）的情况。

猪（出租）吃包装（销售单独计价的包装物）的饲料（销售原材料）。

【案例 4】 福喜公司（一般纳税人）销售一批原材料，已满足收入确认条件，售价为 10 万元，增值税额为 1.3 万元，成本为 8 万元，款项已由银行收妥。

(1) 确认收入：
借：银行存款　　　　　　　　11.3
　　贷：其他业务收入　　　　　　　10
　　　　应交税费——应交增值税（销项税额）　　　　　　　　　1.3

(2) 结转已销原材料的实际成本：
借：其他业务成本　　　　　　8
　　贷：原材料　　　　　　　　　　8

3. "其他业务成本"科目核算还包括以下内容：

(1) 出租固定资产的折旧额、出租无形资产的摊销：
借：其他业务成本
　　贷：累计折旧
　　　　累计摊销

(2)出租包装物的成本或摊销额：
借：其他业务成本
　　贷：周转材料—包装物

【例题3·单选题】（2015年）下列各项中，应确认为其他业务收入的是（　）。
A. 银行存款利息收入
B. 转让商标使用权收入
C. 接受现金捐赠利得
D. 现金股利收入

解析 ▶ 会计分录为：
选项A：
借：应收利息
　　贷：财务费用
选项B：

借：银行存款等
　　贷：其他业务收入
　　　　应交税费—应交增值税（销项税额）
选项C：
借：银行存款等
　　贷：营业外收入
选项D：
借：应收股利
　　贷：投资收益等

答案 ▶ B

二、收入提高部分

（一）收入准则适用范围和确认原则

表5-1　收入准则适用范围和确认原则

适用范围	收入确认的原则
收入适用于所有与客户之间的合同，但下列各项除外： (1)企业对外出租资产收取的租金；（适用租赁准则） (2)进行债权投资收取的利息；（适用金融工具准则） (3)进行股权投资取得的现金股利；（适用金融工具准则和长期股权投资准则） (4)保险合同取得的保费收入等。（适用保险合同准则） 适用收入准则的特殊情形：企业以存货换取客户的存货、固定资产、无形资产以及长期股权投资等，按照本章进行会计处理。(不适用非货币资产交换准则)	企业应当在履行了合同中的履约义务，即在客户取得相关商品控制权时确认收入。 取得商品控制权需满足三要素： 一是能力。 二是主导该商品的使用。 三是能够获得几乎全部的经济利益。

【例题4·判断题】企业在商品售出后，即使仍然能够对售出商品实施有效控制，也应确认商品销售收入。（　　）

解析 ▶ 客户未取得商品的控制权，不能确认收入。故本题表述错误。

答案 ▶ ×

（二）"企业在客户取得相关商品控制权时确认收入"需满足的前提条件

表5-2　收入确认时需满足的前提条件

项目	内容
"企业在客户取得相关商品控制权时确认收入"需满足的前提条件	(1)合同各方已批准该合同并承诺将履行各自义务 (2)合同明确了各方的相关权利和义务 (3)有明确的支付条款 (4)具有商业实质 (5)对价很可能收回

（三）常用会计科目

1."合同取得成本"科目，属于成本类，该科目核算企业取得合同发生的、预计能够收回的增量成本（如销售佣金等）。

2."合同履约成本"科目，属于成本类，该科目核算企业为履行当前或预期取得的合同所发生的、不属于其他企业会计准则规范范围且按照收入准则应当确认为一项资产的成本。

3."合同资产"科目，属于资产类，核算企业已向客户转让商品而有权收取对价的权利，且该权利取决于时间流逝之外的其他因素(如履行合同中的其他履约义务)，它是"应收账款"的前序账户。

4."合同负债"科目，属于负债类，核算企业已收或应收客户对价而应向客户转让商品的义务。在收入准则范围内，该科目替代了"预收账款"和"递延收益"科目。

此外，企业应设置"合同取得成本减值准备""合同履约成本减值准备""合同资产减值准备"等科目核算合同相关资产发生减值的业务。

（四）收入的确认和计量五步法总述

【案例5】2019年1月1日，卖车合同约定：卖车(单独售价为8万元)+2年保养(单独售价为2万元)，合同价为9万元。假定"提供2年保养"不属于法定要求、可单独出售，且假定其属于时段义务。

表5-3 收入的确认和计量的五步法

步骤	内容	处理类别
第一步	识别与客户订立的合同(卖车合同)	确认
第二步	识别合同中的单项履约义务(卖车、提供保养服务) 下列情况下，企业应当将向客户转让商品的承诺作为单项履约义务： 一是企业向客户转让可明确区分商品(或者商品的组合)的承诺。 二是企业向客户转让一系列实质相同且转让模式相同的、可明确区分商品的承诺	确认
第三步	确定交易价格(合同价格9万元)	计量
第四步	将交易价格分摊至各单项履约义务 [车：9×8/10=7.2(万元)；保养：9×2/10=1.8(万元)]	计量
第五步	履行各单项履约义务时(时点义务、时段义务)确认收入 [卖车：时点义务，2019年确认收入7.2万；保养：时段义务，2019年、2020年分别确认收入0.9万元(1.8×1/2)]	确认

【速记】合单价丰(分)收(何丹嫁丰收)

（五）履行每一单项履约义务时确认收入的账务处理

企业应当在履行了合同中的履约义务，即客户取得相关商品控制权时确认收入。

首先判断是否满足在某一时段内履行的履约义务的条件，如果属于在某一时段内履行的履约义务，则按照履约进度确认收入；如果不属于在某一时段内履行的履约义务，则属于在某一时点履行的履约义务。

1.在某一时段内履行的履约义务

表5-4 在某一时段内履行的履约义务

项目	内容
（1）满足下列条件之一的，属于在某一时段内履行的履约义务	①客户在企业履约的同时即取得并消耗企业履约所带来的经济利益 ②客户能够控制企业履约过程中在建的商品 ③企业履约过程中所产出的商品具有不可替代用途，且该企业在整个合同期间内有权就累计至今已完成的履约部分收取款项

续表

项目	内容
(2)企业应当在该段时间内按照履约进度确认收入	①产出法,看结果 ②投入法,看投入
(3)不能合理确定履约进度的情形	企业已经发生的成本预计能够得到补偿的,应当按照已经发生的成本金额确认收入,直到履约进度能够合理确定为止

【案例6】福喜公司向有福公司提供安装中央空调的服务,合同总收入为100万元,至年底已预收90万元,实际发生安装费用60万元(假定均为安装人员薪酬),估计还将发生安装费用20万元。该项业务对福喜公司来说属于在某一时段内履行的履约义务,假定福喜公司按实际发生的成本占估计总成本的比例确定安装服务的履约进度。

福喜公司的处理如下:

实际成本占估计总成本的比例=60/(60+20)×100%=75%;

截至本年年底应确认的收入=100×75%=75(万元)

(1)预收服务款	借:银行存款　　　　　　　　　　　　90 　贷:合同负债　　　　　　　　　　　90
(2)实际发生成本	借:合同履约成本　　　　　　　　　　60 　贷:应付职工薪酬　　　　　　　　　60
(3)年底确认收入并结转成本	借:合同负债　　　　　　　　　　　　75 　贷:主营业务收入　　　　　　　　　75 借:主营业务成本　　　　　　　　　　60 　贷:合同履约成本　　　　　　　　　60

【案例7】福喜公司是一家健身房,1月1日,福喜公司与有福签订合同,有福向福喜公司支付两年会员费6000元(不含税价)成为福喜公司的会员,有福可以在未来两年内不受次数限制的健身,增值税税率为6%。

本例中,该履约义务属于在某一时段内履行的履约义务,因为有福在会籍期间可随时来健身房健身,且没有次数限制,有福已使用俱乐部健身的次数不会影响其未来继续使用的次数,福喜公司在该合同下的履约义务是承诺随时准备在有福需要时为其提供健身服务。因此,福喜公司按照直线法确认收入,每月应当确认的收入为250元(6000÷24)。

福喜公司应编制如下会计分录(假定不考虑相关税费):

(1)1月1日收到会员费时:

借:银行存款　　　　　　　6000

　贷:合同负债　　　　　　　6000

(2)1月31日确认收入:

借:合同负债　　　　　　　250

　贷:主营业务收入　　　　　250

两年内,每月月末确认收入同上。

【例题5·单选题】(2017年改编)2016年3月1日,甲公司签订了一项总额为1200万万元的固定造价建造合同,采用投入法确认合同收入和合同费用。至当年年末,甲公司实际发生成本315万元,履约进度为35%。不考虑增值税等相关税费及其他因素,甲公司2016年度应确认的合同毛利为(　)万元。

A. 0　　　　　　B. 105

C. 300　　　　　D. 420

解析　2016年度的合同毛利=合同收入1200×35%-合同费用315=105(万元)。

答案　B

2. 在某一时点履行的履约义务

表 5-5 在某一时点履行的履约义务

项目	内容
在判断控制权是否转移时，企业应当考虑的五个迹象	(1) 企业就该商品享有现时收款权利，即客户就该商品负有现时付款义务
	(2) 企业已将该商品的法定所有权转移给客户，即客户已拥有该商品的法定所有权
	(3) 企业已将该商品所有权上的主要风险和报酬转移给客户
	(4) 客户已接受该商品
	(5) 企业已将该商品实物转移给客户，即客户已占有该商品实物

【例题 6·多选题】对于在某一时点履行的履约义务，企业应当在客户取得相关商品控制权时确认收入。在判断客户是否取得商品的控制权时，企业应当考虑的迹象有（ ）。

A. 客户已接受该商品
B. 客户已拥有该商品的法定所有权
C. 客户就该商品负有现时付款义务
D. 客户已取得该商品所有权上的主要风险和报酬

答案 ▶ ABCD

(六) 合同取得成本

企业为取得合同发生的**增量成本**预期能够收回的，应当作为合同取得成本确认为一项资产。

增量成本，是指企业不取得合同就不会发生的成本，例如销售佣金是增量成本。聘请外部律师进行尽职调查费、为投标发生的差旅费、年终奖不属于合同取得成本。

【案例 8】福喜公司通过竞标赢得新客户有福公司，为取得与有福公司的合同，福喜公司聘请外部律师进行尽职调查支付相关费用 20000 元，为投标而发生的差旅费为 10000 元，支付销售人员佣金 60000 元。甲公司预期这些支出未来均能够收回。此外，福喜公司根据其年度销售目标、整体盈利情况及个人业绩等，向销售部门经理支付年度奖金 10000 元。

福喜公司与有福公司的上述合同约定，有福公司每年向福喜公司支付咨询费 1200000 元（不含税），增值税税率为 6%，服务期为 10 年。

在本例中，佣金属于增量成本，福喜公司应当将其作为合同取得成本确认为一项资产；律师尽职调查费、差旅费和年终奖不属于增量成本，应直接计入当期损益。

福喜公司的业务处理如下：

(1) 发生费用时：
借：合同取得成本　　　　　　60000
　　管理费用　　　　　　　　20000
　　销售费用　　　　　　　　10000
　　贷：银行存款　　　　　　　　90000

(2) 每月确认收入，摊销佣金：
① 确认收入 = 1200000 ÷ 12 = 100000（元）
借：应收账款　　　　　　　　106000
　　贷：主营业务收入　　　　　　100000
　　　　应交税费——应交增值税（销项税额）
　　　　　　　　　　　　　　　　　　6000
② 摊销佣金 = 60000 ÷ 10 ÷ 12 = 500（元）
借：销售费用　　　　　　　　　500
　　贷：合同取得成本　　　　　　　500

(七) 合同履约成本

1. 企业为履行合同可能会发生各种成本，不属于存货、固定资产以及无形资产等范围且同时满足下列条件的，应当作为合同履约成本确认为一项资产：

(1) 该成本与一份当前或预期取得的合同直接相关。

(2) 该成本增加了企业未来用于履行（或持续履行）履约义务的资源。

(3) 该成本预期能够收回。

2. 下列支出计入当期损益：

(1) 管理费用，除非这些费用明确由客户承担。

（2）非正常消耗的直接材料、直接人工和制造费用（或类似费用），这些支出为履行合同发生，但未反映在合同价格中。

（3）与履约义务中已履行（包括已全部履行或部分履行）部分相关的支出，即该支出与企业过去的履约活动相关。

（4）无法在尚未履行的与已履行（或已部分履行）的履约义务之间区分的相关支出。

合同履约成本（或合同取得成本）的列报：不超过一年的，在报表中列示为存货；一年以上的，在表中列示为其他非流动资产。

【案例9】 福喜公司是西湖边的一家民宿，当月月底福喜公司计提固定资产折旧10000元、无形资产摊销费用20000元，确认收入100000元（不含税），增值税税率为6%，款项已收妥存入银行。

福喜公司的会计处理如下：

（1）计提折旧和摊销：

借：合同履约成本　　　　　　30000
　　贷：累计折旧　　　　　　　10000
　　　　累计摊销　　　　　　　20000

（2）确认收入并摊销合同履约成本：

借：银行存款　　　　　　　106000
　　贷：主营业务收入　　　　100000
　　　　应交税费——应交增值税（销项税额）　　　　　　　　　6000

借：主营业务成本　　　　　　30000
　　贷：合同履约成本　　　　　30000

同步训练 限时50min

一、单项选择题

1. （2019年）下列各项中，委托代销商品的企业根据代销清单确认支付代销手续费时应借记的会计科目是（　）。
   A. 销售费用　　　B. 财务费用
   C. 管理费用　　　D. 其他业务成本

2. （2018年、2017年、2016年）下列各项中，关于企业采用支付手续费方式委托代销商品会计处理的表述正确的是（　）。
   A. 支付的代销手续费计入主营业务成本
   B. 发出委托代销商品时确认相应的主营业务成本
   C. 发出委托代销商品时确认销售收入
   D. 收到委托方开出的代销清单时确认销售收入

3. （2019年、2018年、2017年改）2016年10月，某企业签订一项劳务合同，合同收入为300万元，预计合同成本为240万元，合同价款在签订合同时已收取。该合同属于在某一时段内履行的履约义务，企业采用成本法确认合同履约进度，即按照累计实际发生的成本占合同预计总成本的比例确定履约进度。2016年，该企业已为该合同发生成本72万元，确认收入90万元，截至2017年年底，累计发生成本168万元，不考虑其他因素，2017年企业应确认该项业务的收入为（　）万元。
   A. 64　　　B. 144
   C. 120　　　D. 180

4. （2017年、2014年改）某企业为增值税一般纳税人，适用的增值税税率为13%。2×16年11月1日，对外销售M商品20000件，每件不含增值税销售价格为15元，给予10%的商业折扣，符合收入确认条件。下列各项中，该企业销售商品会计处理正确的是（　）。
   A. 确认应交税费4.8万元
   B. 确认主营业务收入27万元
   C. 确认管理费用3万元
   D. 确认财务费用3万元

5. 下列关于收入的说法中，不正确的是（　）。
   A. 随同商品出售且单独计价的包装物取得的收入，通过"其他业务收入"科目核算
   B. 经营性租赁固定资产的租金收入，一般通过"其他业务收入"科目核算
   C. 收入与所有者投入资本有关
   D. 收入会导致企业所有者权益的增加

6. 某企业销售商品 7000 件,每件售价 50 元(不含增值税),增值税税率为 13%,企业为购货方提供的商业折扣为 15%,提供的现金折扣条件为 2/10、1/20、N/30(计算现金折扣时不考虑增值税)。该企业在这项交易中应确认的收入金额为( )元。
   A. 297500
   B. 308200
   C. 320000
   D. 320200

7. 关于增量成本,下列表述不正确的是( )。
   A. 增量成本是指企业不取得合同就不会发生的成本
   B. 增量成本是增加了企业未来用于履行(或持续履行)履约义务的资源的成本
   C. 企业为取得合同发生的增量成本预期能够收回的,应当作为合同取得成本确认为一项资产
   D. 企业为取得合同发生的、除预期能够收回的增量成本之外的其他支出,一般应于发生时计入当期损益

8. 2×18 年 1 月 1 日,甲公司与乙公司签订合同,为乙公司拥有所有权的一栋办公楼更换 10 部电梯,总价格为 1000 万元。截至 2×18 年 12 月 31 日,甲公司共更换了 8 部电梯,剩余两部电梯预计在 2×19 年 3 月 1 日之前完成。该合同仅包含一项履约义务,且属于在某一时段内履行的履约义务。甲公司按照已完成的工作量占预计总工作量的比例确定履约进度。假定不考虑增值税等其他因素,甲公司 2×18 年末应确认的收入金额为( )万元。
   A. 0
   B. 1000
   C. 800
   D. 200

9. 对于某一时点履行的履约义务,收入确认时点为( )。
   A. 收到销售货款时
   B. 发出商品时
   C. 客户取得相关商品控制权时
   D. 发生纳税义务时

10. 2×19 年 12 月 31 日,甲公司与乙公司签订协议销售一批商品,增值税专用发票上注明价格为 675 万元,增值税额为 87.75 万元。商品已发出,款项已收到。协议规定,该批商品销售价款的 25% 属于商品售出后 5 年内提供修理服务的服务费。假定该修理服务费是可明确区分的,不考虑其他因素,则甲公司 2×19 年 12 月应确认的收入为( )万元。
   A. 675
   B. 168.75
   C. 135
   D. 506.25

二、多项选择题

1. (2019 年、2018 年)下列各项中,制造企业应通过"其他业务收入"科目核算的有( )。
   A. 出售固定资产取得价款
   B. 随同商品销售单独计价包装物的销售收入
   C. 销售生产用原材料取得的收入
   D. 出租闲置设备收取的租金

2. (2017 年、2014 年改)甲公司为一家培训公司,2016 年 12 月 1 日甲公司与乙公司签订一项培训合同,期限 3 个月,属于在某一时段内履行的履约义务。截至 12 月 31 日,合同履约进度不能可靠估计,已实际发生劳务 40 万元,预计仅收回 50 万元(已收取),下列处理正确的有( )。
   A. "银行存款"借记 50 万元
   B. "主营业务成本"借记 40 万元
   C. "主营业务收入"贷记 40 万元
   D. "合同履约成本"借记 40 万元

3. 企业为取得销售合同发生的且由企业承担的下列支出,应在发生时计入当期损益的有( )。
   A. 尽职调查发生的费用
   B. 投标活动发生的交通费
   C. 投标文件制作费
   D. 招标文件购买费

4. 下列各项中,工业企业一般应确认为其他业务收入的有( )。
   A. 对外销售材料收入
   B. 出售专利所有权收入

C. 出售营业用房净收益

D. 转让商标使用权收入

5. 关于合同资产和合同负债的表述中，不正确的有（　　）。

A. 合同资产和合同负债应当在利润表中单独列示

B. 同一合同下的合同资产和合同负债不得相互抵销

C. 不同合同下的合同资产和合同负债应当以净额列示

D. 合同资产和合同负债属于流动资产和流动负债

6. 下列各项中，属于与收入确认有关的步骤的有（　　）。

A. 识别与客户订立的合同

B. 识别合同中的单项履约义务

C. 将交易价格分摊至各单项履约义务

D. 履行各单项履约义务时确认收入

三、判断题

1. 企业在销售商品时，虽然收入确认的其他条件满足，但估计价款收回可能性不大也不应确认收入。（　　）

2. 采用预收款方式销售商品时，企业通常应在发出商品时确认收入，在此之前预收的货款应确认为合同负债。（　　）

3. 企业和客户签订的合同如果既有商品销售又有提供劳务服务时，如果商品销售和提供劳务服务具有高度关联，则二者应分别作为单项履约义务处理。（　　）

4. 包括在商品售价内可区分的服务费，在销售商品确认收入的同时确认服务费收入。（　　）

5. 企业提供重大权利的，应当作为单项履约义务，按照有关交易价格分摊的要求将交易价格分摊至该履约义务，在客户未来行使购买选择权取得相关商品控制权时，或者该选择权失效时，确认相应的收入。（　　）

四、不定项选择题

1. 甲公司2×18年12月发生的与收入相关的交易或事项如下：

资料一，2×18年12月1日，甲公司与客户乙公司签订一项销售并安装设备的合同，合同期限为2个月，交易价格为270万元。合同约定，当甲公司履约完毕时，才能从乙公司收取全部合同金额，甲公司对设备质量和安装质量承担责任。该设备单独售价为200万元，安装劳务单独售价为100万元，两者可明确区分。2×18年12月5日，甲公司以银行存款170万元从丙公司购入并取得该设备的控制权，于当日按合同约定直接运抵乙公司指定地点并安装，乙公司对其验收并取得控制权，此时甲公司向客户乙销售设备履约义务已完成。

资料二，至2×18年12月31日，甲公司实际发生安装费用48万元（均系甲公司员工薪酬），估计还将发生安装费用32万元，甲公司向乙公司提供设备安装劳务属于一个时段履行的履约义务，按实际发生的成本占估计总成本的比例确定履约进度，不考虑增值税及其他因素。

要求：根据上述资料，不考虑其他因素，分析回答下列小题。(答案中的金额单位用万元表示)

（1）下列各项中，不适用收入准则的是（　　）。

A. 进行债权投资收取的利息

B. 保险合同取得的保费收入

C. 进行股权投资取得的现金股利

D. 在具有商业实质的前提下，企业以存货换取客户的存货、固定资产、无形资产以及长期股权投资

（2）甲公司将交易价格分摊到设备销售与安装的金额分别为（　　）万元。

A. 270，0　　　　　B. 180，90

C. 90，180　　　　D. 0，270

（3）下列关于甲公司在2×18年12月5日所做的会计分录中，正确的是（　　）。

A. 借：库存商品　　　　　　170
　　　贷：银行存款　　　　　　170

B. 借：应收账款　　　　　　　180
　　　贷：主营业务收入—设备销售　180
C. 借：合同资产　　　　　　　180
　　　贷：主营业务收入—设备销售　180
D. 借：主营业务成本—设备销售　170
　　　贷：库存商品　　　　　　　170

(4)甲公司2×18年12月发生设备安装费用的会计分录( )。
A. 借记合同履约成本48万元
B. 贷记银行存款48万元
C. 借记合同取得成本48万元
D. 贷记应付职工薪酬48万元

(5)甲公司2×18年12月31日设备安装履约进度、应确认设备安装收入金额以及确认安装收入和结转安装成本的会计分录正确的是( )。
A. 2×18年12月31日，甲公司安装履约进度＝48/(48+32)×100%＝60%
B. 2×18年12月31日，甲公司应确认安装收入金额＝90×60%＝54(万元)
C. 借：应收账款　　　　　　　54
　　　贷：主营业务收入—设备安装　54
D. 借：主营业务成本—设备安装　48
　　　贷：合同履约成本—设备安装　48

2. 甲、乙两企业均为增值税一般纳税人，增值税税率均为13%。
(1)2019年7月6日，甲企业与乙企业签订代销协议，甲企业委托乙企业销售A商品1000件，每件单位成本为200元。代销协议规定，A商品含税售价为339元，甲企业按不含增值税的售价的10%向乙企业支付手续费(手续费适用的增值税税率为6%)。
(2)8月15日，甲企业收到乙企业交来的代销清单，代销清单中注明：实际销售A商品600件，商品售价为180000元，增值税额为23400元。当日甲企业向乙企业开具金额相等的增值税专用发票。8月16日，甲企业收到乙企业支付的已扣除手续费的商品代销款。
要求：根据上述资料，不考虑其他因素，

分析回答下列小题。(答案中的金额单位用元表示)

(1)下列关于甲企业的账务处理，正确的是( )。
A. 发出商品时：
借：发出商品　　　　　　　200000
　　贷：库存商品　　　　　　　200000
B. 结算手续费应借记"财务费用"18000元
C. 确认收入时：
借：发出商品　　　　　　　203400
　　贷：主营业务收入　　　　　180000
　　　应交税费—应缴增值税(销项税额)
　　　　　　　　　　　　　　　23400
D. 结转成本时：
借：主营业务成本　　　　　120000
　　贷：库存商品　　　　　　　120000

(2)甲企业实际收回的货款为( )元。
A. 120000
B. 184320
C. 203400
D. 210600

同步训练答案及解析

一、单项选择题

1. A 【解析】委托方在发出商品时通常不应确认销售商品收入，而应在收到受托方开出的代销清单时确认销售商品收入，同时将应支付的代销手续费计入销售费用。

2. D 【解析】选项A，应计入销售费用；选项B，发出委托代销商品应计入发出商品，不需要确认主营业务成本；选项C，应在收到受托方开出的代销清单时确认销售商品收入。

3. C 【解析】2017年应确认的收入＝收入总额×完工进度－已确认的收入＝300×168/240－90＝120(万元)。

4. B 【解析】相关会计分录为：
借：应收账款　　　　　　　30.51
　　贷：主营业务收入
　　　　[20000×15×(1－10%)/10000]27

应交税费——应交增值税(销项税额)　　　　　　　3.51

5. C　【解析】收入是指企业在日常活动中形成的、会导致所有者权益增加的、与所有者投入资本无关的经济利益的总流入。

6. A　【解析】企业应该按照扣除商业折扣的金额确认收入，并且收入中应该包括现金折扣。因此该企业在这项交易中应确认的收入＝7000×50×(1-15%)＝297500(元)。

7. B　【解析】选项B，增加了企业未来用于履行(或持续履行)履约义务的资源的是合同履约成本，而非增量成本。

8. C　【解析】根据题意，截至2×18年12月31日，该合同的履约进度＝8/10＝80%，甲公司应确认的收入金额＝1000×80%＝800(万元)。

9. C　【解析】对于某一时点履行的履约义务，企业应当在客户取得相关商品控制权时点确认收入。

10. D　【解析】包括在商品售价内可区分的修理服务费属于在某一时段内履行的履约义务，应该在提供服务期间内分期确认收入，所以甲公司2×19年12月应确认的收入＝675×(1-25%)＝506.25(万元)。

二、多项选择题

1. BCD　【解析】选项A，通过"固定资产清理"科目核算，最终记入"资产处置损益"科目。

2. ABCD　【解析】履约进度不能合理确定时，企业已经发生的成本预计能够得到补偿的，应当按已经发生的成本金额确认收入，直到履约进度能够合理确定为止。

3. ABCD　【解析】差旅费、投标费、为准备投标资料发生的相关费用等，这些支出无论是否取得合同均会发生，应当在发生时计入当期损益，除非这些支出明确由客户承担。

4. AD　【解析】选项BC产生的损益记入"资产处置损益"科目。

5. ABCD　【解析】合同资产和合同负债应当在资产负债表中单独列示，并按流动性，分别列示为"合同资产"或"其他非流动资产"以及"合同负债"或"其他非流动负债"。同一合同下的合同资产和合同负债应当以净额列示，不同合同下的合同资产和合同负债不能互相抵销。

6. ABD　【解析】选项ABD，主要与收入确认有关；选项C，主要与收入的计量有关。

三、判断题

1. √
2. √
3. ×　【解析】此种情况下，二者一般应作为一项单项履约义务处理。
4. ×　【解析】包括在商品售价内可区分的服务费，属于在某一时段内履行的单项履约义务，在提供服务的期间内分期确认收入。
5. √

四、不定项选择题

1. (1) ABC；(2) B；(3) ACD；(4) AD；(5) ABD。

【解析】(1)收入适用于所有与客户之间的合同，但下列各项除外：

租金(适用租赁准则)；债权投资收取的利息(适用金融工具准则)；股权投资取得的现金股利(适用金融工具准则和长期股权投资准则)；保险合同取得的保费收入等(适用保险合同准则)；

适用收入准则的特殊情形：具有商业实质的情况下，企业以存货换取客户的存货、固定资产、无形资产以及长期股权投资等。

(2)设备销售应分摊的交易价格＝270×200/(200+100)＝180(万元)。

设备安装应分摊的交易价格＝270×100/(200+100)＝90(万元)。

(3)甲公司销售设备时确认销售收入并结转销售成本的分录为：

借：库存商品　　　　　　　　　　　170

```
贷：银行存款                170
借：合同资产                180
    贷：主营业务收入——设备销售  180
借：主营业务成本——设备销售  170
    贷：库存商品              170
```
(4) 甲公司 12 月发生设备安装费用：
```
借：合同履约成本——设备安装   48
    贷：应付职工薪酬          48
```
(5) 2×18 年 12 月 31 日，甲公司的安装劳务履约进度=48/(48+32)×100%=60%；
2×18 年 12 月 31 日，甲公司应确认的安装劳务收入金额=90×60%=54(万元)。
```
借：合同资产                54
    贷：主营业务收入——设备安装  54
借：主营业务成本——设备安装  48
    贷：合同履约成本——设备安装  48
```

2. (1) A；(2) B。

【解析】(1) 选项 B，结算手续费应计入销售费用；选项 C，确认收入时，借方应为应收账款；选项 D，结转成本时，贷方应为发出商品。

(2) 实际收回的货款=180000+23400-180000×10%-1080=184320(元)。

委托方甲企业的分录如下：

发出商品：
```
借：发出商品              200000
    贷：库存商品           200000
```
收到代销清单并结算手续费：
```
借：应收账款              203400
    贷：主营业务收入        180000
        应交税费——应缴增值税(销项税额)
                            23400
借：销售费用              18000
    应交税费——应交增值税(进项税额)
                            1080
    贷：应收账款           19080
```
结转代销商品成本：
```
借：主营业务成本          120000
    贷：发出商品           120000
```
收到商品代销款：
```
借：银行存款              184320
    贷：应收账款           184320
```

第二节　费用

扫我解疑难

考点详解

一、费用的概念和内容

『提示』各位考生，大脑先回忆一下利润表。

(一) 概念

费用是指企业在日常活动中发生的、会导致所有者权益减少的、与向所有者分配利润无关的经济利益的总流出。

『链接』收入、利得、费用、损失的对比

表 5-6　收入、费用、利得、损失的对比

项目	收入	利得	费用	损失
活动	日常	非日常	日常	非日常
所有者权益	增加		减少	
经济利益	总流入	净流入	总流出	净流出
其他	与投入资本无关		与分配利润无关	

(二)内容

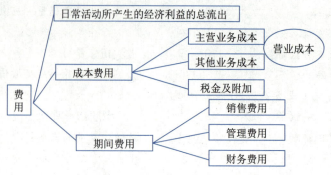

图 5-1　费用的内容

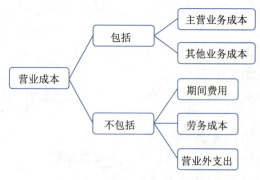

图 5-2　营业成本的内容

【例题1·多选题】（2010年）下列各项中，应列示于利润表"营业成本"项目的有(　　)。

A. 出售商品的成本
B. 销售材料的成本
C. 出租非专利技术的摊销额
D. 以经营租赁方式出租设备计提的折旧额

解析　相关会计分录如下：
选项A：
借：主营业务成本
　　贷：库存商品
选项B：
借：其他业务成本
　　贷：原材料
选项C：
借：其他业务成本
　　贷：累计摊销
选项D：

借：其他业务成本
　　贷：累计折旧

答案　ABCD

二、主营业务成本

主营业务成本是指企业销售商品、提供服务等经常性活动所发生的成本。

【案例1】3月8日，福喜公司销售一批商品给有福公司，价款100万元，增值税13万元，成本80万元。

(1)3月8日，销售实现，确认收入：
借：应收账款/银行存款等　　　　113
　　贷：主营业务收入　　　　　　　　100
　　　　应交税费——应交增值税(销项税额)　　　　　　　　　　　　13
结转成本：
借：主营业务成本　　　　　　　　80
　　贷：库存商品　　　　　　　　　　80
(2)3月末(期末)结转损益：
借：主营业务收入　　　　　　　100

贷：本年利润　　　　　　　100
　　借：本年利润　　　　　　　 80
　　　　贷：主营业务成本　　　　 80
结转后该科目(损益类)无余额。

三、其他业务成本
『链接』计入其他业务收入(成本)的情况(速记口诀)：
猪(出租)吃包装(单独计价的包装物)的饲料(销售原材料)。

【案例2】3月，福喜公司销售原材料成本、以经营租赁方式出租固定资产折旧额、出租无形资产的摊销额和销售单独计价的包装物成本均为100万元。
(1)发生成本：
　　借：其他业务成本　　　　　400
　　　　贷：原材料[销售材料的成本]　100
　　　　　　累计折旧[出租固定资产的折
　　　　　　　　旧额]　　　　　　　100
　　　　　　累计摊销[出租无形资产的摊
　　　　　　　　销额]　　　　　　　100
　　　　　　周转材料[销售单独计价的包
　　　　　　　　装物、出租包装物的成本或摊
　　　　　　　　销额]　　　　　　　100
(2)月末结转损益：
　　借：本年利润　　　　　　　400
　　　　贷：其他业务成本　　　　400
『提示』结转后该科目无余额。

【案例3】4月1日，福喜公司(一般纳税人)销售一批原材料，售价为100万元，增值税13万元，原材料成本80万元，款已收存银行。期末，结转损益。
(1)销售实现时，确认收入：
　　借：银行存款　　　　　　　113
　　　　贷：其他业务收入　　　　100
　　　　　　应交税费—应交增值税(销项
　　　　　　　　税额)　　　　　　　 13
结转成本：
　　借：其他业务成本　　　　　 80
　　　　贷：原材料　　　　　　　 80
(2)期末，结转损益：

结转收入：
　　借：其他业务收入　　　　　100
　　　　贷：本年利润　　　　　　100
结转成本：
　　借：本年利润　　　　　　　 80
　　　　贷：其他业务成本　　　　 80

【例题2·多选题】(2015年、2014年)下列各项中计入工业企业其他业务成本的有(　)。
A. 生产车间领用低值易耗品的摊销额
B. 出租无形资产的摊销额
C. 结转销售原材料的成本
D. 以经营租赁方式出租大型设备计提的折旧

解析 选项A的会计分录：
　　借：生产成本/制造费用
　　　　贷：周转材料
答案 BCD

四、税金及附加
『提示』各位考生，大脑先回忆一下第三章负债第四节应交税费的考点。

税金及附加是指企业经营活动应负担的相关税费，包括消费税、城市维护建设税、教育费附加、房产税、车船税、城镇土地使用税、印花税、资源税、房地产开发企业销售房地产应缴纳的土地增值税、环境保护税等，不包括增值税和所得税。

(一)基本账务处理
(1)计算应交××税额：
　　借：税金及附加
　　　　贷：应交税费—应交××税
(2)交税时：
　　借：应交税费—应交××税
　　　　贷：银行存款
(二)具体账务处理
【案例4】福喜公司(一般纳税人)今年3月销售高档化妆品收入100万元(不含增值税)，消费税税率15%。
(1)计提应交消费税额：
　　借：税金及附加　　(100×15%)15
　　　　贷：应交税费—应交消费税　 15

(2)交纳消费税时：
借：应交税费——应交消费税　　15
　　贷：银行存款　　　　　　　　　15

【案例5】3月，福喜公司（一般纳税人）当月实际缴纳增值税为85万元，消费税15万元，城建税税率为7%，教育费附加征收比率为3%。
(1)计提应交城建税和教育费附加时：
城市维护建设税：(85+15)×7%＝7(万元)；
教育费附加：(85+15)×3%＝3(万元)。
借：税金及附加　　　　　　　　10
　　贷：应交税费——应交城建税　　7
　　　　　　　　——应交教育费附加　3
(2)实际缴纳城建税和教育费附加时：
借：应交税费——应交城建税　　7
　　　　　　——应交教育费附加　3
　　贷：银行存款　　　　　　　10

【案例6】12月，福喜公司应交房产税3万元，应交车船税2万元，应交城镇土地使用税1万元。
(1)计提应交房产税、车船税、城镇土地使用税时：
借：税金及附加　　　　　　　　6
　　贷：应交税费——应交房产税　　3
　　　　　　　——应交车船税　　2
　　　　　　　——应交城镇土地使用税　1
(2)交纳房产税、车船税、城镇土地使用税时：
借：应交税费——应交房产税　　3
　　　　　　——应交车船税　　2
　　　　　　——应交城镇土地使用税　1
　　贷：银行存款　　　　　　　6

五、期间费用
（一）内容和基本账务处理
1. 内容

图5-3　期间费用的内容

2. 基本账务处理

【案例7】12月，福喜公司应付人工工资200万元，设备应计提折旧300万元，非专利技术摊销额400万元，用银行存款支付设备维修费500万元，上述费用管理部门和销售部门各占一半。本月应计提银行短期借款利息400万元。
(1)发生销售费用、管理费用时：
借：销售费用　　　　　　　　700
　　管理费用　　　　　　　　700
　　贷：应付职工薪酬　　　　200
　　　　累计折旧　　　　　　300
　　　　累计摊销　　　　　　400
　　　　银行存款　　　　　　500
(2)发生财务费用时：
借：财务费用　　　　　　　　400
　　贷：应付利息　　　　　　400
(3)期末结转损益：
借：本年利润　　　　　　　1800
　　贷：销售费用　　　　　　700
　　　　管理费用　　　　　　700
　　　　财务费用　　　　　　400

（二）销售费用
销售费用是指企业在销售商品和材料、提供服务过程中发生的各项费用，包括保险费、包装费、展览费和广告费、商品维修费、按法定要求预计的产品质量保证损失、运输费、装卸费等以及为销售本企业商品而专设的销售机构(含销售网点、售后服务网点等)的职工薪酬、折旧费等经营费用。

『总结』销售费用是公司销售过程和销售机构发生的费用。

『注意』修理费记入什么科目？

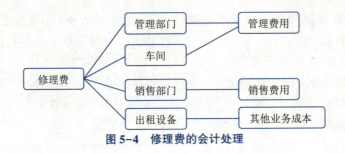

图 5-4 修理费的会计处理

【案例8】3月，福喜公司（一般纳税人）用银行存款支付：（1）广告费100万元，增值税6万元；（2）销售商品运费200万元，增值税18万元；（3）销售产品保险费300万元，增值税18万元。会计分录如下：

借：销售费用　　　　　　　　600
　　应交税费——应交增值税（进项税额）
　　　　　　　　　　　　　　 42
　　贷：银行存款　　　　　　642

【案例9】3月，福喜公司销售部共发生费用80万元，其中：人员薪酬50万元，房屋折旧费30万元。会计分录如下：

借：销售费用　　　　　　　　 80
　　贷：应付职工薪酬　　　　 50
　　　　累计折旧　　　　　　 30

【案例10】承【案例8】和【案例9】，福喜公司3月将本月发生的"销售费用"680万元，结转至"本年利润"科目。会计分录如下：

借：本年利润　　　　　　　　680
　　贷：销售费用　　　　　　680

【例题3·多选题】（2014年改）下列各项中，应计入销售费用的有（　）。

A. 销售商品发生的售后服务费，且该售后服务不构成单项履约义务
B. 委托代销商品支付的手续费
C. 结转的随商品出售且单独计价的包装物成本
D. 预计的产品法定质量保证支出

解析▶选项C应该记入"其他业务成本"科目。

答案▶ABD

（三）管理费用

管理费用的核算内容包括企业在筹建期间发生的开办费、董事会和行政管理部门在企业的经营管理中发生的应由企业统一负担的公司经费（包括行政管理部门职工薪酬、物料消耗、低值易耗品摊销、办公费和差旅费等）、工会经费、董事会费（包括董事会成员津贴、会议费和差旅费等）、聘请中介机构费、咨询费（含顾问费）、诉讼费、业务招待费、技术转让费、研究费用等。

『总结』管理费用是公司管理过程和管理部门发生的费用。

【案例11】3月，福喜公司（一般纳税人）发生如下业务：（1）用银行存款支付业务招待费10万元；（2）公司管理部门发生如下费用支出：应付人员薪酬5万元，用银行存款支付差旅费、办公费3万元，计提设备折旧额2万元，计提无形资产摊销额1万元，用银行存款支付设备修理费5万元。会计分录如下：

借：管理费用　　　　　　　　 26
　　贷：银行存款　　　　　　 18
　　　　应付职工薪酬　　　　　5
　　　　累计折旧　　　　　　　2
　　　　累计摊销　　　　　　　1

【案例12】承【案例11】，3月31日，福喜公司将"管理费用"科目余额转入"本年利润"科目。会计分录如下：

借：本年利润　　　　　　　　 26
　　贷：管理费用　　　　　　 26

【例题4·判断题】（2016年）企业行政管理部门发生的固定资产日常修理费用应确认为销售费用。（　）

解析▶企业行政管理部门发生的固定资产日常修理费用应确认为管理费用。

答案▶×

【例题5·多选题】（2015年）下列各项中，应计入管理费用的有（　　）。
A. 计提管理人员工资50万元
B. 管理部门发生业务招待费20万元
C. 发生展览费10万元
D. 发生违约金5万元

解析　选项C，展览费计入销售费用；选项D，违约金计入营业外支出。答案　AB

（四）财务费用

财务费用是指企业为筹集生产经营所需资金而发生的筹资费用。

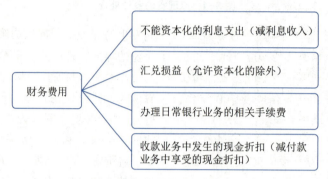

图5-5　财务费用的内容

借款利息等符合借款费用资本化支出条件的，应计入在建工程等。

【案例13】3月，福喜公司发生如下业务：(1)计(预)提短期借款利息5万元；(2)用银行存款支付银行账户管理费4万元；(3)购买材料时，获得销售方给予的现金折扣1万元。会计分录如下：
借：财务费用　　　　　　　　　9
　　贷：应付利息　　　　　　　5
　　　　银行存款　　　　　　　4
借：应付账款　　　　　　　　　1
　　贷：财务费用　　　　　　　1

【案例14】承【案例13】，3月31日，福喜公司将"财务费用"科目余额结转到"本年利润"科目。

财务费用=9-1=8(万元)。

会计分录如下：
借：本年利润　　　　　　　　　8
　　贷：财务费用　　　　　　　8

【例题6·判断题】（2014年）企业持不带息的商业汇票到银行办理贴现，其贴现利息应记入"财务费用"科目。（　　）
答案　√

『学霸总结』期间费用★★★（2018年单选题）

销售费用（2018年单选题；2018年、2017年、2016年多选题）	管理费用（2018年、2017年单选题；2019年、2018年多选题；2018年判断题）		财务费用（2019年、单选题、多选题）
销售过程和销售机构发生的费用	管理过程和管理机构发生的费用		筹集生产经营资金发生的筹资费用
保险费、包装费、展览费和广告费、商品维修费、按法定要求预计的产品质量保证损失、运输费、装卸费等以及为销售本企业商品而专设的销售机构的修理费、职工薪酬、业务费、折旧费等经营费用	筹建期间	开办费、非资本化利息	利息、汇兑损益、相关金融机构的手续费、发生或收到的现金折扣
	管理部门	职工薪酬、折旧费、差旅费	
	其他	自用无形资产摊销、研发支出—费用化支出、行政管理部门修理费、业务招待费、产品设计咨询费	

同步训练 限时34min

一、百考多选题

下列关于费用的概念及内容、营业成本、税金及附加的表述，不正确的有（ ）。

A. 费用是指企业在非日常活动中发生的、会导致所有者权益减少的、与向所有者分配利润无关的经济利益的净流出，例如企业筹建期间发生的支出属于费用

B. 销售费用、主营业务成本、生产成本、制造费用和营业外支出属于"费用"要素

C. 出售商品的成本、销售材料的成本、出租非专利技术的摊销额、以经营租赁方式出租设备计提的折旧额、出租包装物的摊销额、出售单独计价包装物的成本、生产车间领用低值易耗品的摊销额属于营业成本，也属于其他业务成本

D. 进口材料的关税、购置办公楼的契税、购置汽车的车辆购置税、房地产开发企业销售房地产应缴纳的土地增值税、提供劳务应交的城市建设税、自产自用应税产品应交的资源税、销售应税矿产品应交的资源税、销售商品应交的增值税、销售应税消费品应交的消费税应记入"税金及附加"科目

E. 2018年10月某企业应交增值税10万元，应交消费税20万元，应交城市维护建设税2.1万元，不考虑其他因素，记入"税金及附加"科目的金额为22.1万元

二、单项选择题

1. （2019年）下列各项中，应列入利润表"税金及附加"项目的是（ ）。
   A. 销售自产应税化妆品应交的消费税
   B. 进口原材料应交的关税
   C. 购进生产设备应交的增值税
   D. 购入土地使用权应交纳的契税

2. （2019年、2018年）2017年12月份，某公司发生相关税金及附加如下：城市维护建设税为3.5万元，教育费附加为1.5万元，房产税为20万元，车船税为3万元，不考虑其他因素，2017年12月份利润表"税金及附加"项目本期金额为（ ）万元。
   A. 25   B. 23
   C. 28   D. 5

3. （2019年、2018年、2017年）企业发生短期借款利息300万元、汇兑损失96万元，收到现金折扣180万元、存款利息15万元。该企业应计入财务费用的金额为（ ）万元。
   A. 201   B. 216
   C. 396   D. 380

4. （2018年）企业发生的产品广告费记入的会计科目是（ ）。
   A. 主营业务成本   B. 其他业务成本
   C. 营业外支出   D. 销售费用

5. （2018年、2017年、2016年）2017年4月，企业发生行政管理部门工资50万元，诉讼费5万元，销售商品时发生的装卸费价税合计3万元，银行汇票手续费2万元，计入管理费用的金额是（ ）万元。
   A. 55   B. 50
   C. 60   D. 58

6. （2018年）某企业6月份购买10000元办公用品交付使用，预付第三季度办公用房租金45000元，支付第二季度短期借款利息6000元，其中4月至5月份累计计提利息4000元。不考虑其他因素，该企业6月份应确认的期间费用为（ ）元。
   A. 12000   B. 10000
   C. 6000   D. 5500

7. （2018年、2017年、2016年）下列各项中，制造业企业应计入其他业务成本的是（ ）。
   A. 公益性捐赠支出
   B. 经营性出租固定资产的折旧费
   C. 存货盘亏损失
   D. 台风造成的财产净损失

8. 甲公司2017年10月份发生如下业务：（1）销售自产产品1000件，每件售价为100元，每件成本为80元；（2）销售材料一批，售价为

20000元，成本为15000元；(3)发生销售折让1000元；(4)结转已售自产产品负担的存货跌价准备10000元。假定不考虑其他因素，甲公司10月份的"主营业务成本"科目发生额为( )元。

A. 85000　　　　B. 84000
C. 80000　　　　D. 70000

9. 甲企业销售库存商品一批，收到价款200万元，该批商品成本为170万元，已提存货跌价准备35万元，应结转的销售成本为( )万元。

A. 135　　　　B. 165
C. 170　　　　D. 205

10. 下列各项利息中，不应该计入财务费用的是( )。

A. 长期借款在筹建期间的利息
B. 带息应付票据所计提的利息
C. 长期借款在生产经营期间的不符合资本化条件的利息
D. 带息应收票据所计提的利息

三、多项选择题

1. (2019年)下列各项中，导致企业期间费用增加的有( )。

A. 确认销售人员的薪酬
B. 计提行政部门固定资产的折旧费
C. 以银行存款支付生产车间的水费
D. 以银行存款偿还银行短期借款的本金

2. (2019年)2018年8月31日，某企业发生有关经济业务如下，书立销售合约支付印花税0.1万元，支付商品展览费4万元，收取货款发生现金折扣2万元，支付销售商品保险费1.06万元。不考虑其他因素，下列各项中，该企业相关会计科目处理正确的有( )。

A. 借记"销售费用"科目5.06万元
B. 借记"税金及附加"科目0.1万元
C. 借记"财务费用"科目2万元
D. 借记"管理费用"科目1.06万元

3. (2019年、2018年、2016年)下列项中，属于企业利润表"税金及附加"项目列示内容的有( )。

A. 商品购销业务应负担的教育费附加
B. 出租房产应缴纳的房产税
C. 商品购销业务应负担的城市维护建设税
D. 销售商品产生的增值税

4. (2019年、2018年)下列各项中，应通过"管理费用"科目核算的有( )。

A. 企业专设销售机构的设备折旧费
B. 中介机构咨询费
C. 企业发生的诉讼费
D. 财务人员的薪酬

5. (2019年、2018年、2017年改)下列各项中，企业应计入销售费用的有( )。

A. 已售商品的成本
B. 按法定要求预计的产品质量保证损失
C. 随同商品销售不单独计价的包装物成本
D. 销售过程中代客户垫付的运输费

6. (2019年、2018年、2017年)下列各项中，企业应通过"其他业务成本"科目核算的有( )。

A. 为行政管理部门短期租入专用设备所支付租金
B. 经营性出租闲置固定资产计提的折旧费
C. 结转随同商品出售单独计价包装物的实际成本
D. 行政管理部门发生的固定资产修理费

7. (2019年)下列各项中，属于制造业企业"营业成本"核算内容的有( )。

A. 结转出售材料的成本
B. 按法定要求预提的产品质量保证损失
C. 计提设备在经营出租期间的折旧费
D. 转销出售设备的账面价值

8. 下列关于费用的说法正确的有( )。

A. 营业成本包括主营业务成本、其他业务成本、期间费用
B. 期间费用是指企业日常活动发生的不能计入特定核算对象的成本
C. 期间费用包括销售费用、制造费用和财务费用
D. 费用是指企业在日常活动中发生的、

会导致所有者权益减少的、与向所有者分配利润无关的经济利益的总流出

9. 企业生产经营期间发生的长期借款利息支出，可能记入的科目有（　　）。
   A. 在建工程　　B. 销售费用
   C. 财务费用　　D. 管理费用

四、判断题

1. （2019年）企业缴纳的印花税应直接计入当期损益，不需通过"应交税费"科目核算。（　　）
2. （2018年）商品流通企业管理费用不多的，可不设置"管理费用"科目，其核算内容并入"销售费用"科目核算。（　　）
3. 企业出售固定资产应交的增值税，应列入利润表的"税金及附加"项目。（　　）
4. 期末，销售费用、管理费用和财务费用均无余额。（　　）

五、不定项选择题

（2019年）某企业为增值税一般纳税人，2019年6月发生如下经济业务：

(1) 5日，购进一批原材料，取得经税务机关认证的增值税专用发票上注明价款100万元，增值税税额为13万元；发生的运输费，取得经税务机关认证的增值税专用发票上注明运费款2万元，增值税税额为0.18万元。全部款项已用银行存款支付。

(2) 21日，企业销售一批应交纳消费税的商品，开具的增值税专用发票上注明价款为250万元，增值税税额为32.5万元，消费税税率为30%，取得所有收入已存入银行。

(3) 30日，企业交纳房产税9万元，城市维护建设税6.916万元，教育费附加2.964万元。

要求：

根据上述资料，不考虑其他因素，分析回答下列小题。

(1) 根据资料（1），入库原材料的成本为（　　）万元。

A. 102.18　　　B. 115.18
C. 100　　　　D. 102

(2) 根据资料（2），企业应交纳消费税的会计处理正确的是（　　）。
A. 借记"主营业务成本"科目75万元
B. 借记"应交税费—应交消费税"科目75万元
C. 借记"税金及附加"科目75万元
D. 借记"管理费用"科目75万元

(3) 根据资料（1）和（2），本月该企业应交增值税共计（　　）万元。
A. 19.32　　　B. 21.8
C. 19.5　　　 D. 32.5

(4) 根据资料（3），应交房产税会计处理正确的是（　　）。
A. 管理费用增加9万元
B. 销售费用增加9万元
C. 税金及附加增加9万元
D. 应交税费增加9万元

(5) 根据资料（1）至（3），该企业2019年6月利润表项目本期金额正确的是（　　）。
A. "营业收入"项目为250万元
B. "税金及附加"项目为93.88万元
C. "管理费用"项目为9万元
D. "销售费用"项目为9万元

同步训练答案及解析

一、百考多选题

ABCD 【解析】选项A，费用是指企业在日常活动中发生的、会导致所有者权益减少的、与向所有者分配利润无关的经济利益的总流出；选项B，营业外支出属于损失，不属于"费用"要素，生产成本属于成本，不属于"费用"要素；选项C，生产车间领用低值易耗品的摊销额记入"生产成本"科目，不属于营业成本；出售商品的成本计入主营业务成本，属于营业成本；选项D，进口材料的关税计入材料的成本；购置办公楼的契税、购置汽车的车辆

购置税分别计入办公楼和汽车的成本；自产自用应税产品应交的资源税记入"生产成本"等科目。

增值税：

借：银行存款等
　　贷：主营业务收入
　　　　应交税费——应交增值税(销项税额)

二、单项选择题

1. A 【解析】选项B，计入原材料的入账成本；选项C，通过"应交税费"科目核算；选项D，计入无形资产的入账成本。

2. C 【解析】该公司12月份利润表"税金及附加"项目本期金额=3.5+1.5+20+3=28(万元)。

3. A 【解析】计入财务费用的金额=300+96-180-15=201(万元)。

4. D

5. A 【解析】计入管理费用的金额=50+5=55(万元)。销售商品发生的装卸费应计入销售费用，银行汇票手续费应计入财务费用。

6. A 【解析】购买10000元办公用品交付使用，属于当期发生的费用，通过"管理费用"科目核算；预付第三季度办公用房租金45000元，不属于6月份的费用；支付第二季度短期借款利息6000元，其中4月和5月的利息，属于4月和5月确认的费用，不属于企业在6月份发生的费用，6月份发生的利息费用=6000-4000=2000(元)，因此企业当期确认的期间费用=10000+2000=12000(元)。

7. B 【解析】各选项的会计分录为：

选项A，公益性捐赠支出：

借：营业外支出
　　贷：银行存款等

选项B，经营性出租固定资产的折旧费：

借：其他业务成本
　　贷：累计折旧

选项C，存货盘亏损失：

借：待处理财产损溢
　　贷：原材料等
借：管理费用
　　营业外支出
　　其他应收款
　　贷：待处理财产损溢

选项D，台风造成的财产净损失：

借：待处理财产损溢
　　贷：原材料等
借：营业外支出
　　贷：待处理财产损溢

8. D 【解析】销售材料的成本记入"其他业务成本"科目，发生的销售折让冲减当期销售收入，不影响销售成本。结转已售自产产品负担的存货跌价准备冲减主营业务成本，因此计入主营业务成本的金额=1000×80−10000=70000(元)。

【应试技巧】销售商品时应将相关的成本和存货跌价准备结转，会计分录为：

借：存货跌价准备
　　主营业务成本
　　贷：库存商品

9. A 【解析】在销售商品结转成本时，应同时将已计提的存货跌价准备予以结转，相关会计处理如下：

借：主营业务成本　　　　135
　　存货跌价准备　　　　　35
　　贷：库存商品　　　　　　170

10. A 【解析】选项A，如果不符合资本化条件，应计入管理费用，如果符合资本化条件，应计入相关资产成本；选项B，应计入财务费用；选项C，应计入财务费用；选项D，应冲减财务费用。

三、多项选择题

1. AB 【解析】期间费用包括财务费用、销售费用和管理费用。

选项A，确认销售人员的薪酬：

借：销售费用
　　贷：应付职工薪酬

选项B，计提行政部门固定资产的折旧费：

借：管理费用
　　贷：累计折旧
选项C，以银行存款支付生产车间的水费：
借：制造费用
　　贷：银行存款
选项D，以银行存款偿还银行短期借款的本金：
借：短期借款
　　贷：银行存款

2. ABC 【解析】选项A，销售费用=4+1.06=5.06(万元)；选项B，企业在经营活动所负担的消费税、城市维护建设税教育费附加、资源税、房产税、城镇土地使用税、车船税、印花税等，一般均应计入税金及附加，所以税金及附加为0.1万元；选项C，现金折扣计入财务费用，所以财务费用为2万元。

3. ABC 【解析】选项A，商品购销业务应负担的教育费附加：
借：税金及附加
　　贷：应交税费——应交教育费附加
选项B，出租房产应缴纳的房产税：
借：税金及附加
　　贷：应交税费——应交房产税
选项C，商品购销业务应负担的城市维护建设税：
借：税金及附加
　　贷：应交税费——应交城市维护建设税
选项D，销售商品产生的增值税：
借：应收账款或银行存款等
　　贷：应交税费——应交增值税(销项税额)

4. BCD 【解析】选项A计入销售费用。
5. BC 【解析】选项A，应计入主营业务成本；选项D，应计入应收账款。
6. BC 【解析】选项AD计入管理费用。
7. AC 【解析】选项B，应计入销售费用；选项D，先通过固定资产清理核算，最终计入资产处置损益。
8. BD 【解析】选项A，营业成本包括主营业务成本和其他业务成本；选项C，期间费用包括销售费用、管理费用和财务费用。
9. AC 【解析】生产经营期间的长期借款利息支出，符合资本化条件的记入"在建工程"等成本科目，不符合资本化条件的记入"财务费用"科目。
【易错提示】本题是生产经营期间，如果在"筹建期间"，不符合资本化条件的利息支出计入管理费用。

四、判断题
1. √ 【解析】缴纳印花税的会计分录为：
借：税金及附加
　　贷：银行存款
2. √
3. × 【解析】企业出售固定资产应交的增值税，属于价外税，不计入税金及附加。
4. √ 【解析】销售费用、管理费用和财务费用属于期间费用，企业在期末应将其余额结转到本年利润，结转后相关科目无余额。

五、不定项选择题
(1)D；(2)C；(3)A；(4)CD；(5)AB
【解析】(1)资料(1)会计分录：
借：原材料　　　　　　　　(100+2)102
　　应交税费——应交增值税(进项税额)
　　　　　　　　　　　　(13+0.18)13.18
　　贷：银行存款　　　　　　　115.18
(2)资料(2)，会计分录：
借：银行存款　　　　　　　　282.5
　　贷：主营业务收入　　　　　　250
　　　　应交税费——应交增值税(销项税额)
　　　　　　　　　　　　　　　32.5
借：税金及附加　　　　(250×30%)75
　　贷：应交税费——应交消费税　　75
(3)应交增值税=销项税额-进项税额=32.5(资料2)-13.18(资料1)=19.32(万元)。
(4)资料(3)会计分录：
借：税金及附加　　　　　　　　18.88
　　贷：应交税费——应交房产税　　9

——应交城市维护建设税 6.916

——应交教育费附加 2.964

(5)选项A,"营业收入"项目=主营业务收入+其他业务收入=250(万元)(资料2);选项B,"税金及附加"项目=75(资料2)+(9+6.916+2.964)(资料3)=93.88(万元)。本题不涉及管理费用和销售费用科目。

第三节 利润

扫我解疑难

考点详解

一、利润概述

『提示』各位考生,大脑再回忆一下利润表。

利润=收入-费用+利得-损失

图5-6 政府补助

【例题1·单选题】下列各项中,影响当期营业利润的是( )。

A. 所得税费用
B. 固定资产减值损失
C. 对外捐赠固定资产
D. 固定资产盘盈

解析 选项A的会计处理:
借:所得税费用
　　贷:应交税费——应交所得税
不影响营业利润和利润总额,但影响净利润;

选项B的会计处理:
借:资产减值损失
　　贷:固定资产减值准备
影响营业利润和利润总额;

选项C的会计处理:
借:营业外支出
　　贷:银行存款等
不影响营业利润,但影响利润总额;

选项D的会计处理:
借:固定资产
　　贷:以前年度损益调整
借:以前年度损益调整
　　贷:盈余公积
　　　　利润分配——未分配利润
不影响营业利润和利润总额,影响留存收益。

答案 B

二、营业外收入与支出

(一)营业外收入与营业外支出对比

营业外收入——与其日常活动无直接关系的各项利得。

营业外支出——与其日常活动无直接关系的各项损失。

表5-7 营业外收入与营业外支出对比表

计入营业外收入的情形	会计处理	计入营业外支出的情形	会计处理
非流动资产(固定资产)报废利得	固定资产: 借:固定资产清理 　　贷:营业外收入	非流动资产(固定资产、无形资产)报废损失	固定资产: 借:营业外支出 　　贷:固定资产清理 无形资产: 借:累计摊销 　　无形资产减值准备 　　营业外支出 　　贷:无形资产
确实无法支付的应付账款	借:应付账款 　　贷:营业外收入	非常损失	借:营业外支出 　　贷:待处理财产损溢等

续表

计入营业外收入的情形	会计处理	计入营业外支出的情形	会计处理
盘盈 (现金利得)	借：库存现金 　　贷：待处理财产损溢 借：待处理财产损溢 　　贷：营业外收入 　　　其他应付款	盘亏(固定资产)损失	借：营业外支出 　　贷：待处理财产损溢
捐赠利得	借：银行存款等 　　贷：营业外收入	捐赠支出	借：营业外支出 　　贷：银行存款等
非日常活动的政府补助	考试不要求	罚款支出	借：营业外支出 　　贷：银行存款
罚款收入	借：银行存款 　　贷：营业外收入	—	—
权益法下的长期股权投资：初始投资成本＜享有被投资方可辨认净资产公允价值份额	『提示』仅供满足好奇心 借：长期股权投资—投资成本 　　贷：银行存款 　　　营业外收入	—	—

【例题 2·多选题】（2015 年）下列各项中，应计入营业外收入的有( )。

A. 企业接受原材料捐赠的利得

B. 出售无形资产产生的利得

C. 盘盈的固定资产

D. 因债权单位撤销而无法支付的应付款项

解析▶ 选项 B，应计入资产处置损益；选项 C，应作为前期会计差错进行处理，通过"以前年度损益调整"科目核算，最终调整的是期初留存收益。

答案▶ AD

【例题 3·单选题】（2015 年）下列各项中，报经批准后计入营业外支出的是( )。

A. 结转售出材料的成本

B. 采购原材料运输途中合理损耗

C. 管理原因导致的原材料盘亏

D. 自然灾害导致的原材料损失

解析▶ 选项 A 的会计处理：

借：其他业务成本
　　贷：原材料

选项 B，计入原材料成本；

选项 C 的会计处理：

借：待处理财产损溢
　　贷：原材料
　　　应交税费—应交增值税(进项税额转出)

借：管理费用
　　贷：待处理财产损溢

答案▶ D

(二)营业外收入的账务处理

【案例1】3 月，福喜公司发生如下业务：(1)无法查明原因的现金溢余 1 万元；(2)无法支付的应付账款 2 万元；(3)接受现金捐赠 3 万元，存入银行；(4)收到有福公司违约金 4 万元，存入银行；(5)固定资产报废利得 5 万元。会计分录如下：

借：待处理财产损溢(盘盈现金)　　1
　　应付账款(无法支付的应付账款)
　　　　　　　　　　　　　　　2
　　银行存款等(接受捐赠、罚款利得)
　　　　　　　　　　　　　　　7
　　固定资产清理(报废固定资产) 5
　　贷：营业外收入　　　　　　　15

【案例2】承【案例1】，3 月 31 日，福喜公司结转营业外收入的科目余额。会计分录如下：

  借：营业外收入   15
    贷：本年利润   15

结转后营业外收入科目应无余额。

（三）营业外支出的账务处理

【案例3】3月，福喜公司（一般纳税人）发生如下业务：(1)自然灾害造成库存商品损失2万元；(2)固定资产盘亏损失3万元；(3)用银行存款支付公益性捐赠支出4万元；(4)用银行存款支付税收滞纳金5万元。会计分录如下：

  借：营业外支出   14
    贷：待处理财产损溢（自然灾害、固
      定资产盘亏）   5
      银行存款（公益性捐赠、罚款
      支出）   9

【案例4】承【案例3】，3月31日，福喜公司结转营业外支出的科目余额。会计分录如下：

  借：本年利润   14
    贷：营业外支出   14

结转后本科目应无余额。

【例题4·单选题】（2015年）某公司因雷电造成损失共计250万元，其中流动资产100万元，非流动资产150万元，获得保险公司赔偿80万元，不考虑其他因素，则计入营业外支出的金额为（ ）万元。

  A. 250   B. 170
  C. 150   D. 100

解析 自然灾害导致的资产毁损，扣除责任人、保险公司等赔款后剩余的净损失，应计入营业外支出。本题计入营业外支出的金额=250-80=170（元）。分录为：

  借：其他应收款   80
    营业外支出   170
    贷：待处理财产损溢   250

答案 B

三、所得税费用

企业的所得税包括**当期(应交)所得税**和**递延所得税**两个部分。

（一）当期（应交）所得税

【案例5】2018年，福喜公司（一般纳税人）利润表本年利润总额为90万元；职工福利费应调增2万元、行政罚款应调增2万元、工会经费应调增1万元、国债利息应调减3万元；职工教育经费应调增1万元、业务招待费应调增3万元；公益性捐赠支出应调增2万元；广告费和业务宣传费应调增2万元，公司适用的所得税税率为25%。

要求：计算该公司的应交所得税并编制相关会计分录。

【分析】税法应纳税所得额=会计利润总额+调增-调减，即本题应纳税所得额=90+2+2+1-3+1+3+2+2=100（万元）；

应交所得税=100×25%=25（万元）。

应交所得税相关分录：

  借：所得税费用   25
    贷：应交税费——应交所得税 25

（二）递延所得税

资产（或负债）按会计准则确定的**账面价值**与按税法规定确定的**计税基础**的差额，即为暂时性差异。

【案例6】假设福喜公司2017年产生收入150万元，费用60万元，其中包含计提坏账准备所产生的信用减值损失10万元；2018年产生收入150万元，费用50万元，上年已计提坏账准备的应收账款10万元确定无法收回，核销该坏账。

本案例只为满足好奇的同学，初级考试一般不考，中级考试才考。

(1)2017年的账务处理：

会计	税法
2017年计提坏账准备	2017年没发生坏账损失

续表

会计	税法
借：信用减值损失　　　　　　　　10 　　贷：坏账准备　　　　　　　　　　10	不承认
收入 150-费用 60（含上述 10）=利润 90（万元）	收入 150-扣除额 50=应纳税所得额 100（万元），或者当期纳税调增 10 万元
形成一种债权，即针对可抵扣暂时性差异确认递延所得税资产： 10×25%=2.5（万元）	以后真正发生损失时才能冲销损失 10 万元

借：所得税费用　　　　　　　　　　　　　　　　　　22.5
　　递延所得税资产　　　　　　　　　　　　　　　　2.5
　　贷：应交税费——应交所得税　　　　　　　　　　　　25

（2）2018 年账务处理：

会计	税法
2018 年发生坏账损失 10 万元	2018 年发生坏账损失
借：坏账准备　　　　　　　　　　10 　　贷：应收账款　　　　　　　　　　10	承认损失，可以抵扣所得税
收入 150-费用 50=利润 100（万元）	收入 150-扣除额 60（承认上述 10）=应纳税所得额 90（万元）
转回上年确认的债权，即贷记递延所得税资产 2.5 万元	冲销损失 10 万元

借：所得税费用　　　　　　　　　25
　　贷：递延所得税资产　　　　　　2.5
　　　　应交税费——应交所得税　　22.5

（三）应交所得税的计算及账务处理

应交所得税＝应纳税所得额×所得税税率

应纳税所得额＝税前会计利润+纳税调整增加额-纳税调整减少额

有关调整增加和调整减少的规定，请学习企业所得税的有关规定。

【案例 7】福喜公司（高新技术企业）2019 年度税前会计利润为 190 万元，所得税税率为 25%。全年工资 100 万元，职工福利费 20 万元，工会经费 3 万元，职工教育经费 10 万元；经查，福喜公司当年营业外支出中有 9 万元为税收滞纳罚金；另有国债利息收入 8 万元。企业发生的职工福利费支出、工会经费、职工教育经费，分别不超过工资薪金总额 14%、2%、8%的部分准予扣除。假定福喜公司全年无其他纳税调整因素。

（1）纳税调整增加额：

福利费=20-100×14%=6（万元）；

工会经费=3-100×2%=1（万元）；

职工教育经费=10-100×8%=2（万元）；

滞纳金=9（万元）。

（2）纳税调整减少额：

国债利息=8（万元）；

应纳税所得额=190+6+1+2+9-8=200（万元）；

当期应交所得税额=200×25%=50（万元）。

（3）会计分录：

借：所得税费用　　　　　　　　　　　　50
　　贷：应交税费——应交所得税　　　　　50

【例题 5·单选题】（2014 年）2013 年度企业实现利润总额 200 万元，其中国债利息收入 2 万元，税收滞纳金罚款 10 万元，企业所得税税率 25%。假设不考虑其他因素，2013 年该企业应确认所得税费用为（　　）万元。

A. 50 B. 47.5
C. 49.5 D. 52

解析 2013年该企业应确认所得税费用=(200-2+10)×25%=52(万元)。

答案 D

(四)所得税费用的账务处理

所得税费用=当期所得税+递延所得税

相关分录：

借：所得税费用
　　递延所得税资产[减少在贷方]
　贷：应交税费——应交所得税[当期所得税]
　　递延所得税负债[减少在借方]

【案例8】福喜公司递延所得税资产年初借方余额为35万元，年末借方余额为50万元；递延所得税负债年初贷方余额为10万元，年末贷方余额为20元。已知福喜公司当期所得税为50万元。假定相关递延所得税影响均计入所得税费用。

递延所得税资产借方发生额=50-35=15(万元)，其会计分录为：

借：递延所得税资产　　　　　　15
　贷：所得税费用　　　　　　　　15

递延所得税负债贷方发生额=20-10=10(万元)，其会计分录为：

借：所得税费用　　　　　　　　10
　贷：递延所得税负债　　　　　　10

【例题6·单选题】(2016年)2015年度某企业实现利润总额为960万元，当年应纳税所得额为800万元，适用的所得税税率为25%，当年影响所得税费用的递延所得税负债增加50万元。该企业2015年度利润表"所得税费用"项目本期金额为( )万元。

A. 250 B. 240
C. 150 D. 200

解析 2015年度利润表"所得税费用"项目本期金额=800×25%+50=250(万元)。分录为：

借：所得税费用　　　　　　　250
　贷：应交税费——应交所得税　　200
　　　递延所得税负债　　　　　　50

答案 A

四、本年利润

(一)结转方法

1. 表结法

损益类科目在每月月末只需结计出本月发生额和月末累计余额，不用编制转账凭证，也**不用结转**到"本年利润"科目。

在年度终了时，一次将全年累计余额结转入"本年利润"科目。

2. 账结法

每月月末需要编制转账凭证，将各损益类科目的余额结转入"本年利润"科目。

(二)结转本年利润的核算

(1)月末，损益类账户结转到"本年利润"，结转后损益类账户**无余额**。

(2)年末，"本年利润"结转到"利润分配——未分配利润"科目，结转后"本年利润"**无余额**。

借：本年利润
　贷：利润分配——未分配利润

或做相反的会计分录。

『链接』无余额的账户还有"制造费用"。该账户月末无余额，结转到"生产成本"账户。

【案例9】福喜公司2019年有关损益类科目在年末结账前的余额如下(该企业采用表结法年末一次性结转损益类科目，所得税税率为25%)：

单位：万元

科目名称	借或贷	贷方余额	科目名称	借或贷	借方余额
主营业务收入	贷	600	主营业务成本	借	420
其他业务收入	贷	400	其他业务成本	借	280
公允价值变动损益	贷	50	税金及附加	借	100

续表

科目名称	借或贷	贷方余额	科目名称	借或贷	借方余额
投资收益	贷	200	销售费用	借	80
资产处置损益	贷	150	管理费用	借	120
其他收益	贷	80	财务费用	借	30
营业外收入	贷	20	信用减值损失	借	10
			资产减值损失	借	10
			营业外支出	借	10

(1) 将各损益类科目年末余额结转入"本年利润"科目：

① 结转各项收入、利得类科目：

借：主营业务收入　　　　　　600
　　其他业务收入　　　　　　400
　　公允价值变动损益　　　　 50
　　投资收益　　　　　　　　200
　　资产处置损益　　　　　　150
　　其他收益　　　　　　　　 80
　　营业外收入　　　　　　　 20
　　贷：本年利润　　　　　　　　1500

② 结转各项费用、损失类科目：

借：本年利润　　　　　　　1060
　　贷：主营业务成本　　　　　　420
　　　　其他业务成本　　　　　　280
　　　　税金及附加　　　　　　　100
　　　　销售费用　　　　　　　　 80
　　　　管理费用　　　　　　　　120
　　　　财务费用　　　　　　　　 30
　　　　信用减值损失　　　　　　 10
　　　　资产减值损失　　　　　　 10
　　　　营业外支出　　　　　　　 10

(2) 税前会计利润 = 1500 - 1060 = 440（万元）。

(3) 假设福喜公司2019年度不存在所得税纳税调整因素。

应交所得税 = 440 × 25% = 110（万元）。

① 确认所得税费用：

借：所得税费用　　　　　　　110
　　贷：应交税费——应交所得税　　110

② 结转所得税费用：

借：本年利润　　　　　　　　110
　　贷：所得税费用　　　　　　　110

(4) 将"本年利润"科目年末余额330万元(440-110)转入"利润分配——未分配利润"科目：

借：本年利润　　　　　　　　330
　　贷：利润分配——未分配利润　330

【案例10】承【案例9】，福喜公司2019年年初"未分配利润"科目余额 -30万元，按照净利润的10%计提法定盈余公积，宣告分配股东现金股利100万元。

(1) 提取法定盈余公积：

提取的盈余公积 = (330 - 30) × 10% = 30（万元）。

如果年初"未分配利润"科目余额为正数，则计提盈余公积的基数不考虑该金额。

借：利润分配——提取法定盈余公积
　　　　　　　　　　　　　　 30
　　贷：盈余公积——法定盈余公积　30

(2) 宣告分配现金股利：

借：利润分配——应付现金股利或利润
　　　　　　　　　　　　　　100
　　贷：应付股利　　　　　　　　100

(3) 将"利润分配"的其他明细科目转到"未分配利润"明细科目：

借：利润分配——未分配利润　　130
　　贷：利润分配——提取法定盈余公积
　　　　　　　　　　　　　　　30
　　　　——应付现金股利或利润
　　　　　　　　　　　　　　　100

"未分配利润"的年末余额 = -30 + 330 -

30−100=170(万元)。

【例题 7·判断题】(2014 年)表结法下,每月月末均需编制转账凭证,将在账上结计出的各损益类科目的余额结转入"本年利润"科目。( )

解析 ▶ 表结法下,各损益类科目每月月末只需结计出本月发生额和月末累计余额,不结转到"本年利润"科目,只有在年末时才将全年累计余额结转入"本年利润"科目。

答案 ▶ ×

『学霸总结』 所得税费用★★★(2018年、2017 年单选题;2018 年、2017 年判断题)

项目	内容	
应纳税所得额	应纳税所得额=税前会计利润(利润表:利润总额)+纳税调整增加额−纳税调整减少额	
当期所得税	应交所得税=应纳税所得额×所得税税率	
纳税调整增加额	超标的职工福利费、工会经费、职工教育经费、业务招待费、公益性捐赠支出、广告费和业务宣传费	税收滞纳金、罚款、罚金
纳税调整减少额	前五年内未弥补的亏损	国债利息收入
递延所得税	递延所得税负债、递延所得税资产	
所得税费用	所得税费用=当期所得税+递延所得税	

会计分录	借:所得税费用
	  贷:应交税费—应交所得税
	    递延所得税负债[可能在借方]
	    递延所得税资产[可能在借方]	

『学霸总结』 结转本年利润★★★

项目		内容
方法	表结法 (2018 年、2017 年、2015 年单选题)	各损益类科目每月月末只需结计出本月发生额和月末累计余额,不结转到"本年利润"科目
		每月月末要将损益类科目的本月发生额合计数填入利润表的本月数栏
		将本月末累计余额填入利润表的本年累计数栏,通过利润表计算反映各期的利润(或亏损)
	账结法 (2018 年、2017 年判断题)	每月月末均需编制转账凭证,将在账上结计出的各损益类科目的余额结转入"本年利润"科目
		结转后"本年利润"科目的本月余额反映当月实现的利润或发生的亏损
		年度终了,"本年利润"的本年累计余额转入"利润分配—未分配利润"
		结转后"本年利润"科目应无余额

会计处理	将各损益类科目年末余额转入"本年利润"科目:	(1)结转各项收入、利得类科目:
		借:主营业务收入
		  其他业务收入
		  公允价值变动损益
		  投资收益
		  营业外收入等
		  贷:本年利润

续表

项目		内容
会计处理	将各损益类科目年末余额转入"本年利润"科目：	(2)结转各项费用、损失类科目： 借：本年利润 　　贷：主营业务成本等 　　　　其他业务成本 　　　　税金及附加 　　　　销售费用 　　　　管理费用 　　　　财务费用 　　　　信用减值损失 　　　　资产减值损失 　　　　营业外支出
	确认所得税费用	借：所得税费用 　　贷：应交税费—应交所得税
	将所得税费用转入"本年利润"科目	借：本年利润 　　贷：所得税费用
	将"本年利润"科目年末余额转入"利润分配—未分配利润"科目	借：本年利润 　　贷：利润分配—未分配利润

同步训练 限时46min

一、百考多选题

下列关于所得税费用、本年利润的表述，正确的有( )。

A. 2018年度企业实现利润总额100万元，其中国债利息收入5万元，税收滞纳金罚款25万元，企业所得税税率25%。假设不考虑其他因素，2018年该企业应确认所得税费用为30万元

B. 当期应交所得税、递延所得税资产、递延所得税负债和代扣代交的个人所得税影响利润表"所得税费用"

C. 计算应纳税所得额需要进行纳税调整的项目有税收滞纳金、罚款、罚金、超过税法规定标准的业务招待费、国债利息收入、超过税法规定标准的职工福利费和教育经费

D. 2018年度某企业实现利润总额为860万元，当年应纳税所得额为1000万元，适用的所得税税率为25%，当年影响所得税费用的递延所得税负债增加50万元。该企业2018年度利润表"所得税费用"项目本期金额为300万元

E. 会计期末结转本年利润的方法有表结法和账结法两种，表结法下，每月月末均需编制转账凭证，将在账上结计出的各损益类科目的余额结转入"本年利润"科目

F. 账结法下，"本年利润"科目本年余额反映本年累计实现的净利润或发生的亏损，月末需要将各损益类科目的余额结转入"本年利润"，年度终了，结转"本年利润"科目至"利润分配—未分配利润"科目，结转后"本年利润"科目应无余额

二、单项选择题

1. (2019年、2018年、2017年)下列各项中，会导致企业当期营业利润减少的是( )。

A. 出租的非专利技术的摊销额
B. 对外公益性捐赠的商品成本
C. 支付的税收滞纳金

D. 自然灾害导致生产线报废净损失

2. (2019年、2018年、2017年)下列各项中,企业应通过"营业外支出"科目核算的是( )。
   A. 支付会计师事务所审计费
   B. 发生的环保罚款支出
   C. 收回货款发生的现金折扣
   D. 计提应收账款坏账准备

3. (2018年、2017年、2015年)下列各项中,关于企业期末结转本年利润的"表结法"表述正确的是( )。
   A. 每月末需要编制将损益类科目发生额合计结转到本年利润的转账凭证
   B. 1至11月损益类科目发生额合计无须转入"本年利润"科目
   C. 月末"本年利润"科目的余额反映当月实现的利润或发生的亏损
   D. 不需要设置"本年利润"科目

4. (2018年、2017年)某企业2017年度实现利润总额1450万元,当年发生的管理费用中包含按规定不能税前扣除的业务招待费10万元,企业适用所得税税率为25%,该企业2017年实现的净利润为( )万元。
   A. 1085   B. 1087.5
   C. 1095   D. 1450

5. (2019年、2018年)甲企业2018年应交所得税为100万元,"递延所得税负债"年初余额为30万元,年末余额为35万元;"递延所得税资产"年初余额为20万元,年末余额为18万元。甲企业2018年的所得税费用是( )万元。
   A. 127   B. 97
   C. 107   D. 105

6. 下列各项中,影响当期利润表中利润总额的是( )。
   A. 固定资产盘盈
   B. 库存现金盘盈
   C. 确认所得税费用
   D. 代扣代缴的个人所得税

7. 某企业本期营业收入为1000万元,主营业务成本为500万元,其他业务成本为80万元,资产减值损失为15万元,公允价值变动收益为30万元,营业外收入为20万元,营业外支出10万元,所得税税率25%。假定不考虑递延所得税等其他因素,该企业本期净利润为( )万元。
   A. 408.75   B. 401.25
   C. 333.75   D. 130

8. 下列业务或者事项中,会影响企业营业外收入的是( )。
   A. 无法查明原因的现金溢余
   B. 国债利息收入
   C. 存货盘盈
   D. 处置交易性金融资产的净收益

9. 某企业2018年度的利润总额为1000万元,其中包括本年收到的国库券利息收入20万元;假定业务招待费税法规定的扣除标准为400万元,企业全年实际发生的业务招待费为350万元,企业所得税税率为25%。该企业2018年所得税费用为( )万元。
   A. 232.5   B. 245
   C. 250   D. 257.5

三、多项选择题

1. (2019年)下列各项中,企业期末应将其本期发生额结转至"本年利润"科目的有( )。
   A. 营业外收入   B. 管理费用
   C. 财务费用   D. 制造费用

2. (2018年)下列项中,企业应通过"营业外收入"科目核算的有( )。
   A. 无法支付的应付账款
   B. 接受非关联方的固定资产捐赠
   C. 无法查明原因的现金溢余
   D. 出租包装物实现的收入

3. (2018年)下列各项中,企业应计入营业外支出的有( )。
   A. 发生的办公设备日常维护费
   B. 固定资产盘亏损失
   C. 公益性捐赠支出
   D. 行政罚款支出

4. (2016年)下列各项中,计算应纳税所得额需要进行纳税调整的项目有( )。
   A. 税收滞纳金
   B. 超过税法规定标准的业务招待费
   C. 国债利息收入
   D. 超过税法规定标准的职工福利费

5. 下列各项中,影响企业营业利润的有( )。
   A. 销售商品发生的展览费
   B. 出售包装物取得的净收入
   C. 出售固定资产的净损失
   D. 确认的资产减值损失

6. 下列各项中,既影响营业利润又影响利润总额业务的有( )。
   A. 计提存货跌价准备
   B. 转销确实无法支付的应付账款
   C. 出售单独计价包装物取得的收入
   D. 转让股票所得收益

7. 下列各项损益中,会计上和税法上核算不一致,需要进行纳税调整的项目有( )。
   A. 超过税法规定标准的职工福利费
   B. 公司债券的利息收入
   C. 税收滞纳金
   D. 公司债券转让净收益

8. 某企业2017年利润总额为1000万元,本年的行政罚款支出为5万元,国债利息收入为10万元,超过税法规定扣除标准的公益性捐赠支出为100万元,所得税税率是25%,不存在其他纳税调整事项,下列说法正确的有( )。
   A. 企业2017年应该纳税调增的金额为105万元,纳税调减的金额为10万元
   B. 企业2017年应交所得税金额为273.75万元
   C. 企业2017年的所得税费用金额为250万元
   D. 企业2017年的净利润金额为726.25万元

四、判断题

1. (2019年)企业将闲置不用的设备以经营租赁方式出租,出租期间对该设备计提的折旧费应计入营业外支出。( )

2. (2019年、2018年、2017年)企业计算确定的当期所得税与递延所得税之和,即为应从当期利润总额中扣除的所得税费用。( )

3. (2018年)企业采用账结法结转本年利润时,需要每月月末都编制记账凭证,将损益科目的余额结转至"本年利润"科目。( )

4. (2018年、2017年)企业采用账结法结转本年利润时,各损益类科目每月月末只需结计出本月发生额和月末累计金额,年末将全年累计金额转入"本年利润"科目。( )

5. (2018年)企业年末将损益类科目结转后,"本年利润"科目的借方余额表示实现的净利润,贷方余额表示发生的净亏损。( )

6. (2018年)企业收到与日常经营活动相关的且计入当期损益的政府补助,应列入利润表的"营业外收入"项目。( )

7. (2017年)损失是指由企业非日常活动所发生的,会导致所有者权益减少的,与向所有者分配利润无关的经济利益的流出。( )

8. 年度终了,"本年利润"科目的本年累计余额即为净利润的金额。( )

五、不定项选择题

1. 甲公司为增值税一般纳税人,销售存货适用的增值税税率为13%,提供劳务适用的增值税税率为6%,库存商品、原材料售价中均不含增值税。假定销售商品、原材料和提供劳务均符合收入确认条件,其成本在确认收入时逐笔结转,不考虑其他因素。2019年12月,甲公司发生如下交易或事项:
(1)1日,与乙公司签订为期6个月的劳务合同,合同总价款为210万元,待完工时一次性收取。至12月31日,实际发生劳务成本50万元(均为职工薪酬),估计为完成该合同还将发生劳务成本100万元。假定该劳务合同对甲公司来说属于某一时段内履行的履约义务,且该项劳务交易的

结果能够可靠估计，甲公司按实际发生的成本占估计总成本的比例确定履约进度。

(2) 5 日，经甲公司管理部门研究决定，向行政管理人员发放自产产品作为福利，该福利已于当日发放。该批产品的实际成本为 16 万元，市场销售价格为 20 万元。

(3) 8 日，以经营租赁方式向丙公司出租一项无形资产。本月末，收到本月的租金 30 万元，并开具增值税专用发票，注明价款 30 万元，增值税额 1.8 万元。该无形资产本月应摊销 15 万元。

(4) 10 日，销售一批材料，增值税专用发票上注明的销售价格为 40 万元，款项已收到并存入银行。该批材料的实际成本为 30 万元。

(5) 20 日，甲公司完成了政府下达的技能培训任务，收到财政补助资金 10 万元存入银行。

(6) 本月共计发生管理费用 43.4 万元，财务费用 5 万元，营业外支出 5 万元。

要求：根据上述资料，不考虑其他因素，分析回答下列小题。(答案中的金额单位用万元表示)

(1) 根据资料(1)，甲公司 2019 年 12 月 31 日应确认的劳务收入为( )万元。

A. 50　　　　　B. 70
C. 100　　　　 D. 140

(2) 根据资料(2)，下列各项中，甲公司决定并发放职工福利的会计处理表述正确的是( )。

A. 确认应交增值税销项税额 2.6 万元
B. 确认主营业务收入 20 万元
C. 确认主营业务成本 16 万元
D. 增加管理费用 22.6 万元

(3) 根据资料(3)至(5)，下列各项中，甲公司会计处理正确的是( )。

A. 12 月 8 日，向丙公司转让专利权的使用权收取使用费：

借：银行存款　　　　　　　　31.8
　　贷：其他业务收入　　　　　　30
　　　　应交税费—应交增值税(销项税额)　　1.8

B. 12 月份对专利权进行摊销：

借：其他业务成本　　　　　　15
　　贷：累计摊销　　　　　　　15

C. 12 月 10 日，销售材料：

借：银行存款　　　　　　　　45.2
　　贷：其他业务收入　　　　　　40
　　　　应交税费—应交增值税(销项税额)　　5.2

借：其他业务成本　　　　　　30
　　贷：原材料　　　　　　　　30

D. 12 月 20 日，收到财政补助：

借：银行存款　　　　　　　　10
　　贷：其他业务收入　　　　　　10

(4) 根据资料(1)至(5)，甲公司 2019 年 12 月利润表中营业收入项目的本期金额为( )万元。

A. 170　　　　 B. 160
C. 140　　　　 D. 130

(5) 根据资料(1)至(6)，甲公司 2019 年 12 月份实现的利润总额为( )万元。

A. 4.2　　　　 B. 5
C. 5.6　　　　 D. 10.6

2. (2019 年)甲公司为增值税一般纳税人，其主营业务为生产并销售 M 产品。M 产品的售价中不包含增值税，确认销售收入的同时结转销售成本。该公司 2019 年适用的增值税税率为 13%。第四季度发生的经济业务如下：

(1) 10 月 10 日，向乙公司销售 M 产品 200 件并开具增值税专用发票，每件产品的售价为 110 元，实际成本为 70 元。M 产品已发出并符合收入确认条件。此外，现金折扣条件为 2/10、1/20、N/30，计算现金折扣不考虑增值税。10 月 24 日，乙公司付清了扣除现金折扣后的剩余款项。

(2) 10 月 16 日，委托丙公司销售 M 产品 400 件，每件成本为 70 元，合同约定丙公司按每件 110 元的价格对外销售。甲公司按照售价的10%支付手续费。10月31日，收到丙公司开具的代销清单和已经税务机关认证的增值税专用发票。丙公司实际对外销售M产品200件，应收代销手续费2200元，增值税额132元，全部款项尚未结算。

(3) 11月29日，向丁公司销售M产品1000件并开具了增值税专用发票，每件产品的售价为110元，实际成本为70元，由于是成批销售，甲公司给予丁公司10%的商业折扣，M产品于当日发出，符合销售收入确认条件，全部款项至月末尚未收到。

(4) 12月3日，因上月29日售出商品存在质量瑕疵，丁公司要求按实际售价总额给予10%的销售折让，甲公司同意其折让要求并开出增值税专用发票（红字），全部折让款从应收丁公司款项中扣减。

要求：

根据上述资料，不考虑其他因素，分析回答下列小题。

(1) 根据资料(1)，下列各项中，关于甲公司和乙公司销售M产品相关会计科目处理正确的是(　　)。

A. 10月24日，借记"银行存款"科目24860元

B. 10月10日，贷记"主营业务收入"科目22000元

C. 10月10日，贷记"库存商品"科目14000元

D. 10月24日，借记"财务费用"科目220元

(2) 根据资料(2)，下列各项中，甲公司委托丙公司代销M产品会计处理正确的是(　　)。

A. 10月16日，向丙公司发出M产品时：
借：应收账款　　　　　　49720
　　贷：主营业务收入　　　　44000
　　　　应交税费——应交增值税（销项税额）　　　　　　　5720

B. 10月16日，向丙公司发出M产品时：
借：发出商品　　　　　　44000
　　贷：库存商品　　　　　　44000

C. 10月31日，收到丙公司代销清单时：
借：销售费用　　　　　　2200
　　应交税费——应交增值税（进项税额）
　　　　　　　　　　　　132
　　贷：应收账款　　　　　　2332

D. 10月31日，收到丙公司代销清单时：
借：主营业务成本　　　　14000
　　贷：发出商品　　　　　　14000

(3) 根据资料(3)，下列各项中，甲公司向丁公司销售M产品会计处理结果正确的是(　　)。

A. 结转主营业务成本63000元

B. 结转主营业务成本70000元

C. 确认主营业务收入110000元

D. 确认主营业务收入99000元

(4) 根据资料(3)和(4)，下列各项中，甲公司给予丁公司M商品销售折让的会计处理结果正确的是(　　)。

A. 冲减应交税费1287元

B. 冲减主营业务成本7000元

C. 冲减主营业务收入11000元

D. 冲减主营业务收入9900元

(5) 根据资料(1)至(4)，下列各项中，销售M产品应列入甲公司2019年度利润表"营业收入"项目本期金额的是(　　)元。

A. 155100　　　　B. 133100

C. 130680　　　　D. 143000

同步训练答案及解析

一、百考多选题

ACDF 【解析】选项A，2018年该企业应确认所得税费用=(100-5+25)×25%=30(万元)；选项B，所得税费用=递延所得税+当期应交所得税，代扣代交的个人所得税对所得税费用没有影响；选项E，会计期末结转本年利润的方法有表结法和账

结法两种，账结法下，每月月末均需编制转账凭证，将在账上结出的各损益类科目的余额结转入"本年利润"科目。

二、单项选择题

1. A 【解析】选项A，会计分录：
   借：其他业务成本
   　　贷：累计摊销
   其他业务成本增加，使得营业利润减少。
   选项B，会计分录：
   借：营业外支出
   　　贷：库存商品
   　　　　应交税费——应交增值税（销项税额）
   营业外支出增加，使得利润总额减少。
   选项C，会计分录：
   借：营业外支出
   　　贷：银行存款
   营业外支出增加，使得利润总额减少。
   选项D，会计分录：
   借：营业外支出
   　　贷：固定资产清理
   营业外支出增加，使得利润总额减少。

2. B 【解析】选项A，通过"管理费用"科目核算；选项C，通过"财务费用"科目核算；选项D，通过"信用减值损失"科目核算。

3. B 【解析】表结法下，企业在每月月末只需结计出各损益类科目在本月的发生额和月末的累计余额，不需要将损益类科目结转到"本年利润"科目，年末时结转。

4. A 【解析】所得税费用=(1450+10)×25%=365(万元)；该企业2017年实现的净利润=1450-365=1085(万元)。

5. C 【解析】所得税费用=当期应交所得税+递延所得税=当期应交所得税+(递延所得税负债的期末余额-递延所得税负债的期初余额)-(递延所得税资产的期末余额-递延所得税资产的期初余额)=100+(35-30)-(18-20)=107(万元)。

6. B 【解析】采用排除法分析，选项A，计入以前年度损益调整；选项C，影响净利润，不影响利润总额；选项D，冲减"应付职工薪酬"，不影响当期利润总额。

7. C 【解析】企业本期净利润=(1000-500-80-15+30+20-10)×(1-25%)=333.75(万元)。

8. A 【解析】选项A，无法查明原因的现金溢余计入营业外收入；选项B，国债利息收入应计入投资收益；选项C，存货盘盈应该冲减管理费用；选项D，处置交易性金融资产的净收益计入投资收益。

9. B 【解析】2018年所得税费用=(1000-20)×25%=245(万元)。业务招待费没有超过扣除标准不需要调整。

三、多项选择题

1. ABC 【解析】企业期末应将损益类科目的本期发生额全部结转至"本年利润"科目。选项D，属于成本类科目，不结转至"本年利润"科目。

2. ABC 【解析】选项A：
   借：应付账款
   　　贷：营业外收入
   选项B(假定不考虑增值税)：
   借：固定资产
   　　贷：营业外收入
   选项C：
   借：待处理财产损溢
   　　贷：营业外收入
   选项D：
   借：银行存款
   　　贷：其他业务收入

3. BCD 【解析】选项A应计入管理费用。

4. ABCD 【解析】选项ABD，计算应纳税所得额时应该纳税调增；选项C，计算应纳税所得额时应该纳税调减。

5. ABCD 【解析】选项A，计入销售费用；选项B，计入其他业务收入；选项C，计入资产处置损益；选项D，计入资产减值损失。

6. ACD 【解析】选项A，计入资产减值损失，影响营业利润又影响利润总额；选项

B，计入营业外收入，只影响利润总额不影响营业利润；选项C，计入其他业务收入，影响营业利润又影响利润总额；选项D，计入投资收益，影响营业利润又影响利润总额。

【应试技巧】营业利润和利润总额都影响的，说明业务不属于营业外收支以及所得税费用，对照一下选项业务即可。

7. AC　【解析】超标的福利费和税收滞纳金应该进行纳税调增。选项BD，都属于应纳所得税的项目，已经计入了利润总额，不需要再进行纳税调整。

8. ABD　【解析】选项A，罚款支出和超过税法规定扣除标准的公益性捐赠支出是不允许税前扣除的，所以应该纳税调增，纳税调增的金额=100+5=105（万元）；选项B，国债利息收入是免税的，应该纳税调减，所以应交所得税=（1000+105-10）×25%=273.75（万元）；选项C，由于不存在其他纳税调整事项，因此所得税费用也是273.75万元；选项D，净利润=利润总额-所得税费用=1000-273.75=726.25（万元）。

四、判断题

1. ×
2. √
3. √
4. ×　【解析】本题题干描述的是表结法的处理思路。
5. ×　【解析】"本年利润"为所有者权益类科目，借方表示减少，贷方表示增加，所以贷方余额表示企业的净利润，借方余额表示企业的净亏损。
6. ×　【解析】企业收到与日常经营活动相关的且计入当期损益的政府补助，应列入利润表的"其他收益"项目。
7. √
8. ×　【解析】年度终了，本年利润无余额，要将"本年利润"科目的本年累计余额转入"利润分配——未分配利润"科目。

五、不定项选择题

1. （1）B；（2）ABCD；（3）ABC；（4）B；（5）C。

【解析】（1）甲公司2019年12月31日应确认的劳务收入的金额为210×[50/（50+100）]=70（万元）。

资料（1）会计分录：

借：应收账款　　　　　　　　74.2
　　贷：主营业务收入
　　　　　　{210×[50/（50+100）]}70
　　　　应交税费——应交增值税（销项税额）　　　　　　　　（70×6%）4.2
借：主营业务成本　　　　　　50
　　贷：合同履约成本　　　　50

(2)资料（2）会计分录：

借：管理费用　　　　　　　　22.6
　　贷：应付职工薪酬　　　　22.6
借：应付职工薪酬　　　　　　22.6
　　贷：主营业务收入　　　　20
　　　　应交税费——应交增值税（销项税额）　　　　　　　　2.6
借：主营业务成本　　　　　　16
　　贷：库存商品　　　　　　16

(3)资料（3）会计分录：

借：银行存款　　　　　　　　31.8
　　贷：其他业务收入　　　　30
　　　　应交税费——应交增值税（销项税额）　　　　　　（30×6%）1.8
借：其他业务成本　　　　　　15
　　贷：累计摊销　　　　　　15

资料（4）会计分录：

借：银行存款　　　　　　　　45.2
　　贷：其他业务收入　　　　40
　　　　应交税费——应交增值税（销项税额）　　　　　　　　5.2
借：其他业务成本　　　　　　30
　　贷：原材料　　　　　　　30

资料（5）会计分录：

借：银行存款　　　　　　　　10
　　贷：其他收益　　　　　　10

(4)营业收入=主营业务收入+其他业务收入=70(资料1)+20(资料2)+30(资料3)+40(资料4)=160(万元)。

(5)营业收入=160(万元);营业利润=160-50(资料1)-16(资料2)-15(资料3)-30(资料4)+10(资料5)-43.4(资料6)-5(资料6)=10.6(万元);利润总额=10.6-5(资料6)=5.6(万元)。

【易错提示】资料(6)本月共计发生的管理费用和财务费用,包含了前面资料(1)至(5)的内容,在计算营业利润时,只需要按照资料(6)计算即可。

2.(1)BCD;(2)CD;(3)BD;(4)AD;(5)B。

【解析】资料(1)的会计分录:

10月10日:
借:应收账款 24860
　　贷:主营业务收入 (200×110)22000
　　　　应交税费—应交增值税(销项税额) 2860
借:主营业务成本 (200×70)14000
　　贷:库存商品 14000

10月24日:
借:银行存款 24640
　　财务费用 (22000×1%)220
　　贷:应收账款 24860

资料(2)的会计分录:

10月16日,发出商品时:
借:发出商品 (400×70)28000
　　贷:库存商品 28000

10月31日,收到代销清单时:
借:应收账款 24860
　　贷:主营业务收入 (200×110)22000
　　　　应交税费—应交增值税(销项税额) 2860
借:主营业务成本 (200×70)14000
　　贷:发出商品 14000
借:销售费用 2200
　　应交税费—应交增值税(进项税额) 132
　　贷:应收账款 2332

资料(3)的会计分录:
借:应收账款 111870
　　贷:主营业务收入
　　　　[110000×(1-10%)]99000
　　　　应交税费—应交增值税(销项税额) 12870
借:主营业务成本 (1000×70)70000
　　贷:库存商品 70000

资料(4)的会计分录:
借:主营业务收入 (99000×10%)9900
　　应交税费—应交增值税(销项税额) 1287
　　贷:应收账款 11187

销售M产品应列入甲公司2019年度利润表"营业收入"项目的金额=主营业务收入+其他业务收入=22000(资料1)+22000(资料2)+99000(资料3)-9900(资料4)=133100(元)。

通关演练 限时29min

一、单项选择题

1. 当合同中包含两项或多项履约义务时,企业应当在合同开始日,将交易价格分摊各单项履约义务。具体分摊时采用的方法是(　　)。
   A. 直线法平均摊销
   B. 各单项履约义务所承诺商品的成本的相对比例
   C. 各单项履约义务所承诺商品的净收益的相对比例
   D. 各单项履约义务所承诺商品的单独售价的相对比例

2. 甲公司和乙公司均为增值税一般纳税人,适用的增值税税率为13%,2×19年6月1

日,甲公司委托乙公司销售300件商品,协议价为每件80元,该商品的成本为50元。代销协议约定,乙公司在取得代销商品后,对消费者承担商品的主要责任,商品已经发出,货款已经收到,则甲公司在2×19年6月1日应确认的收入为( )元。
A. 0　　　　　　　B. 24000
C. 15000　　　　　D. 28080

3. (2019年)某企业2018年发生的销售商品收入为1000万元,销售商品成本为600万元,销售过程中发生广告宣传费用为20万元,管理人员工资费用为50万元,短期借款利息费用为10万元,股票投资收益为40万元,资产减值损失为70万元,公允价值变动损益为80万元(收益),因自然灾害发生固定资产的净损失为25万元,因违约支付罚款15万元。不考虑其他因素,该企业2018年的营业利润为( )万元。
A. 370　　　　　　B. 330
C. 320　　　　　　D. 390

4. (2019年)下列各项中,会导致企业当期营业利润增加的是( )。
A. 确认无法查明原因的现金溢余
B. 转销无法偿付的应付账款
C. 结转出售生产设备收益
D. 分配在建工程人员薪酬

5. (2019年)下列各项中,应记入"营业外支出"科目的是( )。
A. 无法查明原因的现金盘亏损失
B. 自然灾害造成的存货毁损净损失
C. 按法定要求预计产品质量保证损失
D. 无形资产减值损失

6. 下列各项中,不属于企业期间费用的是( )。
A. 管理用固定资产维修费
B. 聘请中介机构费
C. 生产用固定资产折旧
D. 企业购买商品享有的现金折扣

7. 超过所得税税前抵扣限额的业务招待费应计入的科目是( )。

A. 营业外支出　　B. 销售费用
C. 财务费用　　　D. 管理费用

8. 下列各项中,不影响营业利润的是( )。
A. 出售原材料的净收益
B. 现金盘盈
C. 计提固定资产减值准备
D. 计提坏账准备

9. 下列项目中,计算所得税时可以纳税调减的是( )。
A. 未超过税法规定标准的广告费
B. 国债利息收入
C. 前10年的亏损额
D. 超过税法规定标准的业务招待费

二、多项选择题
1. 下列属于建造合同履约成本中的直接费用的有( )。
A. 耗用的材料费用
B. 耗用的人工费用
C. 耗用的机械使用费
D. 低值易耗品摊销费用

2. 下列各项中,不属于判断企业取得商品控制权的要素有( )。
A. 能力
B. 商品价值
C. 市场环境
D. 能够获得商品大部分的经济利益

3. 费用是在企业日常活动中形成的,下列属于费用的有( )。
A. 支付罚款的支出
B. 销售商品时结转的营业成本
C. 对外捐赠
D. 销售商品时应负担的消费税等

4. 下列各项中,不影响利润表中本期"所得税费用"项目金额的有( )。
A. 出售无形资产收益
B. 应缴纳的增值税
C. 固定资产盘盈
D. 销售商品收入

5. 下列会计科目中,期末结转到"本年利润"科目的有( )。

A. 资产减值损失
B. 公允价值变动损益
C. 以前年度损益调整
D. 投资收益

三、判断题

1. 企业因现有合同续约或发生合同变更需要支付的额外佣金，不属于为取得合同发生的增量成本。（ ）
2. 对于确认为资产的合同履约成本和合同取得成本，企业应当采用平均摊销法，在合同年限内进行摊销，摊销额计入当期损益。（ ）
3. 凡是记入"税金及附加"科目的税费，贷方对应的均为"应交税费"科目，同理，凡是记入"应交税费"科目，借方也一定对应"税金及附加"科目。（ ）
4. 企业已计入营业外支出的合同违约金应调整增加企业的应纳税所得额。（ ）

四、不定项选择题

甲公司2019年1至11月的相关资料如下：

单位：万元

名称	借方发生额	名称	贷方发生额
主营业务成本	1350	主营业务收入	1500
税金及附加	125	其他业务收入	500
管理费用	200	营业外收入	65
销售费用	100	投资收益	30
财务费用	20		
合计	1795	合计	2095

2019年12月甲公司发生有关业务资料如下：

(1) 6日，向乙公司销售M商品一批，增值税专用发票上注明的价款为150万元，增值税额为19.5万元，为乙公司代垫运杂费2万元，全部款项已办妥托收手续，该批商品成本为100万元，商品已经发出。

(2) 15日，向丙公司销售H商品一批，增值税专用发票注明的价款为30万元，增值税额为3.9万元，该批商品成本为25万元，合同规定的现金折扣条件为"2/10，1/20，N/30"。23日收到丙公司扣除享受现金折扣后全部款项存入银行，计算现金折扣不考虑增值税。

(3) 收到丁公司退回商品一批，该批商品系上月所售，质量有瑕疵，不含增值税的售价为60万元，实际成本为50万元，增值税专用发票已开具并交付丁公司，该批商品未确认收入，也未收取货款，经核查，甲公司同意退货，已办妥退货手续，并向丁公司开具了红字增值税专用发票。

(4) 31日，"应收账款"科目余额183万元（坏账准备期初余额为零），应收账款预计未来现金流量现值为175万元，本月发生财务费用5万元，销售费用10万元，管理费用12万元。

要求：根据上述资料，不考虑其他因素，分析回答下列小题。（答案中的金额单位用万元表示）

(1) 下列各项中，关于甲公司1至11月收入、费用及利润计算结果正确的是（ ）。

A. 期间费用320万元
B. 营业收入2000万元
C. 营业利润为235万元
D. 利润总额300万元

(2) 根据资料(1)，下列各项中，关于甲公司向乙公司销售商品的会计处理正确的是（ ）。

A. 确认主营业务收入152万元
B. 结转商品销售成本100万元
C. 确认应收账款171.5万元

D. 确认其他应收款 2 万元

(3)根据资料(2)，甲公司 23 日收到丙公司货款的会计处理正确的是( )。

A. 借：银行存款　　　　　33.2
　　　财务费用　　　　　　0.68
　　　　贷：应收账款　　　　　　33.9

B. 借：银行存款　　　　　33.9
　　　　贷：应收账款　　　　　　33.9

C. 借：银行存款　　　　　33.6
　　　财务费用　　　　　　0.3
　　　　贷：应收账款　　　　　　33.9

D. 借：银行存款　　　　　33.3
　　　财务费用　　　　　　0.6
　　　　贷：应收账款　　　　　　33.9

(4)根据资料(3)，下列各项中，关于甲公司收到丁公司退货的会计处理表述正确的是( )。

A. 按销售价格计算的增值税借记"应交税费"科目

B. 按销售价格计算的增值税贷记"应收账款"科目

C. 按商品成本贷记"发出商品"科目

D. 按商品成本借记"库存商品"科目

(5)根据 1-11 月份资料、资料(1)至(4)，甲公司 2019 年利润总额是( )万元。

A. 310　　　　　　B. 318
C. 319.4　　　　　D. 320

通关演练答案及解析

一、单项选择题

1. D 【解析】当合同中包含两项或多项履约义务时，企业应当在合同开始日，按照各单项履约义务所承诺商品的单独售价的相对比例，将交易价格分摊各单项履约义务。

2. B 【解析】因为题目条件指出乙公司取得代销商品后对消费者承担商品的主要责任，因此该委托代销事项与直接销售商品无异，甲公司应按协议价确认收入。甲公司分录为：

借：银行存款　　　　　　　　27120
　　贷：主营业务收入　　　　　　　24000
　　　　应交税费——应交增值税（销项税额）
　　　　　　　　　　　　　　　3120
借：主营业务成本　　　　　　15000
　　贷：库存商品　　　　　　　　　15000

3. A 【解析】营业利润=1000-600-20-50-10+40-70+80=370（万元）。因自然灾害发生固定资产的净损失为 25 万元和因违约支付罚款 15 万元均应记入"营业外支出"科目，不影响企业营业利润。

4. C 【解析】选项 AB，计入营业外收入，导致利润总额增加；选项 C，计入资产处置损益，导致营业利润增加；选项 D，计入在建工程，不影响营业利润。

5. B 【解析】选项 A，记入"管理费用"科目；选项 C，记入"销售费用"科目；选项 D，记入"资产减值损失"科目。

6. C 【解析】选项 A，管理用固定资产维修费计入管理费用；选项 B，聘请中介机构费计入管理费用；选项 C，生产用固定资产折旧计入制造费用；选项 D，企业购买商品享有的现金折扣计入财务费用。制造费用属于成本类账户，构成企业产品成本，不属于企业的期间费用。

7. D 【解析】在会计核算中，企业发生的业务招待费一律计入管理费用；在税法核算中，超支的部分在申报所得税时，调整增加应纳税所得额。

【易错提示】不管是超支还是没超支，该计哪里计哪里，只不过超支部分税前不能扣除罢了。

8. B 【解析】盘盈现金，属于应支付给其他单位或个人的，计入其他应付款，属于无法查明原因的，计入营业外收入，营业外收入不影响营业利润。

9. B 【解析】选项 A，正常扣除，不需要纳税调整；选项 B，属于税法的免税收入，需要在会计利润的基础上纳税调减；选项 C，税前弥补亏损期限不能超过 5 年；选项 D，超标准的业务招待费需要纳税调增。

二、多项选择题

1. ABC 【解析】低值易耗品摊销属于建造合同履约成本的间接费用，而不是直接费用。

2. BCD 【解析】取得商品控制权包括以下三个要素：(1)能力；(2)主导该商品的使用；(3)能够获得几乎全部的经济利益。

3. BD 【解析】选项 AC，属于营业外支出，不属于企业的费用。

4. BC 【解析】选项 A，计入资产处置损益；选项 B，计入应交税费；选项 C，计入以前年度损益调整。

【应试技巧】不影响本期损益，则不影响本期的所得税费用。

5. ABD 【解析】选项 C，"以前年度损益调整"科目应结转到"盈余公积"和"利润分配——未分配利润"科目。

三、判断题

1. × 【解析】企业因现有合同续约或发生合同变更需要支付的额外佣金，也属于为取得合同发生的增量成本。

2. × 【解析】对于确认为资产的合同履约成本和合同取得成本，企业应当采用与该资产相关的商品收入确认相同的基础(在履约义务履行的时点或按照履约义务的履约进度)进行摊销，计入当期损益。

3. × 【解析】如印花税，借方记入"税金及附加"科目，贷方记入"银行存款"科目。

4. × 【解析】企业支付的合同违约金按照税法的规定允许税前扣除，即税法与会计的处理是一样的，不需要纳税调整。

四、不定项选择题

(1) ABCD；(2) BC；(3) D；(4) ABCD；(5) C。

【解析】(1)甲公司 1 至 11 月的营业收入 = 1500+500 = 2000(万元)；

甲公司 1 至 11 月的期间费用 = 200+100+20 = 320(万元)；

甲公司 1 至 11 月的营业利润 = 2000−1350−125−320+30 = 235(万元)；

甲公司 1 至 11 月的利润总额 = 235+65 = 300(万元)。

(2)资料(1)会计分录：

借：应收账款　　　　　　　171.5
　贷：主营业务收入　　　　　　150
　　　应交税费——应交增值税(销项税额)　　　　　　　　　　19.5
　　　银行存款　　　　　　　　2

借：主营业务成本　　　　　100
　贷：库存商品　　　　　　　　100

(3)丙公司享有的现金折扣 = 30×2% = 0.6(万元)，甲公司将其计入财务费用借方。

资料(2)会计分录：

借：应收账款　　　　　　　33.9
　贷：主营业务收入　　　　　　30
　　　应交税费——应交增值税(销项税额)　　　　　　　　　　3.9

借：主营业务成本　　　　　25
　贷：库存商品　　　　　　　　25

借：银行存款　　　　　　　33.3
　　财务费用　　　　　　　　0.6
　贷：应收账款　　　　　　　　33.9

(4)资料(3)会计分录：

借：应交税费——应交增值税(销项税额)　　　　　　(60×13%)7.8
　贷：应收账款　　　　　　　　7.8

借：库存商品　　　　　　　50
　贷：发出商品　　　　　　　　50

(5)2019 年利润总额 = 300(1−11 月份利润总额)+150(资料 1)−100(资料 1)+30(资料 2)−25(资料 2)−0.6(资料 2)−(183−175)(资料 4)−5(资料 4)−10(资料 4)−12(资料 4) = 319.4(万元)。

资料(4)会计分录：

借：信用减值损失	8	销售费用	10
贷：坏账准备	8	管理费用	12
借：财务费用	5	贷：银行存款等	27

本章知识串联

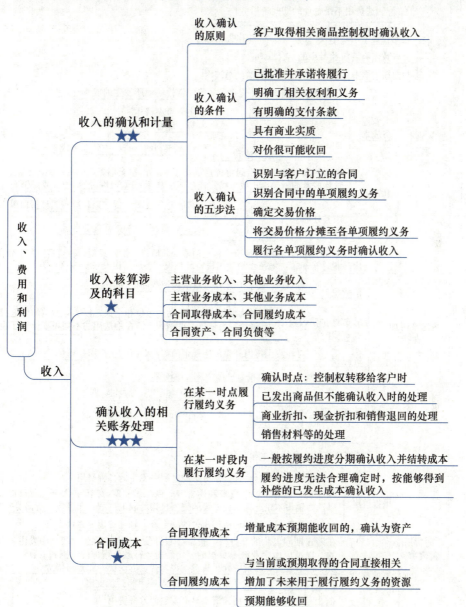

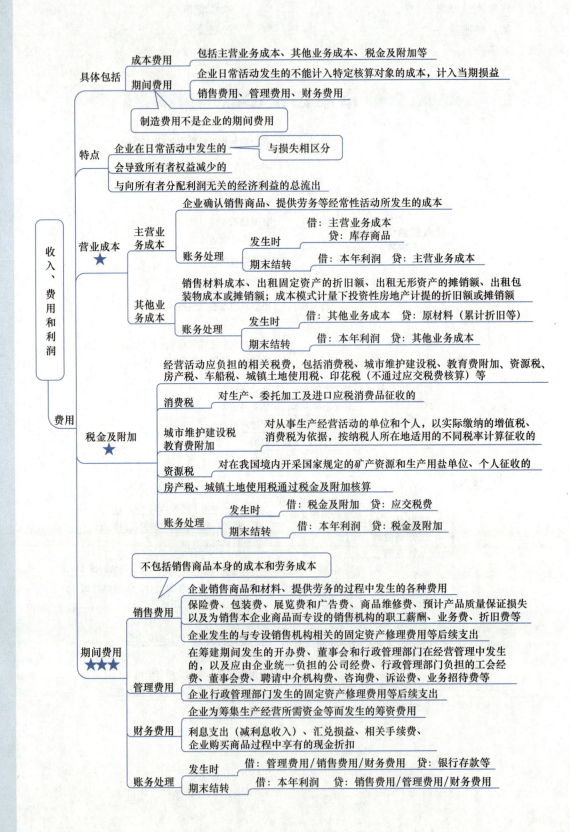

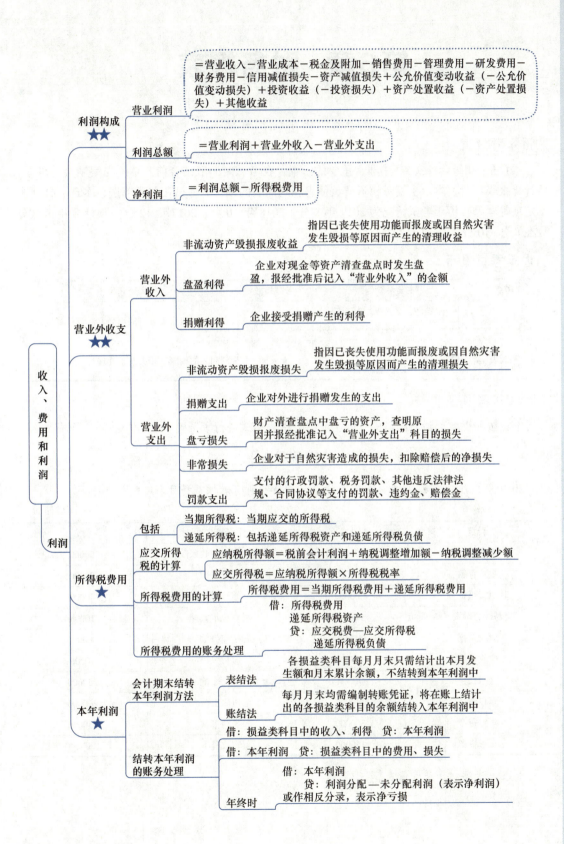

第6章 财务报表

历年考情概况

本章是《初级会计实务》中非常重要的一章,在考试时一般结合前几章,先编制会计分录,后计算报表项目。本章主要考核资产负债表和利润表的编制。考试覆盖了单选、多选、判断和不定项等题型。历年考试情况为2019年8分,2018年10分,2017年12分,预计今年考试分数在8分-10分。

近年考点直击

考点	主要考查题型	考频指数	考查角度
资产负债表	单选题、多选题、判断题、不定项选择题	★★★	资产负债表常见项目的填列方法及计算填列
利润表	单选题、多选题、判断题、不定项选择题	★★★	利润表的编制及相关业务处理

2020年考试变化

本章按照财政部最新修订的一般企业财务报表格式进行了调整。

【案例导入】

2019年5月31日,福喜公司有关资产、负债和所有者权益科目余额表如下:

单位:元

科目	借方	科目	贷方
库存现金	100000	坏账准备(应收账款)	50000
银行存款	500000	累计折旧	80000
其他货币资金	200000	累计摊销	40000
交易性金融资产	300000	材料成本差异	10000
应收票据	15000	短期借款	300000
应收账款	395000	应付票据	10000
原材料	70000	应付账款	250000
库存商品	240000	应付职工薪酬	200000
固定资产	300000	长期借款	330000
无形资产	150000	实收资本	1000000

要求:请编制资产负债表。

资产负债表(简表)

2019 年 5 月 31 日　　　　　　　　　　　　　　　　　　　　　　　　　单位：元

资产	期末余额	负债和所有者权益	期末余额
货币资金		短期借款	
交易性金融资产		应付票据	
应收票据		应付账款	
应收账款		应付职工薪酬	
存货		流动负债合计	
流动资产合计		长期借款	
		非流动负债合计	
固定资产		负债合计	
无形资产		实收资本	
非流动资产合计		所有者权益合计	
资产总计		负债和所有者权益总计	

【分析】

资产负债表(简表)

2019 年 5 月 31 日　　　　　　　　　　　　　　　　　　　　　　　　　单位：元

资产	期末余额	负债和所有者权益	期末余额
货币资金	800000	短期借款	300000
交易性金融资产	300000	应付票据	10000
应收票据	15000	应付账款	250000
应收账款	345000	应付职工薪酬	200000
存货	300000	流动负债合计	760000
流动资产合计	1760000	长期借款	330000
		非流动负债合计	330000
固定资产	220000	负债合计	1090000
无形资产	110000	实收资本	1000000
非流动资产合计	330000	所有者权益合计	1000000
资产总计	2090000	负债和所有者权益总计	2090000

『提示』货币资金＝库存现金＋银行存款＋其他货币资金＝100000＋500000＋200000＝800000(元)

交易性金融资产＝300000(元)

应收票据＝15000(元)

应收账款＝应收账款－坏账准备＝395000－50000＝345000(元)

存货＝原材料＋库存商品－材料成本差异＝70000＋240000－10000＝300000(元)

流动资产合计＝货币资金＋交易性金融资产＋应收票据＋应收账款＋存货＝1760000(元)

固定资产＝固定资产－累计折旧＝300000－80000＝220000(元)

无形资产＝无形资产－累计摊销＝150000－40000＝110000(元)

非流动资产合计＝固定资产＋无形资产＝330000(元)

流动负债合计＝短期借款＋应付票据＋应付账款＋应付职工薪酬＝760000(元)

负债合计＝流动负债合计＋非流动负债合计＝1090000(元)

第一节　资产负债表

扫我解疑难

一、财务报表概述

★一套完整的财务报表至少应当包括资产负债表、利润表、现金流量表、所有者权益(或股东权益)变动表以及附注。

【例题1·判断题】(2016年)一套完整的财务报表体系由资产负债表、利润表、现金流量表、股东权益变动表及附注组成。(　　)

答案 ▶ √

二、资产负债表的结构

1. 资产负债表(简表)

图6-1　资产负债表(简表)

『提示』请考生牢记资产负债表(简表)。

2. 资产负债表的格式

资产负债表的格式：账户式。

3. 资产负债表概念和编制基础

(1)资产负债表是指反映企业在某一特定日期的财务状况的报表。

(2)资产负债表是根据"资产=负债+所有者权益"编制的。

『链接』上述等式提供6条信息：

(1)是某一日期(时点)的要素；

(2)表现资金运动的相对静止状态，称为静态会计要素；

(3)反映企业的财务状况；

(4)是编制资产负债表的依据；

(5)是会计上的第一等式；

(6)是复式记账法的理论基础。

【例题2·多选题】下列项目中，属于资产负债表中"流动资产"项目的有(　　)。

A. 预付款项

B. 开发支出

C. 交易性金融资产

D. 存货

解析 ▶ 开发支出(研发支出—资本化支出)属于非流动资产项目。　答案 ▶ ACD

【例题3·多选题】下列项目中，属于资产负债表中"流动负债"项目的有(　　)。

A. 预收款项

B. 应付债券

C. 长期应付款

D. 一年内到期的长期借款

解析 ▶ 选项B，应付债券属于非流动负债；选项D，"一年内到期的长期借款"填列在"一年内到期的非流动负债"项目，属于流动负债。

答案 ▶ AD

三、资产负债表的编制

(一)资产负债表填列方法总述

资产负债表需填列"上年年末余额"和"期末余额"两栏。填列方法(以总账为核心)主要包括:

(1)根据总账科目余额填列;

(2)根据几个明细账科目余额计算填列;

(3)根据总账科目和明细账科目余额分析计算填列;

(4)根据有关总账科目余额减去其备抵科目余额后的净额填列方法;

(5)综合运用上述填列方法分析填列。

(二)根据总账科目余额填列

1. 直接根据有关总账科目的余额填列

如"**短期借款**""**实收资本**""**资本公积**"等项目根据各自的**总账科目余额**填列。

2. ★根据几个总账科目的期末余额计算填列

(1)货币资金=库存现金+银行存款+其他货币资金。

【例题4·多选题】(2019年)下列资产负债表项目中,根据总账科目余额填列的有( )。

A. 货币资金
B. 固定资产
C. 短期借款
D. 应付账款

解析 选项B,根据有关科目余额减去其备抵科目余额后的净额填列;选项D,根据有关明细账科目余额计算填列。答案 AC

【例题5·判断题】(2019年)资产负债表中的"货币资金"项目,应根据"库存现金""银行存款"和"其他货币资金"科目期末余额的合计数填列。 ( )

答案 √

(2)"其他应付款"项目,应根据"**应付利息**""**应付股利**"和"**其他应付款**"科目的期末余额合计数填列。

(三)★根据明细账科目余额计算填列

主要有两对:"应收账款"与"预收账款"(兄弟俩),"应付账款"与"预付账款"(姐妹俩)。

1. "应收账款"与"预收账款"(兄弟俩)

"应收账款"="应收账款"明细科目期末借方余额+"预收账款"明细科目期末借方余额−相关"坏账准备"

"预收款项"="预收账款"明细科目期末贷方余额+"应收账款"明细科目期末贷方余额

应收账款:资产类,增加在借方,管借方明细。

预收账款:负债类,增加在贷方,管贷方明细。

【案例1】福喜公司2019年12月31日有关科目余额:

单位:万元

科目名称	总账余额	明细科目余额	
		借方余额	贷方余额
应收账款	借方10	A公司12	B公司2
预收账款	贷方0.5	甲公司0.3	乙公司0.8

则:(1)应收账款(资产类,根据借方明细填写)=12+0.3=12.3(万元)。

(2)预收款项(负债类,根据贷方明细填写)=2+0.8=2.8(万元)。

如果案例中,"应收账款—A公司"有坏账准备贷方余额:2万元。

则:应收账款=12+0.3−2=10.3(万元)。

2. "应付账款"与"预付账款"(姐妹俩)

"应付账款"="应付账款"明细科目期末贷方余额+"预付账款"明细科目期末贷方余额

"预付款项"="预付账款"明细科目期末借方余额+"应付账款"明细科目期末借方余额(如有坏账准备要减去相应的坏账准备)

【案例2】福喜公司2019年12月31日有

关科目余额：

单位：万元

科目名称	总账余额	明细科目余额	
		借方余额	贷方余额
应付账款	贷方 12	丙公司 3	丁公司 15
预付账款	借方 0.6	C公司 1	D公司 0.4

则：(1)预付款项(资产类，根据借方明细填写)=1+3=4(万元)。

(2)应付账款(负债类，根据贷方明细填写)=15+0.4=15.4(万元)。

如果案例中，"预付账款—C"有坏账准备贷方余额：0.2万元。

则：预付款项=1+3-0.2=3.8(万元)。

【例题6·单选题】(2019年)2019年12月31日，某企业"应付票据""应付账款"和"其他应付款"相关明细科目期末贷方余额分别列示如下：商业承兑汇票60万元，应付账款15万元，其他应付款5万元。不考虑其他因素，该企业2019年12月31日资产负债表中"应付账款"项目期末余额为( )万元。

A．65　　　　B．15
C．75　　　　D．80

解析 资产负债表中"应付账款"项目期末余额="应付账款"明细科目贷方余额+"预付账款"明细科目贷方余额=15+0=15(万元)。

答案 B

【例题7·计算题】甲公司2019年12月31日结账后有关科目余额如下所示：

单位：万元

科目名称	明细科目借方余额	明细科目贷方余额
应收账款	500	
坏账准备—应收账款		50
预收账款	100	200
应付账款		300
预付账款	200	60

要求：根据上述资料，计算资产负债表中下列项目的金额：应收账款、预收款项、预付款项和应付账款。

答案

(1)"应收账款"项目金额=500+100-50=550(万元)；

(2)"预收款项"项目金额=200+0=200(万元)；

(3)"预付款项"项目金额=200+0-0=200(万元)；

(4)"应付账款"项目金额=300+60=360(万元)。

3．"合同资产"与"合同负债"

"合同资产"项目、"合同负债"项目，应分别根据"合同资产"科目、"合同负债"科目的相关明细科目的期末余额分析填列，同一合同下的合同资产和合同负债应当以**净额**列示：

(1)净额为**借方余额**的，应当根据其流动性在"合同资产"或"其他非流动资产"项目中填列，已计提减值准备的，还应减去"合同资产减值准备"科目中相关的期末余额后的金额填列；

(2)净额为**贷方余额**的，应当根据其流动性在"合同负债"或"其他非流动负债"项目中填列。

(四)根据总账科目和明细账科目余额分析计算填列方法

"长期借款"="长期借款"总账余额-"长期借款"明细账中"一年内到期的金额"

【案例3】福喜公司2016年5月1日借入3年期的借款10万元，无其他借款，则：

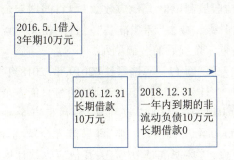

【例题8·单选题】(2019年)某企业一笔长期借款将于2020年7月1日到期,下列各项中,该笔长期借款应列于企业2019年12月31日资产负债表的项目是( )。

A. 一年内到期的非流动负债
B. 其他非流动资产
C. 短期借款
D. 长期借款

解析 "长期借款"科目所属的明细科目中将在一年内到期的长期借款的金额应计入"一年内到期的非流动负债"项目。 答案 ► A

(五)★根据有关科目余额减去其备抵科目余额后的净额填列方法

1. "固定资产"项目

"固定资产"项目="固定资产"期末余额-"累计折旧"期末余额-"固定资产减值准备"期末余额±"固定资产清理"期末余额

="固定资产"账面净值-"固定资产减值准备"期末余额±"固定资产清理"期末余额

2. "无形资产"项目

"无形资产"项目="无形资产"期末余额-"累计摊销"期末余额-"无形资产减值准备"期末余额

="无形资产"账面净值-"无形资产减值准备"期末余额

3. "使用权资产"项目

"使用权资产"项目="使用权资产"期末余额-"使用权资产累计折旧"期末余额-"使用权资产减值准备"期末余额

【例题9·单选题】(2019年)2018年12月31日,某公司下列会计科目余额为:"固定资产"科目借方余额1000万元,"累计折旧"科目贷方余额400万元,"固定资产减值准备"科目贷方余额80万元,"固定资产清理"科目借方余额20万元。2018年12月31日,该公司资产负债表中"固定资产"项目期末余额应列报的金额为( )万元。

A. 620   B. 540
C. 600   D. 520

解析 "固定资产"项目金额=1000-400-80+20=540(万元)。 答案 ► B

【例题10·多选题】(2014年)资产负债表中,根据总账科目减去备抵科目差额填列的有( )。

A. 交易性金融资产
B. 无形资产
C. 固定资产
D. 长期股权投资

解析 选项A,交易性金融资产应该直接根据明细科目余额分析填列,交易性金融资产不计提减值准备,没有备抵科目。

答案 ► BCD

(六)★综合运用上述填列方法分析填列

1. "存货"项目

"存货"需要根据"原材料""生产成本""库存商品""委托加工物资""周转材料""材料采购""在途物资""发出商品""材料成本差异"(借方为加,贷方为减)等总账科目余额的分析汇总数,减去"存货跌价准备"科目余额后的净额填列。

如果有受托代销商品和受托代销商品款,应加上受托代销商品,减去受托代销商品款。

『★注意』以下三项不属于存货:工程物资、在建工程、固定资产。

【例题11·单选题】(2019年)2018年12月31日,某企业"生产成本"账户借方余额500万元,"原材料"账户借方余额300万元,"材料成本差异"账户贷方余额20万元,"存货跌价准备"账户贷方余额10万元,"工程物资"账户借方余额200万元。不考虑其他因素,该企业2018年12月31日资产负债表中"存货"项目金额为( )万元。

A. 970   B. 770

C. 780　　　　D. 790

解析 "存货"项目金额＝500+300-20-10＝770(万元)，"工程物资"列示在"在建工程"项目。

答案 B

【例题12·多选题】(2016年)下列各项中，关于资产负债表项目填列正确的有( )。

A. "短期借款"项目根据"短期借款"总账科目期末余额直接填列

B. "实收资本"项目根据"实收资本"总账科目期末余额直接填列

C. "开发支出"项目根据"研发支出"科目所属"资本化支出"明细科目期末余额填列

D. "长期借款"项目根据"长期借款"总账科目及其明细账科目期末余额分析计算填列

答案 ABCD

2. "其他应收款"项目

"其他应收款"项目，应根据"应收利息""应收股利"和"其他应收款"科目的期末余额合计数，减去"坏账准备"科目中相关坏账准备期末余额后的金额填列。

【例题13·单选题】(2019年)2018年12月31日，某企业"其他应收款"科目借方余额为1000万元，"应收利息"科目借方余额为200万元，"应收股利"科目借方余额为150万元，"坏账准备"中有关其他应收款计提的坏账金额为60万元。不考虑其他因素，该企业2018年12月31日资产负债表中"其他应收款"项目金额为( )万元。

A. 1350　　　　B. 1000
C. 940　　　　D. 1290

解析 资产负债表中"其他应收款"项目金额＝1000+200+150-60＝1290(万元)。

答案 D

『学霸总结』资产负债表编制★★★

项目	编制说明
货币资金	库存现金+银行存款+其他货币资金
交易性金融资产	根据明细科目余额分析填写
应收账款(2019年单选题)	(应收账款+预付账款)明细账借方余额-坏账准备
预付款项(2019年单选题、判断题)	(应付账款+预付账款)明细账借方余额-坏账准备
其他应收款(2019年单选题)	其他应收款+应收股利+应收利息-坏账准备
存货(2019年、2018年、2017年单选题，2019年多选题)	原材料、在途物资、周转材料、委托加工物资、库存商品、发出商品、生产成本等 材料成本差异：借加贷减 存货跌价准备：减 受托代销商品：加 受托代销商品款：减
长期股权投资	账面余额-长期股权投资减值准备
固定资产(2019年单选题、多选题)	账面余额-累计折旧-固定资产减值准备±固定资产清理
在建工程(2019年单选题)	在建工程、工程物资账面余额-在建工程、工程物资减值准备
无形资产	账面余额-累计摊销-无形资产减值准备
一年内到期的非流动资产	一年内到期的长期应收款等
短期借款	根据总账直接填写
应付账款(2018年、2017年单选题)	(应付账款+预付账款)明细账贷方余额
预收款项	(应收账款+预收账款)明细账贷方余额
应付职工薪酬	根据所属各明细科目期末贷方余额填写
应交税费	根据总账直接填写

续表

项目	编制说明
长期借款(2019年多选题)	长期借款总账余额-"长期借款"明细账中一年内到期的金额
一年内到期的非流动负债	一年内到期的长期借款等
实收资本(2019年多选题)	根据总账直接填写
盈余公积	根据总账直接填写
未分配利润	本年利润±利润分配

同步训练 限时20min

一、单项选择题

1. (2019年)下列各项中，应列入企业资产负债表"非流动负债"项目的是( )。
   A. 一年内到期的非流动负债
   B. 递延收益
   C. 应付票据
   D. 合同负债

2. (2019年)2019年12月31日，某企业"预付账款"科目所属明细科目的借方余额合计为120万元，"应付账款"科目所属明细科目的借方余额合计为8万元；"坏账准备"科目中有关预付账款计提的坏账准备余额为6万元。不考虑其他因素，该企业年末资产负债表中"预付款项"项目期末余额的列报金额为( )万元。
   A. 122   B. 118
   C. 120   D. 128

3. (2019年)某企业2018年12月31日"固定资产"账户余额为3000万元，"累计折旧"账户余额为800万元，"固定资产减值准备"账户余额为200万元，"固定资产清理"账户借方余额为50万元，"在建工程"账户余额为200万元。不考虑其他因素，该企业2018年12月31日资产负债表中"固定资产"项目金额为( )万元。
   A. 3000   B. 1950
   C. 2050   D. 3200

4. (2019年)下列有关科目的月末余额应列入资产负债表"在建工程"项目的是( )。
   A. 在途物资   B. 工程物资
   C. 委托加工物资   D. 固定资产清理

5. (2018年)下列属于企业资产负债表负债项目的是( )。
   A. 递延收益   B. 预付账款
   C. 其他收益   D. 其他综合收益

6. (2018年、2017年改)2019年12月31日，某企业"应付账款—甲企业"明细科目贷方余额40000元，"应付账款—乙企业"明细科目借方余额10000元，"预付账款—丙企业"明细科目借方余额30000元，"预付账款—丁企业"明细科目贷方余额6000元。不考虑其他因素，该企业2019年12月31日资产负债表"应付账款"项目期末余额为( )元。
   A. 36000   B. 40000
   C. 30000   D. 46000

7. (2018年、2017年、2013年)2017年年末某企业有关科目余额如下："库存商品"科目借方余额为80万元，"原材料"科目借方余额为800万元，"材料成本差异"科目贷方余额为100万元。不考虑其他因素，2017年12月31日该企业资产负债表中"存货"项目的期末余额为( )万元。
   A. 980   B. 700
   C. 900   D. 780

8. (2018年、2017年)下列资产负债表项目中，根据有关科目余额减去其备抵科目余额后的净额填列的是( )。
   A. 短期借款   B. 长期借款
   C. 无形资产   D. 预收款项

9. (2017年、2016年、2013年)2016年12月31日，甲企业"预收账款"总账科目贷方余额为15万元，其明细科目余额如下："预收账款—乙企业"科目贷方余额为25万元。"预收账款—丙企业"科目借方余额为10万元。不考虑其他因素，甲企业年末资产负债表中"预收款项"项目的期末余额为（　　）万元。

A. 10　　　　　B. 15
C. 5　　　　　 D. 25

10. 甲公司2017年12月31日，库存现金账户余额为100万元，银行存款账户余额为200万元，银行承兑汇票余额为50万元，商业承兑汇票余额为30万元，信用证保证金存款余额为15万元，则2017年12月31日资产负债表中"货币资金"项目的金额为（　　）万元。

A. 395　　　　B. 315
C. 380　　　　D. 300

11. 下列资产负债表项目中，应根据有关科目余额减去其备抵科目余额之后的净额填列的是（　　）。

A. 固定资产　　B. 开发支出
C. 长期待摊费用　D. 货币资金

二、多项选择题

1. （2019年）下列各项中，关于资产负债表项目填列方法的表述，正确的有（　　）。

A. "短期借款"项目应根据"短期借款"总账科目余额直接填列
B. "长期借款"项目应根据"长期借款"总账科目余额直接填列
C. "实收资本"项目应根据"实收资本"总账科目余额直接填列
D. "预收款项"项目应根据"预收账款"和"应收账款"科目所属各明细科目的期末贷方余额合计数填列

2. （2019年）下列各项中，应在资产负债表"存货"项目中列示的有（　　）。

A. 生产成本　　B. 原材料
C. 工程物资　　D. 周转材料

3. （2019年）下列会计科目的期末余额，应列入资产负债表"固定资产"项目的有（　　）。

A. 累计摊销　　B. 在建工程
C. 固定资产清理　D. 累计折旧

4. （2018年）资产负债表中，根据总账科目余额与明细科目余额分析计算填列的有（　　）。

A. 其他货币资金　B. 长期借款
C. 资本公积　　　D. 其他非流动资产

5. （2017年）下列各项中，属于企业流动资产的有（　　）。

A. 为交易目的而持有的资产
B. 预计自资产负债表日起一年内变现的资产
C. 自资产负债表日起一年内清偿负债的能力不受限制的现金
D. 预计在一个正常企业周期中变现的资产

6. 下列关于我国企业资产负债表的表述正确的有（　　）。

A. 资产项目按照重要性排列
B. 资产项目按照流动性大小排列
C. 负债项目按照清偿时间的先后顺序排列
D. 资产负债表的编制依据是"资产＝负债＋所有者权益"

三、判断题

1. （2019年）企业资产负债表的"预付款项"项目应根据"预付账款"和"应付账款"所属各明细科目的期末借方余额，减去与预付账款有关的坏账准备的期末借方余额的净额填列。（　　）

2. （2019年）企业日常核算不设置"预付账款"科目的，期末编制资产负债表时不需要填列"预付款项"项目。（　　）

3. （2018年）企业年报中所有者权益变动表中，"未分配利润"项目本年年末余额应与资产负债表中"未分配利润"项目年末余额相一致。（　　）

4. （2017年、2014年）企业将于一年内偿还的长期借款，应在资产负债表中一年内到期的非流动负债项目列报。（　　）

5. 资产负债表中"开发支出"项目应根据"研发支出"科目中所属的"资本化支出"明细科目期末余额填列。（　　）

同步训练答案及解析

一、单项选择题

1. B 【解析】选项ACD，应列入企业资产负债表"流动负债"项目。

2. A 【解析】"预付款项"项目期末余额 = 120+8-6 = 122（万元）。

3. C 【解析】"固定资产"项目金额 = 3000-800-200+50 = 2050（万元）。"在建工程"账户的金额，应列示在"在建工程"项目。

4. B 【解析】"在建工程"项目 = "在建工程"期末余额-"在建工程减值准备"期末余额+"工程物资"期末余额-"工程物资减值准备"期末余额；选项AC，应列入"存货"项目；选项D，应列入"固定资产"项目。

5. A 【解析】选项B，属于资产负债表资产项目；选项C，属于利润表项目；选项D，属于所有者权益变动表项目。

6. D 【解析】期末资产负债表中"应付账款"项目期末余额="应付账款"明细科目期末贷方余额+"预付账款"明细科目期末贷方余额=40000+6000=46000（元）。

7. D 【解析】2017年12月31日该企业资产负债表中"存货"项目的期末余额=80+800-100=780（万元）。

8. C 【解析】选项A，根据总账科目余额填列；选项B，根据总账科目和明细账科目余额分析计算填列；选项D，根据明细账科目余额计算填列。

9. D 【解析】"预收款项"项目应当根据"预收账款"和"应收账款"科目所属各明细科目的期末贷方余额合计数填列。本题中"预收账款——丙公司"是借方余额，所以不需要考虑。"预收款项"期末应当填列的金额为25万元。

10. B 【解析】资产负债表中的货币资金项目包括库存现金、银行存款和其他货币资金三项内容。信用证保证金存款属于其他货币资金。银行承兑汇票和商业承兑汇票为商业汇票属于应收、应付票据核算的内容。

【易错提示】银行汇票存款、银行本票存款等属于其他货币资金，不要与银行承兑汇票和商业承兑汇票混为一谈。

11. A 【解析】选项B，根据"研发支出"科目中所属的"资本化支出"明细科目期末余额填列；选项C，根据"长期待摊费用"科目的期末余额填列；选项D，根据"库存现金""银行存款""其他货币资金"科目期末余额的合计数填列。

二、多项选择题

1. ACD 【解析】选项B，"长期借款"项目需要根据"长期借款"总账科目余额扣除"长期借款"科目所属的明细科目中将在一年内到期且企业不能自主地将清偿义务展期的长期借款后的金额计算填列。

2. ABD 【解析】选项C，应在"在建工程"项目中列示。

3. CD 【解析】"固定资产"项目="固定资产"期末余额-"累计折旧"期末余额-"固定资产减值准备"期末余额+/-"固定资产清理"期末余额。选项A，应列入资产负债表"无形资产"项目；选项B，应列入资产负债表"在建工程"项目。

4. BD 【解析】选项A，并不单独计算填列，而是作为"货币资金"项目的填列内容；选项C，根据总账科目的余额填列。

5. ABCD

6. BCD 【解析】资产负债表中资产项目按照流动性大小排列，流动性大的排在前面，流动性小的排在后面。

三、判断题

1. × 【解析】"预付款项"项目，需要根据"应付账款"科目借方余额和"预付账款"科目借方余额减去与"预付账款"有关的坏账准备贷方余额计算填列。

2. × 【解析】不管企业是否设置"预付账款"科目，期末资产负债表中都需要填列"预付款项"项目。

3. √

4. √
5. √

第二节 利润表

一、利润表概述
1. 利润表简表

表 6-1　利润表
2019 年 5 月

一、营业收入
−1 成本−1 税金−4 费用−2 损失+4 收益
二、营业利润
+营业外收入−营业外支出
三、利润总额
−所得税费用
四、净利润
五、其他综合收益的税后净额
六、综合收益总额
七、每股收益

『提示』请考生牢记利润表简表。
利润表详见第五章【案例导入】。

2. 利润表概念和编制依据

(1)利润表是指反映企业在一定**会计期间的经营成果**的报表。

(2)利润表是根据"收入−费用=利润"等式编制的报表。

『链接』上述等式提供 5 条信息：

(1)是**某一时期**的要素；

(2)表现资金运动的显著变动状态，称为**动态**会计要素；

(3)反映企业的**经营成果**；

(4)是编制利润表的依据；

(5)是会计上的第二等式。

3. 利润表格式

我国企业的利润表采用**多步式**格式。

二、利润表的编制说明

(1)"营业收入"="主营业务收入"+"其他业务收入"。

(2)"营业成本"="主营业务成本"+"其他业务成本"。

(3)"税金及附加"="城建税"+"教育费附加"+"房产税"+"城镇土地使用税"等。

(4)"财务费用"="利息费用"−"利息收入"。

(5)"研发费用"="管理费用—研发费用"发生额+"管理费用—无形资产摊销"发生额。

『提示』"研发费用"项目，反映企业进行研究与开发过程中发生的费用化支出，以及计入管理费用的自行开发无形资产的摊销。

(6)"资产减值损失"="存货减值损失"+"固定资产减值损失"+"无形资产减值损失"等。

(7)"信用减值损失"="信用减值损失"科目的发生额。

(8)"投资收益"=处置交易性金融资产收益−交易性金融资产相关费用±"权益法长期股权投资收益"±"成本法长期股权投资收益"等。

(9)"其他收益"=已记入"其他收益"(日常活动有关)的政府补助等。

(10)"营业外收入"="报废固定资产净收益"等。

(11)"营业外支出"="报废固定资产或无形资产净损失"+"罚没支出"+"捐赠支出"等。

(12)"所得税费用"=当期所得税+递延所得税。

(13)"综合收益总额"="净利润"+"其他综合收益的税后净额"。

【例题1·多选题】(2016年改)下列各项中，影响利润表当期"营业利润"项目金额的有(　　)。

A. 转让专利所有权取得的净收益
B. 出租机器设备取得的净收益
C. 出售原材料取得的净收益
D. 支付税收滞纳金

解析 选项 D，计入营业外支出，影响"利润总额"项目。

【例题 2·单选题】（2013 年）2012 年 6 月，某企业发生以下交易或事项：支付诉讼费用 10 万元，固定资产报废净损失 8 万元，对外公益性捐赠支出 5 万元，支付税收滞纳金 1 万元，该企业 2012 年 6 月利润表"营业外支出"项目的本期金额为( )万元。

A. 14　　　　B. 16
C. 19　　　　D. 24

答案 ABC

解析 诉讼费计入管理费用，该企业 2012 年 6 月利润表"营业外支出"项目的本期金额＝8+5+1＝14（万元）。

答案 A

『学霸总结』利润表（2019 年、2018 年多选题；2017 年单选题）

项目	多步式
营业利润（2016 年—2019 年单选题、2019 年多选题）	营业收入－营业成本－税金及附加－销售费用－管理费用－财务费用－研发费用－信用减值损失－资产减值损失＋公允价值变动收益（－公允价值变动损失）＋投资收益（－投资损失）＋资产处置收益（－资产处置损失）＋其他收益＋净敞口套期收益（－净敞口套期损失）
利润总额（2019 年、2018 年单选题）	营业利润＋营业外收入－营业外支出
净利润	利润总额－所得税费用
综合收益总额（2018 年判断题）	净利润＋其他综合收益的税后净额

同步训练　限时20min

一、单项选择题

1. （2019 年）2018 年甲企业发生短期借款利息 120 万元，享受购货现金折扣 10 万元，收到银行存款利息收入 30 万元。2018 年末甲企业利润表中"财务费用"项目应列报的金额是( )万元。

   A. 120　　　　B. 90
   C. 80　　　　D. 100

2. （2019 年）下列各项中，影响企业利润表中"利润总额"项目的是( )。

   A. 确认的所得税费用
   B. 向灾区捐款发生的支出
   C. 收取股东超过注册资本的出资
   D. 向投资者发放现金股利

3. （2019 年）2018 年企业实现主营业务收入 100 万元，其他业务收入 5 万元，营业外收入 3 万元。不考虑其他因素，该企业 2018 年利润表中"营业收入"项目的金额是( )万元。

   A. 103　　　　B. 100
   C. 105　　　　D. 108

4. （2019 年、2018 年、2017 年、2016 年、2012 年）下列各项中，不影响企业当期营业利润的是( )。

   A. 销售原材料取得的收入
   B. 资产负债表日持有交易性金融资产的公允价值变动
   C. 无法查明原因的现金溢余
   D. 资产负债表日计提的存货跌价准备

5. （2018 年）下列各项中，不属于利润表"利润总额"项目内容的是( )。

   A. 确认的资产减值损失
   B. 无法查明原因的现金溢余
   C. 确认的所得税费用
   D. 收到政府补助确认的其他收益

6. （2018 年）下列各项中，应计入利润表"营业收入"项目核算的是( )。

   A. 经营租赁租金收入
   B. 处置专利技术净收益
   C. 债券利息收入
   D. 接受捐赠利得

7. （2017 年）下列各项中，不属于企业利润表项目的是( )。

   A. 综合收益总额

B. 未分配利润
C. 每股收益
D. 公允价值变动收益

8. (2017年)2016年11月份,某企业确认短期借款利息7.2万元(不考虑增值税),收到银行活期存款利息收入1.5万元,开具银行承兑汇票支付手续费0.5万元(不考虑增值税)。不考虑其他因素,11月份企业利润表中"财务费用"项目的本期金额为( )万元。
A. 5.7　　　　　　B. 5.2
C. 7.7　　　　　　D. 6.2

9. 某企业2018年度实现利润总额1350万元,适用的所得税税率为25%。本年度该企业取得国债利息收入150万元,发生税收滞纳金4万元。不考虑其他因素,该企业2018年度利润表"净利润"项目的金额为( )万元。
A. 903　　　　　　B. 1049
C. 976　　　　　　D. 1012.5

二、多项选择题

1. (2019年)下列各项中,属于企业利润表列示的项目的有( )。
A. 每股收益　　　B. 综合收益总额
C. 其他收益　　　D. 信用减值损失

2. (2019年)下列各项中,应列入利润表"资产处置收益"项目的有( )。
A. 出售生产设备取得的收益
B. 出售包装物取得的收入
C. 出售原材料取得的收入
D. 出售专利权取得的收益

3. (2019年)下列各项中,应计入工业企业利润表"营业收入"项目的有( )。
A. 销售商品收入
B. 销售原材料收入
C. 出租闲置设备收取的价款
D. 出售闲置设备收取的价款

4. (2018年)下列各项中,关于利润表项目本期金额填列方法表述正确的有( )。
A. "税金及附加"项目应根据"应交税费"科目的本期发生额分析填列
B. "营业利润"项目应根据"本年利润"科目的本期发生额分析填列
C. "营业收入"项目应根据"主营业务收入"和"其他业务收入"科目的本期发生额分析填列
D. "管理费用"项目应根据"管理费用"科目的本期发生额分析填列

5. (2016年)下列各项中,影响利润表"营业成本"项目金额的有( )。
A. 出租非专利技术的摊销额
B. 销售原材料的成本
C. 转销已销商品相应的存货跌价准备
D. 出售商品的成本

三、判断题

1. (2018年)利润表中的"综合收益总额"项目,可以为财务报表使用者提供企业实现净利润和其他综合收益(税后净额)的信息。( )

2. (2017年、2015年)企业利润表中的"综合收益总额"项目,应根据企业当年的"净利润"和"其他综合收益的税后净额"的合计数计算填列。( )

3. 计提固定资产减值准备不影响营业利润。( )

4. 增值税税额不影响利润表中的"税金及附加"项目。( )

同步训练答案及解析

一、单项选择题

1. C 【解析】发生短期借款利息记入"财务费用"的借方;享受现金折扣记入"财务费用"的贷方;收到银行存款利息收入记入"财务费用"的贷方,所以期末利润表中"财务费用"项目应列报的金额=120-10-30=80(万元)。

2. B 【解析】选项A,记入"所得税费用",影响净利润;选项B,记入"营业外支出",影响利润总额;选项C,记入"资本公积",对利润总额无影响;选项D,记入"应付股利",对利润总额无影响。

3. C 【解析】营业收入=主营业务收入+其他业务收入=100+5=105(万元)。

4. C 【解析】选项A,会计处理如下:
借:银行存款/应收账款等
  贷:其他业务收入
    应交税费——应交增值税(销项税额)
因此,影响营业利润;
选项B,会计处理如下:
借:交易性金融资产——公允价值变动
  贷:公允价值变动损益[或相反]
因此,影响营业利润;
选项C,会计处理如下:
借:库存现金
  贷:待处理财产损溢
借:待处理财产损溢
  贷:营业外收入
因此,不影响营业利润,但影响利润总额;
选项D,会计处理如下:
借:资产减值损失
  贷:存货跌价准备
因此,影响营业利润。

5. C 【解析】选项C,确认的所得税费用:
借:所得税费用
  递延所得税资产[或贷方]
  贷:应交税费——应交所得税
    递延所得税负债[或借方]
所得税费用影响的是利润表中"净利润"项目。

6. A 【解析】营业收入包括主营业务收入和其他业务收入。选项A,计入其他业务收入;选项B,计入资产处置损益;选项C,计入投资收益;选项D,计入营业外收入。

7. B 【解析】未分配利润属于资产负债表中的所有者权益项目。

8. D 【解析】11月份企业利润表中"财务费用"项目的本期金额=7.2-1.5+0.5=6.2(万元)。

9. B 【解析】应纳税所得额=1350-150+4=1204(万元),所得税费用=1204×25%=301(万元)。净利润=1350-301=1049(万元)。

【易错提示】如果存在纳税调整事项,计算所得税费用的基数是应纳税所得额:
应纳税所得额=利润总额+纳税调增金额-纳税调减金额
净利润=利润总额-所得税费用=利润总额-应纳税所得额×所得税税率
如果不存在纳税调整事项,计算所得税费用的基数是利润总额,因为此时利润总额等于应纳税所得额,则净利润=利润总额-利润总额(应纳税所得额)×所得税税率=利润总额×(1-所得税税率)。本题属于第一种情况,注意区分。

二、多项选择题

1. ABCD

2. AD 【解析】选项BC,列入"营业收入"项目。

3. ABC 【解析】选项D,出售闲置设备的损益应通过"资产处置损益"科目核算,不属于营业收入。

4. CD 【解析】选项A,"税金及附加"项目应根据"税金及附加"科目的本期发生额分析填列;选项B,"营业利润"项目应根据相关报表项目计算得出。

5. ABCD 【解析】营业成本=主营业务成本+其他业务成本。选项A,会计分录如下:
借:其他业务成本
  贷:累计摊销
选项B,会计分录如下:
借:其他业务成本
  贷:原材料
选项C,会计处理如下:
借:主营业务成本
  贷:库存商品
借:存货跌价准备

贷：主营业务成本

或，

　　借：主营业务成本
　　　　存货跌价准备
　　　贷：库存商品
　　选项 D，会计处理如下：
　　借：主营业务成本
　　　贷：库存商品

三、判断题

1. √
2. √
3. ×　【解析】计提固定资产减值准备，借记"资产减值损失"科目，贷记"固定资产减值准备"科目，"资产减值损失"科目影响营业利润。
4. √　【解析】增值税属于价外税，一般不影响损益，不计入税金及附加。

第三节　所有者权益变动表

扫我解疑难

考点详解

一、所有者权益变动表概述

所有者权益变动表是反映构成所有者权益的各组成部分当期的增减变动情况的报表。

二、所有者权益变动表的内容和结构

在所有者权益变动表上，企业至少应当单独列示反映下列信息的项目：

(1) 综合收益总额；

(2) 会计政策变更和差错更正的累积影响金额；（不包括会计估计变更）

(3) 所有者投入资本和向所有者分配利润等；

(4) 提取的盈余公积；

(5) 实收资本、其他权益工具、资本公积、盈余公积、未分配利润的期初和期末余额及其调节情况。

【例题 1·多选题】（2019 年）下列各项中，应在所有者权益变动表中单独列示反映的信息有（　　）。
A. 向所有者（股东）分配利润
B. 所有者投入资本
C. 综合收益总额
D. 盈余公积弥补亏损

答案▶ ABCD

【例题 2·单选题】（2015 年）下列各项中，不在所有者权益变动表中列示的项目是（　　）。
A. 综合收益总额
B. 所有者投入和减少资本
C. 利润分配
D. 每股收益

解析▶ 每股收益是利润表反映的项目，不属于所有者权益变动表列示的项目。

答案▶ D

【例题 3·判断题】（2019 年、2015 年）所有者权益变动表中，"综合收益总额"项目反映净利润和其他综合收益扣除所得税影响后的净额相加后的合计金额。（　　）

答案▶ √

【例题 4·判断题】（2011 年）所有者权益变动表"未分配利润"栏目的本年年末余额应当与本年资产负债表"未分配利润"项目的年末余额相等。（　　）

解析▶ 所有者权益变动表中未分配利润年末余额、资产负债表中未分配利润项目金额、未分配利润账户期末余额，三者是相等的。

答案▶ √

『学霸总结』所有者权益变动表★★

项目	内容
概念（2017 年判断题）	反映构成所有者权益的各组成部分当期的增减变动情况的报表

续表

项目	内容
内容 (2018年多选题)	综合收益总额
	会计政策变更和差错更正的累积影响金额
	所有者投入资本和向所有者分配利润等
	提取的盈余公积
	实收资本或资本公积、盈余公积、未分配利润的期初和期末余额及其调节情况

同步训练 限时5min

一、多项选择题

（2018年）下列选项中，属于在"所有者权益变动表"中单独列示的项目有（ ）。
A. 会计估计变更　B. 会计政策变更
C. 综合收益总额　D. 所有者投入资本

二、判断题

1. (2017年)所有者权益变动表是反映企业当期所有者权益各构成部分增减变动情况的报表。（ ）
2. 所有者权益变动表"未分配利润"栏目的本年年末余额应当与本年资产负债表"未分配利润"项目的年末余额相等。（ ）

同步训练答案及解析

一、多项选择题

BCD 【解析】在所有者权益变动表上，企业至少应当单独列示反映下列信息的项目：(1)综合收益总额；(2)会计政策变更和差错更正的累积影响金额；(3)所有者投入资本和向所有者分配利润等；(4)提取的盈余公积；(5)实收资本、其他权益工具、资本公积、盈余公积、未分配利润的期初和期末余额及其调节情况。不包括会计估计变更。

二、判断题

1. √
2. √ 【解析】所有者权益变动表中未分配利润年末余额、资产负债表中未分配利润项目金额、未分配利润账户期末余额，三者是相等的。

第四节　附注

扫我解疑难

考点详解

一、附注概述

★附注是对在资产负债表、利润表、现金流量表和所有者权益变动表等报表中列示项目的文字描述或明细资料，以及对未能在这些报表中列示项目的说明等。

二、附注的主要内容（了解）

附注是财务报表的补充，是财务报告不可或缺的重要组成部分。

企业应当披露采用的重要会计政策和会计估计，不重要的会计政策和会计估计可以不披露。

【例题1·判断题】（2018年）企业在财务报表附注中应当披露采用的重要会计政策和会计估计，不重要的会计政策和会计估计可以不披露。（ ）
答案 → √

『学霸总结』附注 ★★

概念	附注是对在资产负债表、利润表、现金流量表和所有者权益变动表等报表中列示项目的文字描述或明细资料，以及对未能在这些报表中列示项目的说明等
内容 (2018年判断题)	企业应当披露采用的重要会计政策和会计估计，不重要的会计政策和会计估计可以不披露

同步训练 限时5min

一、单项选择题

下列各项中,关于财务报表附注的表述不正确的是( )。

A. 附注中包括财务报表重要项目的说明

B. 对未能在财务报表列示的项目在附注中说明

C. 如果没有需要披露的重大事项,企业不必编制附注

D. 附注中需要写明编制财务报表的编制基础

二、多项选择题

(2019年)下列各项中,应在企业财务报表附注中披露的内容有( )。

A. 财务报表的编制基础

B. 会计政策和会计估计变更以及差错更正的说明

C. 重要会计政策和会计估计

D. 遵循企业会计准则的声明

三、判断题

企业重要的会计政策变更以及会计估计变更,应在资产负债表中加以体现,不重要的会计政策变更以及会计估计变更,在附注中加以说明。 ( )

同步训练答案及解析

一、单项选择题

C 【解析】选项C,报表附注是财务报表不可或缺的组成部分,所以是一定要编制的。

二、多项选择题

ABCD

三、判断题

× 【解析】企业重要的会计政策变更以及会计估计变更,应在附注中加以披露,不重要的会计政策变更以及会计估计变更可以不披露。

通关演练 限时25min

一、单项选择题

1. 某企业2017年10月31日"生产成本"科目借方余额50000元,"原材料"科目借方余额30000元,"材料成本差异"科目贷方余额500元,"发出商品"科目借方余额40000元,"受托代销商品"科目借方余额35000元,"受托代销商品款"科目贷方余额35000元,"工程物资"科目借方余额10000元,"存货跌价准备"科目贷方余额3000元,则该企业10月份资产负债表"存货"项目的金额为( )元。

A. 116500　　　　B. 117500
C. 119500　　　　D. 126500

2. 某企业2018年12月31日固定资产账户余额为6000万元,累计折旧账户余额为1800万元,固定资产减值准备账户余额为200万元,工程物资账户余额为200万元,该企业2018年12月31日资产负债表"固定资产"项目的金额应为( )万元。

A. 6400　　　　B. 6000
C. 4400　　　　D. 4000

3. 某企业2019年12月31日无形资产账户余额为500万元,累计摊销账户余额为100万元,无形资产减值准备账户余额为50万元,则该企业2019年12月31日资产负债表中"无形资产"项目的金额为( )万元。

A. 500　　　　B. 400
C. 350　　　　D. 450

4. 下列项目中,属于资产负债表中流动负债项目的是( )。

A. 递延所得税资产

B. 应付债券

C. 其他应付款

D. 长期待摊费用

5. 某企业 2019 年年初购买一项股票投资，购买价款为 120 万元，支付交易费用 4 万元，该企业持有该项股票的目的是短期赚取差价。已知，被投资单位 5 月宣告发放现金股利，该公司分得股利 4 万元，期末该项股票投资的公允价值为 140 万元，则 2019 年 12 月 31 日该项股票投资在资产负债表中列示的金额为（　　）万元。

  A. 120   B. 124

  C. 140   D. 128

6. 编制利润表的主要依据是（　　）。

  A. 资产、负债及所有者权益各账户的本期发生额

  B. 资产、负债及所有者权益各账户的期末余额

  C. 损益类各账户的本期发生额

  D. 损益类各账户的期末余额

7. 下列各项中，不应在利润表"营业收入"项目列示的是（　　）。

  A. 设备安装劳务收入

  B. 销售材料收入

  C. 固定资产出租收入

  D. 固定资产处置收益

二、多项选择题

1. 下列各项中，在填列"应收账款"时应该考虑的有（　　）。

  A. 应收账款所属明细账的借方余额

  B. 预收账款所属明细账的借方余额

  C. 应收账款计提的坏账准备余额

  D. 应收票据的期末余额

2. 在填列资产负债表"一年内到期的非流动负债"项目时，需要考虑的会计科目有（　　）。

  A. 交易性金融负债

  B. 应付债券

  C. 预计负债

  D. 持有待售负债

三、判断题

1. 资产负债表中"长期待摊费用"项目一般应根据总账余额直接填列。（　　）

2. 资产负债表中"货币资金"项目，应采用综合运用其他填列方法分析填列的方式填列。（　　）

3. 资产负债表的表体格式包括上下结构的报告式资产负债表和左右结构的账户式资产负债表。（　　）

四、不定项选择题

甲公司为增值税一般纳税人，适用的增值税税率为 13%，所得税税率为 25%。假定销售商品、原材料和提供劳务均符合收入确认条件，其成本在确认收入时逐笔结转，商品、原材料售价中不含增值税。2019 年甲公司发生如下交易或事项：

(1) 3 月 2 日，向乙公司销售商品一批，按商品标价计算的金额为 200 万元。该批商品实际成本为 150 万元。由于是成批销售，甲公司给予乙公司 10% 的商业折扣并开具了增值税专用发票，并在销售合同中规定现金折扣条件为 2/10、1/20、N/30。甲公司已于当日发出商品，乙公司于 3 月 15 日付款，假定计算现金折扣时不考虑增值税。

(2) 5 月 5 日，甲公司由于产品质量原因对上年出售给丙公司的一批商品按售价给予 10% 的销售折让，该批商品售价为 300 万元，增值税税额为 39 万元。货款已结清。经认定，甲公司同意给予折让并以银行存款退还折让款，同时开具红字增值税专用发票。

(3) 9 月 20 日，销售一批材料，增值税专用发票上注明的售价为 15 万元，增值税税额为 1.95 万元。款项已由银行收妥。该批材料的实际成本为 10 万元。

(4) 10 月 5 日，承接一项设备安装劳务，合同期为 6 个月，合同总收入为 120 万元，已经预收 80 万元。余款在设备安装完成时收回。假定该安装服务构成单项履约义务，且属于在某一时段内履行的履约义务，按已发生的成本占预计总成本的比例确定履约进度。至 2019 年 12 月 31 日已发

生的成本为50万元，预计完成劳务还将发生成本30万元。安装劳务不考虑增值税。

(5)11月10日，向本公司行政管理人员发放自产产品作为福利。该批产品的实际成本为8万元，市场售价为10万元。

(6)12月20日，确认并收到国债利息收入59万元，以银行存款支付销售费用5.5万元，支付税收滞纳金2万元。

要求：根据上述资料，不考虑其他因素，分析回答下列小题。（答案中的金额单位用万元表示）

(1)根据资料(1)，下列各项中，会计处理结果正确的有(　　)。

A. 3月2日，甲公司应确认销售商品收入180万元
B. 3月2日，甲公司应确认销售商品收入176万元
C. 3月15日，甲公司应确认财务费用2万元
D. 3月15日，甲公司应确认财务费用1.8万元

(2)根据资料(2)至(5)，下列各项中，会计处理正确的是(　　)。

A. 5月5日，甲公司发生销售折让时的会计分录：
借：主营业务收入　　　　　　30
　　应交税费—应交增值税（销项税额）
　　　　　　　　　　　　　　3.9
　　贷：银行存款　　　　　　33.9

B. 9月20日，甲公司销售材料时的会计分录：
借：银行存款　　　　　　　16.95
　　贷：其他业务收入　　　　15
　　　　应交税费—应交增值税（销项税额）
　　　　　　　　　　　　　　1.95
借：其他业务成本　　　　　　10
　　贷：原材料　　　　　　　10

C. 11月10日，甲公司向本公司行政管理人员发放自产产品时的会计分录：
借：管理费用　　　　　　　11.3
　　贷：应付职工薪酬　　　11.3
借：应付职工薪酬　　　　　11.3
　　贷：主营业务收入　　　　10
　　　　应交税费—应交增值税（销项税额）　　　　　　　　1.3
借：主营业务成本　　　　　　8
　　贷：库存商品　　　　　　8

D. 12月31日，甲公司确认安装服务收入75万元，结转安装服务成本50万元

(3)根据资料(1)至(5)，甲公司2019年度利润表中"营业收入"的金额是(　　)万元。

A. 225　　　　B. 235
C. 250　　　　D. 280

(4)根据资料(1)至(5)，甲公司2019年度利润表中"营业成本"的金额是(　　)万元。

A. 168　　　　B. 200
C. 208　　　　D. 218

(5)根据资料(1)至(6)，下列各项中，关于甲公司2019年期间费用和营业利润计算结果正确的是(　　)。

A. 期间费用为7.3万元
B. 期间费用为18.6万元
C. 营业利润为13万元
D. 营业利润为72.4万元

(6)根据资料(1)至(6)，下列各项中，关于甲公司2019年年度利润表中"所得税费用"和"净利润"的计算结果正确的是(　　)。

A. 所得税费用3.35万元
B. 净利润67.05万元
C. 所得税费用17.5万元
D. 净利润52.5万元

通关演练答案及解析

一、单项选择题

1. A 【解析】"存货"项目金额＝50000（生产成本）＋30000（原材料）－500（材料成本差异）＋40000（发出商品）＋35000（受托代销商品）－35000（受托代销商品款）－3000（存货跌价准备）＝116500（元）。

【易错提示】（1）因为本题有"材料成本差异"，所以"原材料"核算的是计划成本，登记到存货项目的金额，要换算为实际成本，已知"材料成本差异"为贷方，表示节约，即实际成本小于计划成本，即实际成本＝原材料－材料成本差异。

（2）"工程物资"是企业为了建造固定资产而购入的，应在"在建工程"项目中填列，不属于存货核算的范围。

2. D 【解析】资产负债表中固定资产项目的金额＝6000－1800－200＝4000（万元）。

【应试技巧】"在建工程"和"工程物资"看着都像"固定资产"项目中的，但是这两个翅膀比较硬，都要自己单独核算，不能硬塞进"固定资产"里面了。

3. C 【解析】2019年12月31日资产负债表中"无形资产"项目的金额＝500－100－50＝350（万元）。

4. C 【解析】选项AD，属于资产；选项B，属于非流动负债。

【易错提示】（1）其他应付款项目根据"应付利息""应付股利"和"其他应付款"科目的期末余额合计数填列，比如"应付股利"是公司按规定提取的用于支付给投资者的分红，是短期内就要支付的，所以属于流动负债；

（2）长期待摊费用是指企业已经支出，但摊销期限在1年以上（不含1年）的各项费用，包括固定资产大修理支出等。即应由其他各期承担的费用你现在都支付了，可以假设其是一种预付款项，先把钱存入这里，以后用它来支付时再按期摊销，计入费用，未摊销时属于资产。

5. C 【解析】该项股票投资作为交易性金融资产核算，交易性金融资产在资产负债表中列示的金额就是其账户的期末余额，即交易性金融资产期末的公允价值。所以2019年12月31日该项股票投资在资产负债表中列示的金额为140万元。

【应试技巧】交易性金融资产是以公允价值计量的，因此期末资产负债表填列的金额就是期末公允价值的金额。

6. C 【解析】利润表是反映企业在一定会计期间经营成果的报表。利润表是一个期间报表，编制的依据是各损益类账户的本期发生额。

7. D 【解析】营业收入项目包括主营业务收入和其他业务收入。选项D，固定资产处置收益计入资产处置损益，不属于营业收入。

二、多项选择题

1. ABC 【解析】"应收账款"项目金额＝"应收账款"所属明细账借方余额合计＋"预收账款"所属明细账借方余额合计－对应收账款计提的坏账准备。

2. BC 【解析】选项AD，均为流动负债。

三、判断题

1. √

2. × 【解析】"货币资金"项目应根据几个总账科目的期末余额计算填列。

3. √

四、不定项选择题

（1）AD；（2）ABCD；（3）C；（4）D；（5）BD；（6）AB。

【解析】（1）资料（1）会计分录：

3月2日销售商品时发生商业折扣，要以折扣后的价值入账：

借：应收账款　　　　　　　　203.4

贷：主营业务收入　　　　　　　180
　　　　应交税费——应交增值税(销项税额)
　　　　　　　　　　　　　　　　　23.4
结转销售产品成本：
借：主营业务成本　　　　　　　　150
　　贷：库存商品　　　　　　　　　150
3月15日收回销售款，应享有1%的现金折扣：
借：银行存款　　　　　　　　　201.6
　　财务费用　　　　　　　　　　1.8
　　贷：应收账款　　　　　　　　203.4
(2)选项A，销售折让冲减收入=300×10%=30(万元)。选项C，以自产产品作为职工福利以视同销售处理。选项D，安装服务确认成本=(50+30)×50/(50+30)=50(万元)，安装服务确认收入=120×50/(50+30)=75(万元)。
资料(2)会计分录：
借：主营业务收入　　　　　　　　30
　　应交税费——应交增值税(销项税额)
　　　　　　　　　　　　　　　　3.9
　　贷：银行存款　　　　　　　　33.9
资料(3)会计分录：
借：银行存款　　　　　　　　　16.95
　　贷：其他业务收入　　　　　　　15
　　　　应交税费——应交增值税(销项税额)
　　　　　　　　　　　　　　　1.95
借：其他业务成本　　　　　　　　10

　　贷：原材料　　　　　　　　　　10
资料(5)会计分录：
借：管理费用　　　　　　　　　11.3
　　贷：应付职工薪酬　　　　　　11.3
借：应付职工薪酬　　　　　　　11.3
　　贷：主营业务收入　　　　　　　10
　　　　应交税费——应交增值税(销项税额)
　　　　　　　　　　　　　　　　1.3
借：主营业务成本　　　　　　　　　8
　　贷：库存商品　　　　　　　　　　8
(3)甲公司2019年度利润表中"营业收入"的金额=180(业务1)-30(业务2)+15(业务3)+75(业务4)+10(业务5)=250(万元)。
(4)甲公司2019年度利润表中"营业成本"的金额=150(业务1)+10(业务3)+50(业务4)+8(业务5)=218(万元)。
(5)甲公司2019年期间费用=1.8(业务1)+11.3(业务5)+5.5(业务6)=18.6(万元)；甲公司2019年的营业利润=营业收入-营业成本-期间费用+投资收益=250(小题3)-218(小题4)-18.6+59(业务6国债收入)=72.4(万元)。
(6)所得税费用=应纳税所得额×所得税税率=(72.4-2+2-59)×25%=3.35(万元)；净利润=利润总额-所得税费用=营业利润-营业外支出+营业外收入-所得税费用=(72.4-2+0)-3.35=67.05(万元)。

本章知识串联

财务报表

- **资产负债表** ★★★
  - **概述**
    - **流动资产**：货币资金、交易性金融资产、应收票据、应收账款、预付款项、其他应收款、存货、合同资产、持有待售资产和一年内到期的非流动资产等
    - **非流动资产**：债权投资、其他债权投资、长期应收款、长期股权投资、其他权益工具投资、其他非流动金融资产、投资性房地产、固定资产、在建工程、无形资产、开发支出、长期待摊费用、递延所得税资产以及其他非流动资产等
    - **流动负债**：短期借款、交易性金融负债、应付票据、应付账款、预收款项、合同负债、应付职工薪酬、应交税费、其他应付款、持有待售负债、一年内到期的非流动负债等
    - **非流动负债**：长期借款、应付债券、长期应付款、预计负债、递延收益、递延所得税负债和其他非流动负债等
    - **所有者权益**：实收资本、其他权益工具、资本公积、其他综合收益、盈余公积、未分配利润
  - **结构**：账户式
  - **填列方法**
    - 根据总账科目余额填列
      - 根据一个总账科目余额直接填列
      - 根据几个总账科目期末余额计算填列
    - 根据明细账科目余额计算填列
    - 根据总账科目和明细账科目余额分析计算填列
    - 根据有关科目余额减去其备抵科目余额后的净额填列
    - 综合运用上述填列方法分析填列

- **利润表** ★★★
  - **填列方法**
    - 第一步，以营业收入为基础，减营业成本、税金及附加、销售费用、管理费用、研发费用、财务费用、资产减值损失、信用减值损失，加公允价值变动收益（减公允价值变动损失）、投资收益（减投资损失）、资产处置收益（减资产处置损失）、净敞口套期收益（减净敞口套期损失）和其他收益，计算营业利润
    - 第二步，以营业利润为基础，加营业外收入减营业外支出，计算利润总额
    - 第三步，以利润总额为基础，减所得税费用，计算出净利润（或净亏损）
    - 第四步，以净利润（或净亏损）为基础，计算每股收益
    - 第五步，以净利润（或净亏损）和其他综合收益为基础，计算综合收益总额

- **所有者权益变动表** ★
  - **结构**
    - 至少应当单独反映：综合收益总额；会计政策变更和差错更正的累计影响金额；所有者投入资本和向所有者分配利润等；提取的盈余公积；实收资本、其他权益工具、资本公积、盈余公积、未分配利润的期初和期末余额及其调节情况
    - 以矩阵形式列示

- **附注** ★：对资产负债表、利润表、现金流量表和所有者权益变动表等报表中列示项目的文字描述或明细资料，以及未能在这些报表中列示项目的说明等

第7章 管理会计基础

历年考情概况

本章是《初级会计实务》中非常重要的一章,考试重点考核成本会计内容。考试题型覆盖了单选、多选、判断和不定项等,历年考试情况为 2019 年 13 分,2018 年 15 分,2017 年 19 分,预计今年考试分数为 13 分-16 分,请考生在 2020 年务必关注不定项选择题。

近年考点直击

考点	主要考查题型	考频指数	考查角度
管理会计概述	单选题、多选题、判断题	★★	管理会计工具方法、管理会计要素
辅助生产费用的分配方法	单选题、多选题、判断题	★★	辅助生产费用分配方法的特点及计算
材料、燃料、动力、职工薪酬的归集和分配	单选题	★★	材料、燃料、动力、职工薪酬分配的计算
制造费用的归集和分配	单选题、多选题	★★★	制造费用的分配方法及计算
废品损失和停工损失	单选题、多选题	★★	废品损失和停工损失的计算及账务处理
生产费用在完工产品和在产品之间的归集和分配	单选题、多选题、判断题、不定项选择题	★★★	生产费用在完工产品和在产品之间分配的方法、特点及计算

2020年考试变化

(1)删除"货币时间价值"相关知识。

(2)删除"顺序分配法""代数分配法"的适用范围和计算方法。

(3)删除"不计算在产品成本法""在产品按固定成本计价法""在产品按所耗材料成本计价法"的具体内容。

【案例导入】

福喜公司有 300 位员工,其中男性 100 位,女性 200 位。每顿分配包子,男性定额 3 个,女性定额 2 个,包子 2 元/个。今日中餐,食堂供应包子 630 个。

求:按照公平原则(定额比例分配法)男女员工各分配多少包子,各付多少钱。

【分析】男性:100×3 = 300(个);女性:200×2 = 400(个);合计 700 个。

分配比例:630/700 = 0.9。

男性:300×0.9 = 270(个);女性:400×0.9 = 360(个)。

男性:270×2 = 540(元);女性:360×2 = 720(元)。

第一节 管理会计概述

扫我解疑难

考点详解

一、管理会计概念

表 7-1 管理会计概念

概念	管理会计是会计的重要分支,主要服务于**单位内部管理需要**,是通过利用相关信息,有机融合财务与业务活动,在单位**规划**、**决策**、**控制和评价**等方面发挥重要作用的管理活动

二、管理会计体系

1. 任务和措施

根据《指导意见》，中国特色的管理会计体系是一个由理论、指引、人才、信息化加咨询服务构成的"4+1"的管理会计有机系统。

表7-2 管理会计体系建设的任务

系统	定位
"理论体系"	基础
"指引体系"	保障
"人才队伍"	关键，是该体系中发挥主观能动性的核心
"信息系统"	支撑
"咨询服务"	外部支持

2. 管理会计指引体系

管理会计指引体系包括基本指引、应用指引和案例库，用以指导单位管理会计实践。

（1）基本指引。

表7-3 基本指引的内容

定位和作用	管理会计基本指引在管理会计指引体系中起统领作用，是制定应用指引和建设案例库的基础
要素（2018年多选题、判断题）	包括应用环境、管理会计活动、工具方法、信息与报告四项管理会计要素

（2）管理会计应用指引与管理会计案例库。

表7-4 管理会计应用指引与管理会计案例库

项目	内容
管理会计应用指引	在管理会计指引体系中，应用指引居于主体地位，是对单位管理会计工作的具体指导
管理会计案例库	案例库是对国内外管理会计经验的总结提炼，是对如何运用管理会计应用指引的实例示范。建立管理会计案例库，是管理会计指引体系指导实践的重要内容和有效途径

三、管理会计要素及具体内容

（一）应用环境与管理会计活动

表7-5 应用环境与管理会计活动的内容与分类

项目		内容
应用环境		是单位应用管理会计的基础，包括外部环境和内部环境
	外部环境	包括国内外经济、市场、法律、行业等因素
	内部环境	主要包括价值创造模式、组织架构、管理模式、资源、信息系统等因素
管理会计活动		是单位管理会计工作的具体展开，是单位利用管理会计信息，运用管理会计工具方法，在规划、决策、控制、评价等方面服务于单位管理需要的相关活动

（二）工具方法

管理会计工具方法主要应用于以下领域：战略管理、预算管理、成本管理、营运管理、投融资管理、绩效管理、风险管理等。

1. 战略管理领域应用的工具方法(2018 年多选题)

战略管理应用的方法包括战略地图、价值链管理等。

2. 预算管理领域应用的工具方法

表 7-6　预算管理领域应用的工具方法

分类	内容
滚动预算	指企业根据上一期预算执行情况和新的预测结果，按既定的预算编制周期和滚动频率，对原有的预算方案进行调整和补充，逐期滚动，持续推进的预算编制方法
零基预算	指企业不以历史期经济活动及其预算为基础，以零为起点，从实际需要出发分析预算期经济活动的合理性，经综合平衡，形成预算的预算编制方法
	适用于企业各项预算的编制，特别是不经常发生的预算项目或预算编制基础变化较大的预算项目
弹性预算	指企业在分析业务量与预算项目之间数量依存关系的基础上，分别确定不同业务量及其相应预算项目所消耗资源的预算编制方法
	适用于企业各项预算的编制，特别是市场、产能等存在较大不确定性，且其预算项目与业务量之间存在明显的数量依存关系的预算项目
作业预算	作业预算，是指基于"作业消耗资源、产出消耗作业"的原理，以作业管理为基础的预算管理方法
	适用于具有作业类型较多且作业链较长、管理层对预算编制的准确性要求较高、生产过程多样化程度较高，以及间接或辅助资源费用所占比重较大等特点的企业

【例题 1 · 判断题】滚动预算适用于企业各项预算的编制，特别是不经常发生的预算项目或预算编制基础变化较大的预算项目。　　　　　　　　　　　　　　　　　　　(　)

解析 ▶ 零基预算适用于企业各项预算的编制，特别是不经常发生的预算项目或预算编制基础变化较大的预算项目。　　　　　　　　　　　　　　　　　　答案 ▶ ×

3. 成本管理领域应用的工具方法

表 7-7　成本管理领域应用的工具方法

分类	内容
目标成本法	指企业以市场为导向，以目标售价和目标利润为基础确定产品的目标成本，从产品设计阶段开始，通过各部门、各环节乃至与供应商的通力合作，共同实现目标成本的成本管理方法
	适用于制造业企业产品改造以及产品开发设计中的成本管理，在物流、建筑、服务等行业也有应用
标准成本法	是指企业以预先制定的标准成本为基础，通过比较标准成本与实际成本，计算和分析成本差异、揭示成本差异动因，进而实施成本控制、评价经济业绩的一种成本管理方法
	适用于产品及其生产条件相对稳定，或生产流程与工艺标准化程度较高的企业
变动成本法（2019 年单选题、判断题）	指企业以成本性态分析为前提条件，仅将生产过程中消耗的变动生产成本作为产品成本的构成内容，而将固定生产成本和非生产成本作为期间成本，直接由当期收益予以补偿的一种成本管理方法
	适用于同时具备下列特征的企业：(1)企业固定成本比重较大，当产品更新换代的速度较快时，分摊计入产品成本中的固定成本比重大，采用变动成本法可以正确反映产品盈利状况；(2)企业规模大，产品或服务的种类多，固定成本分摊存在较大困难；(3)企业作业保持相对稳定；(4)需要频繁进行短期经营决策

续表

分类	内容
作业成本法 （2019年多选题、判断题）	指以"作业消耗资源、产出消耗作业"为原则，按照资源动因将资源费用追溯或分配至各项作业，计算出作业成本，然后再根据作业动因，将作业成本追溯或分配至各成本对象，最终完成成本计算的过程
	主要适用于作业类型较多且作业链较长，同一生产线生产多种产品，企业规模较大且管理层对产品成本准确性要求较高，产品、顾客和生产过程多样化程度较高以及间接或辅助资源费用所占比重较大等情况的企业

【例题2·判断题】（2019年）变动成本法下的产品成本包括生产过程中消耗的变动成本，不包括固定成本。（ ）

解析 ▶ 变动成本法，是指企业以成本性态分析为前提条件，仅将生产过程中消耗的变动生产成本作为产品成本的构成内容，而将固定生产成本和非生产成本作为期间成本，直接由当期收益予以补偿的一种成本管理方法。

答案 ▶ √

【例题3·判断题】（2019年）作业成本法应以"作业消耗资源、产出消耗作业"为指导原则，计算作业成本。（ ）

解析 ▶ 作业成本法，是指以"作业消耗资源、产出消耗作业"为原则，按照资源动因将资源费用追溯或分配至各项作业，计算出作业成本，然后再根据作业动因，将作业成本追溯或分配至各成本对象，最终完成成本计算的过程。

答案 ▶ √

4. 营运管理领域应用的工具方法

表7-8 营运管理领域应用的工具方法

分类	内容
本量利分析 （2019年单选题、多选题）	指以成本性态分析和变动成本法为基础，运用数学模型和图示，对成本、利润、业务量与单价等因素之间的依存关系进行分析，发现变动的规律性，为企业进行预测、决策、计划和控制等活动提供支持的一种方法
	本量利分析的基本公式如下： 营业利润=（单价-单位变动成本）×业务量-固定成本
	主要用于企业生产决策、成本决策和定价决策，也可以广泛地用于投融资决策等
敏感性分析	是指对影响目标实现的因素变化进行量化分析，以确定各因素变化对实现目标的影响及其敏感程度
	敏感性分析具有广泛适用性，有助于识别、控制和防范短期营运决策、长期投资决策等相关风险，也可以用于一般经营分析
边际分析	指分析某可变因素的变动引起其他相关可变因素变动的程度的方法，以评价既定产品或项目的获利水平，判断盈亏临界点，提示营运风险，支持营运决策
内部转移定价	是指企业内部转移价格的制定和应用方法
	主要适用于具有一定经营规模、业务流程相对复杂、设置了多个责任中心且责任中心之间存在内部供求关系的企业
多维度盈利能力分析	是指企业对其一定期间内的经营成果，按照区域、产品、部门、客户、渠道、员工等维度进行计量，分析盈亏动因，从而支持企业精细化管理、满足内部营运管理需要的一种分析方法
	适用于市场竞争压力较大、组织结构相对复杂或具有多元化产品（或服务）体系的企业。企业应用多维度盈利能力分析工具方法，还要求具备一定的管理水平

【例题 4·单选题】（2019 年）下列各项中，可应用于企业营运管理的管理会计工具方法的是（　　）。
A. 变动成本法
B. 贴现现金流法
C. 本量利分析
D. 弹性预算

解析 营运管理领域应用的管理会计工具方法一般包括：本量利分析、敏感性分析、边际分析、内部转移定价和多维度盈利能力分析等。

答案 C

5. 投融资管理领域应用的工具方法

表 7-9　投融资管理领域应用的工具方法

分类	内容
贴现现金流法	是以明确的假设为基础，选择恰当的贴现率对预期的各期现金流入、流出进行贴现，通过贴现值的计算和比较，为财务合理性提供判断依据的价值评估方法
	一般适用于在企业日常经营过程中，与投融资管理相关的资产价值评估、企业估值和项目投资决策等。贴现现金流法也适用于其他价值评估方法不适用的企业，包括正在经历重大变化的企业，如债务重组、重大转型、战略性重新定位、亏损或者处于开办期的企业等
项目管理	指通过项目各参与方的合作，运用专门的知识、工具和方法，对各项资源进行计划、组织、协调、控制，使项目能够在规定的时间、预算和质量范围内，实现或超过既定目标的管理活动。项目管理的工具方法一般包括净值法、成本效益法、价值工程法等
情景分析	指在对企业经营管理中未来可能出现的相关事件情景进行假设的基础上，结合企业管理要求，通过模拟等技术，分析相关方案发生的可能性、相应后果和影响，以作出最佳决策的方法
	一般适用于企业的投融资决策，也可用于战略目标制定、风险评估等
约束资源优化	指企业通过识别制约其实现生产经营目标的瓶颈资源，并对相关资源进行改善和调整，以优化企业资源配置、提高企业资源使用效率的方法
	一般适用于企业的投融资管理和营运管理等领域

6. 绩效管理领域应用的工具方法（2019 年单选题、多选题）

绩效管理，是指企业与下级单位（部门）、员工之间就业绩目标及如何实现业绩目标达成共识，并帮助和激励员工取得优异业绩，从而实现企业目标的管理过程。绩效管理的核心是业绩评价和激励管理。**绩效管理领域应用的管理会计工具方法一般包括关键绩效指标法、经济增加值法、平衡计分卡、绩效棱柱模型等**。

【例题 5·单选题】（2019 年）下列各项中，可用于企业绩效考核管理领域的管理会计工具方法是（　　）。
A. 作业成本法　　B. 平衡计分卡
C. 贴现现金流法　D. 敏感性分析

解析 绩效管理领域应用的管理会计工具方法一般包括关键绩效指标法、经济增加值法、平衡计分卡和绩效棱柱模型等。选项 A，属于成本管理领域应用工具方法；选项 C，属于投融资管理领域应用的工具方法；选项 D，属于营运管理领域应用工具方法。

答案 B

7. 风险管理领域应用的工具方法（2019 年多选题）

风险管理，是指企业为实现风险管理目标，对企业风险进行有效识别、评估、预警和应对等管理活动的过程。风险管理领域应用的管理工具方法一般包括风险矩阵、风险清单等。

（三）信息与报告

管理会计信息包括管理会计应用过程中所使用和生成的财务信息和非财务信息，是管理会计报告的基本元素。

管理会计报告按期间可以分为定期报告

和不定期报告，按内容可以分为综合性报告和专项报告等类别。

四、管理会计应用原则与应用主体

表 7-10 管理会计应用原则与应用主体

应用原则(2018 年、2019 多选题)	战略导向原则、融合性原则、适应性原则、成本效益原则
应用主体(2018 年判断题)	视管理决策主体确定，可以是单位整体，也可以是单位内部的责任中心

【例题 6·多选题】（2019 年）下列各项中，企业应用管理会计进行管理活动应当遵循的原则有（　　）。

A. 融合性原则　　B. 战略导向原则
C. 适应性原则　　D. 成本效益原则

解析　单位应用管理会计，应当遵循以下原则：战略导向原则、融合性原则、适应性原则和成本效益原则。　答案　ABCD

同步训练　限时10min

一、单项选择题

1.（2019 年）下列各项中，可应用于企业成本管理领域的工具方法是（　　）。
　A. 敏感性分析　　B. 变动成本法
　C. 平衡计分卡　　D. 本量利分析

2.（2018 年）单位应结合自身管理特点和时间需要选择适用的管理会计工具方法，下列各项中，这种做法体现的管理会计应用原则是（　　）。
　A. 战略导向原则　　B. 适应性原则
　C. 融合性原则　　D. 成本效益原则

二、多项选择题

1.（2019 年）下列各项中，属于管理会计工具方法的有（　　）。
　A. 经济增加值　　B. 本量利分析
　C. 平衡计分卡　　D. 作业成本法

2.（2018 年）战略管理领域应用的管理会计工具方法包括但不限于（　　）。
　A. 战略地图
　B. 价值链管理
　C. 生命周期成本管理
　D. 全面预算管理

3.（2018 年）下列各项中，属于管理会计要素的有（　　）。
　A. 工具方法　　B. 信息与报告
　C. 应用环境　　D. 管理会计活动

4. 下列各项中，属于内部环境包括内容的有（　　）。
　A. 组织架构　　B. 管理模式
　C. 信息系统　　D. 资源

三、判断题

1.（2018 年）单位应用管理会计，应包括应用环境、管理会计活动、工具方法、信息与报告四项管理会计要素。（　　）

2.（2018 年）管理会计应用主体视管理决策主体确定，可以是单位整体，也可以是单位内部决策中心。（　　）

3. 管理会计是会计的重要分支，主要服务于单位内部管理需要。（　　）

4. 弹性预算适用于企业各项预算的编制，特别是市场、产能等存在较大不确定性，且其预算项目与业务量之间存在明显的数量依存关系的预算项目。（　　）

同步训练答案及解析

一、单项选择题

1. B 【解析】选项 AD，属于营运管理领域应用的工具方法；选项 C，属于绩效管理领域应用的工具方法。

2. B 【解析】适应性原则是指管理会计的应用应与单位应用环境和自身特征相适应。

二、多项选择题

1. ABCD 【解析】选项 AC，属于绩效管理领域应用工具方法；选项 B，属于营运管理领域应用工具方法；选项 D，属于成本管理领域应用工具方法。

2. AB 【解析】战略管理领域应用的管理会计工具方法包括但不限于战略地图、价值链管理等。
3. ABCD
4. ABCD

三、判断题

1. √
2. × 【解析】管理会计应用主体视管理决策主体确定，可以是单位整体，也可以是单位内部的责任中心。
3. √
4. √

第二节　产品成本核算要求和一般程序

扫我解疑难

考点详解

【案例1】棉袜的成本有棉花（直接材料）5万元，车间工人工资（直接人工）3万元，车间房租、机器折旧、水电费（制造费用）10万元，不考虑其他因素，求棉袜的成本。

棉袜的成本 = 直接材料（料）+ 直接人工（工）+ 制造费用（费）= 5+3+10 = 18（万元）

一、产品成本核算的要求

（一）做好各项相关基础工作

（二）正确划分各种费用支出的界限

成本费用的划分应遵循**受益原则**。

（三）根据生产特点和管理要求选择适当的方法计算成本

企业常用的产品成本计算方法有**品种法、分批法、分步法**、分类法、定额法、标准成本法等。

（四）遵守前后一致性原则

（五）编制产品成本报表

【例题1·判断题】（2015年）同一车间的不同产品，不能使用不同的成本计算方法。（　）

解析　同一车间、同一产品、不同的成本项目之间，可采用不同的成本计算方法。

答案　×

二、产品成本核算的一般程序

『提示』考生只需了解标题，不需掌握内容。

三、产品成本核算对象

（一）成本核算对象的概念

成本核算对象，是指确定归集和分配生产费用的具体对象，即生产费用承担的客体。

（二）成本核算对象的确定

企业根据**生产经营特点和管理要求**确定成本核算对象。（2019年判断题）

（1）大批大量单步骤生产产品或管理上不要求提供有关生产步骤成本信息的，以产品品种为成本核算对象；

（2）小批单件生产产品的，以**每批或每件产品**为成本核算对象；

（3）多步骤连续加工的产品且管理上要求提供有关生产步骤成本信息的，以**每种产品及各生产步骤**为成本核算对象；

（4）产品规格繁多的，可将产品结构、耗用原材料和工艺过程基本相同的各种产品，适当合并作为成本核算对象。

【例题2·多选题】（2015年）下列关于确定成本核算对象的表述中，正确的有（　）。

A. 成本核算对象确定后，通常不应中途变更

B. 成本核算对象的确定是设立成本明细账，正确计算成本的前提

C. 多步骤连续加工产品，且管理上要求提供生产步骤成本信息的，以每种产品及各生产步骤为成本核算对象

D. 小批或单件生产产品的以每批或每件产品为成本核算对象

答案　ABCD

四、产品成本项目

制造企业应当设置如下项目：

1. 直接材料
2. 燃料及动力
3. 直接人工

4. 制造费用

如企业生产部门发生的水电费、固定资产折旧、管理人员的职工薪酬、劳动保护费、季节性和修理期间的停工损失等。

【例题3·单选题】（2014年）某企业只生产和销售甲产品，2013年4月初，在产品成本为3.5万元。4月份发生如下费用：生产耗用材料6万元，生产工人工资2万元，行政管理部门人员工资1.5万元，制造费用1万元。月末在产品成本3万元，该企业4月份完工甲产品的生产成本为（　）万元。

A. 9.5　　　　　　B. 12.5
C. 11　　　　　　D. 9

解析 该企业4月份完工甲产品的生产成本=3.5+6+2+1-3=9.5（万元），行政管理部门人员的工资应该记入"管理费用"科目，不在"生产成本"科目中进行归集。**答案** A

同步训练 限时10min

一、单项选择题

1. （2018年）下列各项中，企业生产产品耗用的外购半成品费用应归类的成本项目是（　）。
   A. 直接材料　　B. 制造费用
   C. 燃料及动力　D. 直接人工
2. 下列各项中，应计入产品成本的是（　）。
   A. 固定资产报废净损失
   B. 支付的矿产资源补偿费
   C. 预计产品质量保证损失
   D. 基本生产车间设备计提的折旧费
3. 正确划分各种费用支出的界限应当遵循的原则是（　）。
   A. 承受能力原则
   B. 受益原则
   C. 因果原则
   D. 权责发生制原则
4. 下列各项中，属于工业企业成本项目的是（　）。
   A. 财务费用　　B. 燃料和动力

C. 管理费用　　D. 销售费用

二、多项选择题

1. （2015年、2011年）下列应计入产品成本的有（　）。
   A. 直接材料
   B. 直接燃料
   C. 直接动力
   D. 生产车间管理人员的工资
2. 工业企业设置成本的项目包括（　）。
   A. 直接材料　　B. 直接人工
   C. 制造费用　　D. 材料成本

三、判断题

1. （2019年）企业进行成本核算时，应根据生产经营特点和管理要求来确定成本核算对象。（　）
2. 产品成本是费用总额的一部分，包括为生产一定种类或数量的完工产品的费用及期末未完工产品的费用。（　）

同步训练答案及解析

一、单项选择题

1. A 【解析】直接材料指构成产品实体的原材料以及有助于产品形成的主要材料和辅助材料。包括原材料、辅助材料、备品配件、外购半成品、包装物、低值易耗品等费用。
2. D 【解析】选项A，计入营业外支出；选项B，计入税金及附加；选项C，计入销售费用，选项ABC均不计入产品成本；选项D，计入制造费用，制造费用经过一定的分配方法计入生产成本，构成产品的成本。
3. B 【解析】正确划分各种费用支出的界限应当遵循受益原则。
4. B 【解析】工业企业的成本项目包括：直接材料、直接人工、燃料和动力、制造费用等。

二、多项选择题

1. ABCD 【解析】产品成本是企业在生产产

品过程中所发生的材料费用、职工薪酬等，以及按定额标准分配后计入的各种间接费用。选项 ABC，属于直接产品成本，选项 D，属于间接费用。

2. ABC 【解析】工业企业设置成本的项目包括：直接材料、燃料及动力、直接人工和制造费用。

三、判断题

1. √ 【解析】由于产品工艺、生产方式、成本管理等要求不同，产品项目不等同于成本核算对象。企业应当根据生产经营特点和管理要求来确定成本核算对象。

2. × 【解析】产品成本不包括期间费用和期末未完工产品的费用。

第三节 产品成本的归集和分配

扫我解疑难

考点详解

一、要素费用的归集和分配

(一)成本核算的主要会计科目

1. "生产成本"科目

核算企业生产发生的各项直接的生产成本，设置"基本生产成本"和"辅助生产成本"等明细科目。

2. "制造费用"科目

核算企业为生产产品而发生的未记入"生产成本"的其他间接生产费用。

(二)要素费用分配概述

费用分配率＝待分配费用总额/分配标准总额

某分配对象应分配的费用＝对象的分配标准额×费用分配率

例如 2 人吃饭共消费 200 元，AA 制，每人承担 100 元，是按人头分配费用；也可以按体重分配，一人 110 斤，另一人 140 斤，200 元/250 斤 = 0.8 元/斤，不是每斤肉 0.8 元，而是体重一斤承担 0.8 元，第一位体重 110 斤，承担 88(110×0.8)元；第二位体重 140 斤，承担 112 元(140×0.8)。

(三)材料费用的分配

材料费用分配率＝材料消耗总额÷分配标准(如产品重量、耗用的原材料、生产工时等)

某种产品应负担的材料费用＝该产品的重量、耗用的原材料、生产工时等×材料费用分配率

【案例 1】福喜公司 2018 年 3 月生产 A、B 两种产品领用某材料 6000 千克，每千克 10 元。本月投产的 A 产品为 100 件，B 产品为 200 件。A 产品的材料消耗定额为 10 千克，B 产品的材料消耗定额为 20 千克。

要求：以产品所耗费的材料定额消耗量为分配标准，计算 A 产品和 B 产品应分配的材料费用。

A 产品的材料定额消耗量＝100×10＝1000(千克)

B 产品的材料定额消耗量＝200×20＝4000(千克)

材料消耗量分配率＝6000/(1000＋4000)＝1.2

A 产品分配负担的材料消耗量＝1000×1.2＝1200(千克)

A 产品分配负担的材料费用＝1200×10＝12000(元)

B 产品分配负担的材料消耗量＝4000×1.2＝4800(千克)

B 产品分配负担的材料费用＝4800×10＝48000(元)

A、B 产品材料费用合计＝6000×10＝60000(元)

同时也等于 12000＋48000＝60000(元)

最后两步计算结果相等表明计算正确。

会计分录为：

借：生产成本——基本生产成本——××产品
　　　　　　　——辅助生产成本
　　制造费用
　贷：原材料

(四)燃料费用的分配

燃料费用分配率＝燃料消耗总额÷分配标准（如产品重量、耗用的原材料、生产工时等）

某种产品应负担的燃料费用＝该产品的重量、耗用的原材料、生产工时等×燃料费用分配率

【例题1·单选题】（2015年）某企业的燃料按工时定额来分配，本月燃料费为8000元，甲产品生产工时为300小时，乙产品的生产工时为500小时，其中甲产品应分配的燃料费为(　　)元。

A．5000　　　　B．8000
C．3000　　　　D．6000

解析 ▶ 甲产品应分担的材料费＝8000×300/(300+500)＝3000(元)。 **答案** ▶ C

(五)动力(以电力为例)费用的分配

电力费用分配率＝电费总额÷分配标准(各部门用电度数之和)

某部门用电费用＝该部门的用电度数×电力费用分配率

(六)职工薪酬的归集和分配

1．职工薪酬的归集和分配

工资费用分配率＝某车间计时生产工资总额÷该车间各种产品生产工时之和

某种产品应分配的计时工资＝该种产品生产工时×工资费用分配率

2．职工薪酬的账务处理

借：生产成本—基本生产成本
　　　　　　—辅助生产成本
　　制造费用
　　管理费用
　　销售费用
　贷：应付职工薪酬

【案例2】福喜公司基本生产车间生产A、B两种产品，共支付生产工人职工薪酬5000万元，按生产工时比例分配，A产品的生产工时为600小时，B产品的生产工时为400小时。

要求：以产品所耗费的工时为分配标准计算A、B产品应分配的职工薪酬。

生产工资费用分配率＝5000/(600+400)＝5(万元/小时)

A产品应分配的职工薪酬＝600×5＝3000(万元)

B产品应分配的职工薪酬＝400×5＝2000(万元)

A、B产品应分配的职工薪酬合计3000+2000＝5000(万元)，正好等于题目已知共支付生产工人职工薪酬5000万元，表明计算正确。

【例题2·单选题】（2016年）某企业本月生产完工甲产品200件，乙产品300件，月初月末均无在产品，该企业本月发生直接人工成本6万元，按定额工时比例在甲、乙产品之间分配，甲、乙产品的单位工时分别为7小时、2小时，本月甲产品应分配的直接人工成本为(　　)万元。

A．2.4　　　　B．1.8
C．3.6　　　　D．4.2

解析 ▶ 甲产品应分配的直接人工成本＝6×[(200×7)/(200×7+300×2)]＝4.2(万元)。

答案 ▶ D

(七)辅助生产费用的归集和分配

1．辅助生产费用的归集

(1)一般先通过"制造费用"归集，再转入"生产成本—辅助生产成本"。

(2)辅助生产车间规模很小、发生的辅助生产费用较少，辅助生产不对外提供产品和劳务，直接记入"生产成本—辅助生产成本"。

2．辅助生产费用的分配

辅助生产费用的分配，通常采用直接分配法、交互分配法、计划成本分配法、顺序分配法和代数分配法等。

『提示』考生知道有"顺序分配法""代数分配法"即可，具体的计算方法不予介绍。

【例题3·单选题】（2013年）下列各项中，不属于辅助生产费用分配方法的是(　　)。

A．售价法
B．交互分配法
C．直接分配法
D．计划成本分配法

解析 售价法是联产品成本的分配方法,其余选项是辅助生产费用分配方法。

答案 A

(1)直接分配法。

直接分配法的特点是各辅助生产车间的费用直接分配给辅助生产车间以外的各受益产品、单位,而不考虑各辅助生产车间之间相互提供劳务或产品的情况。

采用直接分配法,各辅助生产费用只进行对外分配,分配一次,计算简单,但分配结果往往与实际不符。

【**案例3**】有福有喜是兄弟俩,哥哥有福买了3个苹果,每个10元,弟弟有喜买了3颗瓜子,每颗1元。兄弟俩互通有无,哥哥给弟弟一个苹果,弟弟把苹果吃了,弟弟给哥哥一颗瓜子,哥哥也把瓜子吃了,兄弟间互相不收费。哥哥和弟弟把吃掉的苹果和瓜子成本分别分摊给剩余的苹果和瓜子,求剩余的苹果和瓜子的单位成本。

哥哥有福的苹果:总成本=10×3=30(元),剩余2个,单位成本=30/2=15(元/个)。

弟弟有喜的瓜子:总成本=1×3=3(元),剩余2颗,单位成本=3/2=1.5(元/颗)。

【**案例4**】福喜公司设有供水和供电两个辅助生产车间。2018年3月在分配辅助生产车间费用以前,供水车间供应水5000吨,费用10000元,供电车间供应电20000度,费用20000元,其中供电车间耗用水1000吨,供水车间耗用电4000度,基本生产车间(记入"制造费用")、行政管理部门和销售部门分别耗用剩余水和电的50%、30%和20%。该企业辅助生产的制造费用不通过"制造费用"科目核算。采用直接分配法分配辅助生产车间的水电费。

计算和会计分录如下:

①供水车间:

水的总成本 10000 元

水的对外分配单位成本=10000/(5000-1000)=2.5(元/吨)

②供电车间:

电的总成本 20000 元

电的对外分配单位成本=20000/(20000-4000)=1.25(元/度)

③会计分录为:

借:制造费用　　　(30000×50%)15000
　　管理费用　　　(30000×30%)9000
　　销售费用　　　(30000×20%)6000
　　贷:生产成本——辅助生产成本
　　　　　　——供水车间
　　　　　　　　　　10000
　　　　　　——供电车间
　　　　　　　　　　20000

『**注意**』计算总结:直接分配法只分配一次,只对外,不对内;计算单位成本时,分子不变,分母变小。

【**例题4·单选题**】(2015年)甲公司有供电和供水两个辅助生产车间,2014年1月供电车间供电80000度,费用120000元,供水车间供水5000吨,费用36000元,供电车间耗用水200吨,供水车间耗用电600度,甲公司采用直接分配法进行核算,则2014年1月供水车间的分配率是( )。

A. 7.375　　　　B. 7.625
C. 7.2　　　　　D. 7.5

解析 供水车间的分配率=36000/(5000-200)=7.5(元/吨)。

答案 D

(2)交互分配法。

交互分配法的特点是辅助生产费用通过两次分配完成:

首先将各辅助生产车间、部门相互提供劳务的数量和交互分配前的单位成本在辅助生产车间进行一次交互分配。

然后将各辅助生产车间交互分配后的实际费用(即交互前的费用加上交互分配转入的费用,减去交互分配转出的费用),再按提供的劳务的数量和交互分配后的单位成本在辅助生产车间以外的各受益单位之间进行分配。

计算公式:

对内交互分配率=辅助生产费用总额/辅助生产提供的总产品或劳务总量

对外分配率=(交互分配前的成本费用+交互分配转入的成本费用-交互分配转出的成本费用)/对辅助以外的其他部门提供的产品或劳务总量

【案例5】有福有喜是兄弟俩,哥哥有福买了3个苹果,每个10元,弟弟有喜买了3颗瓜子,每颗1元。哥哥给弟弟一个苹果,收费10元,弟弟把苹果吃了才有力气卖瓜子。弟弟给哥哥一颗瓜子,收费1元,哥哥也把瓜子吃了才有力气卖苹果。求剩余的苹果和瓜子的单位成本。

哥哥有福的苹果:总成本=30-10+1=21(元),剩余2个,单位成本=21/2=10.5(元/个)

弟弟有喜的瓜子:总成本=3-1+10=12(元),剩余2颗,单位成本=12/2=6(元/颗)

【案例6】承接【案例4】采用交互分配法分配辅助生产车间的水电费。

计算和会计分录如下:

①转入转出的成本:

由水车间承担电的成本=4000×1=4000元(转入),相对于电车间是转出。

由电车间承担水的成本=1000×2=2000元(转入),相对于水车间是转出。

②水电车间新的总成本:

水车间新的总成本=10000+(转入)4000-(转出)2000=12000(元)

电车间新的总成本=20000+(转入)2000-(转出)4000=18000(元)

③水电的对外分配单位成本:

水对外分配单位成本=12000/4000=3(元/吨)

电对外分配单位成本=18000/16000=1.125(元/度)

④编制下列会计分录:

A. 交互分配(对内分配)

借:生产成本—辅助生产成本

—供水车间

4000

—供电车间

2000

贷:生产成本—辅助生产成本

—供水车间

2000

—供电车间

4000

B. 对外分配

借:制造费用 15000

管理费用 9000

销售费用 6000

贷:生产成本—辅助生产成本

—供水车间

12000

—供电车间

18000

『注意』计算总结:

①先对内分配,计算第一次单位成本;

辅助车间的总成本=原成本+转入成本-转出成本;

②再对外分配,计算第二次单位成本,分子为总成本,分母变小;

【例题5·单选题】(2014年)某企业有甲乙两个辅助生产车间,采用交互分配法分配辅助生产费用。某月交互分配前,甲乙车间归集的辅助生产费用分别为75000元和90000元。甲车间向乙车间交互分配辅助生产费用2500元,乙车间向甲车间交互分配辅助生产费3000元。当月,甲车间向辅助生产车间以外的受益部门分配的辅助生产费用为( )元。

A. 75000　　　B. 74000
C. 75500　　　D. 72500

解析 甲车间向辅助生产车间以外的受益部门分配的辅助生产费用=75000-2500+3000=75500(元)。　　**答案** C

(3)计划成本分配法。

计划成本分配法的特点是辅助生产为各受益单位提供的产品或劳务,一律按产品或劳务的实际耗用量和计划单位成本进行分配;辅助生产车间实际发生的费用(包括辅助生产内部交互分配转入的费用,不需要减转出的费用,即只加不减)与按计划单位成本分配转出的费用之间的差额，为了简化计算，全部计入管理费用。

这种方法便于考核和分析各单位的经济责任。但成本分配不够准确，适用于辅助生产产品或劳务计划单位成本比较准确的企业。

各受益单位应负担的辅助生产成本＝该受益单位劳务耗用量×计划单位成本

实际成本＝辅助生产成本归集的费用＋按计划分配率分配转入的费用

【案例7】有福有喜是兄弟俩，哥哥有福买了3个苹果，计划成本10元/个，实际成本11元/个，弟弟有喜买了3颗瓜子，计划成本3元/颗，实际成本2元/颗。哥哥给弟弟一个苹果，弟弟给哥哥一颗瓜子，请采用计划成本法计算剩余的苹果和瓜子的成本。

①哥哥有福的苹果：

实际总成本＝3×11＋3（转入瓜子的计划成本）＝36（元）

计划总成本＝3×10＝30（元）

实际总成本－计划总成本＝36－30＝6（元），记入"管理费用"。

②弟弟有喜的瓜子：

实际总成本＝3×2＋10（转入苹果的计划成本）＝16（元）

计划总成本＝3×3＝9（元）

实际总成本－计划总成本＝16－9＝7（元），记入"管理费用"。

『注意』计算总结：

总成本不需要减去转出的费用，即只加不减。

成本差异＝实际成本－按计划分配率分配转出的费用。

【案例8】承【案例4】水的计划成本为2.1元/吨，电的计划成本为0.95元/度，采用计划成本法分配辅助生产车间的水电费。

计算和会计分录如下：

相互转入的成本

①由水车间承担电的成本＝4000×0.95＝3800元（转入）

由电车间承担水的成本＝1000×2.1＝2100

元（转入）

②水电车间的实际成本：

水车间的实际成本＝10000＋转入3800＝13800（元）

电车间的实际成本＝20000＋转入2100＝22100（元）

③水电车间的计划成本：

水车间的计划成本＝5000×2.1＝10500（元）

电车间的计划成本＝20000×0.95＝19000（元）

④水电车间的实际成本与计划成本差异：

水车间产生的管理费用＝13800－10500＝3300（元）

电车间产生的管理费用＝22100－19000＝3100（元）

⑤编制下列会计分录：

A．按计划成本分配：

借：生产成本——辅助生产成本

　　　　　　——供水车间

　　　　　　　　　　3800

　　　　　　——供电车间

　　　　　　　　　　2100

　　制造费用　（23600×50%）11800

　　管理费用　（23600×30%）7080

　　销售费用　（23600×20%）4720

　贷：生产成本——辅助生产成本

　　　　　　——供水车间

　　　　　　　　　　10500

　　　　　　——供电车间

　　　　　　　　　　19000

B．辅助生产成本差异按规定记入"管理费用"：

借：管理费用　　　　6400

　贷：生产成本——辅助生产成本

　　　　　　——供水车间

　　　　　　　　　　3300

　　　　　　——供电车间

　　　　　　　　　　3100

【例题6·单选题】（2019年）某企业采用

计划成本法分配辅助生产费用时,应将生产车间实际发生的费用与按计划单位成本分配转出的费用之间的差额记入的会计科目是( )。

A. 制造费用 B. 管理费用
C. 生产费用 D. 销售费用

解析 计划成本分配法的特点是辅助生产车间为各受益单位提供的劳务或产品,都按劳务或产品的计划单位成本进行分配,辅助生产车间实际发生的费用与按计划单位成本分配转出的费用之间的差额采用简化计算方法全部计入管理费用。 **答案** B

【例题7·多选题】(2014年)下列关于辅助生产费用分配方法的表述,正确的有( )。

A. 采用交互分配法,辅助生产费用需要经过两次分配完成

B. 采用交互分配法,辅助生产费用需进行对外和对内的分配

C. 采用直接分配法,实际发生的费用与分配转出的计划费用之间的差额计入制造费用

D. 采用直接分配法,各辅助生产车间的费用只对外分配一次

解析 直接分配法下不会出现实际发生的费用和计划费用之分,选项C描述的是计划成本分配法,其差额应该记入"管理费用"科目。 **答案** ABD

(八)制造费用的分配

1. 制造费用的分配

制造费用是指企业为生产产品或提供劳务发生的各项间接费用,包括物料消耗,车间管理人员的薪酬,车间管理用房屋和设备的折旧费、租赁费和保险费等。

(1)制造费用分配率=制造费用总额/各产品分配标准总额

(2)分配标准:生产工人工时、生产工人工资、机器工时、产品计划产量的定额工时等。

(3)某种产品应分配的制造费用=该种产品分配标准×制造费用分配率

2. 制造费用的账务处理

(1)车间领用材料、车间确认管理人员职工薪酬时:

借:制造费用
　　贷:原材料
　　　　应付职工薪酬

(2)制造费用分配时:

借:生产成本
　　贷:制造费用

【例题8·多选题】(2016年)下列各项中,属于制造企业制造费用分配方法的有( )。

A. 生产工人工时比例法
B. 交互分配法
C. 机器工时比例法
D. 生产工人工资比例法

解析 制造费用的分配,通常采用生产工人工时比例法、生产工人工资比例法、机器工时比例法和按年度计划分配率分配法等。选项B,属于辅助生产费用的分配方法。 **答案** ACD

【案例9】福喜公司2018年3月基本生产车间A产品机器工时为10000小时,B产品机器工时为20000小时,本月共发生制造费用900000元。按照机器工时总数分配制造费用:

制造费用分配率=900000÷(20000+10000)=30

A产品应负担的制造费用=10000×30=300000(元)

B产品应负担的制造费用=20000×30=600000(元)

账务处理:

借:生产成本—基本生产成本
　　　　—A产品　300000
　　　　—B产品　600000
　　贷:制造费用　　　　　900000

(九)废品损失的核算

1. 废品损失的内容

表 7-11 废品损失的内容

包括	不包括
(1)不可修复废品的生产成本	(1)经质量检验部门鉴定不需要返修,可以降价出售的不合格品(即次品,其降价损失不属于废品损失)
(2)可修复废品的修复费用,扣除回收的废品残料价值和应收赔款以后的损失	(2)产品入库后由于保管不善等原因而损坏变质的产品(管理费用)
	(3)实行"三包"企业在产品出售后发现的废品(销售费用)

【例题 9·单选题】(2015 年)下列各项中,应计入废品损失的是( )。

A. 可修复废品的修复费用

B. 实行"三包"企业的产品出售后发现的废品

C. 产品入库后因保管不善发生的变质净损失

D. 可修复废品返修前发生的生产费用

解析 ▶ 废品损失是指在生产过程中发生的、入库后发现的超定额的不可修复废品的生产成本,以及可修复废品的修复费用,扣除回收的废品残料价值和应收赔款以后的损失。

答案 ▶ A

2. 废品损失的核算

表 7-12 废品损失核算的会计分录

不可修复废品损失	可修复废品损失
废品损失采用按废品在报废时,采用一定的分配方法,将所耗实际费用计算在合格品与废品之间进行分配	可修复废品返修以前发生的生产费用,在"生产成本—基本生产成本"科目及有关的成本明细账中核算,该生产费用不是废品损失,不必转出
	返修时发生的修复费用,应根据各种费用分配表,借记"废品损失"科目,贷记有关科目

【案例 10】福喜公司 A 产品可修复废品的修复费用为:直接材料 5000 元,直接人工 3000 元,制造费用 2000 元。

不可修复废品成本按定额成本计价。有关资料如下:不可修复废品 8 件,每件直接材料定额 200 元,每件工时定额为 10 小时,每小时直接人工 5 元、制造费用 2 元。

可修复废品和不可修复废品回收残料计价 160 元,并作为辅助材料入库;应由过失人赔款 200 元。废品净额损失由当月同种产品成本负担。

(1)不可修复废品生产成本 = 8×200+8×10×5+8×10×2 = 2160(元)。

(2)废品净损失 = 5000+3000+2000+2160-160-200 = 11800(元)。

(3)相关会计分录如下:

①结转可修复废品成本:

借:废品损失—A 产品　　　10000

　　贷:原材料　　　　　　　　5000

　　　　应付职工薪酬　　　　　3000

　　　　制造费用　　　　　　　2000

②结转不可修复废品成本:

借:废品损失—A 产品　　　2160

　　贷:生产成本—基本生产成本—A 产品　　2160

③残料入库:

借:原材料　　　　　　　　160

　　贷:废品损失—A 产品　　　160

④过失人赔偿:

借:其他应收款　　　　　　200

　　贷:废品损失—A 产品　　　200

⑤结转废品净损失:

借:生产成本—基本生产成本—A 产品　　11800

　　贷:废品损失—A 产品　　11800

【例题 10·单选题】(2012 年)某企业产品入库后发现可修复废品一批,生产成本 14 万元,返修过程中发生材料费 1 万元、人工费用 2 万元、制造费用 3 万元，废品残料作价 0.5 万元已回收入库。假定不考虑其他因素，该批可修复废品的净损失为( )万元。

A. 5.5　　　B. 14
C. 19.5　　　D. 20

解析 可修复废品的净损失即在返修过程中发生的一些费用，应记入"废品损失"科目，同时收回的残料价值以及应收的赔款，应从"废品损失"科目转入到"原材料"或"其他应收款"科目，冲减废品损失，此时的废品损失净额 = 1+2+3-0.5 = 5.5（万元）。

答案 A

（十）停工损失

停工损失是指生产车间或车间内某个班组在停工期间发生的各项费用。

包括：停工期内支付的人工费用、原材料费用和负担的制造费用等。

不包括：应由过失单位负担的赔款、不满一个工作日的停工。

1. 不单独核算停工损失的企业

不设立"停工损失"科目，停工费用记入"制造费用""营业外支出"等科目中。

2. 单独核算停工损失的企业

应增设"停工损失"会计科目和增设"停工损失"成本项目。

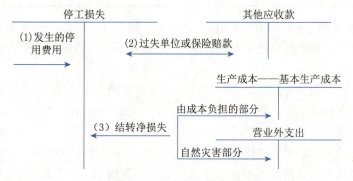

图 7-1　停工损失的核算

3. 季节性生产企业停工期间

季节性生产企业停工期间发生的制造费用加上开工期间发生的制造费用之和，在开工期间分摊计入生产成本。

【例题 11·单选题】（2014 年）某公司因持续暴雨导致停工 5 天，停工期间发生的原材料损耗 7000 元，应分摊的人工费用 3000 元，应分摊的水电费 500 元，该停工损失应由保险公司赔偿 2000 元，假定不考虑其他因素，下列关于停工损失会计处理正确的是( )。

A. 净停工损失 8500，计入营业外支出
B. 净停工损失 8500，计入基本生产成本
C. 净停工损失 10500，计入营业外支出
D. 净停工损失 10500，计入基本生产成本

解析 净停工损失 = 7000+3000+500-2000 = 8500（元），由于是持续暴雨导致停工损失，属于自然灾害导致的，记入"营业外支出"科目。

答案 A

二、生产费用在完工产品和在产品之间的归集和分配

（一）生产费用在完工产品和在产品之间的分配

1. 常用的分配方法概述

（1）完工产品和在产品成本之间的关系。

月初在产品成本+本月发生成本 = 本月完工产品成本+月末在产品成本

或者：本月完工产品成本 = 本月发生成本+月初在产品成本-月末在产品成本

（2）具体分配方法。

第一种方法：倒挤法。适用于：不计算在产品成本法、在产品按固定成本计价法、在产品按所耗直接材料成本计价法和在产品按定额成本计价法。

第二种方法：分配法。适用于约当产量比例法和定额比例法。

分配法计算步骤如下：

①分配率=待分配费用/(完工产品分配标准+月末在产品分配标准)

②本月完工产品成本=完工产品分配标准×分配率

③月末在产品成本=月末在产品分配标准×分配率

上述适用的六种方法属于常用的生产费用在完工产品和在产品之间的分配方法。

（3）分配费用适用范围对比。

表7-13　完工产品和在产品之间费用分配方法对比表

(1)约当产量比例法	适用于产品数量较多，各月在产品数量变化也较大，且生产成本中直接材料成本和加工成本的比重相差不大的产品
(2)在产品按定额成本计价法	适用于各项消耗定额或成本定额比较准确、稳定，而且各月末在产品数量变化不是很大的产品
(3)定额比例法	适用于各项消耗定额或成本定额比较准确、稳定，但各月末在产品数量变动较大的产品

【例题12·多选题】（2010年）采用定额比例法分配完工产品和月末在产品费用，应具备的条件有（　）。

A．各月末在产品数量变化较大
B．各月末在产品数量变化不大
C．消耗定额或成本定额比较稳定
D．消耗定额或成本定额波动较大

解析 ▶ 定额比例法适用于各项消耗定额或成本定额比较准确、稳定，但各月末在产品数量变动较大的产品。　　答案 ▶ AC

2．约当产量比例法

采用约当产量比例法，应将在产品数量按其完工程度折算为相当于完工产品的产量，即约当产量，然后以完工产品的产量和在产品的约当产量为依据，分配完工产品成本和月末在产品成本的一种方法。

在产品约当产量=在产品数量×完工百分比

如果各工序在产品数量和单位工时定额都相差不多的情况下，全部在产品的完工程度一律按50%计算。

【案例11】福喜公司10位员工（大人）聚餐，消费1000元，AA（每人平均）制，每人要付多少元？

每人要付：1000/10=100（元）

【案例12】承【案例11】10位大人携带4位小孩吃饭，消费1000元，大人AA制，小孩按50%分配，每人承担多少钱？

1000÷(10+4×50%)≈83.333（元）
大人共付：10×83.333=833.33（元）
小孩共付：1000-833.33=166.67（元）

【案例13】承【案例11】10位大人携带4位小孩吃饭，消费1000元，大人AA制，小孩按50%分配，其中每人使用一次性碗筷2元，每人要付多少钱？

单位：元

项目	计算分析	大人	小孩
一次性碗筷	14×2=28	10×2=20	4×2=8
饭菜等其他	(1000-28)÷(10+4×50%)=81	10×81=810	2×81=162
合计		830	170

『提示』在很多加工生产中，材料是在生产开始时一次投入的。题目中会直接给出该条件。

【案例14】福喜公司本月完工产品（衣

服)800件,在产品(未完工衣服)数量200件,完工程度按平均50%计算;材料(布)在开始生产时一次投入,其他成本按约当产量比例分配。衣服本月月初在产品和本月耗用直接材料(布)成本共计2000元,直接人工成本1800元,制造费用900元。

衣服各项成本的分配计算如下:由于材料在开始生产时一次投入,因此应按完工产品和在产品的实际数量比例进行分配,不必计算约当产量。

步骤	组成项目	总成本(1)	完工产品与在产品总件数(2)	分配率(3)=(1)/(2)	在产品(4)=(3)×在产品数量	完工产品成本(5)=(3)×完工产品数量
1	原材料	2000元	800+200×100%=1000(件)	2000/1000=2	200×2=400(元)	800×2=1600(元)
2	人工	1800元	800+200×50%=900(件)	1800/900=2	100×2=200(元)	800×2=1600(元)
3	制造费用	900元	800+200×50%=900(件)	900/900=1	100×1=100(元)	800×1=800(元)
合计		4700元			400+200+100=700(元)	1600+1600+800=4000(元)

根据完工产品总成本编制完工产品入库的会计分录如下:
借:库存商品—衣服　　　　　　　　　　　　　　　　4000
　　贷:生产成本—基本生产成本　　　　　　　　　　4000

如果材料是随着生产过程陆续投入的,则按照各工序投入的材料成本在全部材料成本中所占的比例计算在产品的约当产量。

【案例15】承【案例14】,如果材料(布)在生产时陆续一次投入,其他条件不变。

步骤	组成项目	总成本(1)	完工产品与在产品总件数(2)	分配率(3)=(1)/(2)	在产品(4)=(3)×在产品数量	完工产品成本(5)=总成本-在产品成本
1	原材料	2000元	800+200×5%=900(件)	2000/900=2.22	100×2.22=222(元)	2000-222=1778(元)
2	人工	1800元	800+200×50%=900(件)	1800/900=2	100×2=200(元)	1800-200=1600(元)
3	制造费用	900元	800+200×50%=900(件)	900/900=1	100×1=100(元)	900-100=800(元)
合计		4700元			222+200+100=522(元)	1778+1600+800=4178(元)

根据完工产品总成本编制完工产品入库的会计分录如下:
借:库存商品—衣服　　4178
　　贷:生产成本—基本生产成本　4178

【例题13·单选题】(2014年)某企业只生产一种产品,采用约当产量比例法将生产费用在完工产品和在产品之间进行分配,材料在产品投产时一次性投入。月初在产品直接材料成本为10万元,当月耗用材料成本为50万元,当月完工产品30件,月末在产品30件,完工程度60%,本月完工产品成本中直接材料成本为( )万元。

A. 30　　　　　　B. 22.5
C. 25　　　　　　D. 37.5

解析　共耗用直接材料=10+50=60(万元),因为材料在产品投产时一次投入,所以原材料在完工产品和在产品中进行分配时，不需要进行约当产量的计算。分配率=60÷(30+30)=1，本月完工产品成本中直接材料成本=完工产品数量×分配率=30×1=30(万元)。

答案 ▶ A

3. 在产品按定额成本计价法

月末在产品成本按定额成本计算总公式：

完工产品成本=全部成本-按定额成本计算的月末在产品成本

节约差异或超支差异全部计入当月完工产品成本。

该方法的计算步骤(2步走)：

(1)月末在产品成本=月末在产品数量×在产品单位定额成本

(2)完工产品总成本=(月初在产品成本+本月发生生产成本)-月末在产品成本

【案例16】福喜公司产品(衣服)本月完工产品产量800件，在产品数量200件；在产品单位定额成本：直接材料2元，直接人工1.5元，制造费用1元。本月月初在产品和本月耗用直接材料成本共计2000元，直接人工成本1800元，制造费用900元，按定额成本计算在产品成本及完工产品成本。

单位：元

项目	总成本	在产品定额成本	完工产品成本
直接材料	2000	200×2=400	2000-400=1600
直接人工	1800	200×1.5=300	1800-300=1500
制造费用	900	200×1=200	900-200=700
合计	4700	900	3800

根据完工产品总成本编制完工产品入库的会计分录如下：

借：库存商品——衣服　　3800
　　贷：生产成本——基本生产成本　3800

4. 定额比例法

产品的生产成本在完工产品和月末在产品之间按照两者的定额消耗量或定额成本比例分配，其中直接材料成本，按直接材料的定额消耗量或定额成本比例分配。

直接人工和制造费用，可以按各该定额成本比例分配，也可按定额工时比例分配。

直接材料成本分配率=实际总成本/定额总成本=(月初在产品实际材料成本+本月投入的实际材料成本)/(完工产品定额材料成本+月末在产品定额材料成本)

直接人工成本分配率=实际总成本/定额总工时=(月初在产品实际人工成本+本月投入的实际人工成本)/(完工产品定额工时+月末在产品定额工时)

制造费用分配率=实际总费用/定额总工时，分配方法和直接人工的分配方法原理相同。

『注意』请各位考生朋友回顾本章的案例导入中有关男女员工吃包子的故事，该故事用的就是定额比例法。

【案例17】福喜公司本月完工产品数量800件，在产品数量200件。完工产品定额消耗：材料(布)0.5千克/件，工时1小时/件；在产品定额消耗：材料(布)0.5千克/件，工时0.5小时/件。有关成本资料如下表所示：

单位：元

项目	直接材料	直接人工	制造费用	合计
期初在产品成本	400	300	200	900
本期发生成本	2600	900	300	3800
合计	3000	1200	500	4700

要求：按定额比例法计算在产品成本及完工产品成本。

项目	(1)完工产品定额成本	(2)在产品定额成本	(3)定额总成本=(2)+(1)	(4)实际成本	(5)分配率=(4)/(3)	完工产品成本=(1)×(5)	在产品成本=(2)×(5)
直接材料	800×0.5=400(千克)	200×0.5=100(千克)	500(千克)	3000元	3000/500=6	400×6=2400(元)	100×6=600(元)
直接人工	800×1=800(小时)	200×0.5=100(小时)	900(小时)	1200元	1200/900=1.3333	800×1.3333=1066.64(元)	100×1.3333=133.33(元)
制造费用	800×1=800(小时)	200×0.5=100(小时)	900(小时)	500元	500/900=0.55556	800×0.5556=444.48(元)	100×0.5556=55.56(元)
合计				4700元		3911.11元	788.89元

总结：

第一步，计算完工产品和在产品料、工、费的定额消耗。

第二步，计算料、工、费的定额比例(分配率)=实际成本/定额成本(工时)。

第三步，分配料、工、费成本=定额成本(工时)×定额比例(分配率)。

(二)联产品的成本分配

联产品，是指使用同种原料，经过同一生产过程同时生产出来的两种或两种以上的主要产品。

联产品的生产特点是：在生产开始时，各产品尚未分离，同一加工过程中对联产品的联合加工。

当生产过程进行到一定生产步骤，产品才会分离。在分离点以前发生的生产成本，称为联合成本。

分离后的联产品，有的直接销售，有的还需进一步加工才可供销售。

联合成本可按一定的分配方法，如相对销售价格分配法、实物量分配法等，在各联产品之间进行分配，分别确定各种产品的成本。

(1)相对销售价格分配法。这种方法是按每种产品的销售价格比例进行分配联合成本的。

【案例18】福喜公司生产红糖和白糖，白糖和红糖为联产品。3月份发生加工成本20000元。红糖和白糖在分离点上的销售价格总额为50000元，其中红糖的销售价格总额为10000元，白糖的销售价格总额为40000元。

采用售价法分配联合成本：

分配率=20000÷50000=0.4

红糖：0.4×10000=4000(元)

白糖：0.4×40000=16000(元)

(2)实物量分配法。这种方法是以实物数量为基础分配联合成本的，适用于所生产的产品的价格很不稳定或价格无法直接确定。

【案例19】承【案例18】同时假设红糖为1000千克，白糖为1500千克。

采用实物量分配法分配联合成本：

分配率=20000÷(1000+1500)=8(元/千克)

红糖：8×1000=8000(元)

白糖：8×1500=12000(元)

【例题14·多选题】(2014年)联产品的联合成本在分离点后，应按照一定的方法在各联产品之间分配适用的分配方法有(　)。

A. 相对销售价格分配法

B. 工时分配法

C. 分类法

D. 实物量分配法

解析 ▶ 联产品的联合成本在分离点后，可按一定分配方法，如相对销售价格分配法、实物量分配法、系数分配法等。 答案 ▶ AD

(三)副产品的成本分配

副产品,是指在同一生产过程中,使用同种原料,在生产主产品的同时附带生产出来的非主要产品。

副产品作价扣除法需要从产品售价中扣除继续加工成本、销售费用、销售税金及相应的利润。

【案例20】福喜公司在生产主产品豆腐的同时,还生产了副产品豆浆,豆浆的售价为10元/千克。3月主要产品豆腐和副产品豆浆发生的生产成本总额为20000元,副产品豆浆的产量为30千克。假定该公司按预先规定的副产品的售价确定副产品的成本。

副产品豆浆的成本 = 10×30 = 300(元)

主要产品豆腐应负担的成本 = 20000 - 300 = 19700(元)

【案例21】福喜公司在生产主要产品豆腐的同时,附带生产出副产品豆浆,豆浆分离后需进一步加工后才能出售。2018年3月共发生联合成本20000元,其中:直接材料10000元;直接人工6000元;制造费用4000元。豆浆产品进一步加工发生直接人工费60元;制造费用40元。当月生产豆腐产品1000千克并全部完工,豆浆产品100千克,豆浆的市场售价10元/千克,单位税金和利润2元。假定豆腐产品3月无月初在产品。

采用副产品作价扣除法计算豆浆和豆腐应负担的直接材料、直接人工和制造费用。

豆浆的联合总成本 = 100×(10-2)-(60+40) = 700(元)

豆浆的直接材料 = 10000×(700÷20000) = 350(元)

豆浆的直接人工 = 6000×(700÷20000) = 210(元)

豆浆的制造费用 = 4000×(700÷20000) = 140(元)

豆腐产品应负担的联合总成本 = 20000 - 700 = 19300(元)

豆腐产品应负担的直接材料 = 10000 - 350 = 9650(元)

豆腐产品应负担的直接人工 = 6000 - 210 = 5790(元)

豆腐产品应负担的制造费用 = 4000 - 140 = 3860(元)

【例题15·判断题】(2019年、2014年)企业在分配主产品和副产品的生产成本时,通常先确定主产品的生产成本,然后确定副产品的生产成本。( )

解析 ▶ 企业在分配主产品和副产品的生产成本时,通常先确定副产品的生产成本,然后确定主产品的生产成本。 答案 ▶ ×

(四)完工产品成本的结转

企业完工产品经产成品仓库验收入库的会计分录如下:

借:库存商品
　　贷:生产成本——基本生产成本

『学霸总结』完工产品和在产品之间费用分配方法

分配方法	适用企业范围	在产品数量	在产品变化	材料占成本比重
(1)约当产量比例法	适用在产品数量较多,各月在产品数量变化也较大,且生产成本中直接材料成本和直接人工等加工成本的比重相差不大的产品	多	大	不大
(2)在产品按定额成本计价法	适用于各项消耗定额或成本定额比较准确、稳定,而且各月末在产品数量变化不是很大的产品			小
(3)定额比例法	适用于各项消耗定额或成本定额比较准确、稳定,但各月末在产品数量变动较大的产品			大

同步训练 限时70min

一、百考多选题

下列关于辅助费用的归集和分配的表述，正确的是( )。

A. 辅助生产费用的分配方法通常采用直接分配法、交互分配法、计划成本分配法、顺序分配法和系数分配法等；交互分配法的特点是不考虑各辅助生产车间之间相互提供劳务或产品的情况，而是将各种辅助生产费用直接分配给辅助生产以外的各受益单位，这种方法的辅助生产费用通过两次分配完成

B. 企业采用计划成本分配法分配辅助生产费用，辅助生产费用需进行对外和对内的分配，辅助生产车间实际发生的生产费用与按计划成本分配转出的费用之间的差额，应记入"管理费用"科目

C. 某企业有供气和机修两个辅助生产车间，供气车间归集的辅助生产费用为75000元，对外供气1500立方米，其中向机修供气500立方米；机修车间归集的辅助生产费用为90000元，提供修理3000小时，其中向供气车间提供修理1000小时。企业采用直接分配法，当月，供气和机修车间向辅助生产车间以外的受益部门分配的辅助生产费用分别为75000元和90000元，单位成本分别为50元/立方米和30元/小时

D. 沿用C选项的事例，假定采用交互分配法分配辅助生产费用。交互分配前，供气和机修车间的单位成本分别为50元/立方米和30元/小时。交互分配后，供气和机修车间向辅助生产车间以外的受益部门分配的辅助生产费用分别为80000元和85000元，单位成本分别为75元/立方米和45元/小时

E. 沿用C选项的事例，假定采用计划成本法分配辅助生产费用，供气和机修车间的计划单位成本分别为55元/立方米和33元/小时，则供气和机修车间的实际总成本分别为108000元和117500元，供气和机修车间产生的管理费用分别为25500元和18500元

二、单项选择题

1. (2019年)下列各项中，属于废品损失的是( )。

   A. 由于保管不善导致产品损失变质的生产成本

   B. 产品生产过程中由于超定额不可修复废品所发生的生产成本

   C. 经质检部门鉴定不需要返修可降价出售的不合格品的生产成本

   D. 企业实施"三包"措施，出售后发现废品的生产成本

2. 某企业生产甲、乙两种产品，耗用直接材料15万元，车间管理人员薪酬3万元，车间设备计提折旧9万元，各项生产费用按照生产工时在甲、乙产品之间分配，甲、乙产品生产工时分别为100小时、50小时，则甲产品应分配的生产费用为( )万元。

   A. 4　　　　　　　B. 8
   C. 9　　　　　　　D. 18

3. (2019年)企业生产M商品的单位工时定额为500小时，经过两道工序，各工序单位工时定额如下：第一道工序200小时，第二道工序300小时，假定各工序内在产品完工程度平均为50%，第一道工序在产品1000件，其约当产量为( )。

   A. 400件　　　　　B. 700件
   C. 200件　　　　　D. 600件

4. (2019年)某企业按照产品的定额消耗量比例分配材料费用。2018年8月该企业为生产M、N两种产品耗用某材料1680千克，每千克10元。每月投产M产品100件，N产品200件。M产品的材料消耗定额为6千克，N产品的材料消耗定额为4千克。不考虑其他因素，本月M产品应分配的材料费用为( )元。

A. 9000　　　　　　B. 5600
C. 9600　　　　　　D. 7200

5. (2018年)某企业有甲、乙两个辅助生产车间,采用交互分配法分配辅助生产费用,2017年5月分配辅助生产费用前,甲车间通过"生产成本—辅助生产成本"归集辅助生产费用21.6万元;当月交互分配时,甲车间由乙车间分入辅助生产费用1.4万元,向乙车间分出辅助生产费用1.8万元,不考虑其他因素,由甲车间向其他部门分配的辅助生产费用为( )万元。
   A. 21.6　　　　　　B. 21.2
   C. 22　　　　　　　D. 23

6. (2018年)2017年10月31日,某企业M产品完工产品数量150件,在产品数量50件,平均完工程度40%,发生的生产总费用为173400元,原材料随生产过程陆续投入,采用约当产量法分配完工产品和在产品的成本,期末M产品完工产品的成本是( )元。
   A. 153000　　　　　B. 104400
   C. 69360　　　　　　D. 130500

7. (2018年)某企业期初无在产品,本月完工甲产品600件、乙产品400件,共耗用直接人工费12万元,采用定额工时比例法分配甲产品和乙产品直接人工费用。甲产品每件定额工时6小时,乙产品每件定额工时3小时。甲产品负担的直接人工费用是( )万元。
   A. 7.2　　　　　　　B. 7.3
   C. 4.8　　　　　　　D. 9

8. (2018年)某企业产品入库后发现可修复废品一批,生产成本为20万元,返修过程中发生直接材料2万元,直接人工3万元,制造费用4万元,废品残料作价1万元已验收入库。不考虑其他因素,该企业可修复废品的净损失为( )万元。
   A. 28　　　　　　　B. 29
   C. 8　　　　　　　　D. 20

9. (2016年)某企业生产甲、乙两种产品,耗用直接原材料15万元,车间管理人员薪酬3万元,车间设备计提折旧9万元,各项生产费用按照工时在甲、乙之间分配,甲、乙耗费工时分别为100小时、50小时,则甲产品应分配的生产费用为( )万元。
   A. 4　　　　　　　　B. 8
   C. 9　　　　　　　　D. 18

10. (2016年)某企业本月生产完工甲产品200件,乙产品300件,月初月末均无在产品,该企业本月发生直接人工成本6万元,按定额工时比例在甲、乙产品之间分配,甲、乙产品的单位工时分别为7小时、2小时,本月甲产品应分配的直接人工成本为( )万元。
    A. 2.4　　　　　　　B. 1.8
    C. 3.6　　　　　　　D. 4.2

11. (2015年)某企业的燃料按工时定额来分配,本月燃料费为8000元,甲产品生产工时为300小时,乙产品的生产工时为500小时,其中甲产品应分配的燃料费为( )元。
    A. 5000　　　　　　B. 8000
    C. 3000　　　　　　D. 6000

12. (2013年)某企业生产A、B两种产品的外购动力消耗定额分别为4工时和6.5工时。6月份生产A产品500件,B产品400件,共支付动力费11040元。该企业按定额消耗量比例分配动力费,当月A产品应分配的动力费为( )元。
    A. 3840　　　　　　B. 4800
    C. 6133　　　　　　D. 6240

13. 某企业生产甲、乙两种产品,12月份共发生生产工人工资70000元,福利费10000元。上述人工费按生产工时比例在甲、乙产品间分配,其中甲产品的生产工时为1200小时,乙产品的生产工时为800小时。该企业生产甲产品应分配的人工费为( )元。
    A. 28000　　　　　　B. 32000

C. 42000　　　D. 48000

14. A公司生产甲乙两种产品领用某材料5190千克,每千克22元。本月投产的甲产品为230件,乙产品为270件。甲产品的材料消耗定额为16千克,乙产品的材料消耗定额为12千克。则材料消耗量分配率为( )。
   A. 0.75　　　B. 0.47
   C. 0.79　　　D. 0.49

15. 某工业企业设有机修和供电两个辅助车间,2017年5月在分配辅助生产费用之前,机修车间共发生费用2000万元,按修理工时比例分配费用,提供修理工时500小时,其中供电车间20小时,其他车间耗用工时480小时;供电车间发生费用1500万元,按耗电度数比例分配费用,提供供电度数30万度,其中机修车间耗用4万度。按照直接分配法进行辅助生产车间的费用分配,则机修车间对辅助生产车间以外的受益单位分配的总费用为( )万元。
   A. 2200　　　B. 2120
   C. 1500　　　D. 2000

16. 某企业的甲产品在生产过程中发现不可修复废品一批,该批废品的成本构成:直接材料2000元、直接人工5000元、制造费用1000元。废品残料计价800元已回收入库,应收过失人赔偿款1200元。假定不考虑其他因素,该批废品的净损失为( )元。
   A. 6800　　　B. 7200
   C. 8000　　　D. 6000

17. 如果企业定额管理基础好,各月末在产品数量变动较大,则该企业适宜采用的完工产品和在产品成本分配方法是( )。
   A. 在产品按定额成本计价
   B. 约当产量比例法
   C. 定额比例法
   D. 在产品按其所耗直接材料成本计价

三、多项选择题

1. (2018年)下列各项中,属于企业生产费用在完工产品和在产品之间分配方法有( )。
   A. 在产品按定额成本计价法
   B. 交互分配法
   C. 约当产量比例法
   D. 不计算在产品成本法

2. (2016年)下列关于要素费用的归集和分配的说法中,表述正确的有( )。
   A. 不满一个工作日的停工,一般不计算停工损失
   B. 实行"三包"企业在产品出售后发现的废品应包括在废品损失内
   C. 辅助生产成本采用计划成本分配,实际发生的费用与按计划成本分配转出的费用之间的差额应当全部计入当期损益
   D. 制造费用分配的生产工人工时比例法适用于各种产品机械化程度相差不多的企业

3. 下列关于辅助生产成本的分配表述正确的有( )。
   A. 交互分配法根据各辅助生产车间相互提供的产品或劳务的数量和交互分配率,在各辅助生产车间之间进行一次交互分配
   B. 计划分配法下辅助生产车间生产的产品或劳务按照计划单位成本计算、分配辅助生产费用
   C. 直接分配法下直接将辅助生产车间发生的费用分配给辅助生产车间以外的各个受益单位或产品
   D. 直接分配法下直接将辅助生产车间发生的费用分配给包含辅助生产车间在内的各个受益单位或产品

4. 制造费用指企业为生产产品和提供劳务而发生的各项间接费用,包括( )。
   A. 生产车间管理人员的工资
   B. 生产车间负担的低值易耗品摊销
   C. 生产车间的办公费
   D. 生产车间设备报废净损失

5. 关于制造费用的分配,下列表述错误的有( )。

A. 制造费用的分配，必须与制造费用的发生具有比较密切的相关性
B. 企业选择哪种制造费用的分配方法是法律明确规定的
C. 制造费用的分配方法企业自行确定，企业可以自行随意变更
D. 制造费用应按照车间分别进行，最后将各车间的制造费用汇总，在企业范围内统一分配

6. 下列项目中，不包括在废品损失内的有（　　）。
A. 经质量检验部门鉴定不需要返修、可以降价出售的不合格品
B. 产品入库后由于保管不善等原因而损坏变质的产品
C. 实行"三包"企业在产品出售后发现的废品
D. 在生产过程中发生的和入库后发现的超定额不可修复废品

7. 下列关于停工损失说法正确的有（　　）。
A. 包括停工期间发生的原材料费用、人工费用和制造费用
B. 不单独核算停工损失的企业，只能在"营业外支出"科目中反映
C. "停工损失"科目月末无余额
D. 辅助生产一般不单独核算停工损失

四、判断题

1. （2019年）企业采用标准成本进行直接材料日常核算的，期末应当将耗用直接材料的标准成本调整为实际成本。（　　）
2. （2019年）采用在产品按定额成本计价的企业，每月生产成本脱离定额差异应当计入月末在产品成本。（　　）
3. （2018年、2016年）直接分配法是只将辅助生产费用直接分配给辅助生产车间以外的各受益单位的辅助生产费用分配方法。（　　）
4. （2016年）废品损失包括生产过程中发生的和入库后发现的超定额不可修复废品的生产成本，以及可修复废品的修复费用，扣除回收废品残料价值和应收赔偿款后的损失。（　　）
5. 对于职工薪酬的分配，如果采用按月支付工资金额分配本月工资费用，该方法适用于月份之间差别不大的情况。（　　）
6. 采用交互分配法分配辅助生产成本，各辅助生产车间交互分配后的实际费用为交互前的费用加上交互分配转入的费用。（　　）
7. 采用年度计划分配率法分配制造费用，"制造费用"科目及所属明细账月末都应没有余额。（　　）
8. 约当产量比例法适用于月末在产品数量较多，各月在产品数量变化也较大，且生产成本中直接材料成本和直接人工等加工成本的比重相差不大的产品。（　　）

五、不定项选择题

1. （2019年）某企业为增值税一般纳税人，原材料收发按实际成本核算。2019年12月开始生产甲、乙两种产品，存货项目期初无余额。12月份发生如下经济业务：

（1）3日，购入M材料1500千克，取得并经税务机关认证的增值税专用发票上注明的价款为150000元，增值税税额为19500元，销售方代垫的运费为7500元，增值税税额为675元。材料已验收入库，款项尚未支付。

（2）月末编制的"M材料发料汇总表"列明材料发出情况为：甲产品耗用600千克，乙产品耗用400千克，生产车间一般耗用200千克，行政管理部门领用100千克，专设销售机构领用50千克。材料在甲、乙产品生产开始时一次投入。

（3）本月甲产品发生生产工人工资45000元，乙产品发生生产工人工资30000元，车间固定资产折旧费60000元，制造费用按甲、乙产品生产工人工资比例分配。

（4）月末，甲产品完工400件，在产品100件（平均完工程度为50%），生产费用按约当产量比例在完工产品和在产品之间进行分配。乙产品400件全部完工。

要求：根据上述资料，不考虑其他因素，分析回答下列小题。

(1)根据资料(1)，该企业购入 M 材料的入账成本为( )元。

A. 150000　　　　B. 169500
C. 157500　　　　D. 177675

(2)根据资料(1)和(2)，下列各项中，本月发出 M 材料相关会计科目处理正确的是( )。

A. 生产甲产品耗用的材料成本，借记"生产成本—甲产品"科目 63000 元
B. 行政管理部门领用的材料成本，借记"管理费用"科目 10500 元
C. 生产车间一般耗用的材料成本，借记"制造费用"科目 21000 元
D. 生产乙产品耗用的材料成本，借记"生产成本—乙产品"科目 42000 元

(3)根据资料(1)至(3)，下列各项中，关于本月甲、乙两种产品制造费用计算及分配结果正确的是( )。

A. 甲、乙两种产品制造费用分配率为 1.08
B. 乙产品分配的制造费用为 32400 元
C. 甲、乙两种产品制造费用总额为 60000 元
D. 甲产品分配的制造费用为 48600 元

(4)根据期初资料、资料(1)至(4)，下列各项中，关于本月甲产品成本计算结果正确的是( )。

A. 完工产品的单位成本为 334 元
B. 完工产品的总成本为 133600 元
C. 月末在产品总成本为 33400 元
D. 月末在产品总成本为 23000 元

(5)根据期初资料、资料(1)至(4)，该企业年末资产负债表中"存货"项目的期末余额是( )元。

A. 172350　　　　B. 261000
C. 253750　　　　D. 276750

2. 某企业为增值税一般纳税人，设有一个基本生产车间，生产销售 M、N 两种产品。2018 年 10 月初 M 产品直接材料成本 165 万元，直接人工及制造费用 60 万元，N 产品无在产品。2018 年 10 月份，该企业发生相关的经济业务如下：

(1)8 日，采购生产 M、N 产品所需要的材料 1500 千克，验收合格后入库。增值税专用发票上注明的价款为 80 万元，增值税税额为 12.8 万元，全部款项以银行承兑汇票结算，汇票的面值为 92.8 万元，另支付银行承兑汇票手续费 0.05 万元。

(2)20 日，发出材料共计 85 万元，其中 M、N 产品共同耗用 60 万元，车间一般耗用 12 万元，出售积压材料 13 万元，生产 M、N 产品共同耗用的材料费用采用定额消耗量比例法进行分配，M 产品材料定额消耗量 6000 千克，N 产品定额消耗量 4000 千克。

(3)31 日，N 产品全部未完工，M 产品完工产品数量为 800 件，月末在产品数量 400 件，在产品完工程度为 50%。生产 M、N 产品所耗材料均在生产开始时一次投入，生产费用按约当产量比例法在完工产品与期末产品之间进行分配。

要求：根据上述资料，假定该企业取得的增值税专用发票均已经税务机关认证，不考虑其他因素，分析回答下列小题。

(1)根据资料(1)，下列各项中，关于材料采购业务相关科目的会计处理结果正确的是( )。

A. 材料采购时，应借记"原材料"科目 92.8 万元
B. 支付银行承兑汇票手续费时，应借记"财务费用"科目 0.05 万元
C. 开具银行承兑汇票时，应贷记"其他货币资金"科目 92.8 万元
D. 结算采购材料货款时，应贷记"应付票据"科目 92.8 万元

(2)根据资料(2)，下列各项中关于该企业 M、N 产品材料费用分配率计算结果正确的是( )。

A. 0.0085　　　　B. 0.0073
C. 0.0072　　　　D. 0.006

(3)根据资料(2)，下列各项中，关于该企业发出材料相关科目的会计处理正确的是( )。

A. 借记"生产成本—N 产品"科目 34 万元
B. 借记"生产成本—M 产品"科目 36 万元
C. 借记"其他业务成本"科目 13 万元
D. 借记"主营业务成本"科目 13 万元

(4)根据期初资料，资料(2)和(3)，下列各项中关于 M、N 产品成本计算结果表述正确的有( )。

A. M 完工产品的直接材料成本为 134 万元
B. N 在产品的直接材料成本为 34 万元
C. M 在产品的直接材料成本为 40.2 万元
D. N 在产品的直接材料成本为 36 万元

(5)根据期初资料，资料(2)和(3)，该企业 10 月 31 日 M 产品"生产成本—直接材料"科目余额为( )万元。

A. 40.2　　　　B. 67
C. 24　　　　　D. 64.2

3. 某生产车间生产 A、B 两种产品。1 月份生产过程中领用 400 千克材料，单价 100 元，本月投入 A 产品 10 件、B 产品 20 件、定额消耗分别为 20 千克/件、10 千克/件。生产过程中发生生产人员工资 20000 元，A 产品耗用 1500 小时，B 产品耗用 2500 小时。发生制造费用 10000 元，用工时比例分配。A 产品完工后发现不可修复一件。本月 A 产品月初无在产品，本月全部完工；B 产品月初无在产品，本月完工 10 件，在产品 10 件，在产品定额成本 1500 元，用定额比例法计算 B 产品完工产品和月末在产品成本。

要求：根据上述资料，不考虑其他因素，分析回答下列小题。

(1) A 产品消耗材料的成本为( )元。

A. 10000　　　　B. 20000
C. 30000　　　　D. 40000

(2) A 产品应分配的生产人员工资为( )元。

A. 12000　　　　B. 15000
C. 7500　　　　　D. 12500

(3) B 产品应分配的制造费用为( )元。

A. 3750　　　　B. 6000
C. 6250　　　　D. 6750

(4)不可修复 A 产品的成本为( )元。

A. 4250　　　　B. 3750
C. 3150　　　　D. 3125

(5) B 产品完工产品的成本为( )元。

A. 23750　　　　B. 21250
C. 23250　　　　D. 25750

同步训练答案及解析

一、百考多选题

BE 【解析】选项 A，辅助生产费用的分配方法通常采用直接分配法、交互分配法、计划成本分配法、顺序分配法和代数分配法等。系数分配法属于联产品联合成本在各产品之间的分配方法。直接分配法的特点是不考虑各辅助生产车间之间相互提供劳务或产品的情况，而是将各种辅助生产费用直接分配给辅助生产以外的各受益单位。选项 C，企业采用直接分配法，当月，供气和机修车间向辅助生产车间以外的受益部门分配的辅助生产费用分别为 75000 元和 90000 元，单位成本分别为：供气对外提供单位成本 = 75000/(1500 − 500) = 75(元/立方米)，机修对外提供单位成本 = 90000/(3000 − 1000) = 45(元/小时)。选项 D，供气车间的总成本 = 75000 + 转入 30000 − 转出 25000 = 80000(元)，供气车间对外分配的单位成本 = 80000/1000 = 80(元/立方米)，机修车间的总成本 = 90000 + 转入 25000 − 转出 30000 = 85000(元)，机修车间对外分配的单位成本 = 85000/2000 = 42.5(元/小时)，选项 E，供气的实际总成本 = 75000 + 1000×33 = 108000(元)，计划成本 = 1500×55 = 82500(元)，产生的管理费用＝108000－82500＝25500（元），机修的实际总成本＝90000＋500×55＝117500（元），计划成本＝3000×33＝99000（元），产生的管理费用＝117500－99000＝18500（元）。

二、单项选择题

1. B 【解析】废品损失是指在生产过程中发生的和入库后发现的超定额不可修复废品的生产成本，以及可修复废品的修复费用，扣除回收的废品残料价值和应收赔款以后的损失。经质量检验部门鉴定不需要返修、可以降价出售的不合格品，以及产品入库后由于保管不善等原因而损坏变质的产品和实行"三包"企业在产品出售后发现的废品均不包括在废品损失内。

2. D 【解析】甲产品应分配的金额＝（15＋3＋9）×100/（100＋50）＝18（万元）。

3. C 【解析】第一道工序的完工程度＝200×50%/（200＋300）＝20%，所以第一道工序的约当产量＝1000×20%＝200（件）。

4. D 【解析】耗用材料的总额＝1680×10＝16800（元），本月M产品应分配的材料费用＝100×6/（100×6＋200×4）×16800＝7200（元）。

5. B 【解析】甲车间向其他部门分配的辅助生产费用＝21.6＋1.4－1.8＝21.2（万元）。

6. A 【解析】M产品在产品约当产量＝50×40%＝20（件），期末M产品完工产品成本＝173400×150/（150＋20）＝153000（元）。

7. D 【解析】分配率＝总费用/总工时＝12/（600×6＋400×3）＝0.0025（万元/小时），甲产品负担的直接人工＝0.0025×600×6＝9（万元），乙产品负担的直接人工＝0.0025×400×3＝3（万元）。

8. C 【解析】可修复废品返修以前发生的生产费用，不是废品损失，不需要计算其生产成本，而应留在"生产成本——基本生产成本"科目和所属有关产品成本明细账中，不需要转出。返修过程发生的各种费用，应根据各种费用分配表，计入"废品损失"

科目的借方。其回收的残料价值和应收赔款，应从"废品损失"科目贷方分别转入"原材料"和"其他应收款"科目的借方。结转后"废品损失"的借方余额反映的是归集的可修复成本，应转入"生产成本——基本生产成本"科目的借方。会计分录如下：

结转可修复废品的成本：

借：废品损失——A产品　　9
　　贷：原材料　　　　　　　　2
　　　　应付职工薪酬　　　　　3
　　　　制造费用　　　　　　　4

材料入库：

借：原材料　　　　　　　　1
　　贷：废品损失——A产品　　1

结转废品损失的成本：

借：生产成本——基本生产成本　8
　　贷：废品损失　　　　　　　　8

所以可修复废品的净损失为8万元。

9. D 【解析】甲产品应分配的金额＝（15＋3＋9）×100/（100＋50）＝18（万元）。

10. D 【解析】甲产品应分配的直接人工成本＝6×[（200×7）/（200×7＋300×2）]＝4.2（万元）。

11. C 【解析】甲产品应分担的材料费＝8000×300/（300＋500）＝3000（元）。

12. B 【解析】单位工时应分配的动力费＝11040/[（4×500）+（6.5×400）]＝2.4，A产品应分配的动力费＝2.4×4×500＝4800（元）。

13. D 【解析】甲产品应分担的人工费＝1200×（70000＋10000）/（1200＋800）＝48000（元）。

14. A 【解析】材料、燃料、动力费分配率＝材料、燃料、动力消耗总额/分配标准（如产品重量、耗用的原材料、生产工时等）＝5190/（230×16＋270×12）＝0.75。

15. D 【解析】直接分配法下，不考虑辅助生产车间之间的分配，因此对外分配的总费用为2000万元。

16. D 【解析】废品净损失＝2000＋5000＋

1000−800−1200=6000(元)。

17. C 【解析】定额比例法适用于各项消耗定额或成本定额比较准确、稳定,但各月末在产品数量变动较大的产品。

三、多项选择题

1. ACD 【解析】选项B,属于辅助费生产费用的分配方法。

2. AC 【解析】选项B,实行"三包"企业在产品出售后发现的废品不包括在废品损失内;选项D,生产工人工资比例法适用于各种产品生产机械化程度相差不多的企业,只有当生产工人工资是按生产工时比例分配的,按生产工人工资比例分配才等同于按生产工时比例分配。

3. ABC 【解析】选项D,直接分配法下,辅助生产费用不在辅助生产车间之间交互分配,直接分配给辅助生产车间以外的各个受益单位。

4. ABC 【解析】选项D,生产车间设备报废净损失计入当期损益(营业外支出),不影响制造费用。

5. BCD 【解析】选项B,企业具体选用哪种分配方法,由企业自行决定。选项C,分配方法一经确定,不得随意变更。选项D,制造费用应按照车间分别进行,不应将各车间的制造费用汇总,在企业范围内统一分配。

6. ABC 【解析】经质量检验部门鉴定不需要返修、可以降价出售的不合格品,以及产品入库后由于保管不善等原因而损坏变质的产品和实行"三包"企业在产品出售后发现的废品均不包括在废品损失内。

7. ACD 【解析】不单独核算停工损失的企业,不设立"停工损失"科目,直接反映在"制造费用"或"营业外支出"等科目中。

四、判断题

1. √ 【解析】企业采用计划成本、标准成本、定额成本等类似成本进行直接材料日常核算的,期末,应当将耗用直接材料的计划成本或定额成本等类似成本调整为实际成本。

2. × 【解析】采用在产品按定额成本计价的企业,每月生产成本脱离定额的节约差异或超支差异全部计入当月完工产品成本。

3. √

4. √

5. √ 【解析】对于职工薪酬的分配,实务中通常有两种处理方法:一是按本月应付金额分配本月工资费用,该方法适用于月份之间差别较大的情况;二是按本月支付工资金额分配本月工资费用,该方法适用于月份之间工资差别不大的情况。

6. × 【解析】采用交互分配法分配生产成本,各辅助生产车间交互分配后的实际费用为交互前的费用加上交互分配转入的费用,减去交互分配转出的费用。

7. × 【解析】采用年度计划分配率法分配制造费用,月末终了时不调整制造费用的实际数和计划数的差额,年度终了时再进行调整,所以月末制造费用明细科目很有可能有余额。

8. √

五、不定项选择题

1. (1)C;(2)ABCD;(3)ABD;(4)ABD;(5)D。

【解析】(1)资料(1)会计分录:
借:原材料　　　(150000+7500)157500
　　应交税费—应交增值税(进项税额)
　　　　　　　　(19500+675)20175
　贷:应付账款　　　　　　　177675
(2)发出材料采用谁受益谁承担的原则。3日购入材料总成本=157500(元),单位成本=157500/1500=105(元/千克),所以生产甲产品领用材料成本=600×105=63000(元),生产乙产品领用材料成本=400×105=42000(元),生产车间一般耗用材料成本=200×105=21000(元),行政管理部门领用材料成本=100×105=10500(元),专设销售机构领用材料成本=50×105=5250(元)。

资料(2)会计分录：
借：生产成本——甲产品　　63000
　　　　　　——乙产品　　42000
　　　制造费用　　　　　　21000
　　　管理费用　　　　　　10500
　　　销售费用　　　　　　 5250
　　贷：原材料　　　　　　141750

(3)甲、乙产品负担制造费用的总金额＝21000(资料2中车间领用的材料成本)＋60000(资料3中车间固定资产折旧费)＝81000(元)；分配率＝81000/(45000＋30000)＝1.08；甲产品分配的制造费用＝1.08×45000＝48600(元)，乙产品分配的制造费用＝1.08×30000＝32400(元)。

资料(3)会计分录：
借：生产成本——甲产品　　45000
　　　　　　——乙产品　　30000
　　贷：应付职工薪酬　　　75000
借：制造费用　　　　　　　60000
　　贷：累计折旧　　　　　60000

(4)期初存货无余额，本月要分配的生产费用即本月计入生产成本的金额。由于材料在开始生产时一次投入，因此应按完工产品和在产品的实际数量比例进行分配，不必计算约当产量。

材料分配率＝63000(资料2)/(400＋100)＝126

完工产品分配的材料费用＝126×400＝50400(元)

在产品分配的材料费用＝126×100＝12600(元)

人工和制造费用的在产品约当产量＝100×50%＝50(件)

人工分配率＝45000(资料3)/(400＋50)＝100

完工产品分配的人工成本＝100×400＝40000(元)

在产品分配的人工成本＝100×50＝5000(元)

制造费用分配率＝48600(资料2、资料3)/(400＋50)＝108

完工产品分配的制造费用＝108×400＝43200(元)

在产品分配的制造费用＝108×50＝5400(元)

所以完工产品单位成本＝126＋100＋108＝334(元)

完工产品总成本＝50400＋40000＋43200＝133600(元)

月末在产品总成本＝12600＋5000＋5400＝23000(元)

(5)存货是指企业在日常生产经营过程中持有以备出售的产成品或商品，或者为了出售仍然处于生产过程的在产品，或者将在生产过程或提供劳务过程中耗用的材料、物料等，包括：各类材料、在产品、产成品等。期初存货无余额，资料(1)购入1500千克材料，资料(2)中共耗用1350千克，剩余150千克，单位成本为105元/千克，期末材料总成本＝105×150＝15750(元)。

期末甲在产品总成本为23000元，库存甲商品总成本为即甲产品完工产品成本133600元；期末库存乙商品总成本＝42000(资料2材料成本)＋30000(资料3人工成本)＋32400(资料3制造费用)＝104400(元)

期末存货＝15750(材料总成本)＋23000(期末甲在产品成本)＋133600(期末库存甲商品成本)＋104400(期初库存乙商品成本)＝276750(元)

2.(1)BD；(2)D；(3)BC；(4)A；(5)B。

【解析】(1)8日购入原材料：
借：原材料　　　　　　　　　　　80
　　应交税费——应交增值税(进项税额)
　　　　　　　　　　　　　　　 12.8
　　贷：应付票据　　　　　　　 92.8
支付银行承兑汇票手续费：
借：财务费用　　　　　　　　　0.05
　　贷：银行存款　　　　　　　0.05

(2)M、N产品共同耗用材料费用＝60(万元)；分配率＝60/(6000＋4000)＝0.006

（万元/千克）；所以M产品耗用直接材料费用=6000×0.006=36（万元）；N产品耗用直接材料费用=4000×0.006=24（万元）；M、N产品共同耗用直接人工和制造费用=12（万元）；分配率=12/（6000+4000）=0.0012；M产品负担直接人工和制造费用=6000×0.0012=7.2（万元）；N产品负担直接人工和制造费用=4000×0.0012=4.8（万元）。

（3）资料（2）会计分录如下：

借：生产成本——M产品　　　36
　　　　　　——N产品　　　24
　　制造费用　　　　　　　　12
　　其他业务成本　　　　　　13
　　贷：原材料　　　　　　　85

（4）M产品耗用总材料费用=期初直接材料成本+本月消耗材料成本=165+36=201（万元）；月末M产品的约当产量=400×50%=200（件）；生产M、N产品所耗材料均在生产开始时一次投入，则M产品完工产品负担直接材料费用=201/（800+400）×800=134（万元）；M产品在产品负担的直接材料费用=201/（800+400）×400=67（万元）；M产品负担总直接人工和制造费用=期初直接人工和制造费用+本期负担的直接人工和制造费用=60+7.2=67.2（万元）；M产品完工产品负担的直接人工和制造费用=67.2/（800+200）×800=53.76（万元）；M产品在产品负担的直接人工和制造费用=67.2/（800+200）×200=13.44（万元）。

（5）M产品"生产成本——直接材料"科目余额即M产品在产品负担的直接材料费用。M产品耗用总材料费用=期初直接材料成本+本月消耗材料成本=165+36=201（万元）；M产品在产品负担的直接材料费用=201/（800+400）×400=67（万元）。

3.（1）B；（2）C；（3）C；（4）D；（5）A。

【解析】（1）A产品材料定额消耗=10×20=200（千克）；B产品材料定额消耗：10×20=200（千克）；领用材料=400×100=40000（元）；A消耗材料：40000×200/（200+200）=20000（元）；B消耗材料=40000×200/（200+200）=20000（元）。

（2）A产品应分配的工资=20000×1500/（1500+2500）=7500（元）。

（3）B产品应分配的制造费用=10000×2500/（1500+2500）=6250（元）。

（4）A产品的成本=20000+7500+（10000-6250）=31250（元），不可修复A产品的成本=31250/10=3125（元）。

（5）B产品应分配的工资费用=20000/（1500+2500）×2500=12500（元）。所以本月B产品投入的成本=20000+12500+6250=38750（元）。根据公式：期初在产品成本+本月投入=期末在产品成本+本月完工产品成本，期初在产品成本=0；期末在产品成本=1500×10=15000（元）；本月投入=38750（元）；所以本月完工产品成本=38750-15000=23750（元）。

第四节　产品成本计算

扫我解疑难

考点详解

一、品种法、分批法与分步法 ★★★

表7-14　品种法、分批法与分步法的对比

基本方法	核算对象	★★适用范围	特点
品种法	产品品种	大量大批的单步骤生产的企业以及管理上不要求按照生产步骤计算产品成本的多步骤生产 【举例】发电、供水、采掘	（1）一般定期（每月月末）计算产品成本 （2）月末一般无在产品，如果有，要将生产成本在完工产品和在产品之间进行分配

续表

基本方法	核算对象	★★适用范围	特点
分批法 （订单法）	产品批别	单件小批类型的生产 【举例】造船、重型机械、精密仪器、新产品试制、设备修理等	（1）与生产任务通知单紧密配合，产品成本计算不定期 （2）成本计算期与产品生产周期一致，月末不存在完工产品与在产品之间分配成本的问题
分步法	生产步骤	适用于大量大批的，管理上要求按照生产步骤计算产品成本的多步骤生产 【举例】冶金、纺织、机械制造	（1）月末需要将生产成本在完工产品和在产品之间进行分配 （2）成本计算期是固定的，与产品的生产周期不一致

【例题1·多选题】（2014年）下列各项中，关于品种法的表述正确的有（　　）。

A．广泛适用于单步骤、大量大批生产的企业

B．广泛适用于单件小批生产的企业

C．定期计算产品成本

D．成本核算对象是产品品种

答案 ▶ ACD

【例题2·判断题】（2014年）发电、供水、采掘等单步骤大量生产的企业宜采用品种法计算产品成本。（　　）

解析 ▶ 品种法适用于单步骤、大量生产的企业，如发电、供水、采掘等企业。

答案 ▶ √

【例题3·判断题】（2016年）采用分批法计算产品成本的企业，应按批设置制造费用明细账。（　　）

解析 ▶ 分批法下，按产品批别设置产品基本生产成本明细账、辅助生产成本明细账。账内按成本项目设置专栏，按照车间设置制造费用明细账。

答案 ▶ ×

二、分步法分类

1. 对各个步骤的成本一般采用逐步结转和平行结转两种方法，称为逐步结转分步法和平行结转分步法。

2. 逐步结转分步法是按照产品的生产步骤逐步计算并结转产品成本，最后计算产成品成本的一种方法，也称计算半成品成本分步法。

逐步结转分步法的一般程序如下图所示：

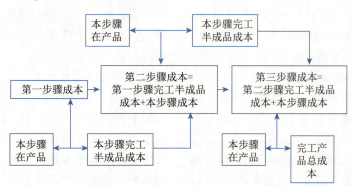

图7-2　逐步结转分步法

逐步结转分步法适用于大量大批、多步骤生产的企业。

这种类型的企业，有的不仅将产成品作为商品对外销售，而且生产步骤所产半成品也经常作为商品对外销售。例如，钢铁企业的生铁、钢锭，纺织企业的棉纱等，不仅要计算产成品成本，还要计算半成品成本。

3. 逐步结转分步法的分类

按照成本在**下一步骤成本计算单中的反映方式**，逐步结转分步法可以分为：综合结转法和分项结转法。

（1）综合结转法如图7-3所示。
（2）分项结转分步法如图7-4所示。

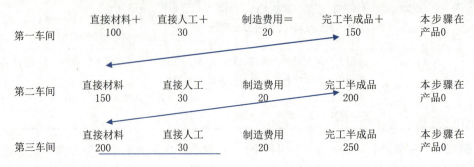

图 7-3 综合结转分步法举例

第一车间	直接材料100+	直接人工30+	制造费用20=	完工半成品150	+本步骤在产品0
第二车间	直接材料100+0	直接人工30+30	制造费用20+20	完工半成品200	本步骤在产品0
第三车间	直接材料100+0+0	直接人工30+30+30	制造费用20+20+20	完工半成品250	本步骤在产品0

图 7-4 分项结转分步法

4. 逐步结转分步法的优缺点

（1）逐步结转分步法的优点：
①提供各步骤的半成品成本资料。
②为各步骤的在产品实物管理提供资料。
③全面地反映各步骤的生产耗费水平，有利于各步骤成本管理。

（2）逐步结转分步法的缺点：
成本结转工作量较大；如果采用逐步综合结转方法，还要进行成本还原，增加了工作量。

【例题4·多选题】（2016年）下列各项中，属于逐步综合结转分步法的优点有（ ）。

A. 不需要进行成本还原
B. 能够提供各个生产步骤的半成品成本资料
C. 为各生产步骤的在产品实物管理及现金管理提供资料
D. 能够全面地反映各生产步骤的生产耗费水平

解析 逐步结转分步法，成本结转工作量比较大，还要进行成本还原，增加了核算的工作量。
答案 BCD

5. 平行结转分步法

（1）平行结转分步法的概念和一般程序。
平行结转分步法是指在计算各步骤成本时不计算各步骤半成品成本，**只计算本步骤发生的各项其他成本**，以及应计入产成品的"份额"，将相同产品的各步骤成本明细账中的份额平行结转、汇总，即可计算出该种产品的产成品成本。平行结转分步法也可称为不计算半成品成本分步法。如下图所示：

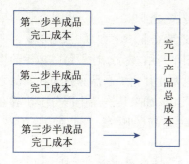

图 7-5 平行结转分步法

采用平行结转分步法，**每一生产步骤的生产成本**要在完工产品与尚未最后制成的月末在产品之间进行分配。

在产品是指未加工完成的在产品和尚未最终制成的产品。

(2) 平行结转分步法的优缺点。

①优点：

A. 各步骤可以同时计算产品成本，平行汇总结转计入产成品成本，**不必逐步结转半成品成本**。

B. **不必进行成本还原**。

②缺点：

A. 不能提供各步的成本资料。

B. 各步骤不结转半成品成本，使半成品实物转移与费用结转脱节（实物已经转到下一车间或存放仓库，成本计算单中只体现本步骤工、费），因而不能为各个生产步骤在产品的实物管理和资金管理提供资料。

C. 各生产步骤的产品成本**不包括所耗半成品费用**（除第一步骤有料、工、费外，第二步骤开始只有本步骤的工、费），不利于各步骤的成本管理。

【**例题5·判断题**】（2014年）分步法分为逐步结转分步法和平行结转分步法，采用平行结转分步法不需要进行成本还原。（ ）

解析 ▶ 平行结转分步法不必逐步结转半产品成本，不必进行成本还原，能够简化和加速成本计算工作。

答案 ▶ √

【**例题6·多选题**】（2013年）下列各项中，关于产品成本计算方法表述正确的有（ ）。

A. 平行结转分步法不计算各步骤所产半成品的成本

B. 逐步结转分步法需要计算各步骤完工产品成本和在产品成本

C. 品种法下，月末存在在产品的，应将生产费用在完工产品与在产品之间进行分配

D. 分批法下，批内产品同时完工的，月末不需将生产费用在完工产品与产品之间分配

答案 ▶ ABCD

同步训练 限时15min

一、单项选择题

1. （2019年）下列各项中，关于产品成本核算分批法的特点表述正确的是（ ）。

A. 一般不需要在完工产品和在产品之间分配成本

B. 需要按步骤结转产品成本

C. 每月需要计算完工产品的成本

D. 产品成本计算期与产品生产周期完全不一致

2. （2018年）下列各项中，适用于单件、小批生产企业的产品成本计算方法是（ ）。

A. 分批法　　　　B. 逐步结转分步法

C. 品种法　　　　D. 平行结转分步法

3. 下列关于品种法的表述中，不正确的是（ ）。

A. 适用于大量大批、多步骤且要求分步计算产品成本的企业

B. 一般定期计算产品成本

C. 适用于单步骤、大量生产的企业

D. 如果只生产一种产品，则不需要在成本计算对象之间分配间接费用

4. 下列方法中需要进行成本还原的是（ ）。

A. 综合结转分步法

B. 平行结转分步法

C. 分项结转分步法

D. 简化分批法

5. 下列企业中，不适用分步法的是（ ）。

A. 冶金　　　　B. 纺织
C. 机械制造　　D. 发电

6. A产品有三个生产步骤加工完成，采用逐步结转分步法计算成本。本月第一生产步骤转入第二生产步骤的生产费用为2300元，第二生产步骤转入第三生产步骤的生产费用为4100元。本月第三生产步骤发生的费用为2500元(不包括上一生产步骤转入的费用)，第三步骤月初在产品费用为800元，月末在产品费用为600元，本月该种产品的产成品成本为( )元。

A. 10900　　　B. 6800
C. 6400　　　D. 2700

二、多项选择题

1. (2018年、2017年、2014年)下列各项中，关于产品成本计算品种法特点的表述正确的有( )。

A. 不定期计算产品成本
B. 适用于单步骤，大量生产的企业
C. 期末在产品数量较多时，完工产品与在产品之间需分配生产费用
D. 以产品品种作为成本核算的对象

2. (2016年、2015年)下列各项中，关于运用产品成本计算方法的表述正确的有( )。

A. 同一产品不同成本项目必须采用相同的成本计算方法
B. 同一产品不同生产步骤必须采用相同的成本计算方法
C. 同一企业不同车间可以采用不同的成本计算方法
D. 同一车间不同产品可以采用不同的成本计算方法

3. (2014年)下列各项中，关于分批法的表述正确的有( )。

A. 成本计算期与产品生产周期基本一致
B. 一般不需在完工产品和在产品之间分配成本
C. 以产品的批别作为成本核算对象
D. 需要计算和结转各步骤产品的生产成本

4. 下列适合用品种法核算的企业有( )。

A. 发电企业　　B. 供水企业
C. 造船企业　　D. 采掘企业

5. 采用平行结转分步法，每一步骤的生产费用也要在其完工产品和月末在产品之间进行分配。如果某产品生产分三步骤在三个车间进行，则第二车间的在产品包括( )。

A. 第一车间尚未完工产品
B. 第二车间尚未完工产品
C. 第三车间尚未完工产品
D. 第三车间完工产品

三、判断题

1. (2019年)分步法以生产步骤和产品品种为成本计算对象，适用于大量大批多步骤生产。　　　　　　　( )

2. (2018年)产品成本计算的品种法主要适用于大批大量单步骤生产或管理上不要求提供有关生产步骤成本信息的多步骤生产。　　　　　　　　　　　　( )

3. (2015年)采用分批法时，成本计算期与产品生产周期基本一致，但与财务报告期不一致。　　　　　　　　　　　　　　( )

4. 发电、供水、采掘等单步骤大量生产的企业宜采用品种法计算产品成本。( )

5. 采用逐步结转分步法不需要进行成本还原，采用分项结转分步法需要进行成本还原。　　　　　　　　　　　　　　　( )

同步训练答案及解析

一、单项选择题

1. A 【解析】选项B，分步法下才需按步骤结转产品成本；选项C，由于成本计算期与产品的生产周期基本一致，在计算月末在产品成本时，一般不存在在完工产品和在产品之间分配成本的问题；选项D，分批法下，成本计算期与产品的生产周期基本一致。

2. A 【解析】选项BD，适用于大量大批的多步骤生产；选项C，适用于单步骤、大

量生产。

3. A 【解析】选项 A，适用于分步法；选项 B，品种法下，一般定期(每月月末)计算产品成本；选项 C，品种法适用于单步骤、大量生产的企业，或者生产按流水线组织的、管理上不要求按照生产步骤计算产品成本的多步骤生产；选项 D，品种法下，如果企业只生产一种产品，全部生产费用都是直接费用，可直接记入该产品成本明细账的有关成本项目中，不存在各成本对象之间分配间接费用的问题。

4. A

5. D 【解析】选项 D，发电企业适用品种法核算；选项 ABC，适用分步法，按照生产过程中各个加工步骤(分品种)为成本核算对象，归集和分配生产成本，计算各步骤半成品和最后产成品成本的一种方法，这种方法适用于大量大批的多步骤生产，如冶金、纺织、机械制造等。

6. B 【解析】本月发生费用＝本步骤发生的费用＋上步骤转来的费用＝2500＋4100＝6600(元)，本月该种产品的产成品成本＝800＋6600−600＝6800(元)。

二、多项选择题

1. BCD 【解析】品种法一般定期计算产品成本。

2. CD 【解析】同一企业不同车间可同时采用不同的成本计算方法；同一车间不同产品可同时采用不同的成本计算方法；同一

产品不同步骤、不同的半成品、不同的成本项目可采用不同的成本计算方法。

3. ABC 【解析】分批法下，不按产品的生产步骤而只按产品的批别(分批、不分步)计算成本。

4. ABD 【解析】选项 ABD，品种法适用于单步骤、大量生产的企业，如发电、供水、采掘等企业；选项 C，属于单件小批生产的，适用于分批法。

5. BC 【解析】平行结转分步法中的各步骤在产品是指各步骤尚未加工完成的在产品和各步骤已完工但尚未最终完成的产品。选项 B，第二车间尚未完工产品属于第二车间尚未加工完成的在产品；选项 C，第三车间尚未完工产品属于第二步骤已完工但尚未最终完成的产品。

三、判断题

1. × 【解析】分步法，是指按照生产过程中各个加工步骤(分品种)为成本核算对象，归集和分配生产成本，计算各步骤半成品和最后产成品成本的一种方法。适用于大量大批的多步骤生产。

2. √

3. √

4. √

5. × 【解析】采用逐步结转分步法需要进行成本还原，采用分项结转分步法不需要进行成本还原。

通关演练 限时30min

一、单项选择题

1. 关于成本核算账户的设置说法错误的是( )。
   A."生产成本"期末借方余额，反映尚未加工完成的各项在产品的成本
   B. 辅助生产较多的企业，也可将"基本生产成本"和"辅助生产成本"作为总账科目
   C. 制造费用账户期末一定没有余额
   D. 单独核算废品损失和停工损失的企业，可以单独设置"废品损失"和"停工损失"作为总账科目

2. 企业采用计划成本分配法分配辅助生产费用，辅助生产车间实际发生的生产费用与按计划成本分配转出的费用之间的差额，应计入的科目是( )。
   A. 生产成本　　　B. 制造费用

C. 管理费用　　　D. 销售费用

3. 甲产品经过两道工序加工完成，采用约当产量比例法将直接人工成本在完工产品和月末在产品之间进行分配。甲产品月初在产品和本月发生的直接人工成本总计23200元。本月完工产品200件；月末第一工序在产品20件，完成全部工序的40%；第二工序在产品40件，完成全部工序的60%。月末在产品的直接人工成本为（　　）元。
   A. 2400　　　　　B. 3200
   C. 6000　　　　　D. 20000

4. 下列关于联产品和副产品的说法中，错误的是（　　）。
   A. 联产品都是主产品
   B. 副产品是非主要产品
   C. 联产品成本分配的售价法分配时采用的销售价格是各产品的最终销售价格
   D. 在分配主产品和副产品的加工成本时，通常先确定副产品的加工成本，再确定主产品的加工成本

5. 某工业企业下设供水、供电两个辅助生产车间，采用交互分配法进行辅助生产费用的分配。2019年4月，供电车间交互分配前实际发生的生产费用为100000元，应负担供水车间的水费为20000元；供电总量为500000度（其中：供水车间耗用100000度，基本生产车间耗用200000度，行政管理部门耗用200000度）。供电车间2019年4月对辅助生产车间以外的受益单位分配电费的总成本为（　　）元。
   A. 120000　　　　B. 20000
   C. 100000　　　　D. 620000

6. 下列各项中，不属于辅助生产费用的分配方法的有（　　）。
   A. 顺序分配法　　B. 交互分配法
   C. 代数分配法　　D. 机器工时比例法

7. 某企业本月生产甲产品耗用机器工时120小时，生产乙产品耗用机器工时180小时。本月发生车间机器设备折旧费30000元，

车间管理人员工资30000元，产品生产人员工资300000元。该企业按机器工时比例分配制造费用。假设不考虑其他因素。本月甲产品应分配的制造费用为（　　）元。
   A. 12000　　　　　B. 18000
   C. 36000　　　　　D. 24000

二、多项选择题

1. 下列各项中，属于将工业企业生产费用在完工产品与在产品之间进行分配的方法有（　　）。
   A. 顺序分配法
   B. 约当产量比例法
   C. 在产品按定额成本计价法
   D. 在产品按固定成本计算法

2. 下列关于停工损失的说法中，正确的有（　　）。
   A. 季节性停工在产品成本核算范围内，应计入产品成本
   B. 非正常停工费用应计入产品成本
   C. 停工损失属于自然灾害的部分转入"营业外支出"
   D. 停工损失属于应由本月产品成本负担的部分计入基本生产成本

3. 下列关于成本计算平行结转分步法的表述中，正确的有（　　）。
   A. 不必逐步结转半成品成本
   B. 各步骤可以同时计算产品成本
   C. 能提供各个步骤半成品的成本资料
   D. 能直接提供按原始成本项目反映的产成品成本资料

4. 联产品的联合成本在分离点后，可按一定分配方法在各联产品之间进行分配，分配方法包括（　　）。
   A. 相对销售价格分配法
   B. 实物量分配法
   C. 定额比例法
   D. 系数分配法

三、判断题

1. 交互分配法特点是辅助生产费用通过一次分配即可完成，减轻分配工作量。（　　）

2. 在相对销售价格分配法下，如果联产品在分离点上即可销售，则可以采用销售价格进行分配，如果这些产品尚需要进一步加工才可供销售，则需要对分离点上的销售价格进行估计或按照可变现净值进行分配。（　　）

3. 不单独核算废品损失的企业，相应的费用直接反映在"制造费用""营业外支出"科目中。（　　）

4. 如果期末在产品成本按定额成本计算，则实际成本脱离定额的差异会完全由完工产品负担。（　　）

5. 停工损失可以不单独核算，相应费用体现在"生产成本""原材料"等科目中。（　　）

6. 经质检部门鉴定不需要返修、可以降价出售的不合格品，不计入废品损失。（　　）

7. 约当产量是指月末在产品数量和完工产品数量之和。（　　）

8. 正在返修的废品、未经验收入库的产品以及等待返修的废品均属于在产品。（　　）

四、不定项选择题

（2019年）某企业生产销售甲、乙两种产品，均采用品种法核算生产成本。2018年12月初开始投产甲、乙产品，当月发生相关经济业务如下：

（1）本月投产甲产品600件、乙产品500件，共同耗用M材料9000千克，每千克50元。M材料在生产开始时一次性投入，材料费用按材料定额消耗量比例分配，甲、乙产品材料耗材定额分别为10千克、6千克。

（2）本月生产工人薪酬为180000元、厂部管理人员薪酬为30000元、车间管理人员薪酬为60000元。企业按生产工时比例在甲、乙产品之间分配职工薪酬和制造费用，甲产品耗用生产工时9000小时、乙产品耗用生产工时6000小时。

（3）本月甲产品完工400件，月末在产品200件，在产品完工程度为50%。甲产品生产成本按约当产量比例法在完工产品和在产品之间分配。

（4）本月乙产品500件全部完工，验收时发现5件产品需要修复后才能入库，额外发生修复费用1400元，其中，直接材料400元，直接人工800元，制造费用200元。企业发生的返修费用通过"废品损失"科目核算。

要求：

根据上述资料，不考虑其他因素，分析回答下列小题（答案中的金额单位用元表示，保留小数点后两位数）。

（1）根据资料（1），下列各项中，关于甲、乙产品材料费用分配正确的是（　　）。
A. 甲产品应负担材料费用300000元
B. 乙产品材料定额消耗量为3000千克
C. 乙产品应负担材料费用150000元
D. 甲产品材料定额消耗量为6000千克

（2）根据资料（2），甲、乙产品应负担的职工薪酬和制造费用的计算结果正确的是（　　）。
A. 乙产品应负担的职工薪酬为96000元
B. 甲产品应负担的制造费用为54000元
C. 甲产品应负担的职工薪酬为108000元
D. 乙产品应负担的制造费用为24000元

（3）根据资料（1）至（3），下列各项中，关于甲产品完工入库会计处理结果表述正确的是（　　）。
A. 记入"库存商品—甲产品"科目借方315200元
B. "生产成本—甲产品"科目借方余额为128800元
C. 记入"库存商品—甲产品"科目借方355200元
D. "生产成本—甲产品"科目借方余额为88800元

（4）根据资料（4），下列各项中，关于乙产品修复费用的会计处理正确的是（　　）。
A. 借：生产成本—乙产品　　1400
　　　贷：废品损失—乙产品　　　1400
B. 借：管理费用　　1400

　　　　　贷：废品损失—乙产品　　1400
C. 借：废品损失—乙产品　　1400
　　　　贷：生产成本—乙产品　　1400
D. 借：废品损失—乙产品　　1400
　　　贷：原材料　　　　　　　400
　　　　　应付职工薪酬　　　　800
　　　　　制造费用　　　　　　200

(5) 根据资料(1)和资料(4)，下列各项中，关于乙产品成本计算结果表述正确的是（　　）。

A. 乙产品生产总成本为246000元
B. 乙产品单位成本为每件492元
C. 乙产品生产总成本为247400元
D. 乙产品单位成本为每件494.8元

通关演练答案及解析

一、单项选择题

1. C　【解析】选项C，对于季节性生产的企业，制造费用账户期末可能存在余额。

2. C　【解析】辅助生产车间实际发生的费用与按计划单位成本分配转出的费用之间的差额采用简化计算方法的差额全部计入管理费用。故答案选C。

3. B　【解析】月末在产品约当产量＝20×40%＋40×60%＝32（件）；直接人工分配率＝23200÷（200＋32）＝100（元/件）；月末在产品应负担的直接人工成本＝100×32＝3200（元）。

4. C　【解析】售价法下，如果联产品在分离点上即可销售，则可采用销售价格进行分配。如果需要进一步加工后才可供销售，则需要对分离点上的销售价格进行估计。此外，也可以采用可变现净值进行分配。

5. C　【解析】交互分配前供电车间实际发生的费用为100000元；应负担供水车间的水费为20000元；供水车间耗用电100000度，应负担的费用＝100000/500000×100000＝20000（元），所以，供电车间对辅助生产车间以外的受益单位分配电费的总成本＝100000＋20000－20000＝100000（元）。

6. D　【解析】选项D，属于制造费用的分配方法。

7. D　【解析】产品生产人员工资应该计入生产成本。企业本月制造费用的总额为30000＋30000＝60000（元）。制造费用分配率＝60000/（120＋180）＝200（元/小时）。甲产品应分配的制造费用＝120×200＝24000（元），乙产品应分配的制造费用＝180×200＝36000（元）。

二、多项选择题

1. BCD　【解析】选项A，顺序分配法是辅助生产费用的分配方法；选项BCD，生产费用在完工产品和在产品之间的分配方法有：不计算在产品成本法、在产品按固定成本计算法、在产品按所耗直接材料成本计价法、约当产量比例法、在产品按定额成本计价法及定额比例法。

2. ACD　【解析】选项B，非正常停工费用应计入当期损益。

3. ABD　【解析】平行结转分步法也称不计算半成品成本法。不计算各步骤所生产的半成品的成本，也不计算各步骤所耗上一步骤的半成品成本，只计算本步骤发生的各项产品成本，以及这些成本中应计入产成品的份额。这种方法的优点是各步骤可以同时计算产品成本，能够直接提供按原始成本项目反映的产成品成本资料。

4. ABD　【解析】联产品的联合成本在分离点后，可按一定分配方法，如相对销售价格分配法、实物量分配法和系数分配法等，在各联产品之间进行分配，分别确定各种产品的成本。

三、判断题

1. ×　【解析】交互分配法，是对各辅助生产车间的成本费用进行交互分配和直接分配两次分配。

2. √

3. ×　【解析】不单独核算停工损失的企业，直接反映在"制造费用"或"营业外支出"中；不单独核算的废品损失，体现在"基本生产成本""原材料"中。

4. √　【解析】在产品按定额成本计价法，产品的全部成本减去按定额成本计算的月末在产品成本，余额作为完工产品成本。每月生产成本脱离定额的节约差异或超支差异全部计入当月完工产品成本。

5. ×　【解析】废品损失可以不单独核算，相应费用体现在"生产成本""原材料"等科目中。停工损失不单独核算，相应费用体现在"制造费用""营业外支出"等科目中。

6. √

7. ×　【解析】约当产量是指将月末在产品数量按其完工程度折算成相当于完工产品的产量。

【易错提示】约当产量，即在产品质量的折算值，而不是全部在产品数量。

8. √　【解析】在产品是指没有完成全部生产过程、不能作为商品销售的产品，包括正在车间加工中的在产品(包括正在返修的废品)和已经完成一个或几个生产步骤但还需继续加工的半成品(包括未经验收入库的产品和等待返修的废品)两部分。

四、不定项选择题

（1）ABCD；（2）CD；（3）AB；（4）AD；（5）CD。

【解析】（1）根据资料（1）：

甲产品材料定额消耗量＝600×10＝6000（千克）；

乙产品材料定额消耗量＝500×6＝3000（千克）；

甲产品应负担材料费用＝9000×50×6000/(6000+3000)＝300000(元)；

乙产品应负担材料费用＝9000×50×3000/(6000+3000)＝150000(元)。

（2）根据资料（2）：

甲产品应负担的职工薪酬＝180000×9000/(9000+6000)＝108000(元)；

乙产品应负担的职工薪酬＝180000×6000/(9000+6000)＝72000(元)；

甲产品应负担的制造费用＝60000×9000/(9000+6000)＝36000(元)；

乙产品应负担的制造费用＝60000×6000/(9000+6000)＝24000(元)。

厂部管理人员薪酬计入管理费用。

（3）借：生产成本—甲产品　　　444000

　　　贷：制造费用　　　　　　　36000

　　　　　生产成本—直接人工　108000

　　　　　　—直接材料　　　　300000

甲产品的约当产量＝200×50%＝100（件）；

完工产品所占比例＝400/(400+100)＝80%，在产品所占比例＝100/(400+100)＝20%；

甲产品的完工产品制造费用和直接人工成本＝(108000+36000)×80%＝115200(元)；

甲产品的在产品制造费用和直接人工成本＝(108000+36000)×20%＝28800(元)；

甲完工产品材料成本＝300000×400/(200+400)＝200000(元)；

甲在产品材料成本＝300000×200/(200+400)＝100000(元)；

期末完工甲产品的成本＝115200+200000＝315200(元)；

期末甲在产品的成本＝28800+100000＝128800(元)；

借：库存商品—甲产品　　　315200

　　贷：生产成本—甲产品　　315200

（4）根据资料（4）：

借：生产成本—乙产品　　　　1400

　　贷：废品损失—乙产品　　　1400

借：废品损失—乙产品　　　　1400

　　贷：原材料　　　　　　　　400

　　　　应付职工薪酬　　　　　800

　　　　制造费用　　　　　　　200

（5）完工乙产品的成本＝150000+72000+24000+1400＝247400(元)；

乙产品单位成本＝247400/500＝494.8(元/件)。

本章知识串联

管理会计基础

- 管理会计概述：目标、体系、要素和具体内容等
- 产品成本核算
  - 成本核算的要求和一般程序
    - 成本核算的要求
      - 正确划分各种费用支出的界限（包括五个方面的费用）
      - 根据生产特点和管理要求选择适当的成本计算方法：品种法、分步法、分批法、分类法、定额法等
    - 成本核算的一般程序
    - 成本核算对象和成本项目：可以设置"直接材料""燃料及动力""直接人工""制造费用"等成本项目
  - 要素费用的归集和分配 ★★
    - 成本核算科目的设置：生产成本、制造费用
      - 分配率＝材料、燃料、动力、职工薪酬、制造费用消耗总额/分配标准
    - 材料、燃料、动力、职工薪酬、制造费用的归集和分配
    - 辅助生产费用的归集和分配
      - 直接分配法：辅助生产费用直接分配给辅助生产以外的各受益单位
      - 交互分配法：首先在各辅助生产车间之间进行交互分配；再在辅助生产车间以外的各受益单位之间进行分配
      - 计划成本分配法：辅助生产车间生产的产品或劳务按照计划单位成本分配；辅助生产的实际成本与计划成本分配转出数的差计入管理费用
      - 顺序分配法
      - 代数分配法
    - 废品损失的核算
      - 在生产过程中发生的和入库后发现的超定额不可修复废品的生产成本，以及可修复废品的修复费用，扣除回收的废品残料价值和应收赔款以后的损失
      - 不包括：
        - 经质量检验部门鉴定不需要返修、可以降价出售的不合格产品
        - 产品入库后由于保管不善等原因而损坏变质的产品
        - 实行"三包"企业在产品出售后发现的废品
      - 不单独核算废品损失：相应费用体现在"基本生产成本""原材料"等科目中
    - 停工损失的核算（对比记忆）
      - 生产车间或车间内某个班组在停工期间发生的各项费用，包括停工期间发生的原材料费用、人工费用和制造费用等
      - 不单独核算停工损失：直接反映在"制造费用""营业外支出"等科目中
  - 生产费用在完工产品和在产品之间的归集和分配 ★★
    - 分配方法：不计算在产品成本法、在产品按固定成本计价法、在产品按所耗直接材料成本计价法、约当产量比例法、在产品按定额成本计价法、定额比例法、在产品按完工产品成本计价法
    - 联产品和副产品的成本分配
      - 联产品成本的分配：相对销售价格分配法、实物量分配法
      - 副产品成本的分配：先确定副产品生产成本，再确定主产品生产成本

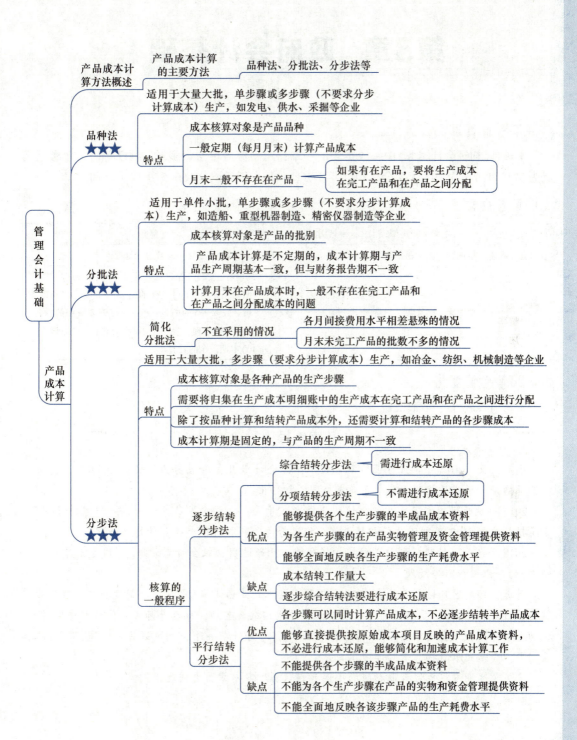

第8章 政府会计基础

历年考情概况

本章是《初级会计实务》中一般重要的一章，题型覆盖单选、多选、判断等。历年考试情况为2019年6分，2018年7分，2017年9分，预计今年考试分数在5分-7分之间。

近年考点直击

考点	主要考查题型	考频指数	考查角度
政府会计概述	单选题、多选题、判断题	★	(1)政府财务会计要素；(2)政府决算报告
政府单位会计核算	单选题、多选题、判断题	★★	(1)资产的内容；(2)零余额账户用款额度；(3)固定资产取得、折旧相关处理；(4)负债的内容；(5)收入(财政拨款收入、事业收入等)的内容；(6)单位管理费用的内容；(7)财政拨款结转处理；(8)专用结余处理；(9)净资产的内容；(10)本期盈余的计算

2020年考试变化

本章内容进行适当简化。

【案例导入】

小丽，女，2013年毕业于西湖职业技术学院会计专业，经过努力，她在2014年取得会计从业资格证，毕业后就职于某电子商务公司，担任出纳。

2017年她听说国家不再组织会计从业资格证考试，她感觉费劲考取的证书好像就没用了，于是报名参加2017年初级会计职称考试。经过努力，她取得了初级会计资格证书。

2018年3月，她跳槽到自己母校担任会计，开始运用初级会计考试所学的《事业单位会计制度》的知识进行账务处理。

最近，领导通知她，单位在2019年1月1日正式开始使用《政府会计制度——行政事业单位会计科目和报表》，要求她自学相关知识。她找到福喜老师，福喜老师说：你只需要跟着我，把2019年的《初级会计实务》第八章《政府会计基础》好好学一遍，相关题目做一遍，对付工作没问题。于是她跟着福喜老师学习本章。

各位考生朋友，已经考取初级的小丽都在认真学习本章，更何况我们呢？

加油，各位考生朋友！

第一节 政府会计概述

扫我解疑难

一、政府会计标准体系

表 8-1 政府会计标准体系的内容

项目	内容
政府会计基本准则	规范政府会计目标、会计主体、信息质量要求、会计要素定义、确认和计量原则、列报要求等原则事项
	对具体准则和制度的制定起指导作用
具体准则和应用指南	具体准则依据基本准则制定,用于规范政府发生的经济业务或事项的会计处理原则,详细规定各会计要素变动的确认、计量和报告
	应用指南是对具体准则的实际应用作出的操作性规定
政府会计制度	依据基本准则制定,规定了政府会计科目及账务处理、报表体系及编制说明等

二、政府会计核算模式

表 8-2 政府会计核算模式

项目	预算会计	财务会计
双功能	预算收入、预算支出与预算结余	资产、负债、净资产、收入和费用
双基础	收付实现制	权责发生制
双报告	政府决算报告,采用预算会计核算	政府财务报告,采用财务会计核算
相互衔接	不要求建立两套账,只要求两者相互补充、相互衔接,反映预算信息和财务信息	

【例题1·判断题】政府财务报告的编制主要以收付实现制为基础,以预算会计核算生成的数据为准。( )

解析 ▶ 政府财务报告的编制以权责发生制为基础,以财务会计核算生成的数据为准。

答案 ▶ ×

三、政府会计要素

(一)政府预算会计要素(单选 2018 年)

表 8-3 政府预算会计要素

项目	内容
预算收入	指政府会计主体在预算年度内依法取得的并纳入预算管理的现金流入。 预算收入一般在实际收到时予以确认,以实际收到的金额计量
预算支出	指政府会计主体在预算年度内依法发生纳入预算管理的现金流出。 预算支出一般在实际支付时予以确认,以实际支付的金额计量

续表

项目	内容
预算结余	指政府会计主体预算年度内预算收入扣除预算支出后的资金余额以及历年滚存的资金余额
	预算结余=预算收入-预算支出+历年滚存的资金余额
	包括结余资金和结转资金

【例题 2·单选题】（2018 年）下列各项中，属于政府预算会计要素的是（ ）。
A. 净资产　　　B. 预算结余
C. 所有者权益　D. 利润

解析 ▶ 政府预算会计要素包括预算收入、预算支出与预算结余。　答案 ▶ B

（二）政府财务会计要素
1. 资产

表 8-4　资产

项目		内容
定义		资产是指政府会计主体过去的经济业务或者事项形成的、由政府会计主体控制的、预期能够产生服务潜力或者带来经济利益流入的经济资源
分类	流动资产	预计在 1 年内（含 1 年）耗用或者可以变现的资产，包括货币资金、短期投资、应收及预付款项、存货等
	非流动资产	包括固定资产、在建工程、无形资产、长期投资、公共基础设施、政府储备资产、文物文化资产、保障性住房和自然资源资产等
确认条件		与该经济资源相关的服务潜力很可能实现或者经济利益很可能流入政府会计主体
		该经济资源的成本或者价值能够很可靠地计量
计量属性		历史成本、重置成本、现值、公允价值和名义金额（即人民币 1 元）

【例题 3·多选题】（2019 年）下列各项中，属于政府会计资产计量属性的有（ ）。
A. 重置成本　　　　　　　　B. 历史成本
C. 名义金额　　　　　　　　D. 现值

解析 ▶ 政府会计资产的计量属性主要包括历史成本、重置成本、现值、公允价值和名义金额。　答案 ▶ ABCD

2. 负债和净资产

表 8-5　负债和净资产

项目		内容
负债	定义	是指政府会计主体过去的经济业务或者事项形成的，预期会导致经济资源流出政府会计主体的现时义务
	分类	流动负债　预计≤1 年偿还的负债，如应付及预收款项、应缴款项等
		非流动负债　包括应付长期政府债券和长期借款等
	确认条件	履行该义务很可能导致含有服务潜力或者经济利益的经济资源流出政府会计主体
		该义务的金额能够可靠地计量
净资产		是指政府会计主体资产扣除负债后的净额，其金额取决于资产和负债的计量

3. 收入和费用

表 8-6 收入和费用

项目		内容
收入	定义	是指报告期内导致政府会计主体净资产增加的、含有服务潜力或者经济利益的经济资源流入
	确认条件	与收入相关的含有服务潜力或者经济利益的经济资源很可能流入政府会计主体
		含有服务潜力或者经济利益的经济资源导致政府会计主体资产增加或者负债减少
		流入金额能够可靠地计量
费用	定义	是指报告期内导致政府会计主体净资产减少的、含有服务潜力或者经济利益的经济资源的流出
	确认条件	与费用相关的含有服务潜力或者经济利益的经济资源很可能流出政府会计主体
		含有服务潜力或者经济利益的经济资源导致政府会计主体资产减少或者负债增加
		流出金额能够可靠地计量

【例题 4·单选题】(2018 年)下列各项中,属于政府财务会计要素的是( )。
A. 预算结余   B. 预算收入
C. 净资产   D. 预算支出
解析 ▶ 政府财务会计要素包括资产、负债、净资产、收入和费用。选项 ABD,属于政府预算会计要素。   答案 ▶ C

四、政府财务报告和决算报告

(一)政府财务报告

政府财务报告是反映政府会计主体某一特定日期的财务状况和某一会计期间的运行情况和现金流量等信息的文件。

表 8-7 政府财务报告

构成	内容	财务报表	财务报表包括会计报表(资产负债表、收入费用表和净资产变动表)和附注
			其他应当在财务报告中披露的相关信息和资料
	编制主体		政府部门财务报告和政府综合财务报告
编报	政府部门财务报告		
	政府综合财务报告		

(二)政府决算报告(2018 年判断题)

政府决算报告是综合反映政府会计主体年度预算收支执行结果的文件。

政府决算报告应当包括决算报表和其他应当在决算报告中反映的相关信息和资料。

表 8-8 政府决算报告与政府综合财务报告对比表(**2019 年多选题、2018 年单选题**)

项目	政府决算报告	政府综合财务报告
主体	各级政府财政部门、各部门、各单位	
反映	年度预算收支执行情况	财务状况、运行情况
基础	收付实现制	权责发生制
来源	预算会计数据	财务会计数据
方法	汇总	合并

【例题 5·多选题】(2019 年)下列各项中,关于政府综合财务报告表述正确的有( )。
A. 数据来源于预算会计核算结果
B. 年度预算执行情况是其反映的对象

C. 编制基础为权责发生制

D. 编制主体是各级政府财政部门、各部门、各单位

解析 选项 AB，属于政府决算报告的内容。 **答案** CD

同步训练 限时8min

一、单项选择题

1. (2018年)下列各项中，关于政府决算报告的表述不正确的是( )。

   A. 综合反映政府会计主体预算收支的年度执行结果

   B. 是政府综合财务报告的重要组成内容

   C. 以预算会计核算生成的数据为准

   D. 主要以收付实现制为编制基础

2. 单位会计核算的资产不仅要包括单位占有、使用的资产，还要包括受托管理的资产，以及负责经管责任的公共基础设施、政府储备物资等，这体现了政府会计信息质量要求中的( )。

   A. 及时性   B. 全面性
   C. 相关性   D. 可比性

二、多项选择题

1. 下列关于政府会计核算说法正确的有( )。

   A. 一般预算会计实行收付实现制，财务会计实行权责发生制

   B. 政府会计主体应当编制决算报告和财务报告，决算报告的编制以收付实现制为基础

   C. 政府会计核算应该根据需要选择人民币或外币作为记账本位币

   D. 政府会计核算应当采用借贷记账法记账

2. 下列关于事业单位财务会计的说法正确的有( )。

   A. 财务会计要素包括资产、负债、净资产、收入、费用

   B. 反映单位财务状况的等式为"资产−负债=所有者权益"

   C. 反映运行情况的等式为"收入−费用=本期盈余"

   D. 核算基础为权责发生制

三、判断题

1. (2019年)事业单位预算安排项目的支出年末尚未执行完毕，且下年需要按原用途使用的资金不属于预算结余要素的内容。   ( )

2. 政府会计制度依据基本准则制定，主要规定政府会计科目及账务处理、报表体系及编制说明等，与政府会计具体准则及应用指南相互协调、相互补充。   ( )

同步训练答案及解析

一、单项选择题

1. B 【解析】政府决算报告的目标是向决算报告使用者提供与政府预算执行情况有关的信息，综合反映政府会计主体预算收支的年度执行结果，有助于决算报告使用者进行监督和管理，并为编制后续年度预算提供参考和依据。

2. B

二、多项选择题

1. ABD 【解析】政府会计核算只能选择人民币作为记账本位币。

2. ACD 【解析】选项 B，反映单位财务状况的等式为"资产−负债=净资产"。

三、判断题

1. × 【解析】预算结余包括结余资金和结转资金。其中结转资金是指预算安排项目的支出年终尚未执行完毕或者因故未执行，且下年需要按原用途继续使用的资金。

2. √

第二节 政府单位会计核算

扫我解疑难

一、单位会计核算概述

表 8-9 单位会计核算概述

项目	内容	
财务会计	反映财务状况	资产-负债=净资产
	反映运行情况	收入-费用=本期盈余 本期盈余经分配后最终转入净资产
	以权责发生制为基础	
预算会计	预算收入-预算支出=预算结余	
	以收付实现制为基础	

单位对于纳入部门预算管理的现金收支业务，同时采用财务会计核算和预算会计核算；其他业务、单位受托代理现金以及应上缴财政的现金，仅需财务会计核算。（2019年判断题）

这里的现金（货币资金）包括库存现金、银行存款、零余额账户用款额度和其他货币资金等。

『链接』企业的货币资金包括库存现金、银行存款、其他货币资金等。

【例题1·判断题】（2019年）某事业单位通过财政直接支付方式购买设备，不需要进行预算会计核算。（　　）

解析 ▶ 单位对于纳入部门预算管理的现金收支业务，在采用财务会计核算的同时应当进行预算会计核算。 **答案** ▶ ×

【例题2·多选题】预算会计要素包括（　　）。
A. 预算收入　　B. 预算费用
C. 预算支出　　D. 预算结余

解析 ▶ 预算会计要素包括预算收入、预算支出和预算结余。 **答案** ▶ ACD

二、国库集中支付业务的核算

政府单位的国库集中支付业务一般既涉及财务会计核算，也涉及预算会计核算，分为财政直接支付和财政授权支付两种方式。

表 8-10 财政直接支付业务处理表

业务与处理	财务会计	预算会计
(1)政府单位收到"财政直接支付入账通知书"时，按照通知书中的直接支付入账金额	借：库存物品、固定资产、应付职工薪酬、业务活动费用、单位管理费用等 贷：财政拨款收入	借：行政支出、事业支出等 贷：财政拨款预算收入
(2)年末，根据预算指标数与当年财政直接支付实际支出数的差额	借：财政应返还额度 贷：财政拨款收入	借：资金结存—财政应返还额度 贷：财政拨款预算收入

续表

业务与处理	财务会计	预算会计
(3)下年度恢复财政直接支付额度后	借：库存物品、业务活动费用、单位管理费用等 贷：财政应返还额度	借：行政支出、事业支出等 贷：资金结存—财政应返还额度

表8-11 财政授权支付业务处理表

	财务会计	预算会计
(1)收到"授权支付到账通知书"时	借：**零余额账户用款额度** 贷：财政拨款收入	借：资金结存—零余额账户用款额度 贷：财政拨款预算收入
(2)按规定支用额度时	借：库存物品、业务活动费用等 贷：零余额账户用款额度	借：行政支出、事业支出等 贷：资金结存—零余额账户用款额度
(3)年末，依据对账单作注销额度	借：财政应返还额度 贷：零余额账户用款额度	借：资金结存—财政应返还额度 贷：资金结存—零余账户用款额度
(4)下年初恢复额度	借：零余额账户用款额度 贷：财政应返还额度—财政授权支付	借：资金结存—零余额账户用款额度 贷：资金结存—财政应返还额度
(5)年末，预算指标数大于零余额账户用款额度下达数的	借：财政应返还额度 贷：财政拨款收入	借：资金结存—财政应返还额度 贷：财政拨款**预算**收入
(6)下年度收到上年末未下达零余额账户用款额度时	借：零余额账户用款额度 贷：财政应返还额度	借：资金结存—零余额账户用款额度 贷：资金结存—财政应返还额度

【例题3·判断题】(2019年)事业单位从同级政府财政部门取得的经费拨款应通过"财政拨款收入"科目进行核算。（ ）

答案 ▶ √

【例题4·判断题】(2019年)事业单位从上级政府财政部门取得拨款收入，应当确定为财政拨款收入。（ ）

解析 ▶ 财政拨款(预算)收入是指事业单位从同级财政部门取得的各类财政拨款。

答案 ▶ ×

三、非财政拨款收支业务

（一）事业(预算)收入

事业(预算)收入科目核算事业单位开展**专业业务活动及其辅助活动**实现的收入。

表8-12 事业(预算)收入的核算

业务		财务会计	预算会计
采用财政专户返还方式	实际收到或应收应上缴财政专户的事业收入时	借：银行存款/应收账款等 贷：应缴财政款	—
	向财政专户上缴款项时	借：应缴财政款 贷：银行存款等	—
	收到从财政专户返还的款项时	借：银行存款等 贷：事业收入	借：资金结存—货币资金 贷：事业预算收入

业务		财务会计	预算会计
采用预收款方式	实际收到款项时	借：银行存款等 　　贷：预收账款	借：资金结存—货币资金 　　贷：事业预算收入
	按合同完成进度确认收入时	借：预收账款 　　贷：事业收入	—
采用应收款方式	根据合同完成进度计算本期应收的款项	借：应收账款 　　贷：事业收入	—
	实际收到款项时	借：银行存款等 　　贷：应收账款	借：资金结存—货币资金 　　贷：事业预算收入
其他方式下		借：银行存款/库存现金等 　　贷：事业收入	借：资金结存—货币资金 　　贷：事业预算收入
期末/年末结转		借：事业收入 　　贷：本期盈余	①专项资金收入金额 借：事业预算收入 　　贷：非财政拨款结转—本年收支结转 ②非专项资金收入金额 借：事业预算收入 　　贷：其他结余

【例题5·单选题】（2019年）下列各项中，事业单位预算会计应通过"事业（预算）收入"科目核算的是（　）。

A．从同级政府其他部门取得的横向转拨财政款

B．开展专业业务活动取得的收入

C．从上级财政部门取得的经费拨款

D．从同级政府财政部门取得的各类财政拨款

解析 ▶ 选项AC，属于非同级财政拨款（预算）收入；选项D，属于财政拨款（预算）收入。

答案 ▶ B

（二）捐赠（预算）收入和支出

表8-13　捐赠（预算）收入和支出核算表

项目	业务	财务会计	预算会计
捐赠（预算）收入	接受货币资金捐赠，按实际收到的金额	借：银行存款、库存现金 　　贷：捐赠收入	借：资金结存—货币资金等 　　贷：其他预算收入—捐赠预算收入
	接受非现金资产捐赠	借：库存物品、固定资产等 　　贷：捐赠收入[差额] 　　　银行存款[运费、税费等]	借：其他支出[运费、税费等] 　　贷：资金结存—货币资金
捐赠（支出）费用	捐赠现金资产	借：其他费用 　　贷：银行存款、库存现金等	借：其他支出 　　贷：资金结存—货币资金
	捐赠非现金资产	借：资产处置费用 　　贷：库存物品、固定资产等[账面价值]	—

四、预算结转结余及分配业务

(一)财政拨款结转结余

1. 财政拨款结转

表 8-14 财政拨款结转的核算表

业务	财务会计	预算会计
年末	政府单位应将财政拨款收入和财政拨款支出结转至财政拨款结转	
从其他单位调入的财政拨款结转资金	借：财政应返还额度、零余额账户用款额度 贷：累计盈余	借：资金结存[实际调增的额度或调入的资金数] 贷：财政拨款结转—归集调入
按规定上缴(注销)、向其他单位调出财政拨款结转资金	借：累计盈余 贷：财政应返还额度/零余额账户用款额度	借：财政拨款结转—归集上缴、归集调出 贷：资金结存[实际上缴资金数、实际调减的额度或调出的资金数]
经财政部门批准对财政拨款结余资金改变用途	—	借：财政拨款结转—单位内部调剂 贷：财政拨款结转—单位内部调剂
单位发生会计差错等事项调整以前年度财政拨款结转资金	借：以前年度盈余调整 贷：零余额账户用款额度等 或做相反会计分录	借：资金结存 贷：财政拨款结转—年初余额调整 或做相反会计分录
年末冲销有关明细科目	—	将"财政拨款结转"除"累计结转"的明细科目转入"累计结转"明细科目； 完成上述结转后，将符合财政拨款结余性质的项目余额转入财政拨款结余： 借：财政拨款结转—累计结转 贷：财政拨款结余—结转转入

【例题6·单选题】(2019年)某事业单位年末按规定结转某项目财政拨款结余资金50000元，下列各项中，会计处理正确的是( )。

A. 借：财政拨款结转　　　50000
　　贷：其他结余　　　　　50000
B. 借：财政拨款结转　　　50000
　　贷：非财政拨款结余　　50000
C. 借：财政拨款结转　　　50000
　　贷：专用结余　　　　　50000
D. 借：财政拨款结转　　　50000
　　贷：财政拨款结余　　　50000

解析 ▶ 期末事业单位按照有关规定将符合财政拨款结余性质的项目余额转入财政拨款结余，借记"财政拨款结转—累计结转"科目，贷记"财政拨款结余—结转转入"科目。

答案 ▶ D

2. 财政拨款结余

表 8-15 财政拨款结余的核算表

业务	财务会计	预算会计
年末	—	将财政拨款结余性质的项目余额转入财政拨款结余： 借：财政拨款结转—累计结转 贷：财政拨款结余—结转转入

续表

业务	财务会计	预算会计
资金改变用途	—	借：财政拨款结余—单位内部调剂 贷：财政拨款结转—单位内部调剂
上缴结余资金或注销拨款结余资金额度	借：累计盈余 贷：零余额账户用款额度/财政应返还额度等	借：财政拨款结余—归集上缴 贷：资金结存
因发生会计差错等事项调整以前年度财政拨款结余资金	借：以前年度盈余调整 贷：零余额账户用款额度/银行存款等 或编制相反分录	借：资金结存 贷：财政拨款结余—年初余额调整 或编制相反分录
年末冲销有关明细科目	—	将"财政拨款结余"除"累计结余"外的明细科目余额转入"累计结余"明细科目

（二）非财政拨款结转结余

1. 非财政拨款结转

非财政拨款结转资金是指单位除财政拨款收支、经营收支以外的各非同级财政拨款专项资金收入与其相关支出相抵后剩余滚存的、须按规定用途使用的结转资金。

表 8-16 非财政拨款结转的核算表

业务	财务会计	预算会计
年末	—	借："事业预算收入/上级补助预算收入/附属单位上缴预算收入/非同级财政拨款预算收入/债务预算收入/其他预算收入"科目下各专项资金收入明细科目 贷：非财政拨款结转—本年收支结转 借：非财政拨款结转—本年收支结转 贷："行政支出/事业支出/其他支出"科目下各非财政拨款专项资金支出明细科目
从科研项目预算收入中提取项目管理费或间接费	借：单位管理费用/业务活动费用等 贷：预提费用—项目间接费用或管理费	借：非财政拨款结转—项目间接费用或管理费 贷：非财政拨款结余—项目间接费用或管理费
缴回非财政拨款结转资金	借：累计盈余 贷：银行存款	借：非财政拨款结转—缴回资金 贷：资金结存—货币资金
因会计差错更正等事项调整非财政拨款结转资金	借：以前年度盈余调整 贷：银行存款等 或编制相反分录	借：资金结存—货币资金 贷：非财政拨款结转—年初余额调整 或编制相反分录
单位冲销有关明细科目余额	—	将"非财政拨款结转—年初余额调整、项目间接费用或管理费、缴回资金、本年收支结转"科目余额转入"非财政拨款结转—累计结转"科目。 完成上述结转后，将留归本单位使用的非财政拨款专项（项目已完成）剩余资金转入非财政拨款结余： 借：非财政拨款结转—累计结转 贷：非财政拨款结余—结转转入

2. 非财政拨款结余

非财政拨款结余是指单位历年滚存的非限定用途的非同级财政拨款结余资金，主要为**非财政拨款结余扣除结余分配后滚存的金额**。

表 8-17 非财政拨款结余的核算表

业务	财务会计	预算会计
年末	—	留归本单位使用的非财政拨款专项（项目已完成）剩余资金转入： 借：非财政拨款结转—累计结转 　　贷：非财政拨款结余—结转转入
从科研项目预算收入中提取管理费	借：单位管理费用 　　贷：预提费用—项目间接费用或管理费	借：非财政拨款结转—项目间接费用或管理费 　　贷：非财政拨款结余—项目间接费用或管理费
有企业所得税缴纳义务的事业单位实际缴纳企业所得税	借：其他应交税费—单位应交所得税 　　贷：银行存款	借：非财政拨款结余—累计结余 　　贷：资金结存—货币资金
差错更正等调整非财政拨款结余资金	借：以前年度盈余调整 　　贷：银行存款等 或编制相反分录	借：资金结存—货币资金 　　贷：非财政拨款结余—年初余额调整 或编制相反分录
年末	—	将"非财政拨款结余—年初余额调整、项目间接费用或管理费、结转转入"科目余额结转入"非财政拨款结余—累计结余"科目。结转后，"非财政拨款结余"科目除"累计结余"明细科目外，其他明细科目应无余额
年末	—	事业单位将"非财政拨款结余分配"科目余额转入非财政拨款结余： 借：非财政拨款结余—累计结余 　　贷：非财政拨款结余分配 或编制相反分录
		行政单位将"其他结余"科目余额转入非财政拨款结余： 借：非财政拨款结余—累计结余 　　贷：其他结余 或编制相反分录

3. 专用结余

专用结余是指事业单位按照规定从**非财政拨款结余中提取**的具有专门用途的资金。

表 8-18 专用结余的核算表

业务	预算会计（2019 年单选题）
从本年度非财政拨款结余或经营结余中提取基金的	借：非财政拨款结余分配 　　贷：专用结余
从非财政拨款结余或经营结余中提取的专用基金时	借：专用结余 　　贷：资金结存—货币资金

专用结余的年末贷方余额，反映事业单位从非同级财政拨款结余中提取的专用基金的累计滚存数额。

【例题 7·单选题】（2019 年）下列各项中，事业单位预算会计按规定提取专用结余应借记的会计科目是( )。
A. 非财政拨款结余
B. 非财政拨款结余分配
C. 非财政拨款结转
D. 财政拨款结转

解析 会计分录为：
借：非财政拨款结余分配
　　贷：专用结余

答案 B

4. 经营结余

经营结余是指事业单位在本年度经营活动收支相抵后余额弥补以前年度经营亏损后的余额。

表 8-19　经营结余的核算表

业务	预算会计
期末，根据经营预算收入本期发生额	借：经营预算收入 　　贷：经营结余
期末，根据经营支出本期发生额	借：经营结余 　　贷：经营支出
年末，如"经营结余"科目为贷方余额	借：经营结余 　　贷：非财政拨款结余分配
如为借方余额，即为经营亏损，不予结转	

5. 其他结余

其他结余是指单位本年度除财政拨款收支、非同级财政专项资金收支和经营收支以外各项收支相抵后的余额。

表 8-20　其他结余的核算表

业务	预算会计
结转收入	借："事业预算收入/上级补助预算收入/附属单位上缴预算收入/非同级财政拨款预算收入/债务预算收入/其他预算收入"科目下各非专项资金收入明细科目 　　　投资预算收益 　　贷：其他结余
结转支出	借：其他结余 　　贷："行政支出/事业支出/其他支出"科目下各非同级财政、非专项资金支出明细科目/上缴上级支出/对附属单位补助支出/投资支出/债务还本支出

完成上述结转后，行政单位将"其他结余"科目余额转入"非财政拨款结余——累计结余"科目；事业单位将"其他结余"科目余额转入"非财政拨款结余分配"科目。

6. 非财政拨款结余分配

核算事业单位本年度非财政拨款结余分配的情况和结果。

年末，事业单位应将"其他结余"科目余额和"经营结余"科目贷方余额转入"非财政拨款结余分配"科目。

根据有关规定提取专用基金的，按照提取的金额，借记"非财政拨款结余分配"科目，贷记"专用结余"科目；同时，在财务会计中按照相同的金额，借记"本年盈余分配"科目，贷记"专用基金"科目。然后，将"非财政拨款结余分配"科目余额转入"非财政拨款结余"科目。

五、净资产

净资产类科目主要包括：**累计盈余、专用基金、本期盈余、本年盈余分配、无偿调拨净资产、以前年度盈余调整和权益法调整**等。(2019 单选题)

【例题 8·单选题】（2019 年）下列各项中，应在事业单位资产负债表中"净资产"部分单独列示的是(　　)。

A．财政拨款结余
B．其他结余
C．累计盈余
D．经营结余

解析 ▶ 选项 ABD，属于事业单位预算会计科目，不列入事业单位资产负债表中。

答案 ▶ C

（一）累计盈余

核算单位历年实现的**盈余扣除盈余分配后滚存**的金额，以及因无偿调入调出资产产生的净资产变动额。

表 8-21　累计盈余的核算

业务	会计分录
年末，将"本年盈余分配"科目余额转入	借：本年盈余分配 　　贷：累计盈余 或做相反会计分录
年末，将"无偿调拨净资产"科目余额转入	借：无偿调拨净资产 　　贷：累计盈余 或做相反会计分录
按照规定上缴财政拨款结转结余、缴回非财政拨款结转资金、向其他单位调出财政拨款结转资金时	借：累计盈余 　　贷：财政应返还额度/零余额账户用款额度/银行存款等 同时，预算会计做相应处理
按照规定从其他单位调入财政拨款结转资金时	借：零余额账户用款额度/银行存款等 　　贷：累计盈余 同时，在预算会计中做如下分录： 借：资金结存—零余额账户用款额度/货币资金 　　贷：财政拨款结转—归集调入
"以前年度盈余调整"科目余额转入	借：以前年度盈余调整 　　贷：累计盈余 或做相反分录

（二）专用基金

"专用基金"科目核算事业单位按照规定提取或设置的具有专门用途的净资产，主要包括职工福利基金、科技成果转换基金等。

表 8-22　专用基金的核算

业务	会计核算
年末，按照规定从本年度非财政拨款结余或经营结余中提取专用基金的	借：本年盈余分配 　　贷：专用基金[按照预算会计下计算的提取金额]
根据规定从收入中提取专用基金并计入费用的	借：业务活动费用等 　　贷：专用基金[一般按照预算收入计算提取的金额]

续表

业务	会计核算
根据有关规定设置的其他专用基金	借：银行存款等 　　贷：专用基金
按照规定使用专用基金时	借：专用基金 　　贷：银行存款等 如果购置固定资产、无形资产的： 借：固定资产/无形资产 　　贷：银行存款等 借：专用基金 　　贷：累计盈余 同时，预算会计 使用从收入中提取并列入费用的专用基金： 借：事业支出等 　　贷：资金结存 使用从非财政拨款结余或经营结余中提取的专用基金： 借：专用结余 　　贷：资金结存—货币资金

(三) 本期盈余

核算单位本期各项<u>收入</u>、<u>费用相抵后</u>的余额。

表 8-23　本期盈余的核算

业务		会计分录
期末结转	结转收入	借：财政拨款收入 　　事业收入 　　上级补助收入 　　附属单位上缴收入 　　经营收入 　　非同级财政拨款收入 　　投资收益[可能在贷方] 　　捐赠收入 　　利息收入 　　租金收入 　　其他收入 　　贷：本期盈余
	结转费用	借：本期盈余 　　贷：业务活动费用 　　　　单位管理费用 　　　　经营费用 　　　　资产处置费用 　　　　上缴上级费用 　　　　对附属单位补助费用 　　　　所得税费用 　　　　其他费用

续表

业务	会计分录
年末结转	借：本期盈余 　　贷：本年盈余分配 或反之

【例题9·单选题】（2019年）2019年11月，某事业单位"财政拨款收入"科目发生额为40万元，"事业收入"科目发生额为100万元，"业务活动费用"科目发生额为20万元，"单位管理费用"科目发生额为30万元，不考虑其他因素，该单位月末完成所有结转后，"本期盈余"科目余额为（　　）万元。

A. 110　　　　B. 60

C. 80　　　　D. 90

解析 ▶ 该单位月末完成所有结转后，"本期盈余"科目余额 = 40 + 100 - 20 - 30 = 90（万元）。

答案 ▶ D

（四）无偿调拨净资产

无偿调拨净资产科目核算单位无偿调入或调出非现金资产所引起的净资产变动金额。

表8-24　无偿调拨净资产的核算

业务	财务会计	预算会计
取得无偿调入的资产时	借：库存物品/固定资产/无形资产/长期股权投资/公共基础设施/政府储备物资/保障性住房等 　　贷：无偿调拨净资产 　　　　零余额账户用款额度/银行存款等[发生的归属于调入方的相关费用]	借：其他支出[发生的归属于调入方的相关费用] 　　贷：资金结存
经批准无偿调出资产时	借：无偿调拨净资产 　　　固定资产累计折旧/无形资产累计摊销/公共基础设施累计折旧(摊销)/保障性住房累计折旧 　　贷：库存物品/固定资产/无形资产/长期股权投资/公共基础设施/政府储备物资等[账面余额] 借：资产处置费用 　　贷：银行存款/零余额账户用款额度等[发生的归属于调出方的相关费用]	借：其他支出[发生的归属于调出方的相关费用] 　　贷：资金结存

（五）权益法调整

表8-25　权益法调整核算表

业务与处理	财务会计
1. 被投资单位除净损益和利润分配以外的所有者权益变动	借：权益法调整 　　贷：长期股权投资—其他权益变动 或编制相反分录
2. 处置长期股权投资	借：权益法调整 　　贷：投资收益 或编制相反分录

（六）以前年度盈余调整

"以前年度盈余调整"科目核算单位本年度发生的调整以前年度盈余的事项。

表8-26 以前年度盈余调整核算表

调增以前年度收入	借：有关科目 　　贷：以前年度盈余调整
调增以前年度费用	借：以前年度盈余调整 　　贷：有关科目
余额转入累计盈余	借：累计盈余 　　贷：以前年度盈余调整 或反之

六、资产业务

(一)资产类科目(2019 单选)

资产类主要科目如下表所示：

表8-27 资产类科目表

流动资产		非流动资产
库存现金	应收股利	固定资产
银行存款	应收利息	固定资产累计折旧
零余额账户用款额度	其他应收款	工程物资
其他货币资金	预付账款	在建工程
短期投资	坏账准备	无形资产
财政应返还额度	库存物品	无形资产累计摊销
应收票据	待摊费用	研发支出
应收账款		

【例题10·单选题】（2019年改）下列各项中，属于事业单位资产的是( )。

A. 累计盈余
B. 专用基金
C. 财政应返还额度
D. 应缴财政款

解析 ▶ 选项 AB，属于事业单位净资产；选项 D，属于事业单位负债。　**答案** ▶ C

(二)资产的取得与处置

1. 资产取得

按照成本计量，具体如下：

(1)外购资产：成本＝价＋税＋费＋资产达到目前状态的费用

(2)接受捐赠的非现金资产：

①有凭据的，按"凭据的金额＋税费"确定成本；

②没凭据的，但有评估的，按"评估价值＋税费"确定成本；

③没凭据、没评估的，按照"同类或类似资产的市场价格＋税费"确定成本；

投资和经管资产(文物文化资产、公共基础设施、政府储备物资、保障性住房等)使用上述三个层次；

④没凭据、没评估、没同类或类似资产的市场价格的，按照名义金额(人民币1元)入账。

盘盈资产使用上述四个层次。

(3)无偿调入的资产的成本＝调出方账面价值＋相关税费

无偿调拨净资产＝成本－相关税费

(4)置换取得的资产的成本＝换出资产的评估价值＋支付的补价(或减去收到的补价)

2. 资产处置

资产处置费用核算处置资产的账面价值，

处置净收益上缴财政。

(三)固定资产

固定资产指政府会计主体为满足自身开展业务活动或其他活动需要而控制的，<u>使用年限</u>超过1年(不含1年)、<u>单位价值</u>在规定标准以上，并在使用过程中基本保持原有物质形态的资产，一般包括房屋及构筑物、专用设备、通用设备等。

单位价值虽未达到规定标准，但是使用年限超过1年(不含1年)的大批同类物资，如图书、家具、用具、装具等，应当确认为固定资产。

表8-28 固定资产的核算

业务	分类	财务会计核算	预算会计核算
取得	外购且不需安装的	借：固定资产 　贷：财政拨款收入/零余额账户用款额度/应付账款/银行存款等	借：事业支出/经营支出 　贷：财政拨款预算收入/资金结存
计提折旧	不提折旧的固定资产(2019年多选、判断)	①文物和陈列品；②动植物；③图书；④档案；⑤单独计价入账的土地；⑥以名义金额计量的固定资产	—
	需按月计提折旧的固定资产	当月增加，当月开提；当月减少，当月不提(与企业不一样)	
	账务处理	借：业务活动费用/单位管理费用/经营费用/加工物品/在建工程等 　贷：固定资产累计折旧	

【例题11·多选题】(2019年)下列各项中，除以名义金额计量的固定资产之外，事业单位应计提折旧的有( )。

A．陈列品　　　　B．动植物
C．钢结构的房屋　D．电影设备

解析 ▶ 政府单位不提折旧的范围：文物和陈列品、动植物、图书、档案、单独计价入账的土地、以名义金额计量的固定资产、提足折旧的固定资产、提前报废的固定资产。

答案 ▶ CD

【例题12·判断题】(2019年)事业单位对以名义金额计量的固定资产不计提折旧。
( )

解析 ▶ 除文物和陈列品、动植物、图书、档案、单独计价入账的土地、以名义金额计量的固定资产等固定资产外，单位应当按月对固定资产计提折旧。　**答案** ▶ √

【例题13·判断题】(2019年)事业单位接受从其他部门无偿调入的固定资产，应当确认为其他收入。( )

解析 ▶ 单位无偿调入的固定资产，按照确定的成本，借记"固定资产"科目或"在建工程"科目，按照发生的相关税费、运输费等，贷记"零余额账户用款额度""银行存款"等科目，按照其差额，贷记"无偿调拨净资产"科目。

答案 ▶ ×

七、负债

(一)负债类科目

表8-29 负债类科目表

应付票据	其他应付款	应缴财政款	短期借款
应付账款	应交增值税	应付职工薪酬	长期借款
应付利息	其他应交税费	预收账款	长期应付款

【例题 14·单选题】（2019 年）下列各项中，属于事业单位负债的是( )。
A. 应缴财政款
B. 零余额账户用款额度
C. 财政拨款结余
D. 财政应返还额度

解析 选项 BD，属于事业单位资产类科目；选项 C，属于事业单位预算结余类科目。

答案 A

（二）应缴财政款

应缴财政款是指单位取得或应收的按照规定应当上缴财政的款项，包括应交国库的款项和应缴财政专户的款项。

表 8-30 应缴财政款的核算

业务	财务会计核算
取得或应收按照规定应缴财政的款项时	借：银行存款/应收账款等 　贷：应缴财政款
处置资产取得的应上缴财政的净收入	借：待处理财产损溢 　贷：应缴财政款
上缴财政款项时	借：应缴财政款 　贷：银行存款等

（三）应付职工薪酬

表 8-31 应付职工薪酬的核算

业务	会计核算
计算确认当期应付职工薪酬	借：业务活动费用/单位管理费用/在建工程/加工物品/研发支出/经营费用 　贷：应付职工薪酬 实际支付时： 借：应付职工薪酬 　贷：财政拨款收入/零余额账户用款额度/银行存款等 同时，在预算会计中做如下分录： 借：行政支出/事业支出/经营支出 　贷：财政拨款预算收入/资金结存
代扣个人所得税，代扣社会保险费，代扣住房公积金，代扣为职工代垫的水电费等	借：应付职工薪酬 　贷：其他应交税费—应交个人所得税 　　　应付职工薪酬—社会保险费/住房公积金 　　　其他应收款等 实际缴纳时： 借：应付职工薪酬 　贷：财政拨款收入/零余额账户用款额度/银行存款等 同时，在预算会计中做如下分录： 借：行政支出/事业支出/经营支出 　贷：财政拨款预算收入/资金结存
从应付职工薪酬中支付其他款项	借：应付职工薪酬 　贷：财政拨款收入/零余额账户用款额度/银行存款等 同时，在预算会计中做如下分录： 借：行政支出/事业支出/经营支出 　贷：资金结存

同步训练 限时30min

一、单项选择题

1. (2019年)下列各项中,属于事业单位净资产的是( )。
   A. 财政拨款结余
   B. 累计盈余
   C. 非财政拨款结余
   D. 专用结余

2. (2018年改)下列各项中,属于事业收入的是( )。
   A. 接受捐赠收入
   B. 现金盘盈收入
   C. 开展专业业务活动取得的收入
   D. 银行存款利息收入

3. (2018年改)下列各项中,不属于政府单位净资产项目的是( )。
   A. 专用基金   B. 本年盈余分配
   C. 无偿调拨净资产 D. 应缴财政款

4. (2018年改)下列各项中,关于事业单位"零余额账户用款额度"科目的表述正确的是( )。
   A. 该科目年末应无余额
   B. 该科目属于负债类科目
   C. 借方登记收到财政直接支付到账额度
   D. 贷方登记财政授权支付到账额度

5. 以下不属于事业单位负债类科目的是( )。
   A. 应交税费   B. 应交增值税
   C. 其他应交税费   D. 预收账款

6. 以下不属于事业单位资产类科目的是( )。
   A. 零余额账户用款额度
   B. 财政应返还额度
   C. 库存商品
   D. 政府储备物资

7. 实行国库集中支付的事业单位,对于应收财政下年度返还的资金额度,应当借记的会计科目是( )。
   A. 应缴国库款
   B. 其他应收款
   C. 财政应返还额度
   D. 应收账款

8. 下列各项中,不属于政府资产计量属性的是( )。
   A. 公允价值   B. 可变现净值
   C. 名义金额   D. 重置成本

二、多项选择题

1. (2019年)下列各项中,属于事业单位净资产的有( )。
   A. 专用基金   B. 专用结余
   C. 经营结余   D. 无偿调拨净资产

2. (2018年)下列各项中,属于政府非流动资产的有( )。
   A. 公共基础设施   B. 文物文化资产
   C. 保障性住房   D. 在建工程

3. 下列各项中,属于政府单位会计核算中的现金的有( )。
   A. 其他货币资金
   B. 零余额账户用款额度
   C. 财政应返还额度
   D. 通过财政直接支付方式支付的款项

4. 关于政府单位固定资产的核算,下列说法中正确的有( )。
   A. 单位接受固定资产捐赠时实际支付的税费、运输费等,在预算会计中应计入其他支出
   B. 已交付使用但尚未办理竣工决算手续的固定资产,按照估计价值入账,待办理竣工决算后再按照实际成本调整原来的暂估价值
   C. 以借入、经营租赁租入方式取得的固定资产,应通过"固定资产"科目核算
   D. 当月增加的固定资产,当月开始计提折旧;当月减少的固定资产,当月不再计提折旧

5. 下列各项中,应通过应缴财政款核算的有( )。
   A. 应缴国库的款项
   B. 为职工缴纳的社保
   C. 应缴财政专户的款项
   D. 代扣代缴的个人所得税

6. 下列各项中，属于预算会计中政府单位的支出的有（ ）。
   A. 行政支出　　B. 事业支出
   C. 经营支出　　D. 资产处置费用
7. 以下属于事业单位净资产类科目的有（ ）。
   A. 本年盈余分配　B. 累计盈余
   C. 专用基金　　　D. 调拨资产

三、判断题

1. （2019年）事业单位2019年1月购入固定资产并使用，2019年2月开始计提折旧。（ ）
2. （2019年）事业单位年末按照规定从本年度非财政拨款结余中提取专用基金的，按照预算会计下计算的提取金额，应借记"盈余分配"科目。（ ）
3. 政府单位固定资产按月计提固定资产折旧时，应借记"业务活动费用/单位管理费用/经营费用"等，贷记"累计折旧"。（ ）
4. 事业单位货币资金包括库存现金、银行存款和零余额账户用款额度，不包括其他货币资金。（ ）
5. 事业单位盘盈、盘亏、毁损、报废的固定资产，通过"待处理财产损溢"科目核算。（ ）
6. 财政拨款结转是指单位取得的同级财政拨款项目支出结余资金的调整、结转和滚存情况。（ ）
7. 年末结转后，"非财政拨款结转"科目的所有明细科目均无余额。（ ）
8. 累计盈余核算单位历年实现的盈余扣除盈余分配后滚存的金额，以及因无偿调入调出资产产生的净资产变动额。（ ）
9. 专用基金科目核算事业单位按照规定提取或设置的具有专门用途的净资产，主要包括职工福利基金、科技成果转换基金等。（ ）

同步训练答案及解析

一、单项选择题

1. B　【解析】选项ACD，属于事业单位预算结余。
2. C　【解析】事业单位的事业收入是指事业单位开展专业业务活动及其辅助活动取得的收入。选项A，属于捐赠收入；选项B，属于其他收入；选项D，属于利息收入。
3. D　【解析】选项D，应缴财政款属于事业单位负债项目。
4. A　【解析】该科目属于资产类科目，借方登记收到授权支付到账额度，贷方登记支用的零余额用款额度，期末借方余额反映事业单位尚未支用的零余额用款额度。年度终了，事业单位应当依据代理银行提供的对账单作注销额度的相关账务处理，所以"零余额账户用款额度"科目年末应无余额。
5. A
6. C　【解析】库存商品属于企业会计资产类科目。
7. C　【解析】事业单位年度终了，对于应收财政下年度返还的资金额度，应通过"财政应返还额度"科目核算。
8. B　【解析】政府资产的计量属性主要包括历史成本、重置成本、现值、公允价值和名义金额。

二、多项选择题

1. AD　【解析】事业单位的净资产包括累计盈余、专用基金、权益法调整、本期盈余、本年盈余分配、无偿调拨净资产、以前年度盈余调整等。
2. ABCD　【解析】政府非流动资产是指流动资产以外的资产，包括固定资产、在建工程、无形资产、长期投资、公共基础设施、政府储备资产、文物文化资产、保障性住房和自然资源资产等。
3. ABCD　【解析】政府单位预算会计核算中的现金是指单位的库存现金以及其他可以随时用于支付的款项，包括库存现金、银行存款、其他货币资金、零余额账户用款额度、财政应返还额度，以及通过财政直接支付方式支付的款项。

4. ABD 【解析】选项 C，以借入、经营租赁租入方式取得的固定资产，不通过"固定资产"科目核算。

5. AC 【解析】应缴财政款是指单位取得或应收的按照规定应当上缴财政的款项，包括应缴国库的款项和应缴财政专户的款项。

6. ABC 【解析】在预算会计中，单位的支出包括行政支出、事业支出、经营支出、对附属单位补助支出、上缴上级支出、债务还本支出、投资支出、其他支出等。

7. ABC 【解析】选项 D 需要改为"无偿调拨净资产"。

三、判断题

1. × 【解析】事业单位当月增加的固定资产，当月开始计提折旧；当月减少的固定资产，当月不再计提折旧。事业单位 2019 年 1 月购入固定资产，应当自 2019 年 1 月开始计提折旧。

2. × 【解析】事业单位年末按照规定从本年度非财政拨款结余中提取专用基金的，按照预算会计下计算的提取金额，应借记"本年盈余分配"科目，贷记"专用基金"科目。

3. × 【解析】应贷记"固定资产累计折旧"。

4. × 【解析】事业单位货币资金包括库存现金、银行存款、零余额账户用款额度和其他货币资金等。

5. √

6. × 【解析】财政拨款结余是指单位取得的同级财政拨款项目支出结余资金的调整、结转和滚存情况。

7. × 【解析】年末结转后，"非财政拨款结转"科目除"累计结转"明细科目外，其他明细科目应无余额。

8. √

9. √

通关演练 限时 8min

一、单项选择题

1. 关于政府单位预算结转结余及分配业务，下列说法中不正确的是(　　)。
   A. 财政拨款结转结余不参与事业单位的结余分配
   B. 非财政拨款结余是指单位历年滚存的限定用途的非同级财政拨款结余资金
   C. 经营结余是指事业单位在本年度经营活动收支相抵后余额弥补以前年度经营亏损后的余额
   D. "经营结余"科目为借方余额的，即为经营亏损，不予结转

2. 事业单位年末"所得税费用"转入(　　)。
   A. 本期盈余　　B. 本年盈余
   C. 本年盈余分配　D. 本期盈余分配

二、多项选择题

1. 关于政府单位净资产业务的核算，下列说法中正确的有(　　)。
   A. "以前年度盈余调整"科目的余额应转入"本期盈余"科目
   B. 专用基金主要包括职工福利基金、科技成果转换基金等
   C. 本期盈余是指单位本期各项收入、费用相抵后的余额
   D. 政府单位应在年末将"无偿调拨净资产"科目余额全部转入累计盈余，结账后，该科目应无余额

2. 以下属于事业单位收入科目的是(　　)。
   A. 非同级财政拨款收入
   B. 租金收入
   C. 捐赠收入
   D. 经营收入

三、判断题

1. 政府会计主体在对资产、负债进行计量时，一般应当采用历史成本。当无法采用历史成本、重置成本、现值和公允价值计

量属性时，采用名义金额计量。　　（　）
2. 年末，按照规定从本年度非财政拨款结余或经营结余中提取专用基金的，应借记"本年盈余分配"，贷记"专用基金"。　　（　）

通关演练答案及解析

一、单项选择题

1. B 【解析】非财政拨款结余是指单位历年滚存的非限定用途的非同级财政拨款结余资金。

2. A

二、多项选择题

1. BCD 【解析】选项 A，"以前年度盈余调整"科目的余额应转入"累计盈余"科目。

2. ABCD

三、判断题

1. √
2. √

本章知识串联

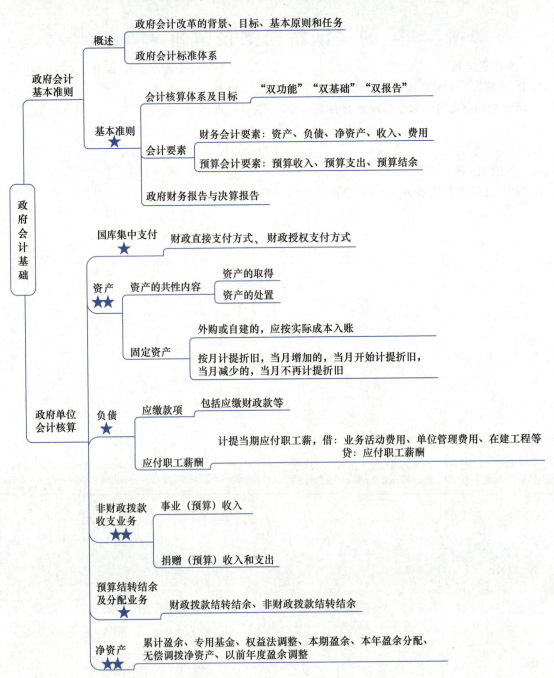

第3部分

2020

易错易混知识点辨析

智慧启航

没有加倍的勤奋，就既没有才能，也没有天才。

——门捷列夫

2020年易错易混知识点辨析

一、双倍余额递减法不需要考虑固定资产的预计净残值,这句话是否正确?

答:正确。

『解释』双倍余额递减法是指在不考虑固定资产预计净残值的情况下,根据每期期初固定资产原价减去累计折旧后的余额和双倍的直线法折旧率计算固定资产折旧的一种方法。

【例题1·多选题】(2015年)下列各项中,关于企业固定资产折旧方法的表述正确的有( )。
A. 年限平均法需要考虑固定资产的预计净残值
B. 年数总和法计算的固定资产折旧额逐年递减
C. 双倍余额递减法不需要考虑固定资产的预计净残值
D. 年数总和法不需要考虑固定资产的预计净残值

解析 选项D,年数总和法需要考虑固定资产的预计净残值。 答案 ABC

二、正式任命并聘请的独立董事津贴是否属于职工薪酬?

答:属于。

『解释』职工也包括虽未与企业订立劳动合同但由企业正式任命的人员,如董事会成员、监事会成员等。所以支付给董事的津贴也属于职工薪酬。

【例题2·多选题】(2018年)下列各项中,属于"应付职工薪酬"科目核算内容的有( )。
A. 已订立劳动合同的全职职工的奖金
B. 正式任命并聘请的独立董事津贴
C. 已订立劳动合同的临时职工的工资
D. 向住房公积金管理机构缴存的住房公积金

答案 ABCD

三、代扣职工房租应通过"其他应收款"科目核算还是"其他应付款"科目核算?

答:都可以。

【例题3·分录题】甲企业根据"工资费用分配汇总表"结算本月应付职工工资总额690000元,其中企业代扣职工房租32000元、代垫职工家属医药费8000元,实发工资650000元。编制该公司的会计分录。

解析 (1)代垫表示企业先垫付,然后再向职工要。

企业垫付时:
借:其他应收款
　　贷:银行存款

从职工工资中扣除时:
借:应付职工薪酬
　　贷:其他应收款

(2)代扣是企业先从职工工资中扣除,再支付给他人,因此代扣的款项肯定是先计入其他应付款,然后再支付出去,与个人所得税是一样的道理。

企业代扣时:
借:应付职工薪酬
　　贷:其他应付款
　　　　应交税费——应交个人所得税

实际支付时:
借:应交税费——应交个人所得税
　　其他应付款
　　贷:银行存款

实务处理中区分代垫和代扣,教材处理时不区分代垫和代扣,初级考试按照教材掌握。

答案 甲企业应编制如下会计分录:
代扣款项:
借:应付职工薪酬——工资、奖金、津贴和补贴
　　　　　　　　　　　　　　　　40000
　　贷:其他应收款——职工房租　　32000
　　　　　　　　——代垫医药费　　8000

四、账面余额 VS 账面净值 VS 账面价值

项目	内容
账面余额	账面余额为总账科目余额(子科目明细账汇总)
账面净值	账面净值=账面余额-累计折旧/累计摊销
账面价值	账面价值=账面余额-累计折旧/累计摊销-相关资产减值准备

【例题 4·多选题】某企业 2016 年 12 月 31 日购入一台设备,入账价值为 200 万元,预计使用寿命为 10 年,预计净残值为 20 万元,采用年限平均法计提折旧。2017 年 12 月 31 日该设备存在减值迹象,经测试预计可收回金额为 120 万元。则下列有关该设备说法正确的有( )。

A. 固定资产账面余额为 182 万元
B. 固定资产账面净值为 182 万元
C. 确定减值之前固定资产的账面价值等于其账面净值
D. 计提减值后的账面价值为 120 万元

解析 ▶ 选项 A,固定资产账面余额即总账科目入账价值 200 万元;选项 B,固定资产账面净值=账面余额-累计折旧=200-(200-20)/10=182(万元);选项 C,确定减值之前固定资产的账面价值=账面净值=200-(200-20)/10=182(万元);选项 D,可收回金额 120 万元,大于其账面净值 182 万元,因此固定资产发生了减值 62 万元,减值以后固定资产应该按照可收回金额确认账面价值,因此 2017 年 12 月 31 日该设备账面价值应为 120 万元。

答案 ▶ BCD

五、原材料核算实际成本法 VS 计划成本法

经济业务	账务处理	
	实际成本法	计划成本法

发票已到,材料已入库	借:原材料
	  应交税费—应交增值税(进项税额)
	 贷:银行存款/应付账款
		借:材料采购
		  应交税费—应交增值税(进项税额)
		 贷:银行存款/应付账款
		借:原材料
		  材料成本差异[超支]
		 贷:材料采购
		  材料成本差异[节约]

发票未到,材料已入库	暂估价入账: 借:原材料 贷:应付账款—暂估应付账款 下月初作相反分录予以冲回: 借:应付账款—暂估应付账款 贷:原材料	按计划成本暂估入账: 借:原材料 贷:应付账款—暂估应付账款 下月初作相反分录予以冲回: 借:应付账款—暂估应付账款 贷:原材料
	待收到相关发票账单后再据以编制会计分录	

发票已到,材料尚未验收入库	借:在途物资
	  应交税费—应交增值税(进项税额)
	 贷:银行存款/应付账款
	材料收到,并验收入库:
	借:原材料
	 贷:在途物资
		借:材料采购
		  应交税费—应交增值税(进项税额)
		 贷:银行存款/应付账款
		材料收到,并验收入库:
		借:原材料
		  材料成本差异[超支]
		 贷:材料采购
		  材料成本差异[节约]

经济业务	账务处理	
	实际成本法	计划成本法
预付款方式，购入材料	预付货款时： 借：预付账款 　　贷：银行存款 购入材料时： 借：在途物资/原材料 　　应交税费—应交增值税（进项税额） 　　贷：预付账款 补付货款时： 借：预付账款 　　贷：银行存款	预付货款时： 借：预付账款 　　贷：银行存款 购入材料时： 借：材料采购 　　应交税费—应交增值税（进项税额） 　　贷：预付账款 补付货款时： 借：预付账款 　　贷：银行存款 材料收到，并验收入库： 借：原材料 　　材料成本差异[超支] 　　贷：材料采购 　　　　材料成本差异[节约]

『提示1』在实际成本法下，发票账单已经收到，但是材料尚未收到，通过"在途物资"核算实际的材料成本；在计划成本法下，对于尚未入库的材料的实际采购成本通过"材料采购"核算。也就是说实际成本法与"在途物资"挂钩，计划成本法与"材料采购"挂钩，这里注意区分。

『提示2』计划成本法下，购入的材料无论是否验收入库，都要先通过"材料采购"科目进行核算，以反映企业所购材料的实际成本，从而与"原材料"科目相比较，计算确定材料成本差异。不要仅仅看到已经入库，就直接通过"原材料"科目核算。

『提示3』计划成本法下，对于尚未收到发票账单的收料凭证，月末应按计划成本暂估入账，下期期初作相反分录予以冲回。

【例题5·多选题】一般纳税人甲公司采用计划成本法核算原材料，在本月底赊购原材料—石灰石100吨，实际成本125元/吨，计划成本130元/吨，适用13%的增值税税率，下列账务处理，正确的有（　　）。

A. 发票已到，材料已入库，则会计分录为：
借：材料采购　　　　　　　　　　12500
　　应交税费—应交增值税（进项税额）
　　　　　　　　　　　　　　　　1625
　　贷：应付账款　　　　　　　　14125
借：原材料　　　　　　　　　　　13000
　　贷：材料采购　　　　　　　　12500
　　　　材料成本差异　　　　　　500

B. 发票未到，材料已入库，则会计分录为：
借：原材料　　　　　　　　　　　12500
　　贷：应付账款—暂估应付账款　12500

C. 发票未到，材料已入库，则会计分录为：
借：原材料　　　　　　　　　　　13000
　　贷：应付账款—暂估应付账款　13000

D. 发票已到，材料尚未验收入库，则会计分录为：
借：材料采购　　　　　　　　　　12500
　　应交税费—应交增值税（进项税额）
　　　　　　　　　　　　　　　　1625
　　贷：应付账款　　　　　　　　14125

解析▶计划成本法下，对于尚未收到发票账单的材料，月末应按计划成本暂估入账，下期期初作相反分录予以冲回。　答案▶ACD

六、辅助生产费用分配方法 VS 生产费用分配方法

1. 核算对象

(1)辅助生产费用的核算对象是各个部门，反映辅助生产费用在各个部门之间的分配；

(2)生产费用的核算对象是产品，反映生产费用在完工产品与在产品之间的分配。

2. 分配方法

(1)辅助生产费用分配方法：直接分配法、交互分配法、计划成本分配法、顺序分配法和代数分配法。

(2)生产费用分配方法：不计算在产品成本法、在产品按固定成本计算法、在产品按所耗直接材料成本计价法、约当产量比例法、在产品按定额成本计价法、在产品按完工产品成本计价法、定额比例法。

【例题6·单选题】下列各项中，不属于生产费用在完工产品与在产品之间分配的方法的是（　）。

A. 代数分配法
B. 在产品按固定成本计算法
C. 不计算在产品成本法
D. 在产品按所耗直接材料成本计价法

解析▶代数分配法属于辅助生产费用的分配方法。　答案▶A

【例题7·多选题】下列各项中，可以用于分配辅助生产费用的方法有（　）。

A. 直接分配法
B. 交互分配法
C. 约当产量比例法
D. 定额比例法

解析▶选项CD，属于生产费用在完工产品和在产品之间的分配方法。　答案▶AB

七、品种法 VS 分批法 VS 分步法（逐步/平行）

项目 \ 方法	品种法	分批法（订单法）	分步法
成本核算对象	产品品种	产品批别	各产品生产步骤
成本计算期与会计核算报告期是否一致	是	否	是
成本计算期与产品生命周期是否一致	是	是	否
适用企业	单步骤，大量生产 发电、供水、采掘等	单件、小批 造船、重型机器制造、精密仪器制造、新产品试制或试验的生产、在建工程以及设备修理作业	多步骤，大量大批 冶金、纺织、机械制造等

『提示1』品种法月末一般不存在在产品，如果有在产品，数量也很少，所以一般不需要将生产费用在完工产品与在产品之间进行分配。

『提示2』分批法一般不存在在完工产品和在产品之间分配成本的问题。

『提示3』分步法月末为计算完工产品成本，还需要将归集在生产成本明细账中的生产成本在完工产品与在产品之间进行分配。

对象 \ 项目	逐步结转分步法（计算半成品成本分步法）	平行结转分步法（不计算半成品成本分步法）
优点	(1)能提供各步骤的半成品成本；(2)为在产品实物管理提供资料；(3)能够全面地反映各步骤的生产耗费，更好地满足各步骤成本管理的要求	简化成本计算工作，不需进行成本还原

续表

对象 项目	逐步结转分步法（计算半成品成本分步法）	平行结转分步法（不计算半成品成本分步法）
缺点	(1)成本结转工作量较大；(2)各生产步骤的半成品成本采用逐步综合结转方法，还要进行成本还原，增加了核算的工作量	不能提供各步骤半成品的成本资料，不便于进行在产品的实物管理和资金管理

【例题8·多选题】下列各项中，关于产品成本计算方法的表述正确的有( )。
A. 发电企业适用品种法
B. 重型机器制造企业适用分批法
C. 新产品试制企业适用分批法
D. 纺织企业适用品种法
解析▶选项D，纺织企业生产步骤较多且批量生产，所以应采用分步法。　答案▶ABC

【例题9·判断题】某公司E产品的生产分两个步骤在两个生产车间进行，第一生产车间为第二生产车间提供半成品，半成品收发通过半成品库进行，每个车间能提供各自的半成品生产资料及耗费情况，两个生产车间的月末在产品均按定额成本计价，则该企业使用的产品成本核算方法是逐步结转分步法。　　　　　　　　　　( )
解析▶因为E产品的生产分两个步骤，且第一生产车间为第二生产车间提供半成品，半成品收发通过半成品库进行，可以判断出是分步法，每个车间能提供各自的半成品生产资料及耗费情况，可以判断出是逐步结转分步法。
　　　　　　　　　　　　　答案▶√

第4部分

2020

考前预测试题

智慧启航

没有人事先了解自己到底有多大的力量，直到他试过以后才知道。

——歌德

2020 年考前预测试题

预测试题（一）

采用电子答题卡技术

考生扫描右侧二维码，将答案选项填入电子答题卡中，系统自动判题，并生成学习报告。

（注：微信扫一扫，答题查看正确率及解析）

一、单项选择题（本类题共 24 小题，每小题 1.5 分，共 36 分。每小题备选答案中，只有一个符合题意的正确答案。多选、错选、不选均不得分。）

1. 下列各项中，企业应确认为资产的是（　）。
   A. 月末发票账单未到，按暂估价值入账的原材料
   B. 自行研发专利技术发生的无法区分研究阶段和开发阶段的支出
   C. 已签订采购合同但尚未购入的生产设备
   D. 行政管理部门发生的办公设备日常修理费用

2. 下列各项中，导致企业资产与负债同时增加的是（　）。
   A. 从银行提取现金
   B. 从银行借入期限为 3 个月的短期借款
   C. 向投资者宣告分配现金股利
   D. 接受投资者投入机器设备

3. 对于银行已经收款而企业尚未入账的未达账项，企业应作的处理为（　）。
   A. 以"银行对账单"为原始凭证将该业务入账
   B. 根据"银行存款余额调节表"和"银行对账单"自制原始凭证入账
   C. 在编制"银行存款余额调节表"的同时入账
   D. 待有关结算凭证到达后入账

4. 2017 年 12 月 31 日，某企业应收账款账面余额为 1200 万元，预计未来现金流量现值为 800 万元；计提坏账准备前，企业坏账准备贷方科目余额为 350 万元，不考虑其他因素，当日该企业应计提的坏账准备为（　）万元。
   A. 50　　　　　B. 400
   C. 150　　　　 D. 850

5. 2018 年 1 月 1 日，甲公司购入面值为 100 万元，年利率为 4% 的 A 债券，取得时的价款是 104 万元（含已到付息期但尚未领取的利息 4 万元），另外支付交易费用 0.5 万元。甲公司将该项金融资产划分为交易性金融资产。2018 年 1 月 5 日，收到购买时价款中所含的利息 4 万元；2018 年 12 月 31 日，A 债券的公允价值为 106 万元；2019 年 1 月 5 日，收到 A 债券 2018 年度的利息 4 万元；2019 年 4 月 20 日甲公司出售 A 债券，售价为 108 万元，假定不考虑其他因素。甲公司出售 A 债券时确认投资收益的金额为（　）万元。
   A. 2　　　　　B. 6
   C. 4　　　　　D. 1.5

6. 某企业月初原材料借方余额为20万元，材料成本差异借方余额为0.2万元，当月入库材料计划成本为60万元，材料成本差异为节约1.8万元，当月领用材料计划成本为45万元，结存材料的实际成本为（ ）万元。

   A. 35.7　　　　　　B. 33.4
   C. 35　　　　　　　D. 34.3

7. 2019年12月20日，甲公司（一般纳税人）购入一台不需要安装的生产经营用机器设备，价款为100000元，增值税额为13000元，另支付运杂费2000元，包装费1000元（假设不考虑该运杂费和包装费的增值税额），款项均以银行存款支付。甲公司购入设备时的入账价值为（ ）元。

   A. 120000　　　　　B. 102000
   C. 101000　　　　　D. 103000

8. 2018年7月1日，某企业向银行借入一笔经营周转资金100万元，期限6个月，到期一次还本付息，年利率为6%，借款利息按月预提，2018年11月30日该短期借款的账面价值为（ ）万元。

   A. 120.5　　　　　　B. 102.5
   C. 100　　　　　　　D. 102

9. 下列各项中，不属于其他长期职工福利的是（ ）。

   A. 长期带薪缺勤
   B. 长期残疾福利
   C. 长期利润分享计划
   D. 离职后福利

10. 2019年10月，某企业将自产的300台空调作为福利发放给职工，每台成本为0.18万元，每台市场售价为0.2万元（不含增值税），该企业适用的增值税税率为13%，假定不考虑其他因素，该企业由此而贷记"应付职工薪酬"科目的金额为（ ）万元。

    A. 67.8　　　　　　B. 63.4
    C. 54　　　　　　　D. 60

11. 企业已有固定资产价值960万元，已计提折旧320万元，其中上月已提足折旧额仍继续使用的设备为60万元，另一台价值20万元的设备上月已经达到预定可使用状态但尚未投入使用。采用年限平均法计提折旧，所有设备的月折旧率均为1%。不考虑其他因素，该企业当月应计提的折旧额为（ ）万元。

    A. 9.6　　　　　　　B. 9.4
    C. 9　　　　　　　　D. 9.2

12. 下列各项中，导致企业所有者权益总额发生增减变动的事项是（ ）。

    A. 当年实现净利润
    B. 盈余公积转实收资本
    C. 资本公积转实收资本
    D. 盈余公积补亏

13. 某企业首次公开发行普通股600万股，每股面值为1元，每股发行价格为6元，支付佣金72万元，手续费18万元，该业务使企业资本公积增加金额为（ ）万元。

    A. 2928　　　　　　B. 2982
    C. 3000　　　　　　D. 2910

14. 不影响当年可供分配利润的是（ ）。

    A. 当年资本公积转增资本
    B. 年初未弥补亏损
    C. 当年盈余公积补亏
    D. 当年实现净利润

15. 甲公司为增值税一般纳税人，适用的增值税税率为13%。2019年11月1日，甲公司销售电梯一台，并负责安装调试，如果电梯不能正常运行，则甲公司需要返修，然后再进行安装和检验，预计将发生成本4000万元，合同约定总价款为5000万元（销售价格与安装费用无法区分）。货物已发出，并开具增值税专用发票，但是安装调试工作需要在2020年1月31日完成。对于该项业务，甲公司在2019年应确认的收入金额为（ ）万元。

    A. 5000　　　　　　B. 5850
    C. 4000　　　　　　D. 0

16. 对于某一时点履行的履约义务，收入确认时点为( )。
  A. 收到销售货款时
  B. 发出商品时
  C. 客户取得相关商品控制权时
  D. 发生纳税义务时

17. 下列各项中,不属于企业流动负债的是( )。
  A. 预收购货单位的款项
  B. 预付采购材料款
  C. 应付采购商品货款
  D. 购买材料开出的商业承兑汇票

18. 某企业2018年12月31日"固定资产"账户余额为3000万元,"累计折旧"账户余额为800万元,"固定资产减值准备"账户余额为200万元,"在建工程"账户余额为200万元。该企业2018年12月31日资产负债表中"固定资产"项目的金额为( )万元。
  A. 3000   B. 1090
  C. 2000   D. 3200

19. 下列各项中,影响利润表中"营业利润"项目的是( )。
  A. 发生的所得税费用
  B. 固定资产报废净损失
  C. 计提固定资产减值准备
  D. 盘亏固定资产净损失

20. 下列各项中,不包括在管理会计指引体系中的是( )。
  A. 基本指引   B. 应用指引
  C. 应用准则   D. 案例库

21. 某企业的燃料按工时定额来分配,本月燃料费为8000元,甲产品生产工时为300小时,乙产品的生产工时为500小时,其中甲产品应分配的燃料费为( )元。
  A. 5000   B. 8000
  C. 3000   D. 6000

22. 某公司因持续暴雨导致停工5天,停工期间发生的原材料损耗7000元,应分摊的人工费用2000元,应分摊的水电费1500元,该停工损失应由保险公司赔偿2000元,假定不考虑其他因素,下列关于停工损失会计处理正确的是( )。
  A. 净停工损失8500,计入营业外支出
  B. 净停工损失8500,计入基本生产成本
  C. 净停工损失10500,计入营业外支出
  D. 净停工损失10500,计入基本生产成本

23. 下列各项中,可应用于企业成本管理领域的工具方法是( )。
  A. 敏感性分析   B. 变动成本法
  C. 平衡计分卡   D. 本量利分析

24. 下列各项中,不属于政府单位净资产类科目的是( )。
  A. 以前年度盈余调整
  B. 本期盈余
  C. 专用基金
  D. 资产处置费用

二、**多项选择题**(本类题共12小题,每小题2分,共24分。每小题备选答案中,有两个或两个以上符合题意的正确答案。多选、少选、错选、不选均不得分。)

1. 下列选项中,以"资产=负债+所有者权益"这一会计恒等式为理论依据的有( )。
  A. 编制资产负债表
  B. 成本计算
  C. 平行登记
  D. 复式记账

2. 企业发生现金盘亏,批准后,借方账户可能记入( )科目。
  A. "营业外支出"
  B. "其他应收款"
  C. "管理费用"
  D. "财务费用"

3. 关于企业存货的成本,以下表述正确的有( )。
  A. 某增值税一般纳税人购入农产品,收购发票上注明买价为20000元,假定相关的增值税进项税额扣除率为9%,另支付入库前挑选整理费100元,则农产品的入

账价值是20100元

B. 某增值税小规模纳税人购入农产品，收购发票上注明买价20000元，另支付入库前挑选整理费100元，则农产品的入账价值是20100元

C. 采购材料支付的原材料价款、运输费、装卸费应计入材料成本

D. 一般纳税企业购进原材料支付的增值税、消费税、关税应计入材料成本

4. 下列关于短期借款、应付账款的表述，正确的有（　　）。

A. 应付账款、短期借款属于流动负债

B. 2019年4月1日，某企业向银行借入一笔经营周转资金1000000元，期限3个月，到期一次还本付息，年利率为6%，借款利息采用不按月预提的方式，6月30日，企业用银行存款归还本息的会计分录为：

借：财务费用　　　　　15000
　　短期借款　　　　1000000
　　贷：银行存款　　　　1015000

C. 如果B选项借款利息采用按月预提、按季归还，6月30日，企业用银行存款归还利息的会计分录为：

借：应付利息　　　　　15000
　　贷：银行存款　　　　　15000

D. 2019年5月31日该短期借款的账面价值为1005000元

5. 下列各项中，会导致企业实收资本增加的有（　　）。

A. 盈余公积转增资本
B. 接受非流动资产捐赠
C. 资本公积转增资本
D. 接受投资者追加投资

6. 下列各项中，关于结转本年利润的方法表述正确的有（　　）。

A. 表结法减少了月末转账环节工作量，且不影响利润表的编制
B. 账结法无须每月编制转账凭证，仅在年末一次性编制
C. 表结法下每月月末需将损益类科目本月发生额合计数填入利润表的本月数栏目
D. 期末结转本年利润的方法有表结法和账结法两种

7. 企业为取得销售合同发生的且由企业承担的下列支出，应在发生时计入当期损益的有（　　）。

A. 尽职调查发生的费用
B. 投标活动发生的交通费
C. 投标文件制作费
D. 招标文件购买费

8. 下列各项中应计入工业企业其他业务收入的有（　　）。

A. 随同商品出售且单独计价的包装物取得的收入
B. 经营性租赁固定资产的租金收入
C. 出售无形资产取得的收入
D. 销售材料取得的收入

9. 下列收入中，应计入利润表"营业收入"项目的是（　　）。

A. 出租办公楼租金收入300万元
B. 产品销售收入4700万元
C. 企业债券利息收入35万元
D. 接受捐赠收入10万元

10. 下列关于产品成本计算与分析的表述，正确的有（　　）。

A. 品种法适用于单步骤、大量生产的企业，其成本核算对象是产品品种
B. 分批法主要适用于单件、小批生产的企业，此种方法下，产品成本计算是不定期的
C. 分步法的成本计算期是固定的，与产品的生产周期一致
D. 分步法分为逐步结转分步法和平行结转分步法，成本结转工作量一般很少

11. 下列各项中，属于政府会计中，预算会计科目的有（　　）。

A. 零余额账户用款额度
B. 资金结存—零余额账户用款额度
C. 资金结存—财政应返还额度
D. 财政拨款收入

12. 下列各项中,不影响利润表中营业利润的有( )。
   A. 固定资产盘亏净损失
   B. 无法查明原因的现金短缺
   C. 管理不善导致的原材料盘亏净损失
   D. 地震造成产品的毁损净损失

三、**判断题**(本类题共10小题,每小题1分,共10分。请判断每小题的表述是否正确。每小题答题正确的得1分,答题错误的扣0.5分,不答题的不得分也不扣分,本类题最低得分为零分。)

1. 借贷记账法中的记账规则,概括地说就是:"有借必有贷,借贷必相等"。 ( )
2. 企业在确定应收账款减值的核算方式时,应根据企业实际情况,按照成本效益原则,在备抵法和直接转销法之间合理选择。 ( )
3. 收回应收账款,使企业的资产增加。( )
4. 对于设定提存计划,企业应当根据在资产负债表日为换取职工在会计期间提供的服务而应向单独主体缴存的提存金,确认为应付职工薪酬。 ( )
5. 所有者权益内部结转项目,反映企业构成所有者权益组成部分之间的增减变动情况。 ( )
6. 企业在商品售出后,即使仍然能够对售出商品实施有效控制,也应确认商品销售收入。 ( )
7. 资产负债表中"交易性金融资产"项目应根据总账余额直接填列。 ( )
8. 所有者权益变动表中"综合收益总额"项目,反映净利润与其他综合收益扣除所得税影响后的净额相加后的合计金额。( )
9. 分步法分为逐步结转分步法和平行结转分步法,采用平行结转分步法不需要进行成本还原。 ( )
10. 政府财务会计中,采用权责发生制核算;在预算会计中,采用收付实现制核算。 ( )

四、**不定项选择题**(本类题共15小题,每小题2分,共30分。每小题备选答案中,有一个或一个以上符合题意的正确答案,每小题全部选对得满分,少选得相应分值,多选、错选、不选均不得分。)

(一)

东方公司为增值税一般纳税人,适用的增值税税率为13%,假设该公司销售商品、原材料和提供劳务均符合收入确认条件,2020年发生部分交易或事项:

(1)1月18日,销售一批材料,增值税专用发票上注明的售价为20万元,增值税税额为2.6万元,材料成本15万元。收到一张3个月到期不带息的银行承兑汇票,面值为22.6万元。

(2)3月9日,向乙公司销售商品一批,按商品标价计算的金额为125万元。该批商品实际成本为80万元。由于是成批销售,东方公司给予乙公司20%的商业折扣并开具了增值税专用发票,并在销售合同中规定现金折扣条件为2/10,1/20,N/30,东方公司已于当日发出商品,乙公司于3月25日付款,假定计算现金折扣时考虑增值税额。

(3)3月18日,东方公司把票据向银行贴现,贴现利息为0.1万元,其余部分已收存银行。

要求:根据上述资料,不考虑其他因素,分析回答下列小题。(答案中的金额单位用万元表示)

(1)根据资料(1),1月18日,东方公司有关销售材料和结转成本分录正确的是( )。

A. 确认收入的会计分录:
借:应收票据 22.6
 贷:主营业务收入 20
  应交税费——应交增值税(销项税额) 2.6

B. 确认收入的会计分录:
借:应收票据 22.6

贷：其他业务收入　　　　20
　　　　应交税费——应交增值税（销项税
　　　　额）　　　　　　　　2.6
C. 结转成本的会计分录：
　　借：主营业务成本　　　　15
　　　　贷：原材料　　　　　15
D. 结转成本的会计分录：
　　借：其他业务成本　　　　15
　　　　贷：原材料　　　　　15
（2）根据资料（2），3月9日，东方公司应确认销售商品收入（　　）万元。
　A. 100　　　　　B. 80
　C. 116　　　　　D. 60
（3）根据资料（2），3月25日，东方公司应确认的财务费用和收到的银行存款分别为（　　）万元。
　A. 1，112
　B. 2，111
　C. 1.13，111.87
　D. 2.26，110.74
（4）根据资料（2），如果现金折扣不考虑增值税，3月25日，东方公司应确认财务费用和收到银行存款分别为（　　）万元。
　A. 1，112
　B. 2，111
　C. 1.13，111.87
　D. 2.26，110.74
（5）根据资料（1）至（3），对东方公司2020年第1季度利润表中"营业利润"项目的影响金额是（　　）万元。
　A. 23.77　　　　B. 23.83
　C. 25　　　　　D. 45

（二）

丙公司为增值税一般纳税人，适用的增值税税率为13%，所得税税率为25%，转让不动产的增值税税率为9%。不考虑城市维护建设税和教育费附加。丙公司主要生产和销售甲产品。该公司对原材料采用计划成本核算，"原材料"账户在2020年1月1日的余额为408万元，"材料成本差异"账户在2020年1月1日的借方余额为8万元。

2020年度丙公司发生下列有关经济业务：

（1）销售甲产品一批，该批产品的成本为320万元，取得增值税费用发票上注明的不含税货款为800万元，增值税税额为104万元，产品已经发出，提货单已经交给买方，货款及增值税尚未收到。

（2）上述产品销售业务中，买方用银行存款支付了购买价款200万元和增值税税额，余款则开具了一张面值为600万元，期限为4个月的不带息商业承兑汇票。

（3）购入材料一批，增值税专用发票上注明的材料价款为400万元，增值税税额为52万元，材料已经验收入库，企业以商业承兑汇票支付，该批材料计划成本为390万元。

（4）商业承兑汇票到期后，以银行存款支付相关款项452万元。

（5）发出材料的计划成本为600万元。其中生产产品领用的材料的计划成本为400万元，车间管理部门领用的材料的计划成本为160万元，企业管理部门领用的材料的计划成本为40万元。

（6）转让一项原作为固定资产核算的不动产，取得转让收入70万元，增值税税额为6.3万元。该不动产原值为80万元，已提折旧40万元，转让时支付清理费用5万元；

（7）管理用无形资产摊销20万元，用银行存款支付销售费用25万元。

假设不存在其他纳税调整事项。

要求：根据上述资料，分析回答下列小题。（计算结果保留两位小数，答案中的金额单位用万元表示）

（1）根据资料（1）和（2），下列表述正确的有（　　）。
　A. 资料（1），应确认收入800万元
　B. 资料（1），应确认其他业务成本320万元

C. 资料（2），丙公司应确认其他货币资金600万元

D. 资料（2），丙公司应确认应收票据600万元

（2）根据资料（3）和（4），下列会计处理错误的有（　　）。

A. 借：在途物资　　　　　　400
　　　应交税费—应交增值税（进项税额）　　　　　　　　52
　　　　贷：应付票据　　　　452

B. 借：原材料　　　　　　　400
　　　　贷：材料采购　　　　390
　　　　　　材料成本差异　　10

C. 借：应付票据　　　　　　452
　　　　贷：银行存款　　　　452

D. 借：应付账款　　　　　　452
　　　　贷：银行存款　　　　452

（3）根据资料（5），下列计算正确的有（　　）。

A. 发出材料的成本差异率为-2.25%

B. 发出材料由制造费用承担的材料成本差异为3.62万元

C. 发出材料由管理费用承担的材料成本差异为0.9万元

D. 发出材料由生产成本承担的材料成本差异为12.66万元

（4）根据资料（6），处置不动产的净损益为（　　）万元。

A. 21.5　　　　B. 25

C. -25　　　　D. -21.5

（5）丙公司2020年度的净利润为（　　）万元。

A. 296.25　　　B. 345.45

C. 415.6　　　D. 314.33

（三）

甲公司为增值税一般纳税人，适用的增值税税率为13%，消费税税率为10%，产品销售价格中均不含增值税金额。销售产品为甲公司的主营业务，在确认收入时逐笔结转销售成本。2019年度6月份，甲公司发生的部分经济业务如下：

（1）6月5日向A公司销售应税消费品一批共计100000件，单价10元。为了鼓励A公司多购商品，甲公司同意给予A公司10%的商业折扣，在销售该批商品的过程中，甲公司共发生销售费用10000元，收到增值税专用发票一张，增值税税额900元。该批商品的实际成本是500000元，商品已经发出且已满足收入确认条件，货款尚未收到。

（2）6月8日，在购买材料业务中，根据对方规定的现金折扣条件提前付款，获得对方给予的现金折扣5000元。

（3）6月10日，为拓展市场发生业务招待费50000元，以银行存款支付。

（4）6月30日，将一批自产产品发放给销售人员，该批产品的实际成本为30000元，市价为50000元。

（5）6月30日，分配本月材料费用，基本生产车间领用材料700000元，辅助生产车间领用材料300000元，车间管理部门领用材料43000元，企业行政管理部门领用材料7000元。

（6）计提本月应负担的日常经营活动中的城市维护建设税5100元，教育费附加1700元。

（7）结转本月随同产品出售但不单独计价的包装物成本4000元。

假定除上述资料外，不考虑其他相关因素。

要求：根据上述资料，分析回答下列小题。（答案中的金额单位用元表示）

（1）根据资料（1）和（2），下列各项中，会计处理结果正确的是（　　）。

A. 6月5日，甲公司应确认的销售商品收入是1000000元

B. 6月5日，甲公司应确认的销售商品收入是910000元

C. 6月5日，甲公司应收账款的入账价值是1017000元

D. 6月8日，甲公司应冲减财务费用5000元

(2)根据资料(3)和(4)，下列会计处理正确的是(　　)。

A. 6月10日的会计处理为：
　　借：销售费用　　　　　　50000
　　　　贷：银行存款　　　　　　50000

B. 6月10日的会计处理为：
　　借：管理费用　　　　　　50000
　　　　贷：银行存款　　　　　　50000

C. 6月30日，应确认销售费用38500元

D. 6月30日，应确认主营业务收入50000元

(3)根据资料(5)和(6)，下列会计处理正确的是(　　)。

A. 资料(5)的会计分录：
　　借：生产成本—基本生产成本　700000
　　　　　　　—辅助生产成本　300000
　　　　制造费用　　　　　　43000
　　　　管理费用　　　　　　7000
　　　　贷：原材料　　　　　　1050000

B. 资料(5)的会计分录：
　　借：生产成本—基本生产成本　700000
　　　　　　　—辅助生产成本　300000
　　　　管理费用　　　　　　50000
　　　　贷：原材料　　　　　　1050000

C. 资料(6)的会计分录：
　　借：税金及附加　　　　　6800
　　　　贷：应交税费—应交城市维护建设税　　　5100
　　　　　　　　　—应交教育费附加　1700

D. 资料(6)的会计分录：
　　借：营业外支出　　　　　6800
　　　　贷：应交税费—应交城市维护建设税　　　5100
　　　　　　　　　—应交教育费附加　1700

(4)甲公司2019年6月的期间费用是(　　)万元。

A. 122500　　　　B. 134500
C. 114500　　　　D. 167500

(5)根据上述资料，甲公司2019年6月利润表中"营业利润"的金额是(　　)万元。

A. 102500　　　　B. 200700
C. 165500　　　　D. 155500

预测试题(一)
参考答案及详细解析

一、单项选择题

1. A 【解析】选项BD，应记入"管理费用"科目；选项C，不用进行账务处理。

2. B 【解析】选项A，从银行提取现金：
　　借：库存现金
　　　　贷：银行存款
　　资产内部一增一减。
　　选项B，从银行借入期限为3个月的短期借款：
　　借：银行存款
　　　　贷：短期借款
　　资产与负债同时增加。
　　选项C，向投资者宣告分配现金股利：
　　借：利润分配—应付现金股利或利润
　　　　贷：应付股利
　　借：利润分配—未分配利润
　　　　贷：利润分配—应付现金股利或利润
　　负债增加，所有者权益减少。
　　选项D，接受投资者投入机器设备：
　　借：固定资产
　　　　贷：实收资本
　　资产和所有者权益同时增加。

3. D

4. A 【解析】应计提的坏账准备金额=(1200-800)-350=50(万元)。

5. A 【解析】出售时投资收益=108-106=2(万元)。

6. D 【解析】材料成本差异率=(0.2-1.8)/(20+60)=-2%；结存材料的实际成本=(20+60-45)×(1-2%)=34.3(万元)。

7. D 【解析】入账价值=100000+2000+1000

= 103000(元)。

8. C 【解析】短期借款的利息计入应付利息,不影响短期借款的账面价值,所以2018年11月30日短期借款的账面价值还是100万元。

9. D 【解析】其他长期职工福利,是指除短期薪酬、离职后福利、辞退福利之外所有的职工薪酬。包括长期带薪缺勤、长期残疾福利、长期利润分享计划等。

10. A 【解析】应确认的应付职工薪酬 = 0.2×300+0.2×300×13% = 67.8(万元)。

11. C 【解析】已提足折旧仍继续使用的固定资产不计提折旧。所以本月需计提折旧的固定资产价值 = 960-60 = 900(万元),当月应计提折旧额 = 900×1% = 9(万元)。

12. A 【解析】选项BCD,属于所有者权益内部的一增一减,所有者权益总额不变。

13. D 【解析】该业务使资本公积增加的金额 = (6-1)×600-(72+18) = 2910(万元)。

14. A 【解析】
借:资本公积
　　贷:实收资本(股本)
可供分配利润 = 当年实现的净利润+年初未分配利润(或减年初未弥补亏损)+其他转入(主要是盈余公积补亏)。选项A,不影响留存收益,对可供分配利润没有影响。

15. D 【解析】安装检验工作和电梯销售高度关联,因此在合同层面是不可明确区分的,二者构成单项履约义务,甲公司在2019年对该事项不应确认收入。

16. C 【解析】对于某一时点履行的履约义务,企业应当在客户取得相关商品控制权时点确认收入。

17. B 【解析】短期借款、应付票据、应付账款、预收款项、合同负债、应付职工薪酬、应交税费、其他应付款、一年内到期的非流动负债等均属于流动负债项目。选项A,计入合同负债;选项B,计入预付账款,属于资产类科目;选项C,

计入应付账款;选项D,计入应付票据。

18. C 【解析】固定资产项目的金额 = 3000-800-200 = 2000(万元)。

19. C 【解析】选项A,发生所得税费用影响净利润,不影响营业利润;选项B,固定资产报废净损失计入营业外支出,影响利润总额,不影响营业利润;选项C,计提固定资产减值损失,借记"资产减值损失",贷记"固定资产减值准备",资产减值损失影响营业利润;选项D,盘亏固定资产净损失计入营业外支出,影响利润总额,不影响营业利润。

20. C

21. C 【解析】甲产品应分担的燃料费 = 8000×300/(300+500) = 3000(元)。

22. A 【解析】净停工损失 = 7000+2000+1500-2000 = 8500(元),由于是持续暴雨导致停工损失,属于自然灾害导致的,计入营业外支出。

23. B 【解析】选项AD,属于营运管理领域应用的工具方法;选项C,属于绩效管理领域应用的工具方法。

24. D 【解析】选项D属于费用类科目。

二、多项选择题

1. AD

2. BC

3. BC 【解析】选项A,所购农产品的入账价值 = 20000×(1-9%)+100 = 18300(元);选项D,一般纳税企业购进原材料支付的增值税一般不计入材料成本。

4. AB 【解析】选项C,如果B选项借款利息采用按月预提、按季归还,6月30日,企业用银行存款归还利息的会计分录为:
借:财务费用　　　　　　　5000
　　应付利息　　　　　　　10000
　　贷:银行存款　　　　　　　15000
选项D,2019年5月31日,该短期借款的账面价值为1000000元。

5. ACD 【解析】分录分别为:
A:借:盈余公积

     贷：实收资本
   B：借：固定资产等
     贷：营业外收入
   C：借：资本公积
     贷：实收资本
   D：借：银行存款等
     贷：实收资本
        资本公积

6. ACD 【解析】账结法需要每月末都编制转账凭证，而表结法不需要每月末编制，仅在年末一次性编制。

7. ABCD 【解析】差旅费、投标费、为准备投标资料发生的相关费用等，这些支出无论是否取得合同均会发生，应当在发生时计入当期损益，除非这些支出明确由客户承担。

8. ABD

9. AB 【解析】选项C，计入投资收益，选项D，计入营业外收入。

10. AB 【解析】选项C，大量大批的多步骤生产的情形，适用分步法，如冶金、纺织、机械制造等企业一般适用分步法。此种方法下，成本计算期固定，与产品的生产周期不一致；选项D，逐步结转分步法下，成本结转工作量比较大，还要进行成本还原，增加了核算的工作量。

11. BC

12. AD 【解析】选项AD，记入"营业外支出"科目，不影响营业利润；选项BC，记入"管理费用"科目，影响营业利润。

三、判断题

1. √
2. ×
3. × 【解析】收回应收账款，银行存款增加，应收账款减少，资产总额不变。
4. √
5. √
6. × 【解析】企业将商品所有权上的主要风险和报酬转移给购货方后，如仍然保留通常与所有权相联系的继续管理权，或仍然对售出的商品实施有效控制，则销售不成立，不应确认商品销售收入。

7. × 【解析】"交易性金融资产"项目应根据"交易性金融资产"科目的相关明细科目期末余额分析填列。自资产负债表日起超过一年到期且预期持有超过一年的以公允价值计量且其变动计入当期损益的非流动金融资产的期末账面价值，在"其他非流动金融资产"项目反映。

8. √

9. √ 【解析】平行结转分步法不必逐步结转半成品成本，不必进行成本还原，能够简化和加速成本计算工作。

10. √

四、不定项选择题

(一)

(1) BD；(2) A；(3) C；(4) A；(5) A。

【解析】(1) 1月18日分录：
借：应收票据   22.6
  贷：其他业务收入   20
    应交税费—应交增值税（销项税额）
                          2.6

结转成本的会计分录：
借：其他业务成本   15
  贷：原材料   15

(2) 3月9日销售商品时发生商业折扣，要以折扣后的价值确认收入，金额 = 125 × (1-20%) = 100（万元）；

(3) 财务费用 = 113 × 1% = 1.13（万元），收到的银行存款 = 113 - 1.13 = 111.87（万元）；

(4) 现金折扣不考虑增值税，东方公司应确认财务费用1万元和收到银行存款112万元。

(5) 利润表中"营业收入"的金额 = 20[资料(1)] + 100[资料(2)] = 120（万元）。
"营业成本"的金额 = 15[资料(1)] + 80[资料(2)] = 95（万元）。
"财务费用"的金额 = 1.13[资料(2)] + 0.1[资料(3)] = 1.23（万元）。
影响"营业利润"的金额 = 120 - 95 - 1.23 = 23.77（万元）。

(二)

(1) AD；(2) ABD；(3) BC；(4) B；(5) D。

【解析】 (1)相关分录如下：

资料(1)会计分录为：

销售甲产品一批：

借：应收账款　　　　　　　904
　　贷：主营业务收入　　　　800
　　　　应交税费—应交增值税(销项税额)
　　　　　　　　　　　　　　104
借：主营业务成本　　　　　320
　　贷：库存商品　　　　　　320

资料(2)会计分录为：

借：银行存款　　　　　　　304
　　应收票据　　　　　　　600
　　贷：应收账款　　　　　　904

(2)材料入库前，先记入"材料采购"科目，应确认的成本差异为超支差异10万元。

资料(3)会计分录为：

借：材料采购　　　　　　　400
　　应交税费—应交增值税(进项税额)
　　　　　　　　　　　　　　52
　　贷：应付票据　　　　　　452
借：原材料　　　　　　　　390
　　材料成本差异　　　　　 10
　　贷：材料采购　　　　　　400

资料(4)会计分录为：

借：应付票据　　　　　　　452
　　贷：银行存款　　　　　　452

(3)资料(5)：

发出材料的材料成本差异率＝(8＋10)/(408＋390)×100%＝2.26%；

发出材料应负担的材料成本差异＝600×2.26%＝13.56(万元)；

借：生产成本　　　　　　　400
　　制造费用　　　　　　　160
　　管理费用　　　　　　　 40
　　贷：原材料　　　　　　　600
借：生产成本　(13.56×400/600)9.04
　　制造费用　(13.56×160/600)3.62
　　管理费用(13.56−9.04−3.62)0.9
　　贷：材料成本差异　　　　13.56

(4)资料(6)会计分录为：

借：固定资产清理　　　　　 40
　　累计折旧　　　　　　　 40
　　贷：固定资产　　　　　　 80
借：固定资产清理　　　　　 5
　　贷：银行存款　　　　　　 5
借：银行存款　　　　　　　76.3
　　贷：固定资产清理　　　　 70
　　　　应交税费—应交增值税(销项税额)
　　　　　　　　　　　　　　6.3
借：固定资产清理　　　　　 25
　　贷：资产处置损益　　　　 25

(5)利润总额＝800[资料(1)]−320[资料(1)]−40[资料(5)]−0.9[资料(5)]＋25[资料(6)]−20[资料(7)]−25[资料(7)]＝419.1(万元)；

净利润＝419.1×(1−25%)＝314.33(万元)。

(三)

(1) CD；(2) BD；(3) AC；(4) A；(5) B。

【解析】 (1)资料(1)的会计分录：

借：应收账款　　　　　　1017000
　　贷：主营业务收入　　　 900000
　　　　应交税费—应交增值税(销项税额)
　　　　　　　　　　　　　117000
借：销售费用　　　　　　　10000
　　应交税费—应交增值税(进项税额)
　　　　　　　　　　　　　　900
　　贷：银行存款　　　　　　10900
借：主营业务成本　　　　　500000
　　贷：库存商品　　　　　　500000
借：税金及附加　　　　　　90000
　　贷：应交税费—应交消费税　90000

资料(2)的会计分录：

借：应付账款　　　　　　　5000
　　贷：财务费用　　　　　　5000

(2)资料(3)的会计分录：

借：管理费用—业务招待费　50000
　　贷：银行存款　　　　　　　　50000
资料(4)的会计分录：
借：销售费用　　　　　56500
　　贷：应付职工薪酬　　　　　　56500
借：应付职工薪酬　　　56500
　　贷：主营业务收入　　　　　　50000
　　　　应交税费—应交增值税(销项税额)　　　　　　　　　　　6500
借：主营业务成本　　　30000
　　贷：库存商品　　　　　　　　30000
(3)资料(5)的会计分录：
借：生产成本—基本生产成本　700000
　　　　　—辅助生产成本　300000
　　管理费用　　　　　　　7000
　　制造费用　　　　　　 43000
　　贷：原材料　　　　　　　 1050000

资料(6)的会计分录：
借：税金及附加　　　　　6800
　　贷：应交税费—应交城市维护建设税
　　　　　　　　　　　　　　　5100
　　　　　　—应交教育附加　1700
(4)甲公司2019年6月份的期间费用总额＝10000［资料（1）］－5000［资料（2）］＋50000［资料（3）］＋56500［资料（4）］＋7000［资料（5）］＋4000［资料（7）］＝122500（元）。
(5)营业利润＝主营业务收入900000－主营业务成本500000－销售费用10000－税金及附加90000－财务费用(－5000)－管理费用50000－销售费用56500＋主营业务收入50000－主营业务成本30000－管理费用7000－销售费用4000－税金及附加6800＝200700（元）。

预测试题（二）

采用电子答题卡技术
考生扫描右侧二维码，将答案选项填入电子答题卡中，系统自动判题，并生成学习报告。
（注：微信扫一扫，答题查看正确率及解析）

一、单项选择题（本类题共 24 小题，每小题 1.5 分，共 36 分。每小题备选答案中，只有一个符合题意的正确答案。多选、错选、不选均不得分。）

1. 费用是指企业为销售产品、提供服务而发生的（ ）。
   A. 经济利益的流出
   B. 经济利益的增加
   C. 经济利益的流入
   D. 经济利益的分配

2. "应付账款"账户期初贷方余额为 78000 元，本期借方发生额为 230000 元，贷方发生额为 200000 元，下列关于期末余额的表述中，正确的是（ ）。
   A. 借方 278000 元   B. 借方 30000 元
   C. 贷方 48000 元   D. 贷方 88000 元

3. 甲公司 2019 年 6 月 6 日销售产品一批，货款为 2000 万元，增值税税率为 13%，该公司为增值税一般纳税人。销售当日甲公司收到购货方寄来一张 3 个月到期不带息商业承兑汇票用以结算前述所有款项，甲公司应收票据的入账金额是（ ）万元。
   A. 2068   B. 1660
   C. 2260   D. 2000

4. 甲公司从证券市场购入股票 20000 股，每股 10 元，另支付交易费用 1000 元。甲公司将其划分为交易性金融资产，其初始入账价值是（ ）元。
   A. 201000   B. 200000
   C. 188000   D. 189000

5. 某商业企业的库存商品采用售价金额核算。2018 年 4 月初库存商品成本为 10000 元，售价总额为 20000 元，本月购入库存商品成本为 50000 元。售价总额为 60000 元。4 月销售收入为 75000 元。不考虑其他因素，该企业 4 月份销售成本为（ ）元。
   A. 62500   B. 60000
   C. 56250   D. 37500

6. 某企业对一条生产线进行改扩建，该生产线原价 1000 万元，已计提折旧 300 万元，改扩建生产线发生相关支出 800 万元，满足固定资产确认条件，则改扩建后生产线的入账价值为（ ）万元。
   A. 800   B. 1500
   C. 1800   D. 1000

7. 下列关于无形资产会计处理的表述中，正确的是（ ）。
   A. 当月增加的使用寿命有限的无形资产从下月开始摊销
   B. 无形资产摊销方法应当反映其经济利益的预期消耗方式
   C. 无法可靠确定有关的经济利益的预期消耗方式的无形资产不应摊销
   D. 使用寿命不确定的无形资产应采用年限平均法按 10 年摊销

8. 结转确实无法支付的应付账款，账面余额转入（ ）。
   A. 管理费用
   B. 财务费用
   C. 其他业务收入
   D. 营业外收入

9. 应通过其他应付款核算的是（ ）。

A. 收到客户存入的保证金
B. 应付现金股利
C. 应交教育费附加
D. 应付的购货款

10. 丁公司实行累积带薪缺勤制度，该制度规定，每个职工每年可享受5个工作日的带薪年休假。丁公司1000名职工预计2019年有950名职工将享受不超过5天的带薪年休假，剩余50名职工每人将平均享受6天半年休假，假定这50名职工全部为总部各部门经理，平均每名职工每个工作日工资为300元。2018年12月31日的账务处理是（　　）。

A. 借：管理费用　　　　　　22500
　　　贷：应付职工薪酬—带薪缺勤—
　　　　　短期带薪缺勤—累积带薪缺
　　　　　勤　　　　　　　　22500

B. 借：管理费用　　　　　　15000
　　　贷：应付职工薪酬—带薪缺勤—
　　　　　短期带薪缺勤—累积带薪缺
　　　　　勤　　　　　　　　15000

C. 借：制造费用　　　　　　22500
　　　贷：应付职工薪酬—带薪缺勤—
　　　　　短期带薪缺勤—累积带薪缺
　　　　　勤　　　　　　　　22500

D. 借：制造费用　　　　　　15000
　　　贷：应付职工薪酬—带薪缺勤—
　　　　　短期带薪缺勤—累积带薪缺
　　　　　勤　　　　　　　　15000

11. 一般纳税人已取得增值税扣税凭证、按照现行增值税制度规定准予从销项税额中抵扣，但尚未经税务机关认证的进项税额，对应的增值税科目是（　　）。
A. 应交税费—待认证进项税额
B. 应交税费—待抵扣进项税额
C. 应交税费—待转销项税额
D. 应交税费—应交增值税（进项税额）

12. 某上市公司发行普通股1000万股，每股面值1元，每股发行价格5元，支付手续费20万元，支付咨询费60万元。该公司发行普通股计入股本的金额为（　　）万元。
A. 1000　　　　　B. 4920
C. 4980　　　　　D. 5000

13. 下列各项中，引起企业留存收益总额发生变化的是（　　）。
A. 提取法定盈余公积
B. 宣告分配现金股利
C. 提取任意盈余公积
D. 用盈余公积弥补亏损

14. 2013年初，某公司"盈余公积"账户余额为120万元，当年实现利润总额900万元，所得税费用300万元，按10%提取盈余公积，经股东大会批准用盈余公积50万元转增资本，2013年12月31日，该公司资产负债表中"盈余公积"项目年末余额为（　　）万元。
A. 120　　　　　B. 180
C. 70　　　　　 D. 130

15. 某公司销售商品收入560万元，处置固定资产收益110万元，处置材料收入320万元，应计入"营业收入"的金额为（　　）万元。
A. 1016　　　　　B. 670
C. 880　　　　　 D. 990

16. 不直接通过生产成本核算的是（　　）。
A. 车间管理人员工资和福利
B. 生产车间工人的工资
C. 生产车间工人的福利费
D. 生产车间生产投入的材料

17. 下列各项中，资产负债表中"期末余额"根据总账科目余额直接填列的项目是（　　）。
A. 固定资产　　　B. 在建工程
C. 应付账款　　　D. 短期借款

18. 2018年12月31日，某公司"生产成本"借方余额500万元，"原材料"借方余额300万元，"材料成本差异"贷方余额20万元，"存货跌价准备"贷方余额10万元，"工程物资"借方余额200万元。资产负债表中"存货"项目金额为（　　）万元。
A. 970　　　　　B. 780

C. 770　　　　D. 830

19. 下列项目中，应在所有者权益变动表中反映的是（　）。
   A. 支付职工薪酬
   B. 盈余公积转增股本
   C. 赊购商品
   D. 购买商品支付的现金

20. 下列方法中，不属于成本管理领域应用工具方法的是（　）。
   A. 目标成本法　　B. 标准成本法
   C. 变动成本法　　D. 作业预算

21. 下列选项中，单位应用管理会计不包括（　）。
   A. 信息与报告
   B. 工具方法
   C. 管理会计活动
   D. 内部环境

22. 某企业只生产一种产品，采用约当产量比例法将生产费用在完工产品和在产品之间进行分配，材料在产品投产时一次投入。月初在产品直接材料成本为10万元，当月耗用材料成本为50万元，当月完工产品30件，月末在产品30件，完工程度60%，本月完工产品成本中直接材料成本为（　）万元。
   A. 30　　　　B. 22.5
   C. 25　　　　D. 37.5

23. 下列各项中，不属于事业单位负债的是（　）。
   A. 应缴财政款　　B. 应交增值税
   C. 应付账款　　　D. 长期待摊费用

24. 下列各项中，不属于政府财务会计要素的是（　）。
   A. 资产　　　　B. 净资产
   C. 负债　　　　D. 预算收入

二、**多项选择题**（本类题共12小题，每小题2分，共24分。每小题备选答案中，有两个或两个以上符合题意的正确答案。多选、少选、错选、不选均不得分。）

1. 下列经济业务中，应填制付款凭证的有（　）。
   A. 提取库存现金备用
   B. 以银行存款支付前欠某单位货款
   C. 购买材料未付款
   D. 购买材料以银行存款预先支付定金

2. 下列各项中，关于应收及预付款项的核算表述正确的是（　）。
   A. 持有商业承兑汇票向银行贴现，支付给银行的贴现利息应记入"财务费用"科目
   B. 采用托收承付结算方式销售商品，增值税发票上注明的价款和销项税额记入"应收账款"科目，为客户代垫的运输费记入"其他应收款"科目
   C. 确认销售收入时的现金折扣不影响"应收账款"的入账金额
   D. 如果企业不设置"预付账款"科目，在"预收账款"科目的借方核算

3. 下列关于企业的固定资产折旧的表述，正确的有（　）。
   A. 影响固定资产折旧的因素有固定资产的原价、预计使用寿命、预计净残值和已计提的固定资产减值准备等
   B. 企业应当对所有固定资产计提折旧，除以下情况外：已提足折旧仍继续使用的固定资产、单独计价入账的土地、大修理的固定资产、提足折旧的固定资产和提前报废的固定资产
   C. 固定资产应当按月计提折旧，当月增加，当月开提；当月减少，当月不提
   D. 无形资产应当按月计提摊销，当月增加，当月开摊；当月减少，当月不摊

4. 下列关于应付票据、应付利息等的表述，不正确的有（　）。
   A. 企业支付银行承兑汇票手续费，记入"财务费用"的借方
   B. 应付银行承兑汇票到期，如企业无力支付票款，分录为：
   　借：应付票据
   　　　贷：应付账款
   C. 计提借款利息时，贷记"应付利息"，

借记可能是"在建工程""财务费用""研发支出"等

D. 支付的银行承兑汇票手续费，应计入管理费用

5. 下列关于资本公积的表述，不正确的有( )。

   A. 资本公积—其他资本公积指除净损益、其他综合收益和利润分配以外所有者权益的其他变动

   B. 某公司首次公开发行普通股1000万股，每股面值为1元，每股发行价格为5元，支付佣金82万元，手续费18万元，该业务使企业资本公积增加金额为4000万元

   C. 资本公积和留存收益（盈余公积、未分配利润）都可以转增资本（或股本）、弥补亏损

   D. 企业实现净利润、资本公积转增资本和投资者超过注册资本额的投入资本不会使资本公积、留存收益和所有者权益发生增减变动

6. 下列各项中，属于与收入确认有关的步骤的有( )。

   A. 识别与客户订立的合同
   B. 识别合同中的单项履约义务
   C. 将交易价格分摊至各单项履约义务
   D. 履行各单项履约义务时确认收入

7. 关于附有质量保证条款的销售中的质量保证的会计处理，下列表述正确的有( )。

   A. 法定要求之外的质量保证，通常应作为单项履约义务
   B. 企业提供额外服务的，一般应当作为单项履约义务
   C. 企业销售商品提供的质量保证，均应与商品销售作为一项履约义务
   D. 企业提供的质量保证属于向客户保证所销售商品符合既定标准的服务的，应作为或有事项进行会计处理

8. 企业发生的下列各项支出中，应直接计入当期损益的有( )。

   A. 为履行合同发生的直接人工、直接材料、制造费用或类似费用
   B. 为取得销售合同支付的销售人员佣金
   C. 无法在尚未履行的与已履行（或已部分履行）的履约义务之间区分的相关支出
   D. 非正常消耗的直接材料、直接人工和制造费用

9. 下列各项中，应计入销售费用的有( )。

   A. 分配的专设销售机构职工薪酬
   B. 参加博览会支付的展览费
   C. 预计产品质量保证损失
   D. 结转随同产品出售但不单独计价的包装物成本

10. 下列关于利润表的表述，正确的有( )。

    A. 营业收入项目应根据"主营业务收入"和"其他业务收入"科目的发生额分析填列
    B. 2018年10月，某企业发生以下交易或事项：支付诉讼费用20万元，固定资产处置净损失10万元，对外公益性捐赠支出4万元，支付税收滞纳金4万元，该企业2018年10月利润表"营业外支出"项目的本期金额为8万元
    C. 原材料盘亏损失、固定资产减值损失、无形资产处置净损失应列入利润表"资产减值损失"项目
    D. 购买商品支付货款取得的现金折扣列入利润表"财务费用"项目

11. 下列各项中，关于分批法的表述正确的有( )。

    A. 成本计算期与产品生产周期基本一致
    B. 一般不需在完工产品和在产品之间分配成本
    C. 以产品的批别作为成本核算对象
    D. 需要计算和结转各步骤产品的生产成本

12. 在财政授权支付方式下，甲事业单位进行的下列财务会计处理中，正确的有( )。

    A. 年末，本年度财政授权支付预算指标

数大于零余额账户用款额度下达数的，根据未下达的用款额度，借记"财政应返还额度"，贷记"财政拨款收入"科目。

B. 下年初，单位根据代理银行提供的上年度注销额度恢复到账通知书作恢复额度的处理，借记"财政应返还额度"科目，贷记"零余额账户用款额度"科目

C. 下年初，单位收到财政部门批复的上年未下达零余额账户用款额度，借记"零余额账户用款额度"，贷记"财政应返还额度"科目

D. 年末将零余额账户用款额度注销后，零余额账户用款额度不再有余额

三、**判断题**(本类题共10小题，每小题1分，共10分。请判断每小题的表述是否正确。每小题答题正确的得1分，答题错误的扣0.5分，不答题的不得分也不扣分，本类题最低得分为零分。)

1. 企业宣告分配现金股利，使所有者权益减少、负债增加，资产总额不变。　　　（　　）
2. 企业采用月末一次加权平均法计量发出材料的成本，在本月有材料入库的情况下，物价上涨时，当月月初发出材料的单位成本小于月末发出的材料的单位成本。（　　）
3. 企业向客户转让商品的对价未达到"很可能收回"这一收入确认条件的，不应确认收入。　　　　　　　　　　　　（　　）
4. 采用成本法核算的长期股权投资，企业在持有期间，被投资单位宣告发放现金股利或利润，按应享有的份额，借记"应收股利"科目，贷记"投资收益"科目。（　　）
5. 受托方代销货物收到的手续费，应确认为劳务收入。　　　　　　　　　（　　）
6. "利润分配"总账的年末余额不一定与相应的资产负债表中"未分配利润"项目的数额一致。　　　　　　　　　　（　　）
7. 所有者权益变动表是反映企业当期所有者权益各构成部分增减变动情况的报表。（　　）
8. 我国企业的资产负债表采用左右账户式结构。　　　　　　　　　　　（　　）

9. 企业产品成本核算对象主要根据企业生产特点加以确定，同时考虑成本管理要求。　　　　　　　　　（　　）
10. "权益法调整"科目属于政府单位资产类科目。　　　　　　　　　（　　）

四、**不定项选择题**(本类题共15分，每小题2分，共30分。每小题备选答案中，有一个或一个以上符合题意的正确答案，每小题全部选对得满分，少选得相应分值，多选、错选、不选均不得分。)

（一）

A公司2019年有关资料如下：

(1) 2019年12月1日，应收B公司账款期初余额为125万元，其对应的坏账准备贷方余额为5万元；12月5日，向B公司销售产品110件，单价1万元，增值税税率13%，单位销售成本0.8万元，未收款；

(2) 12月25日，因产品质量原因，B公司要求退回本月5日购买的10件商品，A公司同意B公司退货，并办理退货手续和开具红字增值税专用发票，A公司收到B公司退回的商品；

(3) 12月26日，应收C公司账款发生坏账损失2万元，A公司将其予以核销；

(4) 12月28日，收回前期已核销的坏账1万元，存入银行；

(5) 2019年12月31日，A公司根据其应收账款的信用风险状况，评估认定对其应收账款按照余额的5%计提信用减值是合理的。

要求：根据上述资料，不考虑其他因素，分析回答下列小题。（答案中金额单位用万元表示）

(1) 根据资料(1)，关于A公司2019年销售商品的会计分录，下列各项中正确的是（　　）。

A. 借：应收账款　　　　　　124.3
　　贷：主营业务收入　　　　110
　　　　应交税费—应交增值税（销项税额）　　　　14.3

B. 借：主营业务成本　　　　　　88
　　　贷：库存商品　　　　　　　　88
　C. 借：应收账款　　　　　124.3
　　　贷：其他业务收入　　　　　110
　　　　　应交税费——应交增值税（销项税额）　　　　　　　14.3
　D. 借：其他业务成本　　　　　　88
　　　贷：库存商品　　　　　　　　88

(2)根据资料(2)，关于 A 公司 2019 年销售退回的会计分录，下列各项中正确的是(　　)。

　A. 借：主营业务收入　　　　　　10
　　　　应交税费——应交增值税（销项税额）　　　　　　　　1.3
　　　贷：银行存款　　　　　　　11.3
　B. 借：库存商品　　　　　　　　　8
　　　贷：其他业务成本　　　　　　8
　C. 借：主营业务收入　　　　　　10
　　　　应交税费——应交增值税（销项税额）　　　　　　　　1.3
　　　贷：应收账款　　　　　　　11.3
　D. 借：库存商品　　　　　　　　　8
　　　贷：主营业务成本　　　　　　8

(3)根据资料(1)至(5)，A 公司 2019 年应收账款的期末余额是(　　)。

　A. 111　　　　　B. 109
　C. 243　　　　　D. 236

(4)根据资料(1)至(5)，A 公司 2019 年末坏账准备的计提金额是(　　)。

　A. 7.8　　　　　B. 5
　C. 4　　　　　　D. 2

(5)根据资料(1)至(5)，A 公司 2019 年与坏账有关的处理，下列各项正确的是(　　)。

　A. 2019 年 12 月 26 日的会计分录为：
　　　借：坏账准备　　　　　　　　　2
　　　　贷：应收账款　　　　　　　　2
　B. 2019 年 12 月 28 日的会计分录为：
　　　借：应收账款　　　　　　　　　1
　　　　贷：坏账准备　　　　　　　　1

　　　借：银行存款　　　　　　　　　1
　　　　贷：应收账款　　　　　　　　1
　C. 2019 年 12 月 31 日坏账准备余额为 11.8 万元
　D. 2019 年 12 月 31 日坏账准备补提数为 3.8 万元

(二)

甲企业为增值税一般纳税人，适用的增值税税率为 13%，原材料按实际成本核算，2019 年 12 月初，A 材料账面余额为 90000 元。该企业 12 月份发生的有关经济业务如下：

(1)5 日，购入 A 材料 1000 千克，增值税专用发票上注明的价款为 300000 元，增值税税额为 39000 元。购入该批材料发生保险费 1000 元，发生运杂费 4000 元，运输过程中发生合理损耗 10 千克。材料已验收入库，款项均已通过银行付讫。

(2)15 日，委托外单位加工 B 材料(属于应税消费品)，发出 B 材料成本为 70000 元，支付加工费 20000 元，取得的增值税专用发票上注明的增值税税额为 2600 元，由受托方代收代缴的消费税为 10000 元，材料加工完毕验收入库，款项均已支付。材料收回后用于继续生产应税消费品。

(3)20 日，领用 A 材料 60000 元，用于企业专设销售机构所用房屋的日常维修，购入 A 材料时支付的相应增值税税额为 7800 元。

(4)31 日，生产领用 A 材料一批，该批材料成本为 15000 元。

要求：根据上述资料，不考虑其他因素，分析回答下列小题。(答案中的金额单位用元表示)

(1)根据资料(1)，下列各项中，应计入外购原材料实际成本的是(　　)。

　A. 运输过程中的合理损耗
　B. 采购过程中发生保险费
　C. 增值税专用发票上注明的价款
　D. 增值税专用发票上注明的增值税税额

(2)根据资料(1),下列各项中,关于甲企业采购A材料的会计处理结果正确的是( )。
A. 记入"原材料"科目的金额为305000元
B. 记入"原材料"科目的金额为304720元
C. 记入"应交税费—应交增值税(进项税额)"科目的金额为39000元
D. 记入"应交税费—应交增值税(进项税额)"科目的金额为51280元

(3)根据资料(2),下列各项中,关于甲企业委托加工业务会计处理表述正确的是( )。
A. 收回委托加工物资的成本为90000元
B. 收回委托加工物资的成本为100000元
C. 受托方代收代缴的消费税10000元应计入委托加工物资成本
D. 受托方代收代缴的消费税10000元应记入"应交税费"科目的借方

(4)根据资料(3),关于甲企业专设销售机构所用房屋日常维修领用A材料的会计处理,下列各项中正确的是( )。
A. 借:销售费用　　　　　　　60000
　　　贷:原材料—A材料　　　　60000
B. 借:在建工程　　　　　　　67800
　　　贷:原材料—A材料　　　　60000
　　　　　应交税费—应交增值税(进项税额转出)　　7800
C. 借:销售费用　　　　　　　67800
　　　贷:原材料—A材料　　　　60000
　　　　　应交税费—应交增值税(进项税额转出)　　7800
D. 借:在建工程　　　　　　　60000
　　　贷:原材料—A材料　　　　60000

(5)根据期初资料和资料(1)至(4),甲企业12月31日A材料的结存成本为( )元。
A. 304800　　B. 315000
C. 319720　　D. 320000

(三)

甲公司为增值税一般纳税人,适用的增值税税率为13%,2019年12月初,该公司"应收账款—乙公司"科目借方余额为30万元,"合同负债—丙公司"科目贷方余额为20万元。"坏账准备"科目贷方余额为1.5万元。2019年12月,该公司发生相关经济业务如下:

(1)3日,向乙公司销售M产品1000件,开具增值税专用发票注明的价款10万元,增值税税额1.3万元,产品已发出;销售合同规定的现金折扣条件为2/10,1/20,N/30,计算现金折扣不考虑增值税,款项尚未收到。

(2)13日,向丙公司销售一批H产品,开具增值税专用发票注明的价款30万元,增值税税额3.9万元。丙公司于上月预付20万元。甲公司于13日收到余款存入银行。

(3)20日,收回上年度已作坏账核销的丁公司应收账款2万元,款项已存入银行。

(4)31日,应收乙公司账款预计未来现金流量现值为39.6万元。假定甲公司对应收乙公司的账款单独进行减值测试。

要求:根据上述资料,不考虑其他因素,分析回答下列小题。(答案中的金额单位用万元表示)

(1)根据资料(1),下列各项中,关于甲公司3日销售M产品的会计处理结果正确的是( )。
A. 确认应收账款11.5万元
B. 确认主营业务收入10万元
C. 确认主营业务收入9.8万元
D. 确认应收账款11.3万元

(2)根据期初资料和资料(2),下列各项中,甲公司13日销售H产品的会计处理结果正确的是( )。
A. "应交税费—应交增值税(销项税额)"科目贷方余额增加3.9万元
B. "主营业务收入"科目贷方金额增加30万元
C. 结转合同负债20万元

D. 确认银行存款 13.9 万元

(3)根据资料(3)，下列各项中，关于收回已作坏账转销的丁公司应收账款的会计处理表述正确的是(　)。

A."银行存款"科目借方登记 2 万元
B."坏账准备"科目借方登记 2 万元
C."坏账准备"科目贷方登记 2 万元
D."信用减值损失"科目贷方登记 2 万元

(4)根据期初资料、资料(1)至(4)，下列各项中，甲公司相应会计处理结果正确的是(　)。

A. 12 月末"应收账款—乙公司"账面价值为 39.6 万元
B. 12 月末"坏账准备"科目贷方余额为 0
C. 对于乙公司的应收账款，应在 12 月末计提坏账准备 1.7 万元
D. 12 月末"应收账款—乙公司"科目借方余额为 41.3 万元

(5)根据期初资料、资料(1)至(4)，12 月份甲公司的"信用减值损失"科目发生额是(　)万元。

A. 0   B. 1.7
C. -0.3   D. -2

预测试题(二)
参考答案及详细解析

一、单项选择题

1. A
2. C
3. C 【解析】甲公司应收票据的入账金额 = 2000×(1+13%) = 2260(万元)。
4. B
5. C 【解析】4 月份销售成本 = 75000 - 75000×[(20000 - 10000) + (60000 - 50000)] / (20000 + 60000) = 56250(元)。
6. B 【解析】改扩建后生产线的入账价值 = 1000 - 300 + 800 = 1500(万元)。
7. B
8. D 【解析】转销确实无法支付的应付账款，属于企业的利得，应计入营业外收入。
9. A 【解析】选项 B，应付现金股利通过"应付股利"核算；选项 C，应交教育费附加通过"应交税费"核算；选项 D，应付的购货款通过"应付账款"核算。
10. A 【解析】丁公司在 2018 年 12 月 31 日应当预计由于职工累积未使用的带薪年休假权利而导致的预期支付的金额，即相当于 75 天(50×1.5 天)的年休假工资金额 22500(75×300)元。为总部各部门经理发生的费用应计入管理费用。
11. A 【解析】"待认证进项税额"明细科目，核算一般纳税人由于未经税务机关认证而不得从当期销项税额中抵扣的进项税额。包括一般纳税人已取得增值税扣税凭证、按照现行增值税制度规定准予从销项税额中抵扣，但尚未经税务机关认证的进项税额。
12. A 【解析】按股票的面值确认股本的金额。
13. B 【解析】选项 B 的相关分录为：
借：利润分配
　　贷：应付股利
该事项导致留存收益减少。
14. D 【解析】2013 年提取盈余公积 = (900 - 300)×10% = 60(万元)，盈余公积年末余额 = 120 + 60 - 50 = 130(万元)。
15. C 【解析】营业收入 = 主营业务收入 + 其他业务收入 = 560 + 320 = 880(万元)。
16. A 【解析】车间管理人员工资和福利通过"制造费用"核算。
17. D 【解析】选项 AB，根据总账科目减去备抵科目后的余额填列；选项 C，根据有关明细账余额分析填列。
18. C 【解析】500 + 300 - 20 - 10 = 770(万元)，工程物资不属于存货的范畴。
19. B 【解析】盈余公积转增股本在所有者权益变动表"股本"栏目和"盈余公积"栏目反映。

20. D 【解析】成本管理领域应用工具方法包括目标成本法、标准成本法、变动成本法、作业成本法。

21. D

22. A 【解析】共耗用直接材料10+50=60(万元)，因为材料在产品投产时一次投入，所以原材料在完工产品和在产品中进行分配的比例是一样的，不需要进行约当产量的计算。分配率=60÷(30+30)=1，本月完工产品成本中直接材料成本=完工产品数量×分配率=30×1=30(万元)。

23. D

24. D

二、多项选择题

1. ABD 【解析】购买材料未付款，不涉及库存现金科目或银行存款科目，应编制转账凭证。

2. AC 【解析】选项B，采用托收承付结算方式销售商品，增值税发票上注明的价款和销项税额记入"应收账款"科目，为客户代垫的运输费也记入"应收账款"科目。选项D，应在"应付账款"科目的借方核算。

3. AD

4. BD 【解析】选项B，应付银行承兑汇票到期，如企业无力支付票款，分录为：
借：应付票据
　　贷：短期借款
应付商业承兑汇票到期，如企业无力支付票款，分录为：
借：应付票据
　　贷：应付账款
选项D，支付银行承兑汇票的手续费，应借记"财务费用"科目，贷记"银行存款"科目。

5. BCD 【解析】选项B，该业务使资本公积增加的金额=(5-1)×1000-(82+18)=3900(万元)；选项C，资本公积可以转增资本(或股本)，但不能弥补亏损；选项D，企业实现净利润时资本公积不变，但会使留存收益和所有者权益增加；资本公积转增资本会使资本公积减少，留存收益和所有者权益不变；投资者超过注册资本额的投入资本使资本公积增加，留存收益不变，所有者权益增加。

6. ABD 【解析】选项ABD，主要与收入确认有关；选项C，主要与收入的计量有关。

7. ABD 【解析】选项C，企业销售商品提供的质量保证，应当评估该质量保证是否属于在向客户保证所销售商品符合既定标准之外所提供的单独服务，如果是提供的额外服务，则应当作为单项履约义务，不与销售商品作为一项履约义务。

8. CD 【解析】选项A，属于合同履约成本，选项B，属于合同取得成本，对于确认为资产的合同履约成本和合同取得成本，企业应当采用与该资产相关的商品收入确认相同的基础(即，在履约义务履行的时点或按照履约义务的履约进度)进行摊销，计入当期损益，并不是直接计入当期损益。

9. ABCD

10. ABD 【解析】选项B，诉讼费计入管理费用，企业出售固定资产的净损失计入资产处置损益的借方，该企业2018年10月利润表"营业外支出"项目的本期金额=4+4=8(万元)；选项C，原材料的盘亏损失，属于无法查明原因的扣除赔款和净残值后的净损失计入管理费用，属于非正常损失的扣除赔款和净残值后的净损失计入营业外支出；无形资产处置净损失计入资产处置损益。

11. ABC 【解析】分批法的主要特点：一是成本核算对象是产品的批别；二是产品成本计算是不定期的；三是成本计算期与产品的生产周期基本一致。分批法下，不按产品的生产步骤而只按产品的批别(分批、不分步)计算成本。

12. ACD 【解析】选项B，下年初，单位根据代理银行提供的上年度注销额度恢复到账通知书作恢复额度的处理，借记"零余额账户用款额度"科目,贷记"财政应返还额度"科目。

三、判断题

1. √
2. × 【解析】采用月末一次加权平均法,只在月末一次进行计算,所以当月发出材料的单位成本是相同的。
3. √
4. √
5. √ 【解析】受托方应在代销商品销售后,按合同或协议约定的方式计算确定代销手续费,确认劳务收入。
6. × 【解析】年度终了,本年利润应转入利润分配,因此,"利润分配"总账的年末余额一定与相应的资产负债表中"未分配利润"项目的数额一致。
7. √ 【解析】所有者权益变动表是指反映构成所有者权益组成部分当期增减变动情况的报表。
8. √
9. √
10. × 【解析】"权益法调整"科目属于政府单位净资产类科目。

四、不定项选择题

(一)

(1)AB;(2)CD;(3)D;(4)A;(5)ABC。

【解析】(1)12月5日销售商品时:
借:应收账款　　　　　　　　　124.3
　　贷:主营业务收入　　　　　　110
　　　　应交税费——应交增值税(销项税额)　　　　　　　　14.3
借:主营业务成本　　　　　　　88
　　贷:库存商品　　　　　　　　88
(2)12月25日收到B公司退回的商品时:
借:主营业务收入　　　　　　　10
　　应交税费——应交增值税(销项税额)　　　　　　　　　　1.3
　　贷:应收账款　　　　　　　　11.3
借:库存商品　　　　　　　　　8
　　贷:主营业务成本　　　　　　8

(3)①12月26日发生坏账时:
借:坏账准备　　　　　　　　　2
　　贷:应收账款　　　　　　　　2
②12月28日前期已核销坏账被收回时:
借:应收账款　　　　　　　　　1
　　贷:坏账准备　　　　　　　　1
借:银行存款　　　　　　　　　1
　　贷:应收账款　　　　　　　　1
③2019年12月31日应收账款余额:
2019年12月31日应收账款余额=125(期初应收账款的余额)+124.3(12月5日销售商品确认的应收账款)-11.3(12月25日销售退回减少的应收账款)-2(12月26日发生坏账减少的应收账款)+1(12月28日收回已确认坏账)-1(12月28日收回已确认坏账)=236(万元)。
(4)2019年12月31日计提坏账准备:
计提坏账准备前"坏账准备"账户贷方余额=5(期初坏账准备的余额)-2(12月26日发生的坏账准备金额)+1(12月28日收回的坏账准备金额)=4(万元);
2019年12月31日坏账准备补提数=236×5%-4=7.8(万元)。
(5)略。

(二)

(1)ABC;(2)AC;(3)AD;(4)A;(5)D。

【解析】(1)购入材料的实际成本包括买价、运杂费、运输途中的合理损耗、入库前的挑选整理费用、购入物资负担的税金(如关税等)和其他费用。一般纳税人购进原材料的进项税额是可以抵扣的,不计入原材料的实际成本。
(2)计入原材料的金额=300000(原材料价款)+1000(保险费)+4000(运杂费)=305000(元)。
本题的分录是:
借:原材料——A材料　　　　　305000
　　应交税费——应交增值税(进项税额)　　　　　　　　　　39000
　　贷:银行存款　　　　　　　　344000

(3)收回委托加工物资成本=70000（B材料成本）+20000（加工费）=90000（元），委托加工物资收回后继续生产应税消费品，由受托方代收代缴的消费税应记入"应交税费—应交消费税"的借方，不计在成本中。本题分录是：

借：委托加工物资　　　　　　　70000
　　贷：原材料—B材料　　　　　　70000
借：委托加工物资　　　　　　　20000
　　应交税费—应交增值税（进项税额）
　　　　　　　　　　　　　　　2600
　　　　　—应交消费税　　　　10000
　　贷：银行存款　　　　　　　32600

(4)领用原材料用于房屋日常维修，增值税进项税额不需要转出，专设销售机构所用房屋的日常维修费应该计入销售费用。

(5)甲企业31日A材料结存成本=90000（期初余额）+305000（本期购入）-60000（维修领用）-15000（生产领用）=320000（元）。

（三）

(1)BD；(2)ABCD；(3)AC；(4)ACD；(5)C。

【解析】(1)资料(1)会计分录：

借：应收账款—乙公司　　　　　11.3
　　贷：主营业务收入　　　　　　10
　　　　应交税费—应交增值税（销项税额）　　　　　　　　　　1.3

(2)资料(2)会计分录：

借：银行存款　　　　　　　　　13.9
　　合同负债—丙公司　　　　　　20
　　贷：主营业务收入　　　　　　30
　　　　应交税费—应交增值税（销项税额）　　　　　　　　　　3.9

(3)资料(3)会计分录：

借：应收账款—丁公司　　　　　2
　　贷：坏账准备　　　　　　　　2
借：银行存款　　　　　　　　　2
　　贷：应收账款—丁公司　　　　2

(4)12月末，"应收账款—乙公司"科目期末余额=30+11.3=41.3（万元）；"应收账款—乙公司"应计提的坏账准备=41.3-39.6=1.7（万元）；"应收账款—乙公司"科目账面价值=41.3-1.7=39.6（万元）。

借：信用减值损失　　　　　　　1.7
　　贷：坏账准备　　　　　　　　1.7

(5)12月份甲公司的"信用减值损失"科目发生额=1.7-2=-0.3（万元）。

注：对于资料(3)中的坏账准备贷方余额2，如不考虑其他因素，甲公司应在12月末做如下分录：

借：坏账准备　　　　　　　　　2
　　贷：信用减值损失　　　　　　2

致亲爱的读者

"梦想成真"系列辅导丛书自出版以来,以严谨细致的专业内容和清晰简洁的编撰风格受到了广大读者的一致好评,但因水平和时间有限,书中难免会存在一些疏漏和错误。读者如有发现本书不足,可扫描"扫我来纠错"二维码上传纠错信息,审核后每处错误奖励10元购课代金券。(多人反馈同一错误,只奖励首位反馈者。请关注"中华会计网校"微信公众号接收奖励通知。)

在此,诚恳地希望各位学员不吝批评指正,帮助我们不断提高完善。

邮箱:mxcc@cdeledu.com

微博:@正保文化

扫我来纠错

中华会计网校
微信公众号